国外教育科学基本文献讲读丛书

丛 书 主 编 石中英

丛书副主编 蒋　凯

丛书编委会（以姓氏笔画为序）

邓　猛　　石中英　　朱志勇　　伍新春

刘云杉　　刘复兴　　杜育红　　陈洪捷

陈晓端　　张　华　　项贤明　　胡劲松

施晓光　　姜　勇　　高益民　　蒋　凯

褚宏启

国外教育科学基本文献讲读丛书

丛书主编　石中英
丛书副主编　蒋　凯

国外学前教育学基本文献讲读

主　编　姜　勇
副主编　汪寒鹭　张云亮

图书在版编目(CIP)数据

国外学前教育学基本文献讲读/姜勇主编.—北京：北京大学出版社,2013.1
（国外教育科学基本文献讲读丛书）
ISBN 978-7-301-21740-5

Ⅰ.①国… Ⅱ.①姜… Ⅲ.①学前教育－教育理论－研究－国外 Ⅳ.①G610

中国版本图书馆 CIP 数据核字（2012）第 294894 号

书　　　名	国外学前教育学基本文献讲读 GUOWAI XUEQIAN JIAOYUXUE JIBEN WENXIAN JIANGDU
著作责任者	姜　勇　主编
丛 书 策 划	周雁翎
丛 书 主 持	刘　军　于　娜
责 任 编 辑	于　娜
标 准 书 号	ISBN 978-7-301-21740-5/G·3549
出 版 发 行	北京大学出版社
地　　　址	北京市海淀区成府路 205 号　100871
网　　　址	http://www.pup.cn　新浪官方微博：@北京大学出版社
电 子 信 箱	zyl@ pup.pku.edu.cn
电　　　话	邮购部 62752015　发行部 62750672　编辑部 62767857
印 刷 者	北京鑫海金澳胶印有限公司
经 销 者	新华书店
	720 毫米×1020 毫米　16 开本　22.25 印张　400 千字 2013 年 1 月第 1 版　2019 年 1 月第 3 次印刷
定　　　价	45.00 元

未经许可，不得以任何方式复制或抄袭本书之部分或全部内容。
版权所有，侵权必究
举报电话：010-62752024　电子信箱：fd@pup.pku.edu.cn
图书如有印装质量问题，请与出版部联系，电话：010-62756370

总　序

　　为了进一步整理国外教育科学的知识传统，丰富教育科研人员、教育决策者和教育实践者的阅读，提高教育学科人才培养质量，服务于不断深化的我国教育改革事业，北京大学出版社决定编辑出版"国外教育科学基本文献讲读丛书"。

　　遴选和出版一个学科的基本文献，为学习者和研究者提供快速进入一个学科领域的文献指引，对于该学科的学习、研究和知识传播都具有重要意义。国内外众多知识领域都编写过这样的基本文献。就教育学科而言，1986年北京师范大学出版社出版的《教育哲学教学参考资料》、1989年华东师范大学出版社出版的《国外教育社会学基本文选》、20世纪90年代初期人民教育出版社出版的《教育学文集》丛书以及1998年伦敦和纽约Routledge出版社出版的《教育哲学：分析传统中的重要主题》(Philosophy of Education: Major Themes in the Analytic Tradition)一书，均属于这类读物。数年前，北京大学出版社决定编辑出版"国外教育科学基本文献讲读丛书"也有同样的考虑。此外，选编者编辑这套丛书还有一些新的考虑：第一，目前国内还没有一个比较全面地反映国外教育学科基本文献的丛书，仅有教育社会学、教育经济学等少数几个学科编辑了这样的基本文献。第二，目前国内已经编撰的少数教育学科基本文献选文时间大都截止到20世纪80年代左右，对于最近30年国外教育学科研究的新进展反映不够。第三，特别重要的是，在我国目前教育学科本科生、研究生的培养中，学生对于基本文献的学习和研读比较薄弱，一些教师由于种种原因也比较忽视基本文献的遴选和指导阅读，这极大地影响了教育学科人才培养的质量。

　　遴选和出版教育学科的基本文献，就像编辑和出版任何一个学科的基本文献一样，是一件极其重要也有相当难度的学术工作。教育学科作为一个专门的知识领域出现，是一个近代的事件。若从夸美纽斯时代算起，有380年左右的历史；若从康德和赫尔巴特时代算起，有200多年的历史。两三百年间，世界各国学者们积累的有关教育问题论述的文献可谓汗牛充栋、数不胜数。在众多的文献当中，究竟哪些文献算是教育学科的基本文献，是一个需要费力思索的问题。这套丛书在各卷选篇内容和范围的问题上，主要基于以下四项原则。第一，主编负责制。出版社根据编委会的意见，先聘请各卷的主编，然后由各卷主编确定本卷的基本文献目录。第二，学科共识。各卷主编在确定基本文献目录过程中，广泛征求相关学科领域国内外有影响力专家的意见，力求对基本文献的遴选反映该学科权威学者的共识。当然，从国外一些教育科学基本文献的选编情况来看，完全重叠的认识也是没有的。第三，内容标准。所谓内容标准是指，那些堪称学科基本文献的文献，理应是提出了学科的基本问题或概念，建构了有影响力的理论主张，或奠定了学科研究的基本范式的一些文献。第四，影响力标准。各卷选择的文献，理应是相关学科领域内反复阅读、讨论、引述或评论的文献，是学习和研究一个学科领域问题不能忽视或绕过的文献。

这套丛书涵盖目前我国教育学科的主要分支学科。在各卷的结构安排上，有两种体例：一是按照有关学科的主要问题领域分专题或流派来选编；二是按照学科的历史发展脉络分主要阶段来选编。各卷具体选择何种体例由各卷主编来确定。各卷主编为所负责的一卷撰写前言，并对本卷选编工作进行概要说明。每一卷大概分为3～6个专题，每个专题之前主编撰写"专题导论"来介绍本专题的情况，结合该专题选取的文献，对该专题理论、知识和方法的概况进行评析，体现导读的作用。每一专题文献之后附10～20篇专题拓展阅读文献，供学习者和研究者进一步阅读时参考。

选编国外教育科学基本文献是一项高难度的学术工程，也不可能毕其功于一役。由于丛书组织者和选编者的水平有限，在丛书选编过程中难免会出现疏漏，恳请诸位读者提出宝贵的意见和建议，以便我们在后续工作中及时改进或提高。

石中英
2012年12月10日

前　言

　　随着对于学前儿童发展和教育的重视以及学科自身的发展，学前教育学作为教育学的一个分支，在发展的道路中越来越走向成熟。从某种意义上来说，幼儿教育是人类教育形式中最早出现的一种形式，尽管最初的幼儿教育都是一种家庭教育，但这仍能证明学前教育的历史性和重要性。

　　《国外学前教育学基本文献讲读》共有四编，涉及四个专题，分别为：学前教育原理、学前儿童发展与教育、学前教育课程和学前儿童游戏。每一专题根据历史发展的脉络，甄选该板块内具有影响力、代表性和经典性的名家名篇，从中选取文章片段或是书本节选，将其中的精华部分呈现给读者。其中不乏首次译为中文的篇目。

　　第一编"学前教育原理"中收录了关于学前教育基本原理方面的文章。不管是前人的哲学思考、经验漫谈还是教育理论，不管是教育家的专门论述，还是哲学家、思想家等的间接阐述，这些篇目都代表了某一时期、某个流派的观点。尽管这些文章写作的年代早已离我们远去，但是作为学前教育学的奠基之作，它们有着不可撼动的地位，源远流长，至今仍能给我们带来思考和启发。我们也会发现，阐述学前教育基本原理的文章，或是将儿童、学前教育放在一个比较宽广的视野范围进行讨论，或是一些具有实际操作性和指导性的家庭教育方面的系统论述，或是对儿童地位的认可已经到了"崇拜"的程度……这一编中的选文，理论性较强的篇目也许看似晦涩难懂，但若能仔细研读品味，定能收获更深刻的新感悟。

　　第二编"学前儿童发展与教育"偏重于儿童心理方面的发展。众所周知，儿童的发展和对儿童的教育，与对儿童心理发展的研究有着密切的关系，儿童心理发展的研究发现能够帮助、指导对学前儿童的教育，从而更好地促进儿童的发展与成长。从文艺复兴时期人文主义者奠定的儿童心理学的初步思想，到随自然科学进步而不断发展的儿童心理学研究，再到"百家争鸣、百花齐放"的儿童心理学各流派，在这一从未停息的长河中，有太多的精彩之贝值得我们去采撷。此次我们还收录了一些近代的儿童心理学研究发现，虽然与其他篇目相比，它们略显年轻，但这些研究发现或理论却已经对儿童心理学界乃至整个学前教育学产生了巨大的影响，其价值受到了广泛的肯定。

随着理论研究与实践研究的丰富，系统化的学前课程逐步形成，并且出现了许多在发展历史中留下浓墨重彩的课程体系，而课程的质量与实施也直接关系到学前教育的质量。第三编"学前教育课程"就涵盖了这些具有代表性和影响力的课程体系，从中我们不仅可以感悟到不同课程背后的理念，也可以发现不同课程对于知识、对于儿童、对于质量、对于评价等的取向、视角与落脚点，还可以在一定的历史背景中收获对于不同课程中更为内隐的认识。重温经典的同时，更可以比较各学前课程之间的关系和异同，学会用"陌生人"的态度去看待曾经习以为常或是"只知其一，不知其二"的课程体系。

我们之所以将"学前儿童游戏"作为一个单独的专题，是因为游戏是儿童的基本活动。而近年来"游戏化教学"与"游戏归游戏、教学归教学，玩得开心、学得有效"两种对立观点的声音此消彼长，儿童游戏值得我们从历史发展的角度，去追溯那些原始的、不朽的理论。经典游戏理论（也称古典游戏理论）也好，现代游戏理论也罢，都使得游戏理论变得丰富而复杂，需要我们仔细研读。由于本书的总体篇目数量有限，因此"学前儿童游戏"一编中仅选取了比较全面系统且较切合"学前儿童游戏"的篇目与读者们分享。

本书基本收纳了学前教育学领域的经典篇目，在横向的跨度和纵向的深度上来说具有一定的代表性，同时也具有一定的容量。此外，在每一个专题后还附有专题拓展阅读文献，列举了该专题领域内同样值得一读但未被收录进此书中的中英文书目或是文章篇目，有兴趣的读者可以进一步去了解学前教育学的基本著作。

在此，我们衷心感谢国内外专家对本书的支持与指导，感谢周念丽老师、郭力平老师、何敏老师、郭良菁老师、刘晓东老师、刘云艳老师、蔡迎旗老师，感谢李辉博士，感谢林秀锦博士（Dr. Amy Lin Tan）。本书的顺利完成还得益于团队的整体协作与共同努力，特别感谢陈妍、胡珊珊、时莉、宋寅喆。此外，还要感谢华东师范大学的张琴琴、张世唯、汪天水、肖英娥、盛婴、孙习、陈晓君、郭茜对编译工作的帮助与贡献。

虽然编者力图精益求精，但书中一定存在不妥、纰漏之处，还望各位同行专家、教师与读者们批评指正，不吝赐教。

编者
2012 年 10 月

目 录

总序	(1)
前言	(1)

第一编　学前教育原理 ··· (1)
　　理想国 ··· (5)
　　政治学 ··· (17)
　　一个基督教王子的教育 ······································· (25)
　　母育学校 ··· (33)
　　爱弥儿——论教育 ··· (45)
　　新社会观，或论人类性格的形成 ······························· (54)
　　人的教育 ··· (63)
　　儿童的世纪 ··· (72)
　　民主主义与教育 ··· (82)
　　儿童教育讲座 ··· (90)
　　保育法真谛 ··· (99)
　　学前教育的重要性 ··· (107)

第二编　学前儿童发展与教育 ····································· (115)
　　一个婴孩的生活概述 ··· (119)
　　遗传的天才 ··· (129)
　　青年期的心理与教育 ··· (144)
　　我们怎样思维 ··· (149)
　　童年与社会 ··· (161)
　　行为主义的幼稚教育 ··· (169)
　　思维与语言 ··· (176)

第三编 学前教育课程 …………………………………………… (191)
    瑞吉欧——儿童的一百种语言 ………………………………… (195)
    活动中的幼儿——幼儿认知发展课程 ………………………… (205)
    启迪儿童：方案教学 …………………………………………… (216)
    儿童早期教育项目中的发展适宜性方案 ……………………… (231)
    超越早期教育保育质量——后现代视角 ……………………… (240)
    从民族志研究视角看学前教育的质量 ………………………… (257)

第四编 学前儿童游戏 …………………………………………… (269)
    幼儿园教育学 …………………………………………………… (273)
    儿童教育讲座 …………………………………………………… (290)
    游戏及其在儿童心理发展中的作用 …………………………… (299)
    儿童期的游戏、幻想与模仿 …………………………………… (315)
    未成熟阶段的本质与作用 ……………………………………… (327)
    游戏在认知发展中的作用 ……………………………………… (338)

第一编
学前教育原理

> 我们的才能和器官的内在发展,是自然的教育;别人教我们如何利用这种教育,是人的教育;我们对影响我们的事物获得良好的经验,是事物的教育。
>
> ——《爱弥儿——论教育》

专题导论

对于学前儿童的教育,最早予以关注的西方人是古希腊的柏拉图,此后,亚里士多德、昆体良等教育家都曾经留下精辟见解。古希腊教育家柏拉图的代表作《理想国》(约公元前390年)是西方历史上第一部教育理论著作,被认为是西方教育史上的三大里程碑之一,历来备受重视。柏拉图在书中论述了人从出生到终老的各个阶段的教育,其中就有学前教育有关"优生、胎教和早期教育"的相关论述。古希腊的著名思想家亚里士多德在其重要著作《政治学》(公元前330年)中提到了有关优生优育和初等教育的学习科目的一些观点。

欧洲中世纪的儿童在棍棒下生活,教育理论长期停滞,学前教育更是无人问津,直到文艺复兴时期,人文主义者才重新提出学前教育问题,如荷兰的教育家伊拉斯谟的著作《一个基督教王子的教育》(1516年)。但是,那时还未出现全面论述学前教育的专门著作。

从17世纪到幼儿园诞生之前,捷克大教育家夸美纽斯、自然主义教育家和哲学家卢梭对世界学前教育具有很大的影响。他们虽然不是专门的学前教育家,但都直接或间接地研究过学前教育,后来的学前教育的理论和思想可以从他们的教育思想中找到根源。捷克教育家夸美纽斯的《母育学校》(1633年)是世界上第一部学前教育学的经典著作,它详细论述了学前教育的重要性、胎教以及学前教育的内容,对后来的福禄培尔、蒙台梭利及杜威等教育家的思想都产生了直接或间接的影响。法国的自然主义教育家卢梭的经典著作《爱弥儿——论教育》(1762年),被誉为西方教育史上的三大里程碑之一,该书对后世的教育家裴斯泰洛齐、福禄培尔和杜威的学前教育思想产生了极大的影响,为教育科学开辟了新路。

19世纪,生产的社会化带来了幼儿教育的社会化,幼儿教育机构就首先在欧洲诞生了。英国空想社会主义者欧文创办的幼儿学校是欧洲最早的幼儿教育机构,他在教育问题上有着独到的见解,他提出的人是教育的产物、早期教育、教育与生产劳动相结合的观点对西方教育史和马克思主义教育学均产生了积极的意义,这里选用的是他的《新社会观,或论人类性格的形成》(1816年)。创办了世界上第一个幼儿园、被世界誉为"幼儿园之父"的福禄培尔,与裴斯泰洛齐、赫尔巴特并称为19世纪欧洲的三个"伟大教育巨匠"。《人的教育》(1826年)是福禄培尔的教育代表作,他以辩证的眼光把人的教育描述为一个分阶段的、连续不断的和从不完善到完善的发展过程。

20世纪也出现了不少教育大家,对学前教育产生了重要的影响。20世纪初,瑞典著名的妇女活动家和儿童教育家爱伦·凯,其代表作《儿童的世纪》(1900年)在世界教育科学发展上占有重要地位,书中所体现的儿童教育思想,在世界范围内引起了巨大的反响,成为各国改革儿童教育的理论依据。美国著名教育家杜威的代表作《民主主义与教育》(1916年)成为西方教育史上的三大里程碑之一。他反对传统的以教师、书本和课堂为中心,主张从儿童的本能、兴趣和需要出发,以儿童自身的活动为教育过程的中心,提出以儿童为中心的教育思想。这是教育史上的一场革命,至今对美国教育和世界其他国家的教育有着重要的影响。而苏联的教育家马卡连柯对社会主义教育实践进行了概括和升华,从宏观层面去诠释儿童教育的理论与方法。他在后期非常关注儿童的家庭教育问题,其最著名的代表著作《儿童教育讲座》(1940年)包含许多有独到见解的宝贵的教育思想。

同时,亚洲国家如日本,也在学前教育方面出现了许多奠定其理论基础和实践雏形范本的代表人物,他们吸收了西方的理论思想,结合本民族、本国的国情与现状,以前人的成果为基础,"站在巨人的肩膀上",对学前教育的基本问题进行了思考,进行了有益的实践探索,对日本甚至整个世界学前教育的发展都产生了一定的影响。仓桥惣三的《保育法真谛》和城户幡太郎的《学前教育的重要性》,都是首次被译为中文呈现给读者。

理想国[①]

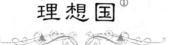

柏拉图

作者简介

柏拉图(Plato,约公元前427年—前347年)是古希腊著名哲学家、教育家。他和老师苏格拉底、学生亚里士多德共同奠定了西方文化的哲学基础。

柏拉图出生于雅典贵族家庭,青年时师从苏格拉底。苏格拉底去世后,他游历四方,曾到埃及等地从事政治活动,企图实现他的贵族政治理想。公元前387年活动失败后,他逃回雅典,设立了一所学院,此后执教40年,直至逝世。他一生著述颇丰,其教学思想主要集中在《理想国》中。

选文简介、点评

《理想国》又译作《国家篇》《共和国》等,与柏拉图大多数著作一样以苏格拉底为主角,用对话体写成。《理想国》大约在公元前390年完成,是柏拉图最著名的代表作,共分10卷,其篇幅之长仅次于《法律篇》,全书是用古希腊文写成,一般认为属于柏拉图中期的作品。该书以建设理想国为主题,论述了理想国的组织及其实现方法等问题。该书不仅是他对自己哲学思想的概括和总结,而且是当时各门学科的综合,探讨了哲学、政治、伦理道德、教育、文艺等各方面的问题。

书中以较大篇幅论述了理想国的教育问题。他在书中构筑了一个从优生、优育到成人教育的系统教育体系。幼儿教育是其中的重要组成部分。该书被称为西方教育历史上第一部教育理论著作,被认为是西方教育史上的三大里程碑之一,历来备受重视。

从实现理想国的政治目的考虑,柏拉图非常重视儿童的早期教育,提出了较为系统的学前教育思想。他认为对儿童的教育开始得越早越好,他在书中这样说道:"凡事开头最重要,特别是生物,在幼小柔嫩的阶段,最容易受陶冶,你要把它塑成什么形式,就能塑成什么形式。"在书中,他提出优生,主张好男配好女,尽量减少不良男女的结合;妇女在怀孕期间要注意精神因素对胎儿的影响。

---

① 柏拉图.理想国[M].郭斌和,张竹明,译.上海:商务印书馆,1986.

柏拉图还提出优育,主张教育应由国家管理,实现集体抚育。他主张"儿童公有,全部教育公有",国家要建立统一的幼儿教育机构,视每一个子女为国家的财产,并使他们从小受到良好的教育。

柏拉图的教学体系是金字塔形。为了发展理性,他设立了全面而丰富的课程体系,他以学生的心理特点为依据,划分了几个年龄阶段,并分别授以不同的教学科目。柏拉图主张将0～3岁的幼儿送到国家特设机关,由乳母养育,通过摇篮曲、儿歌等方式施加影响;3～6岁的儿童则安排在神庙附设的儿童场所,由专人教育,通过故事、游戏、唱歌等方式予以引导。6岁以后,儿童进入初等学校接受初级课程。在教学内容上,柏拉图接受了雅典以体操锻炼身体、以音乐陶冶心灵的和谐发展的教育思想,为儿童安排了简单的读、写、算、唱歌,同时还十分重视体操等体育训练项目。此外,柏拉图重视对幼儿故事材料的选择,从而成为西方教育史上第一个提出精选教材内容的人。他认为那些对儿童身心发展会产生不良影响的故事和歌曲绝不允许教给儿童。

《理想国》是西方第一部全面深入探讨教育理论的著作,被卢梭评为从来没有人写过的"最好的教育论文"。书中提出许多幼儿教育的观点,在西方幼儿教育史上具有重要的意义,对后世产生了深远的影响。

选文正文

第二卷

苏①:那么,让我们来讨论怎么教育这些护卫者的问题吧。我们不妨像讲故事那样从容不迫地来谈。

阿②:我们是该这样做。

苏:那么,这个教育究竟是什么呢?似乎确实很难找到比我们早已发现的那种教育更好的了。这种教育就是用体操来训练身体,用音乐③来陶冶心灵。

阿:是的。

苏:我们开始教育,要不要先教音乐后教体操?

阿:是的。

苏:你把故事包括在音乐里,对吗?

---

① 即苏格拉底,柏拉图的老师。柏拉图20～28岁曾就读于他的门下。他是柏拉图作品《理想国》中的重要对话人物之一。

② 即阿得曼托斯,为柏拉图的启蒙老师之一,曾教授柏拉图文法、修辞学及写作。

③ 在古代希腊,"音乐"的含义很广泛,既包括现在意义上的音乐教育,也包括诗歌、文学等其他富有陶冶功能的内容。

阿：对。

苏：故事有两种，一种是真的，一种是假的，是吧？

阿：是的。

苏：我们在教育中应该两种都用，先用假的，是吗？

阿：我不理解你的意思。

苏：你不懂吗？我们对儿童先讲故事——故事从整体看是假的，但是其中也有真实的。在教体操之前，我们先用故事教育孩子们。

阿：这是真的。

苏：这就是我所说的，在教体操之前先教音乐的意思。

阿：非常正确。

苏：你知道，凡事开头最重要。特别是生物。在幼小柔嫩的阶段，最容易接受陶冶，你要把它塑成什么形式，就能塑成什么形式。

阿：一点不错。

苏：那么，我们应不应该放任地让儿童听不相干的人讲不相干的故事，让他们的心灵接受许多我们认为他们在成年之后不应该有的那些见解呢？

阿：绝对不应该。

苏：那么看来，我们首先要审查故事的编者，接受他们编得好的故事，而拒绝那些编得坏的。我们鼓励母亲和保姆给孩子们讲那些已经审定的故事，用这些故事铸造他们的心灵，比用手去塑造他们的身体还要仔细。他们现在所讲的故事大多数我们必须抛弃。

阿：你指的哪一类故事？

苏：故事也能大中见小，因为我想，故事不论大小，类型总是一样的，影响也总是一样的，你看是不是？

阿：是的，但是我不知道所谓大的故事是指的哪些？

苏：指赫西俄德和荷马以及其他诗人所讲的那些故事①。须知，我们曾经听讲过，现在还在听讲着他们所编的那些假故事。

阿：你指的哪一类故事，这里面你发现了什么毛病？

苏：首先必须痛加谴责的，是丑恶的假故事。

阿：这指什么？

苏：一个人没有能用言词描绘出诸神与英雄的真正本性来，就等于一个画

---

① 赫西俄德（公元前735—？），希腊早期诗人。其作品《神谱》述创世神话："混沌"生"地母"，"地母"生乌拉诺斯。还说乌拉诺斯有12个子女，他害怕子女篡位，遂将他们幽禁。其子克罗诺斯起来推翻父亲的统治。后来，克罗诺斯的儿子宙斯又起来推翻了克罗诺斯。荷马史诗有些内容与此相似。柏拉图认为此类故事荒诞不经，对年轻人的思想发展不利，必须加以限制。

家没有画出他所要画的对象来一样。

阿：这些是应该谴责的。但是,有什么例子可以拿出来说明问题?

苏：首先,最荒唐莫过于把最伟大的神描写得丑恶不堪。如赫西俄德描述的乌拉诺斯的行为,以及克罗诺斯对他的报复行为,还有描述克罗诺斯的所作所为和他的儿子对他的行为,这些故事都属此类。即使这些事是真的,我认为也不应该随便讲给天真单纯的年轻人听。对这些故事最好闭口不谈。如果非讲不可的话,也只能许可极少数人听,并须秘密宣誓,先行献牲,然后听讲,而且献的牲还不是一只猪,而是一种难以弄到的庞然大物。为的是使能听到这种故事的人尽可能的少。

阿：啊! 这种故事真是难说。

苏：阿得曼托斯呀,在我们城邦里不应该多讲这类故事。一个年轻人不应该听了故事得到这样一种想法:对一个大逆不道,甚至想尽方法来严惩犯了错误的父亲的人也不要大惊小怪,因为他不过是仿效了最伟大的头号天神的做法而已。

阿：天哪! 我个人认为这种事情是不应该讲的。

苏：绝不应该让年轻人听到诸神之间明争暗斗的事情(因为这不是真的)。如果我们希望将来的保卫者,把彼此钩心斗角、耍弄阴谋诡计当做奇耻大辱的话,我们更不应该把诸神或巨人之间的争斗,把诸神与英雄们对亲友的种种怨仇作为故事和刺绣的题材。如果我们能使年轻人相信城邦的公民之间从来没有任何争执——如果有的话,便是犯罪——老爷爷、老奶奶应该对孩子们从小就这样说,等他们长大一点还这样说,我们还必须强迫诗人按照这个意思去写作。关于赫拉如何被儿子绑了起来以及赫淮斯托斯见母亲挨打,他去援救的时候,如何被他的父亲从天上摔到地下的话,还有荷马所描述的诸神间的战争等,作为寓言来讲也罢,不作为寓言来讲也罢,无论如何不应该让它们混进我们城邦里来。因为年轻人分辨不出什么是寓言,什么不是寓言。先入为主,早年接受的见解总是根深蒂固不容易更改的。因此,我们要特别注意,为了培养美德,儿童们最初听到的应该是最优美高尚的故事。

第三卷

苏：那么,问题只在诗人身上了,我们要不要监督他们,强迫他们在诗篇里培植良好品格的形象,否则我们宁可不要有什么诗篇。我们要不要同样地监督其他的艺人,阻止他们不论在绘画或雕刻作品里,还是在建筑或任何艺术作品里描绘邪恶、放荡、卑鄙、龌龊的坏精神,哪个艺人不肯服从,就不让他在我们中间存在下去。否则,我们的护卫者从小就接触罪恶的形象,耳濡目染,有如牛羊卧毒草中咀嚼反刍,近墨者黑,不知不觉间心灵上便铸成大错。因此,我们必须寻找一些艺人巨匠,用其大才美德,开辟一条道路,使我们的年轻人由此而进,如入健康之乡;眼睛所看到的、耳朵所听到的艺术作品,随处都是;使他们如坐春风,如沐春雨,潜移默化,不知不觉之间受到熏陶,从童年时,就和优美、理智融合为一。

格①:对于他们,这可说是最好的教育。

苏:亲爱的格劳孔啊,也就是因为这个缘故,所以儿童阶段文艺教育最关紧要。一个儿童从小受了好的教育,节奏与和谐浸入了他的心灵深处,在那里牢牢地生了根,他就会变得温文有礼;如果受了坏的教育,结果就会相反。再者,一个受过适当教育的儿童,对于人工作品或自然物的缺点也最敏感,因而对丑恶的东西会非常反感,对优美的东西会非常赞赏,感受其鼓舞,并从中吸取营养,使自己的心灵成长得既美且善。对任何丑恶的东西,他能如嫌恶臭般不自觉地加以谴责,虽然他还年幼,还知其然而不知其所以然。等到长大成人,理智来临,他会似曾相识,向前欢迎,因为他所受的教养,使他同气相求,这是很自然的嘛。

格:至少在我看来,这是幼年时期为什么要注重音乐文艺教育的理由。

苏:这正如在我们认字的时候那样,只有在我们认识了全部字母②——它们为数是很少的——时我们才放心地认为自己是识字了。无论字大字小③我们都不敢轻忽其组成元素,不论何处我们都热心急切地去认识它们,否则,我们总觉得就不能算是真正识字了。

格:你说得很对。

苏:同样,比如有字母显影在水中或镜里。如果不是先认识了字母本身,我们是不会认识这些映象的。因为认识这两者属于同一技能同一学习。

格:确是如此。

苏:因此,真的,根据同样的道理,我们和我们要加以教育的护卫者们,在能以认识节制、勇敢、大度、高尚等美德以及与此相反的诸邪恶的本相,也能认识包含它们在内的一切组合形式,亦即,无论它们出现在哪里,我们都能辨别出它们本身及其映象,无论在大事物中还是在小事物中都不忽略它们,深信认识它们本身及其映象这两者属于同一技能同一学习——在能以做到这

---

① 即格劳孔,柏拉图的启蒙老师之一。柏拉图年轻时曾向他学习音乐、美术。
② 柏拉图常常使用字母或元素来说明知识的获得、元素和复合物的关系、分类原则和理念论。
③ 柏拉图的基本原则之一认为,真实与事物的大小等看上去似乎重要的特征无关。

样之前我们和我们的护卫者是不能算是有音乐文艺教养的人的,不是吗?

格:确实是的。

苏:那么如果有一个人,在心灵有内在的精神状态的美,在有形的体态举止上也有同一种的与之相应的调和的美——这样一个兼美者,在一个能够沉思的鉴赏家眼中岂不是一个最美的景观?

格:那是最美的了。

苏:再说,最美的总是最可爱的。

格:当然。

苏:那么,真正受过乐的教育的人,对于同道,气味相投,一见如故;但对于浑身不和谐的人,他避之唯恐不远。

格:对于心灵上有缺点的人,他当然厌恶;但对于身体有缺点的人,他还是可以爱慕的。

苏:听你话的意思,我猜想你有这样的好朋友,不过我也赞成你作这样的区别。只是请你告诉我:放纵与节制能够并行不悖吗?

格:怎么能够?过分的快乐有如过分的痛苦可以使人失态忘形。

苏:放纵能和别的任何德行并行不悖吗?

格:不能。

苏:能和横暴与放纵并行不悖吗?

格:当然。

苏:还有什么快乐比色欲更大更强烈的吗?

格:没有,没有比这个更疯狂的了。

苏:正确的爱难道不是对于美的有秩序的事物一种有节制的和谐的爱吗?

格:我完全同意。

苏:那么,正确的爱能让任何近乎疯狂与近乎放纵的东西同它接近吗?

格:不能。

苏:那么,正确的爱与纵情任性,泾渭分明。真正的爱者与被爱者绝不与淫荡之徒同其臭味。

格:真的,苏格拉底,它们之间间断无相似之处。

苏:这样很好,在我们正要建立的城邦里,我们似乎可以规定这样一条法律:一个爱者可以亲吻、昵近、抚摸被爱者,像父亲对儿子一样;如要求被爱者做什么也一定是出于正意。在与被爱者的其他形式的接触中,他也永远不许有任何越此轨道的举动,否则要谴责他低级趣味,没有真正的音乐文艺教养。

格:诚然。

苏:那么,你也同意我们关于音乐教育的讨论可以到此结束了吧?据我看来，这样结束是很恰当的。音乐教育的最后目的在于达到对美的爱。

格：我同意。

苏：音乐教育之后，年轻人应该接受体育锻炼。

格：当然。

苏：体育方面，我们的护卫者也必须从童年起就接受严格的训练以至一生。我所见如此，不知你以为怎样，因为我觉得凭一个好的身体，不一定就能造就好的心灵、好的品格。相反，有了好的心灵和品格就能使天赋的体质达到最好，你说对不对？

格：我的想法同你完全一样。

苏：倘使我们对于心灵充分加以训练，然后将保养身体的细节交它负责，我们仅仅指出标准，不啰嗦，你看这样行不行？

格：行。

格：我注意到了这种情况。

苏：那么，战争中的斗士应该需要更多样的锻炼。他们有必要像终宵不眠的警犬，视觉和听觉都要极端敏锐；他们在战斗的生活中，各种饮水、各种食物都能下咽；在烈日骄阳、狂风暴雨中都能处之泰然。

格：很对。

苏：那么，最好的体育与我们刚才所描述的音乐文艺教育难道不是很相近相合吗？

格：你指的什么意思？

苏：这是指一种简单而灵活的体育，尤其是指为了备战而进行的那种体育锻炼。

苏：这样，年轻人接受了我们说过的那种简单的音乐文艺教育的陶冶，养成了节制的良好习惯，他们显然就能自己监督自己，不需要打官司了。

格：是的。

苏：这种受过音乐教育的青年，运用体育锻炼（如果他愿意的话），通过同样苦练的过程，他会变得根本不需要什么医术，除非万不得已。

格：我也这样想。

苏：再说，在不畏艰辛苦练身体的过程中，他的目的主要在于锻炼他心灵的激情部分，不是仅仅为了增加体力，他同一般运动员不一样，一般运动员只注意进规定的饮食，使他们力气大、臂膀粗而已。

格：你说得对极了。

苏：因此，把我们的教育建立在音乐和体育上的那些立法家，其目的并不像有些人所想象的那样，在于用音乐照顾心灵，用体育照顾身体。格劳孔，我可以这样说吗？

格：为什么不可以？

苏：他们规定要教音乐和体育主要是为了心灵。

格：怎么会呢？

苏：你有没有注意到一生专搞体育运动而忽略音乐文艺教育对于心灵的影响是怎样的，反之，专搞音乐文艺而忽略体育运动的影响又是怎样的？

格：你指的是什么？

苏：我指的一是野蛮与残暴，另一是软弱与柔顺。

格：啊，很对。我注意到那些专搞体育锻炼的人往往变得过度粗暴，那些专搞音乐文艺的人又不免变得过度软弱。

苏：天性中的激情部分的确会产生野蛮；如果加以适当训练就可能成为勇敢，如果搞得过了头，就会变成严酷粗暴。

格：我也是这样的看法。

苏：再说，温文是不是人性中爱智部分的一种性质？是不是这种性质过度发展便会变为过分软弱，如培养适当就能变得温文而秩序井然？是不是这样？

格：确实是这样。

苏：但是，我们说我们的护卫者需要两种品质兼而有之。

格：他们应该这样。

苏：那么这两种品质要彼此和谐吗？

格：当然要。

苏：有这种品质和谐存在的人，他的心灵便既温文而又勇敢。

格：诚然。

苏：我这样做自有我的理由。不去管它，且听下文。我们在故事里将要告诉他们：他们虽然一土所生，彼此都是兄弟，但是老天铸造他们的时候，在有些人的身上加入了黄金，这些人因而是最可宝贵的，是统治者。在辅助者（军人）的身上加入了白银。在农民以及其他技工身上加入了铁和铜。但是又由于同属一类，虽则父子天赋相承，有时不免金父生银子，银父生金子，错综变化，不一而足。所以上天给统治者的命令，最重要的就是要他们做后代的好护卫者，要他们极端注意在后代灵魂深处所混合的究竟是哪一种金属。如果他们的孩子心灵里混入了一些废铜烂铁，他们绝不能稍存姑息，应当把他们放到恰如其分的位置上去，安置于农民工人之间；如果农民工人的后辈中间发现其天赋中有金有银者，他们就要重视他，把他提升到护卫者或辅助者中间去。须知，神谕曾经说过"钢铁当道，国破家亡"，你看你有没有办法使他们相信这个荒唐的故事？

格：不，这些人是永远不会相信这个故事的。不过,我看他们的下一代会相信的,后代的后代子子孙孙迟早总会相信的。

苏：我想我是理解你的意思的。就是说,这样影响还是好的,可以使他们倾向于爱护他们的国家和他们相互爱护。我想就这样口头相传让它流传下去吧！

第四卷

苏：我的好阿得曼托斯,我们责成我国当政者做的这些事并不像或许有人认为的那样,是很多的困难的使命,它们都是容易做得到的,只要当政者注意一件大家常说的所谓大事就行了。

阿：这是什么事呢？

苏：教育和培养。因为,如果人们受了良好的教育就能成为事理通达的人,那么他们就很容易明白,处理所有这些事情还有我此刻没有谈及的别的一些事情,例如婚姻嫁娶以及生儿育女——处理所有这一切都应当本着一个原则,即如俗话所说的,"朋友之间不分彼此"。

阿：这大概是最好的办法了。

苏：而且,国家一旦很好地动起来,就会像轮子转动一般,以越来越快的速度前进。因为良好的培养和教育造就良好的身体素质,良好的身体素质再接受良好的教育,产生出比前代更好的体质,这除了有利于别的目的外,也有利于人种的进步,像其他动物一样。

阿：有道理。

苏：因此扼要地说,我国的领袖们必须坚持注视着这一点,不让国家在不知不觉中败坏了。他们必须始终守护着它,不让体育和音乐翻新,违犯了固有的秩序。他们必须竭力守护着。当有人说,人们最爱听歌手们吟唱最新的歌时,他们为此担心,人们可能会理解为,诗人称誉的不是新歌,而是新花样的歌,所以领袖们自己应当不去称赞这种东西,而且应当指出这不是诗人的用意所在。因为音乐的任何翻新对整个国家是充满危险的,应该预先防止。因为,若非国家根本大法有所变动,音乐风貌是无论如何也不会改变的。这是戴蒙这样说的,我相信他这话。

阿：是的。你也把我算作赞成这话的一个吧。

苏：因此,我们的护卫者看来必须就在这里——在音乐里——布防设哨。

阿：这种非法的确容易悄然潜入。

苏：是的。因为它被认为不过是一种游戏,不构成任何危害。

阿：别的害处是没有,只是它一点点地渗透,悄悄地流入人的性格和习惯,再以渐大的力量由此流入人与人之间的关系,再由人与人的关系肆无忌惮地流向法律和政治制度,苏格拉底呀,它终于破坏了公私方面的一切。

苏:呀!是这样吗?

阿:我相信是这样。

苏:那么,如我们开头说的,我们的孩子必须参加符合法律精神的正当游戏。因为,如果游戏是不符合法律的游戏,孩子们也会成为违反法律的孩子,他们就不可能成为品行端正的守法公民了。

阿:肯定如此。

苏:因此,如果孩子们从一开始做游戏起就能借助于音乐养成遵守法律的精神,而这种守法精神又反过来反对不法的娱乐,那么这种守法精神就会处处支配着孩子们的行为,使他们健康成长。一旦国家发生什么变革,他们就会起而恢复固有的秩序。

阿:确实是的。

苏:孩子们在这样的教育中长大成人,他们就能自己去重新发现那些已被前辈全都废弃了的看起来微不足道的规矩。

阿:哪种规矩?

苏:例如下述这些:年轻人看到年长者到来应该肃静;要起立让座以示敬意;对父母要尽孝道;还要注意发式、袍服、鞋履;总之体态举止,以及其他诸如此类,都要注意。你或许有不同看法吧?

阿:我和你看法相同。

苏:但是,把这些规矩制定成法律我认为是愚蠢的。因为,仅仅制定成条款写在纸上,这种法律是得不到遵守的,也是不会持久的。

阿:那么,它们怎么才能得到遵守呢?

苏:阿得曼托斯啊,一个人从小所受的教育把他往哪里引导,能决定他后来往哪里走。"同声相应,同气相求"——事情不总是这样吗?

阿:的确是的。

第五卷

苏:那么,如果我们不分彼此地使用女子,照使用男子那样,我们一定先要给女子以同样的教育。

格:是的。

苏:我们一向是用音乐和体操教育男子的。

格:是的。

苏：那么，为了同样地使用女子，我们一定要同样地用两门功课来教育女子，并且还要给她们军事教育。

格：你说的看来似乎有理。

苏：好，我们刚才所提的许多建议，要是付诸实施的话，由于违反当前的风俗习惯，我怕或许会让人觉得好笑的。

格：的确。

苏：你看其中最可笑的是什么，难道不显然是女子在健身房里赤身裸体①地和男子一起锻炼吗？不仅年轻女子这样做，还有年纪大的女人，也像健身房里的老头儿一样，皱纹满面的，看上去很不顺眼，可是她们还在那儿坚持锻炼呢。这不是再可笑没有了吗？

格：啊呀，在目前情况下，似乎有些可笑。

苏：关于女子体育和文艺教育的改革，尤其是关于女子要受军事训练，如携带兵器和骑马等方面的问题，我们既然开始讨论了，就得坚持下去。文人雅士们的俏皮话、挖苦话我们是必定会听到的，千万不要怕。

格：你说得很对。

苏：好，为了培养护卫者，我们对女子和男子并不用两种不同的教育方法，尤其是因为不论女性、男性，我们所提供的天然禀赋是一样的。

格：应该是同样的教育。

苏：一个国家里能够造就这些出类拔萃的女人和男人，还有什么事情比这个更好的吗？

格：没有。

苏：这是受了我们所描述过的音乐和体操教育的结果吧！

格：当然是的。

苏：那么，我们所提议的立法，不仅是可能的，而且对于国家也是最好的。

格：确实是的。

苏：从上面同意的结论里，我们可以推断：最好的男人必须与最好的女人尽多结合在一起，反之，最坏的男人与最坏的女人要尽少结合在一起。最好者的下一代必须培养成长，最坏者的下一代则不予养育，如果品种要保持最高质量的话；除了治理者外，别人不应该知道这些事情的进行过程。否则，护卫者中难免互相争吵不团结。

格：很对。

苏：按照法律须有假期，新妇新郎欢聚宴饮，祭享神明，诗人作赞美诗，祝贺

---

① 古代希腊男子操练时都是裸体。"健身房"一词原意便是"裸体操练的地方"。

嘉礼。结婚人数的多寡,要考虑到战争、疾病以及其他因素,由治理者们斟酌决定;要保持适当的公民人口,尽量使城邦不至于过大或过小。

苏:生下来的孩子将由管理这些事情的官员带去抚养。这些官员或男或女,或男女都有,因为这些官职对女人、男人同样开放。

格:是的。

苏:优秀者的孩子,我想他们会带到托儿所去,交给保姆抚养;保姆住在城中另一区内。至于一般或其他人生下来有先天缺陷的孩子,他们将秘密地加以处理,有关情况谁都不清楚。

格:是的。这是保持治理者品种纯洁的必要条件。

苏:他们监管抚养孩子的事情,在母亲们有奶的时候,他们引导母亲们到托儿所喂奶,但竭力不让她们认清自己的孩子。如果母亲的奶不够,他们另外找奶妈。他们将注意不让母亲们喂奶的时间太长,把给孩子守夜以及其他麻烦事情交给奶妈和保姆去干。

格:你把护卫者妻子抚育孩子的事情,安排得这么轻松。

苏:这是应该的。现在让我们谈谈我们规划的第二部分。我们曾经说过,儿女应该出生在父母年轻力壮的时候。

格:诚然。

苏:你同意一个女人精力最好的时候大概可以说是20岁,男人是30岁吗?

格:你要选择多少岁?

苏:女人应该从20岁到40岁为国家抚养儿女,男人应当从过了跑步速度最快的年龄到55岁。

格:这是男女在身心两方面都精力旺盛的时候。

政治学[①]

亚里士多德

作者简介

亚里士多德(Aristotle,公元前384年—前322年)是古希腊著名的哲学家、科学家和教育家。他和苏格拉底、柏拉图在世界教育史上被誉为古希腊"三杰"。

亚里士多德17岁到雅典跟随柏拉图学习哲学达20年。公元前343年,他任马其顿王太子亚历山大的教师。公元前335年,他在雅典创办吕克昂(Lyceum)学园,在此讲学和著书达十三年。他一生写下大量著作,涉及内容极广,包括逻辑学、物理学、生物学、伦理学、政治学等许多方面。

选文简介、点评

亚里士多德师承柏拉图,他那"吾爱吾师,吾尤爱真理"的品格,鼓舞着他把柏拉图建立起来的教学理论推进到了一个更高的水平。马克思称他为"古代最伟大的思想家",恩格斯称他是古希腊"最博学的人,具有百科全书式的科学兴趣"。

《政治学》(Politics),写于公元前330年,用古希腊文写成,是亚里士多德的重要著作之一,共八卷。前六卷广泛讨论了家庭、国家、政治制度等问题,后两卷主要论述了城邦的教育,就实施公民教育的一般原则和规划问题提出了若干有意义的观点。

亚里士多德的教学思想是建立在他的人性论、认识论及其对于儿童身心发展考察的基础之上的。他把理性的发展看做教育的最终目的,主张国家应对奴隶主子弟进行公共教育。他将教育视为一种艺术,一种实践活动,提出通过"智育、德育、体育"三部分的教育,使人得到和谐发展。他根据自己对儿童身心发展特点的观察,在教育史上第一个作出了关于儿童生长发育年龄分期的尝试,并探讨了各个阶段教育的具体要求、组织、内容和方法。

亚里士多德坚持"效法自然"的教育原则,他把一个人受教育的年龄按每7年为一自然阶段划分为3个时期:出生至7岁为第一个时期;7~14岁为第二个时期;14~21岁为第三个时期。亚里士多德认为,人的第一个时期的幼儿教

---

① 亚里士多德.政治学[M].颜一,秦典华,译.北京:中国人民大学出版社,2003.(根据 W. D. Ross"牛津古典本文"中的 *Politica* 所译)

育又可以分为儿童出生前的胎教、出生至 5 岁的婴幼儿教育和 5～7 岁的儿童教育三个阶段。

亚里士多德受柏拉图的影响，根据个人的经验，从生物学、解剖学、医学的观点出发，谈到胎教的问题和孕妇的保健问题。他在当时提出了类似优生、优育、胎儿保健和计划生育的见解，这是十分难能可贵的。亚里士多德还认为，在幼儿时期应该顺应自然，通过循序渐进的策略来锻炼幼儿的身体并通过反复的实践来形成良好的习惯。他提倡母乳喂养和诱导儿童做适宜的肢体运动，他认为幼儿期以身体发展（体育）为主。他认为 5 岁以前，不要教孩子任何功课，可安排他们游戏和娱乐。负责这一职司的官员（即教育监导）应注意儿童日常生活的管理。他还指出应注意周围的环境对孩子的影响，他认为任何卑鄙的见闻都可能养成孩子不良的恶习。他还认为教育是国家的事务，重视优生优育，并主张实行人口控制。

亚里士多德的这些思想给后世的幼儿教育以重要的影响。他提出的"效法自然"的原则由后来的夸美纽斯作了进一步发挥。此外，他还提出"正确处理兴趣与努力的关系"。他认为，教育儿童的目的不是为了使他们娱乐，学习必须努力，而且免不了疲劳，实在不是娱乐。这些话隐含了对柏拉图所推崇的"寓学习于游戏"的批评。后来，巴泽多、康德、乌申斯基、杜威都曾对同一问题进行了探讨。

选文正文

第七卷

15. 孩童们与生俱来地具有愤怒、意愿以及欲望，而只有当他们长大后才逐渐具备推理和理解的能力。因此，应当首先关心孩童们的身体，尔后才是其灵魂方面，再是关心他们的情欲，当然关心情欲是为了理智，关心身体是为了灵魂。

16. 如若立法者想看到城邦养育的儿童一开始就具有健壮的体格，他首先就应该关心城邦的婚姻状况，确定公民们在什么年龄、什么样的公民之间可以结为配偶。在立法时他既要考虑这些共同的因素，又要考虑公民们的生命周期，从而使配偶双方的年龄彼此相配而又不致相差悬殊，出现男方尚有能力生育而女方已经不能或女方尚能生育而男方不能的情况，因为这类事情是产生争吵与不和的根源。最后，应该考虑公民生育子女的时间，子女的年龄不能与双亲的年龄相差太大，一则子女们对长辈的感戴之心将会十分淡漠，同时双亲对子女也帮不上什么忙。但子女与双亲的年龄也不能太接近，因为这样会有许多难堪的地方，子女们将不大尊重几乎与他们同代的父母，而且在家务管理中大家年龄相近就难免出现许多口角。再次就是我们刚才岔开了的本题。即立法者按其意愿培养出儿童们健壮的体格。

几乎只需采取一项措施就可满足上述所有要求。因为按照通常的说法,男子的生育年龄终止于70岁,妇女终止于50岁,故男女双方的结合应该遵循这一年龄界限。年轻男女双方的结合对于生儿育女是不利的,因为在所有其他动物中,年轻的双亲新生的后代都发育不全、体格弱小,且多为雌性。故人类的情况也不会例外。以下事实可以为证:那些习惯于男女早婚的城邦,人们往往体格弱小,发育不良。在生产期间年轻母亲更痛苦不堪,许多人死于分娩。因此有些人说这就是特罗埃岑人所求得的神谕的意思①,即许多年轻妇女死去是因为她们结婚过早,这跟庄稼的耕种和收成没有什么关系。婚嫁年龄偏迟,对于节制也很有益处。因为一般说来年轻的女子婚后在房事方面易于放纵自己。而男性倘若在精液还在增长的时候便行房事,就会阻碍身体发育(因为精液也有一定的生长时间,会有不再或很少增长的时期)。因此,女子适合于18岁左右结婚,男子适合于在37岁左右结婚。此时婚配,男女的身体都正值鼎盛时期,他们的生育能力的衰退也将彼此同步。此外,假如他们很合理地马上要了小孩的话,当子女们开始步入鼎盛年华之际,他们已年近70,垂垂老矣,正好完成了传宗接代的任务。

关于适当的婚姻年龄已经作了说明,让我们进而考虑人们选择的成婚时间。如今婚期一般都定在冬天,这一选择十分得当。已婚的夫妇应当向医生或自然哲学家学习生育方面的知识,自然哲学家们会告诉他们风向方面的情况,他们大都认为北风比南风有利。

父母有什么样的体格对子女最为有利?这个问题待我们论述儿童的监护时再详加讨论。此时大略讲一讲就行了。运动员的体格对公民的正常品性以及健康和生育都没有什么好处,过于虚弱的体格同样不好,介于两者之间的体格最为适宜。公民的体质应当能够胜任劳作,就像运动员的体质那样。他只需胜任自由人的种种行动,男子和妇女都一样。

怀有身孕的妇女应当注意保养自己的身体,不宜流于疏懒,也不要吃营养不恰当的饭食。立法者很容易有效地纠治她们的疏懒,可以让她们每天步行去某一寺庙,朝拜专司生育的神祇。她们的思想和身体正好相反,需要保持轻松和安静。因为胎儿从母亲那里获得自己的性情,恰如植物得之于土壤。

关于婴儿的丢弃与抚养,最好立法规定,凡畸形的婴儿均不得抚养。至于婴儿的数量过多,有些地方的习俗又禁止丢弃婴儿,在这种情况下可以限制每对夫妇生育子女的数量,假如在允许范围外游乐妊娠,应在感觉和生命尚未开始之前实行流产,因为做得合法不合法应凭生命和感觉而定。

既然已经规定男女可以开始结合的适当年龄,让我们进而讨论适宜生育的时期的长短。因为父亲年纪太大,就会像过于年轻的父亲一样,生下的子女在

---

① 特罗埃岑人所求得的神谕是:"莫耕休闲的田地。"

身体和心智两方面都发育不良。晚年所得的子女往往十分孱弱，所以生育子女要以智力发育的顶点为限，诗人们以数字 7 作为度量年龄周期的标准，根据他们的说法，大多数人的智力发育的顶点在 50 岁左右。因而再过 4 或 5 年，他们的生育任务就可以解除了，剩余的岁月里夫妻相伴就只是为了健康或别的什么缘由了。

关于男女间的通奸，姑且认为，任何已婚的、已经作为夫或妻的男子或妇女与其他人通奸一概是不光彩的。如果正在生育子女的期间发生通奸，就应根据罪行轻重剥夺其一部分公民权利。

17. 孩子出生之后，给他们什么样的营养，对他们的身体机能会产生极为不同的影响。看看其他动物的情况以及那些一心想使其后代具有适应征战的体质的民族就不难明白，奶是丰富的食品，对身体最为适宜，饮酒愈少则愈不容易生病。其次，儿童们能够进行的所有运动对他们都有益处。为了使儿童的幼肢不致变形弯曲，如今有一些民族使用器械来保证儿童身体挺直，从幼年开始就训练儿童抵御寒冷是明显有益的，这样其健康和战斗能力都可以加强。因而不少野蛮民族有把新生的婴儿投入冰冷溪水的习俗，另有些民族则仅仅给婴儿裹上单薄的襁褓，如凯尔特人就如此。因为所有能够通过习惯适应的事物，都以尽早开始培养这一习惯为宜，但应当循序渐进。儿童们的温暖体质很容易训练得适应寒冷。

关于儿童的早期保育应按上述方式或其他类似的方式进行。接下来是 5 岁以前的时期，这一时期的儿童不能有任何学习任务或强制性的劳动，否则会阻碍其身体发育，同时还需注意使儿童保持一定的运动，以免他们的肢体僵滞，通过其他一些活动或嬉戏都可以做到这一点。但这些嬉戏不应流于卑俗，不应过于劳累或过于散漫。被称为"儿童法监"的官员要细心遴选适于儿童倾听的故事或传说。所有这些事项都应为儿童未来的生活道路做好铺垫，各种各样的嬉戏玩耍应当是他们日后将热心投入的人生事业的仿照。在法律中禁止儿童们哭叫的那些人做得并不正确，因为哭叫有益于儿童的生长发育，对他们的身体是一种锻炼。儿童们哭叫如同深呼吸运动一样，可以增强身体的力量。

儿童法监们应监督少儿的成长，此外，尤其要注意的是避免儿童与奴隶在一起。7 岁以前他们都应在家中抚养。即使尚且年幼，耳闻目睹都很容易使他们染上不良习气。总的说来，立法者务必尽力在全邦杜绝一切污言秽语，把它当成一件事情来办，因为哪怕是轻微的丑话也会很快产生秽行。特别是年轻人，绝不能说或者听这类秽语。一个还没有取得参加共餐资格的自由人如果被发现在言语或行为上犯禁，必须施之以斥责和体罚。年长的自由人如果言行与奴隶无二，就须剥夺其共餐资格。既然我们禁止这类言语，显然也应该禁止人们观看淫秽的图画和戏剧表演。要委任行政官员监察一切临摹和图画，防止他们模仿淫秽的行为，不过法律允许的为某些这类神祇举行的节庆场合要除外。

法律允许成年人为了他们自己以及妻子儿女崇拜这些神祇。但是在青年达到有资格参加共餐和饮酒的年龄之前,立法者应禁止他们吟诵长短格①的诗歌或观看喜剧,达到年龄后教育才能使他们摒绝这类作品的不良影响。

我们已经粗略地论述了顺便涉及的这些问题,后面将更为详细地加以阐明,并将确立依照我们假拟的必要法规,执政者应不应该首先对这些事情进行管理,以及怎样进行管理。悲剧演员德奥尔罗不允许任何别的演员(哪怕是位微不足道的演员)先于他登台,他这样做很有几分道理。因为观众对他们首先听到的演唱总是动情的。这一点同样也适用于诸多的人物和行为,我们经常偏爱最初的所见。所以少年们应当对一切恶劣的事物保持陌生,其中尤须摒绝包藏仇恨和邪恶的事物。5岁之后到7岁为止的两年时间里,他们应当观看将来要学习的事情。教育要分为两个年龄阶段,即从7岁至青春期的阶段和青春期到21岁的阶段。那些以7为单位来划分年龄周期的诗人们大体上没有说错,不过我们应按自然的差异来划分,因为一切艺术和教育都谋求弥补自己的不足。

此后,我们应首先考虑,是否应确立某种关于儿童的制度;其次,是否应由全邦公民共同监护儿童或者应采取私人监护的方式(如今这种方式正在大多数城邦流行);第三,这种制度应该具有什么样的性质。

第八卷

1. 谁也不会有异议,立法者最应关心的事情是青少年的教育,因为那些没有这样做的城邦的政体都深受其害。应该教育公民适应他生活于其中的政体,因为每个政体一开始就形成了其固有的习俗,起着保存该政体自身的作用。例如,平民制的特征之于平民政体,寡头制的特征之于寡头政体,其习惯特征愈优良,由之而来的政体也就愈修明。

一切能力和技术的个别运用,都需要预先的训练和适应,显然德性的运用也是如此。既然整个城邦有着唯一的目的,那么很明显对所有公民应实施同一种教育。对教育的关心是全城邦共同的责任,而不是私人的事情——今天的情况则是各人关心各自的子女,各人按自己认可的准则施教。然而对于共同的事情应该实施共同的教育。同时不能认为每一位公民属于他自己,而要认为所有公民都属于城邦,每个公民都是城邦的一部分,因而对每一部分的关心应当同对整体的关心符合一致。以此而论,斯巴达人应该受到赞扬,因为他们尽了最大努力来训练儿童,把儿童的教育作为全邦的共同责任。

2. 显而易见,在教育方面应有立法规定,并且教育应是全邦共同的责任,但也不能忽视教育的内容以及实施教育的方式。关于教育的实例,如今是众说纷

---

① Iambos,亦作"抑扬格"。

纭。无论是有关德性还有有关最优良的生活,人们对年轻人应该学习的内容莫衷一是,至于教育应该偏重于思想内容还是偏重灵魂的伦理特性,人们同样是争论不休。现今事实的教育也令人迷惑难解,谁也不清楚应当进行什么样的训练,不清楚应当注重生活的实用还是应注重德性的修养或卓越的智识。所有的观点都有人称是,一旦涉及德性问题,依然是各执一词。因为不同的人所崇尚的德性不会直接相同,从而他们关于修养德性的观点理所当然地要彼此相异。有一点很清楚,就是儿童应该学习种种必需的和实用的事务,但还不是全部实用的事务,因为它们明确分为自由人和非自由人的两类,儿童们只能从事工匠们不能从事的有关实用事务。任何工作、技术和学识倘若使得自由人的身体和思想不适合于德性的运用和实行,都应认为与工匠的营生同类。因此我们称为工匠的贱业的种种技艺都败坏公民的身体,而领取酬金的活计会劳瘁公民并贬抑其思想。还有一些自由人的知识领域,某些人大致可以不失身份地参与其中,但如果他们过于尽力,刻意求精,就同样会受到上述的危害,为自己为朋友或者是出于德性的行为都不会丧失身份,然而一旦出于其他目的,同样的行为往往就会显出卑贱和奴性。

现行的教育科目,根据前面所说,就可以分为这样两类。

3. 儿童们的教育中包括一些实用的课程,例如学习读写,但并非仅仅为了实用,而是为了通过它们得以步入更加广阔的知识天地。同样,学习绘画也并非为了在私下的交易中不致出差错,或者在各种器物的买卖中不致上当受骗,而毋宁是为了增强对于形体的审美能力。处处寻求实用是对自由大度胸怀的极大歪曲。既然在教育方面习惯先于理性,身体先于思想,由此,显然应先把儿童交给体育教师和角力教师,这些人分别能造就儿童的体质和教给他们身体方面的本领。

4. 如今在那些似乎是最关心儿童的城邦中,有的只是造就了儿童运动员一样的体质,却损害了他们的体形和阻碍了他们的发育。斯巴达人虽然没有犯这种错误,他们却对儿童进行了艰苦的训练,认为这样可以大大增强其勇敢。然而,正如我们多次重复的一样,教育不能仅仅一种德性或最主要地以这种德性为关心的目标。即使他们致力于这一目标,也并没能付诸实现。因为在其他动物和人群中间,我们看到勇敢并不是与残暴结合在一起,而总是伴随着温顺的类似狮子的性格。有许多部落的人群喜好杀戮和宰食生人,例如居住在滂沱海沿岸的亚细亚人和亨尼沃契人,另有一些内陆的部落一方面与这两个部落相像,另一方面则有过之而无不及——他们靠窃盗为生,却没有勇敢的品德。我们熟知的斯巴达克人,尽管他们不是辛苦超出常人,而如今在体育竞技中和在战争中都已远落人后。他们早先的强盛并不起因于训练青年的方式,而是由于只有他们才进行了这种无人匹敌的训练。由此可知,首要的东西是高尚而不是残暴,狼或其他凶残的野兽不可能面临一个高尚的危险,只有善良之人才有可能慷慨赴险。有些人教育儿童过于注重粗野的身体训练,却忽略了必要的教诲,其实际的结果是把儿童变成了低贱的工匠。他们仅仅教给儿童们于政治有用的事情,可是就按这种做法其结果也不如他人。所以我们不需以过去的业绩来评价斯巴达克人,而要看他们现在的情况;因为如今他们在教育或训练方面终于有了敌手,而早先却没有。

对于体育训练的作用和什么样的训练方式才能起作用,人们有一致的认识,青春期以前的儿童只应从事轻微的锻炼,并要避免严格的饮食限制和强制性的劳累,以免阻碍其身体发育。这类训练措施可能产生的恶果在奥林匹克竞赛的获胜者身上清楚地得到了印证,他们中最多只有二三人既能在少年时获胜,又能在成年时获胜,因为过早的剧烈训练损伤了少年选手的身体机能。青春期到来之后的三年里,应该学习一些其他课程,随后的年龄才适于从事剧烈的运动和接受严格的饮食限制。因为人的思想和身体不宜同时操劳,两种劳动天生彼此颉颃,身体的劳累妨碍思想,思想的劳累又妨碍身体。

5. 然而教育少年明摆着不是为了嬉戏娱乐,学习并不是娱乐,它需要付出辛劳。这种年龄的少年也不适宜逸乐,因为这终极的目的与尚不完全的人生状况并不相称。

音乐的教导很适合少年的本性,青少年们由于年龄关系极不情愿忍耐那些缺少快乐的事物,而音乐在本性上就属于令人快乐的事物。而且,音乐的旋律和节奏可以说与人心息息相通,因此一些有智慧的人说灵魂就是一支旋律,另一些则说灵魂蕴藏着旋律。

6. 青少年是不是需要亲自学习歌唱和演奏,对于这个前面提出的疑问,此处我们要明确指出,如某人亲身投入音乐活动,他感受到的影响就会大不相同。那些不参加音乐演奏的人很难或几乎不可能成为评判他人演奏的行家。同时,儿童们总须有事可做,阿尔古太的响器①就会被认为精巧适宜,这是父母为了使孩子们不致损坏家中什物给他们的玩具,因为小孩总是不能保持安分。这种响器与孩子们的童心极其吻合,其实音乐教育就是稍大一些的少年的响器或玩具。因而从以上所说可知,音乐教育应该让青少年亲身参加演奏。

音乐的学习要遵循的原则是:不能为参加竞赛而刻苦进行技术训练,也不能追求惊奇和高超的表演,这类表演在今天的一些竞赛中日趋流行,并且从竞赛进入了教育体制;应以青少年达到能够欣赏高雅的旋律和节奏的水平为限,而不能仅限于某些其他动物、奴婢和幼儿都能欣赏的普通音乐。

于是,我们应当杜绝需要专门技巧的乐器和专重技巧的音乐教育——所谓专门技巧,是指旨为参加竞赛而训练的技巧。因为参赛者的表演不是为了自身的德

---

① 阿尔古太,公元前 5 世纪末塔兰顿哲学家,一说是木匠。他喜欢同儿童游唱,这一玩具可能由他设计制作。

性,而是为了取悦听众,追求一些庸俗的快乐。

7. 关于曲调和节奏,我们还须考察,是所有的曲调和节奏都适用于教育还是应当有所区分。又如,在推行音乐教育的过程中应采取同一种区分原则还是有所差别。既然我们看到音乐在于旋律和节奏,就不应忽略两者对教育分别有什么影响,以及我们是都应该向往好的旋律和好的节奏。但是关于这些问题,今天的一些音乐家和碰巧关心过音乐教育的哲学家已经恰如其分地做了大量的阐述,在这方面有志于做更细致研究的人不妨去研读这些人的著作,此处我们只是想从立法者的角度做些概要的论述。

依据某些哲学家给出的划分,旋律可分为道德情操型、行为型和激发型三类,各种曲调在本性上各自与其中某一特定类型相对应。但是我们仍然主张音乐不宜以单一的用途为目的,而应兼顾多种用途。音乐应以教育和净化情感为目的,其次是为了消遣,为了松弛与紧张的消释。显而易见,所有的曲调都可以采用,但采用的方式不能一律相同。在教育中应采用道德情操型,在赏听他人演奏时也可以采用行为型和激发型的旋律。因为某些人的灵魂之中有着强烈的激情,诸如怜悯和恐惧,还有热情,其实所有人都有这些激情,只是强弱程度不等。有一些人很容易产生狂热的冲动,在演奏神圣庄严的乐曲之际,只要这些乐曲使用了亢奋灵魂的旋律,我们将会看到他们如疯似狂,不能自制,仿佛得到了医治和净化——那些易受怜悯和恐惧情绪影响以及一切富于激情的人必定会有相同的感受,其他每个情感变化显著的人都能在某种程度上感到舒畅和愉快。与此相似,行为型的旋律也能消除人们心中的积郁。所以那些在音乐剧场参加竞赛的人可以采用这类曲调和旋律。由于观众有两类,一类是受过教育的自由人,一类是工匠、雇工和其他诸如此类的鄙俗之人,也应该设立一些令后一类观众开心的竞赛和表演。这些音乐应当投合他们偏离了自然状态的灵魂,由于这个缘故,他们喜欢听怪异的曲调,偏好紧张和过于花哨的旋律。每个人依照其自然本性来取乐,所以专职的乐师在为鄙俗的观众演出时,可以选用与他们相宜的那种音乐。在教育方面,据先前所说,则应采用道德情操型的旋律和曲调,比如前面提到过的多利亚调①;但是我们也应接受那些通晓哲学和音乐教育的人所赞同的其他乐调。《国家篇》②中的苏格拉底在多利亚调外只保留了弗利吉亚调是不妥当的,特别是在他反对使用笛子乐器的情况下。

---

① 以 re、mi、fa、sol 为主音构成四种正格调式:多利亚(Dorian)、弗利吉亚(Phrygian)、吕地亚(Lydian)、混合吕地亚(Mixolydian)。以首调唱名 re 为主音的调式叫做多利亚调,以首调唱名 mi 为主音的调式叫做弗利吉亚调,以首调唱名 fa 为主音的调式叫做吕地亚调,以首调唱名 sol 为主音的调式叫做混合吕地亚调。亚里士多德认为混合吕地亚调令人悲郁,多利亚调令人神凝气和,弗利吉亚调令人热情勃发。——编者注

② 即柏拉图的著作《理想国》。

一个基督教王子的教育①

伊拉斯谟

作者简介

伊拉斯谟(Desiderius Erasmus,1466—1536),文艺复兴时期尼德兰人文主义思想家、教育学家。

他生于荷兰的鹿特丹。9岁时就入教会学校学习,26岁时入巴黎大学学神学。曾周游法、英、德、比等国及到意大利研究古典文献,编辑古典著作。1510—1514年,他任英国剑桥大学神学教授,兼教希腊文,并赞助人文主义教育家科利特(J. Collette)建立圣·保罗学校。他编写的拉丁文课本在16、17世纪被欧洲各国广泛采用,曾著有《一个基督教王子的教育》等多部著作。

选文简介、点评

伊拉斯谟是欧洲文艺复兴时期的人文主义者、教育家。他的教育主张是:国家的主要希望,有赖于对青年的正确教育;学习古典语文和古典文献应成为中等教育的核心;选拔好的教师对教育改造关系极大;天赋、教导和练习决定一个人的发展,后者起主导作用;尊重儿童个性差异,关心儿童身心均衡发展,改进教学方法;在教学中采用直观教具,"事物先于文学";反对棍棒教育,要求把表扬和批评适当结合起来。晚年,他还曾注意女子教育。

《一个基督教王子的教育》写于1516年,原版为拉丁文,为伊拉斯谟的教育代表作之一,比较全面系统地阐述了他的教育理念。在书中伊拉斯谟极力为君王治理国家出谋划策,认为将王子培养成为基督教徒,成为仁慈而贤明的君主是治国的要务。

在书中,伊拉斯谟比较系统地表述了他的教育观点。伊拉斯谟认为人的成长来自四个主要因素:遗传本能、教育、习惯和经验。他还认为个人发展有三个因素:自然、训练和练习。他主张应该把国家的权力托付给具有帝王所必需的品质即智慧、公正、节制、远见和热心公共福利事业的人。他非常重视王子的教育和早期教育的影响,认为未来王子的教育应该从襁褓时期开始,使他的心灵

---

① 华东师范大学教育系与杭州大学教育系选编. 西方古代教育论著选[M]. 王承绪,译. 北京:人民教育出版社,1986.(根据1904年剑桥大学出版社在英国出版的 *Desiderius Erasmus Concerning the Aim and Method of Education* 所译,作者为 William Harrison Woodward)

充满着有益的思想,"从来没有什么东西像在早年学习的东西那样牢固"。与柏拉图一样,他认为一个幸福的国家,要由哲学家掌握政权。不过他所谓的哲学家是基督教徒的同义语,即一个王子必须是真正的基督教徒,能"用基督教的标准估量一切东西"。

虽然书名为"一个基督教王子的教育",但伊拉斯谟认为,他所表述的教育主张,不仅适用于王子,"也适用于王子将来统治的那些自由的、情愿的臣民们的成长"。故在某种意义上,该书所阐述的教育原理及方法具有普遍适用性。这里节选了对王子幼年时期怎样当好国王的教育,其中包括关于环境对儿童发展的重要影响、教师的选择、儿童品德的培养,以及儿童阅读书籍的选择等内容。作者认为不应该让王子"和未经选择的游伴往来,他只能和品德优良、谦虚谨慎的孩子交朋友"。王子应避开坏人,"和这些人在一起,除了享受、娱乐、傲慢、自大、贪婪、闹气和残暴以外,他听不到什么东西,学不到什么东西,吸收不到什么东西"。应为王子选择良师,这样王子才能受到好的教育。最后,王子还应读好书,因为"不正经的谈话毁坏心灵,不正经的书籍毁坏心灵的程度并不比它稍差。没有声息的文字会转变成为态度和情绪"。

这些看似是对王子的要求,但是对当今的家长和教师正确教育幼儿亦有很大的启迪。伊拉斯谟的这种基督教人文主义教育思想,一直到19世纪,在欧洲仍具有颇大的影响。

选文正文

第一章 基督教王子的品质和教育

当用选举的方法选择王子时,要是只注意他祖先的肖像,研究他的外貌和他的身高(我们知道,有些未开化的种族一度就是最愚蠢地这样做的),找一个性情恬静、温和的人,都是不相当的;我们宁可找一个天性沉着坚定的人,既不轻率鲁莽,也不那么容易激动,以防在运气好时因放纵而发展成为暴君,完全不尊重他的顾问和参事。但是,要注意他不能那么懦弱,以至于完全不赞成轻浮儿戏;也不那么性急,以致为离奇幻想所着迷颠倒。也许还应该考虑一下王子的健康情况,不要突然发生王位继承的危机,这种危机对国家将是一个困难。在航海时,轮舵并不交给一个出身、财富或外貌方面超过他同伙的人,而宁可交给一个在航海技巧、机敏和可以信任等方面超过同伙的人。一个国家的统治也是这样,国家的权力非常自然地应该托付给在帝王所必需的品质,如智慧、公平、节制、远见和热心公共福利等方面都胜过一切人的人。

雕像、黄金和宝石,无助于国家管理,也无助于一个船长把舵。有一个思想应该关系到王子的统治,同样应该关系到人民选择他们的王子,即:清除一切私人利益,考虑公共福利。

改变你们的选择愈加困难，你们候选人应该选得愈加慎重，否则，轻率一时，报应可能延及一生。但是，在王子世袭的情况下，就无所谓选择了。亚里士多德告诉我们，这是古代的各个未开化的国家的常事，也几乎是我们现代所普遍接受的。在那种情况下，优秀王子的主要希望在于他的教育，这是应该特别注意的。这样，对于他的教育的关心将补偿选择权利的丧失。所以，从襁褓时期开始，当未来的王子还是虚心坦怀、没有形成的时候，就必须使他的心灵充满有益的思想。道德的种子必须播种在他精神的处女地，以便随着年龄和经验日益增长，它们会逐渐生长和成熟，在整个生命的过程中植根。从来没有什么东西像在早年学习的东西那样根深蒂固。在那些年代里所吸收的东西是最重要的，对一个王子来说，尤其如此。

要是没有机会选择王子，就必须同样仔细地选择未来王子的导师。想要一个生而具有高尚品德的王子，我们必须恳求天上诸神；一个生而具有优良资质的王子不会有差错，而一个具有中等才能的王子，可以通过教育改善，这主要是在我们职权之内的事情。过去有一种习惯，给那些应得国家荣誉的人造雕像，建牌坊，授爵位。没有一个人比忠诚地和热情地给王子以正当训练，不求个人的待遇，但求国家幸福的人更配给予这种荣誉了。一个国家，一切都归功于一个好王子；一个好王子，一切都归功于运用道德的原则使他成为好王子的那个人。没有比王子尚未认识到自己是王子时是使他定型和得到改善的更好的时间了。这段时间必须很好地利用，不仅为了他可以不受卑劣的朋友的影响，而且为了他可以吸取某些明确的道德原则。如果勤勉的家长会悉心去培养一个命定只继承一两英亩土地的孩子，试想对于一个将不是继承一座房子，而是要继承那么多人民、那么多城市的人，一个继承世界的人——他要么是一个给全体人民带来共同利益的好人，要么是一个给全体人民带来灾难的坏人，对于这样一个人的教育，应该寄予多么大的兴趣和关心呀！统治好一个帝国，是一件伟大、光荣的事情，但是，把帝国传给一个不比自己坏的统治者，仍然是光荣的；不，说得更恰当些，一个好王子的主要任务，就是要注意不要变成一个坏王子。要这样地进行统治，好像你的目的是：绝不让我的同辈继承我；同时，教育自己的孩子，以便承担未来的统治，希望由一个更好的王子来继承自己。说他留给国家一位优秀的王子做继承者，虽然他自己似乎是平常人，却没有比这更加有光彩的赞美了。他的光荣不可能比此更加真实地显露出来。最坏的一种赞美是，一个统治者当他在世时，使人不能忍受，但当比他更坏的人登基的时候，他却被人们思念着，似乎失去了一个优良、有益的国王。让一个优良、贤明的国王总是这样地教育他的孩子：他应永远记住，他们是为着国家而生的，现在正是为着国家而受教育，不是为着他自己的理想。对国家的关心必须总是超过作为父亲的个人情感。一个国王，无论他可能树立多少雕像，无论他可能建筑多少宏伟的工程，他不可能有比培养出一个各方面都很出色、像他父亲一样建树了许多杰出事业的儿子更加卓越的纪念碑了。一个人要是留下了一个活像他自己的人,他是不死的;一个国王应该从他全体居民中选拔教师担负这个责任——甚至从各方面招募具有优秀品德和无可争辩的原则性、严肃、不仅精通理论而且具有丰富经验的人,使他们受到深深的尊敬;生活纯洁,使他们享有威信;爱交际和态度温柔,使他们得到爱和友谊。这样,一个幼弱、年轻的人,不致因严格训练而受到损伤,不会在还没有懂得社会准则的时候就学会怀恨准则;另一方面,他不会由于导师没有经验的放纵而品德败坏,滑到不应该的地步。对任何人的教育,特别是对王子的教育,教师必须采取中庸之道;他应该相当严厉,足以压制青年人鲁莽的鬼把戏,但又对他友好的理解,以减缓他严厉的抑制。王子未来的导师就应该是这样的人:他能责备人而不使其感到奚落,会赞扬人而不流于谄媚,由于他纯洁的生活而受人尊重,由于他使人愉快的态度而受人敬爱。

有些国王热衷于练习好好照料一匹骏马、一只鸟或者一只狗,但是,对于委托谁来训练他们的儿子却认为是一件无关重要的事。他们往往把他们的儿子交托给这样一些教师,而任何一个有点常识的普通公民都不愿意把他们的儿子交托给他们。你为继承王位而得有一个儿子,要是你不教育他怎样治国,那么结果将会如何?也不应该把年轻的王子交给随便哪一个保姆,而只能交给曾受过护理专业教育、训练有素、品德纯洁的人。不应该让王子和未经选择的游伴往来,他只能与品德优良、谦虚谨慎的孩子交朋友;他应该受到最精心的抚养和训练,使他成为一个绅士。当他的心灵还没有用优良行为的箴言使它强固以前,必须使他远远避开成群的顽童、不肯悔改的酒鬼和讲下流话的人,特别是那些拍马屁的人,一定不要让他看到或听说。因为,这些人的天性倾向于作恶,而没有一个幸运的天性,是不会为错误的训练所腐蚀的。一个王子,不管他天生的性格怎样,在他襁褓时期就受到了最愚蠢的见解的袭击:他在糊涂的妇人的圈子里受教育,在顽皮的女孩子、被抛弃的游伴和最卑鄙的拍马屁者中间,在演滑稽戏的人和小丑、酒徒和赌棍以及愚蠢的、行为放荡的人中间长到童年。和这些人在一起,除了享受、娱乐、傲慢、自大、贪婪、闹气和残暴以外,他听不到什么东西,学不到什么东西,吸收不到什么东西。从这所学校,他很快将进展到管理他的王国!虽然每一种伟大的艺术都是非常困难的,但是没有一种艺术比善于统治的艺术更加精巧,更加困难。为什么独有对这一件事情我们感到无须训练,认为生来就能胜任呢?若他们在童年时期尽是扮演暴君,在成年时期除了献身暴虐以外,还能有什么别的目的呢?

国家把它的王子交给教师管教,教师应该仔细思索,发现王子的性情。有时,在这样小的年龄,就能从某些迹象发现王子比较倾向于急躁还是傲慢,倾向于希望成名还是渴望名声,倾向于放荡还是赌博、贪婪,倾向于抵抗还是战争,倾向于鲁莽还是残暴。当他已经发现王子的弱点时,他应该用优良的理论和适当的教导教化他,设法把一个尚易于接受引导的人引向更好的道路。另一方面,如果发现王子的天性倾向于生活中的好事,或者无论如何只倾向于那些容易转变为美德的坏事,例如功名心和挥霍浪费,教师则应该更加努力,帮助王子天性的长处得以发扬。只是教给王子一些箴言,限制他的不道德行为或鼓励他上进,还是不够的,必须使这些箴言对王子发生深刻的影响。要把它们传授给王子,对他谆谆教诲,并且想方设法使王子经常接触它们,时而用暗示,时而用寓言,时而用类推,时而用榜样,时而用格言,时而用谚语。这些箴言应该雕刻在戒指上,画在图画上,挂在花环上,并且采用任何其他适合王子的年龄、能使他感兴趣的方法,经常地摆在他的面前。著名人物的事迹灼烤着高贵的青年的心胸,但是,他们所吸取的见解更为重要。因为整个的生活方式就是从这些发展起来的。如果仅仅是一个男孩,我们必须立刻注意,使他只得到善良的和有益的思想,好像用某些有效的药物加强了防卫,抵制老百姓的有毒害的见解。如果导师不幸遇到一个倔强、不易驾驭的性格,他也没有权利逃避或缩减责任。没有一只野兽那么狂暴、那么可怕,以致训练者的技能和忍耐不能驯服它。为什么导师要断定一个人那么粗暴、那么无望,以致他不能用不辞劳苦的教育加以改正呢?

另一方面,如果导师遇到一个比较好的性格,没有理由阻滞他的努力。如果农夫不注意,则土壤的质地愈好,就愈会被荒芜,长满无用的野草和灌木。一个人的性格也是这样:它愈丰富、愈高贵、愈正直,若不用优良的教学加以改善,则它会被可耻的坏习惯所袭击。

当他的学生还是一个小孩时,他可以把有趣的故事、令人愉快的寓言和巧妙的比喻引进他的教导。当他年龄稍长时,他可以直接地教他相同的东西。

当诱惑开始降落到王子年轻的心胸时,他的导师应该把这些故事归入他的教育内容。他应该告诉王子,蜂王从不远飞,它的翅膀和身体的大小比起来,比其他蜜蜂的翅膀小,而且只有它没有刺。从这一点,导师应该指出,经常留在国土之内是做好王子的一个方面;以仁慈闻名应该是对他的特殊的奖赏。任何地方均应贯彻同样的思想。这篇论文的任务,不在提供一个冗长的实例的目录,而仅在于指出原理和方法。如果有一些故事看起来过分粗糙,教师应该用有说服力的语言给它们以修饰。教师应该在别人面前给他以表扬,但是表扬要合乎事实,并且要得当。教师的申斥应该私下进行,在批评王子的时候,应该态度和蔼,稍微减少训练的严肃性,当王子年龄稍长时,特别要这样做。

导师应该首先注意使他的学生热爱和尊敬德行,让这成为最适合于一个王子的优秀品质;应该首先注意使他嫌恶和回避道德行为中的奸恶,视其为最肮脏、最可怕的东西,为了避免年轻的王子惯于把财富看做不可缺少的必需品,从而认为可以通过正当的或不正当的行为去获取。要使他懂得,通常所称赞的荣誉并不是真正的荣誉。真正的荣誉乃是出于自己心愿的德行和正确行动的结果,它愈不装模作样,就愈有名声。人民的低级的欢乐和王子很不相称,特别是与一个信奉基督的王子更不相符。另外有一种欢乐,它在一生中经久不变,纯正而且真实。应该教导年轻的王子,有人愚蠢地夸大显赫而高贵的身份、雕像、蜡制面具、家谱以及传令官的华丽的行列,但这些除非得到有价值的行为的支持,就只能是空洞的词句而已。一个王子的威信,他的伟大,他的庄严,绝不能通过狂妄夸耀来发展和保持,而必须通过智慧、团结和优良的行为去建树。

不要害怕死亡,我们也不应该为别人的死亡而悲伤,除非这是诱杀。一个最幸福的人并不是一个生命最长的人,而是一个充分利用他的一生的人。生命的长短不应该用年龄来测量,而应该用我们出色地完成的事业来测量。生命的长度和一个人的幸福并无关系,问题是他生活得是否美好。当然,德行本身就是奖赏。一个好王子有责任考虑他的人民的福利,如有必要,甚至不惜自己的生命,而为了人民而丧失生命的王子,他并没有真正死去。一切为普通人们视为快乐而珍爱的东西,认为美好而尊重的东西,或者觉得有用而采取的东西,都只能用一个标准来衡量,那就是价值。另一方面,任何普通人认为不愉快而反对的东西,认为卑贱而轻视的东西,或者他们认为有害而回避的东西,都不应该躲避,除非它们和不名誉联结在一起。

这些原则应该倾注在未来王子的心灵里,它们应该深深印在他柔顺、幼小的心田里,好像是最神圣的法律。让他听到许多人为这些思想而被表扬,另外有许多人为相异的思想而被谴责。然后,他将习惯于由于做好事而得的表扬,并且憎恶由于做坏事而来的耻辱。

假如你有了名声,不要夸耀你的地位。假如人们有什么赞扬的话,那是属于艺术家的天才渲染。最好是使你品性好。假如伟大、宽厚和仁慈不在王子一边,那么照天意办事又是什么意思呢?因为残忍经常伴随着极权。

你不要想干什么就干什么,像愚妇和谄媚者经常吹捧王子那样。上学受教育可以使你对不适当的事物感到不愉快,这就防止犯错误。要记住,对公民适合的却不一定是你需要的。任何一点错误对一个王子来说都是可耻的。愈是众人体谅你,你就愈要严格进行自我批评。你的生活应该让大家知道,不要把自己隐藏起来。你或者是一个普通的好人,或者是一个带来破坏的坏人。每当人们给你荣誉时,你要尽力去报答他们。

不要从你的外表和你的好运来评价自己。不要用别人的称赞来衡量自己,要用自己的事迹来衡量自己。因为你是一个王子,不要接纳任何对一个王子来说不值得称赞的称赞。假如有人谈到你的外表,要记住,这是称赞妇女的方式。假如有人称赞你讲话流利,记住,这种称赞适合于智者和演说家。假如有人称赞你的体力强健,记住,这种称赞用于运动员而不是对王子。假如有人吹捧你的高贵地位,你必须有这种思想:"他这样称赞我,那是想从我的地位上得到什么。"假如有人称赞你的财富,记住,这种称赞适用于银行家。总之,这些歌颂性的称赞没有一个是适用于王子的。

假如你要人们恰当地称呼你,那就要看你的行为是都能得到好名声,是否走正确的道路。因为没有真正的赞扬是由通过惧怕强取而来的,或由阿谀逢迎得来的。当王子的名誉和对他的拥护是通过威胁和暗地里的强迫而得到的,这是很坏的、可耻的事。

所有这些思想,必须由儿童的父母、看护、导师种入儿童幼稚的心中,使他逐渐长成一个真正的王子。他必须是自愿地而不是被迫地学习这些原则。这种方式也适用于王子将来统治的那些自由的、情愿的臣民们的成长。要让王子学习热爱美德和厌恶不公正,让他用羞耻心抑制羞耻的行为,让他勇敢而不怕困难。一个好王子在方向和情欲方面要有一个正确的观念。因为羞耻心可以纠正不良道德,较成熟的年龄和给予纠正可以改变堕落性的需要。把不荣誉与道德联系起来进行比较,不做暴君等,是一个王子重要的职能。当生活中的所有行为的源泉被污染后,纠正就成了很困难的事了。因此,在教育上第一个和最重要的办法就是把低级思想从王子的思想中根除。如果在任何情况下种下了不良的根,但能用与王子相称的有益的思想予以替代,则仍不失为一个基督教王子。

第二章 王子必须避开谄媚者

首先,必须注意使保姆不要被这种疾病传染,或者是只有极轻的毛病。女性是特别容易患这种疾病的。此外,多数保姆具有母亲所共有的缺点——多数母亲由于放任而纵坏了她们孩子的性格。所以,应该使这样一批人尽可能离开未来的王子,因为她们生来就容易有两个大的缺点——愚蠢和阿谀。其次,除了导师的训练以外,给王子增加一些性格诚实的伙伴,他们将殷勤相处而不用阿谀,习惯于说话风雅,并且不会仅仅为了讨好而欺骗或说谎。关于选择教师的问题,我已经表示过意见了。

法拉留斯①明智地鼓励王子读书,因为一个王子常常能从书本学到一些他的朋友所不敢相劝的东西。但是王子必须用这样的方式预先准备好解毒药:你所读的书的作者是一个非基督教徒,而你这个读者乃是一个基督教徒;虽然他在许多问题上所讲的话具有威望,但是他并没有对一个好王子作出正确的描绘。应该注意,不要在他的著作中偶然发现一些东西就想直接模仿,应该用基督教的标准估量一切东西。

最重要的是对作者进行选择,因为孩子最初阅读和吸收哪一类书籍是十分重要的。不正经的谈话毁坏心灵,不正经的书籍毁坏心灵的程度并不比它稍

---

① "法拉留斯"应该是可以帮助王子成长的聪明可靠的人。——编者注

差。没有声息的文字会转变成为态度和情绪,特别是当它们碰上一个有某些缺点的天然性格的时候更会如此。最好还是读一些诗人写的喜剧和传说,而不读那些无聊的东西。如果谁想采用我的计划,那他在教了一些初步的语言知识以后,应该立刻提出把所罗门①的《箴言》《传道书》和《智慧篇》作为阅读材料。这不是要一位说大话的解释者用神学家的思想去折磨孩子,而是要用很少几句话,把一个好王子的职能适当地向他指出来。首先必须培养王子对作者和他的作品的爱:你是命里注定担任统治的,而他(作者)解释统治的艺术;你是帝王的儿子,你自己是未来的帝王,你将听到最聪明的帝王是怎样教他准备继承王位的儿子的。然后,可以读福音书。在这里用什么方法激发孩子的精神,使他热爱作者和他的著作非常重要,这将在相当程度上依靠解释者的聪明和善用时机,要解释得简短、明白、有道理而且生动,并不是什么都解释,而只解释和王子的职务最有关系的那些部分,以及会使年轻的王子清除他头脑里一般王子所共同的有害的思想的那些部分。第三,读普鲁塔克的《格言》,然后读他的《道德论》,因为,找不到比这些著作还要纯洁的书。我还喜欢他的《传记》。读了普鲁塔克的著作以后,我毫不犹豫地指定塞内加②,他的著作很有刺激作用,它激发读者的热情,追求道德的完美,使读者从卑污的心地抬起头来,特别是他的作品谴责各处的暴虐。亚里士多德的《政治论》和西塞罗③的《论义务》有许多值得读的部分,可以很好地摘出来。但是,柏拉图的著作是有关这些问题的最可敬的来源——至少我的意见是如此,西塞罗采纳了他在《法律篇》中的一部分看法;而《共和国》一书是遗失了。

我将不会否认,读历史学家的作品可以从中得到极丰富的智慧,但是,除非你预先得到警告,谨慎地阅读,否则你将从同样这一些来源吸取到毁灭的要素。你应该注意,不要被多少世纪以来大家所推崇的作家的名字所欺骗。希罗多德④和色诺芬⑤都不是基督教徒,但他们都写历史,他们往往叙述最坏的王子,一个通过他们的描写使人觉得快乐,另一个描写非常的领袖的形象。

然而,假如在一些事务中,你偶然发现一个坏王子做了一件值得称赞的事,你就要挽救他,好像从粪堆中找到一块宝石。一个暴君是可恶的,虽然他没做过好事,但也不能说他一无是处。

当王子拿起一本书,他不要有读书是为了快乐的想法,读书是为了使他变得更好些。他要是真希望好一些,他就能容易地找到逐步好起来的方法。善的最主要之处是决心为善。没有什么比从书中能获得更正直和更有益的东西了。

---

① 所罗门(公元前960—前930),犹太国王,以智慧著称。
② 塞内加(约公元前4—65),古罗马剧作家。
③ 西塞罗(公元前106—前43),古罗马政治家、哲学家。
④ 希罗多德(约公元前480—前425),古希腊历史学家。
⑤ 色诺芬(公元前427—前355),古希腊历史学家。

母育学校[①]

夸美纽斯

作者简介

夸美纽斯(Jan Amos Komensky,1592—1670)是17世纪杰出的捷克教育家,近代资产阶级教育学的奠基人之一,泛智教育思想的代表人物,是人类教育史上里程碑式的人物。

夸美纽斯出生于磨坊主家庭。10岁时,父母双亡。22岁起就担任一所文法学校的校长,后又曾任"捷克兄弟会"(捷克的一个民主教派)的牧师和主教。生活在从中世纪向近代社会转型时期的夸美纽斯,一生致力于民族独立、消除宗教压迫以及教育改革事业。他一生著述颇丰,各类著作多达265种。

选文简介、点评

《母育学校》(*School of Infancy*),是17世纪捷克伟大的爱国主义者、民主主义教育家夸美纽斯论述学前教育的专著。这本书是用波希米亚文写成,后译成德文、英文及其他国家的文字。如果说他的《大教学论》是一部普通教育学的经典著作,那么,《母育学校》就是一部学前教育学的经典著作。

对于学前儿童的教育,最早予以关注的西方人是古希腊的柏拉图,此后,亚里士多德、昆体良、奥古斯丁等都曾经留下精辟见解。但是欧洲中世纪的儿童在棍棒下生活,教育理论长期停滞,学前教育更是无人问津。直到文艺复兴时期,人文主义者才提出重新提出学前教育问题,但在此以后的近200年中,还没有人写过全面论述学前教育的专门著作。夸美纽斯完成了这一前无古人的开创性工作,他的《母育学校》堪称世界第一部"学前教育学"。

夸美纽斯认为,幼小儿童虽然软弱,但也容易塑造;人的年岁有限,可学问无穷,应及早利用时间学习;神之所以赋予幼年特别长的时间,就是为了儿童能接受充分的教育;幼年时所受的教育影响最大最久;人心好动,如不施教,则有损无益。因此,学前时期是接受教育的最佳时期,是知识的播种时期,如错过机会,则难以后补。在夸美纽斯看来,每一个家庭都可以成为一所学校,孩子的父

---

① 任钟印.外国教育名著丛书——夸美纽斯教育论著选[M].任宝祥,等译.北京:人民教育出版社,2005.[根据美国教育家孟禄(W. S. Monroe)编的《夸美纽斯的幼儿学校——论幼儿头六年的教育》英文版所译]

母(特别是母亲)便是老师。他在教育史上第一次从普及教育的角度和儿童心理发展的连续性和阶段性的角度,提出学前阶段教育的重大任务。夸美纽斯认为儿童到成人的发展分为婴儿期、童年期、少年期和青年期四个阶段,每一个发展阶段都有专门的教育任务;同时,他又强调每个阶段间存在着密切的联系。从上述观点来看,母育学校乃是他构筑的前后衔接而统一的学制系统的第一阶段。

在《母育学校》中,夸美纽斯详细论述了学前教育的重要性、胎教以及学前教育的内容。他阐述了儿童的价值,父母的责任,学前教育的意义、任务、内容、原则、方法等内容。与早期基督教会宣扬摧残人的肉体的陈腐观点相反,他将体育列为专章,详细论述了孕妇应注意的事项,母亲亲自哺乳的必要性,学前儿童的饮食营养、生活习惯、运动、游戏、玩具等。在学前儿童的智育中,他提出许多方法上的宝贵经验,充分体现了他的泛智论、现实主义、感觉主义及科学知识民主化的思想。另外,他还重视学前儿童的活动与表现,这个观点成为100多年后福禄培尔学前教育理论的中心思想。另外,他还列专章讨论了学前儿童的语言发展、道德教育和宗教教育。值得一提的是,把道德教育和宗教教育分成两章进行论述,是具有特殊意义的,这意味着道德教育已经从宗教教育中分离出来,已不再是宗教教育的附庸。

此书虽然论述的是家庭条件下的学前教育问题,但对后来的福禄培尔、蒙台梭利及杜威等教育家的思想都产生了直接或间接的影响。《母育学校》这本不足5万字的小册子,其社会教育意义已远远超出其本身,曾被翻译为多个译本,在世界各国广泛流传。

选文正文

第一章 儿童的要求

1. 大卫说:"儿女是耶和华所赐的产物,所怀的胎,是他所给的赏赐,年轻时所生的儿女,好像勇士手中的箭,箭袋充满的人,便是有福。"[1]他的话证明儿童是无价之宝——上帝的灵魂,大卫宣称上帝授予那些人以子女的是幸福的。

2. 由此看来,同样也是非常清楚的,即上帝旨在证明他对我们的爱,称我们是他的女儿,除此之外,好像再没有其他更好的名称来称赞我们。

3. 复次,上帝常为那些将其儿女献祭给莫洛克神[2]的人们所激怒。就那些崇拜偶像的父母之子女而言,值得我们严肃注意的,是上帝仍以他们为子女:这样就表明生育子女并非为我们自己是为上帝并且表明作为上帝的子女,要求我

---

[1] 见旧约全书中《诗篇》第127章第3—5节。
[2] Molch,克腓尼基人之火神,以儿童作祭品,喻"需要牺牲人命的恐怖事物"。

们对他们的尊敬。

4. 所以在玛拉基书中说,儿女被称为上帝的种子①,并由此而出现上帝的后代。

5. 职此之故,上帝的永生之子②,当其道成肉身时,不仅希望他自己作为塑造儿童天性的参加者,而且还把儿童当做一种乐趣和爱好。基督用双手抱着孩子,就像抱他的小弟小妹一样,他随身携带他们,吻他们并向他们祝福。

6. 不仅如此,上帝还严厉警告那些要欺侮儿童的人,哪怕是最小限度。命令这种人要尊敬他们像尊敬他(基督)一样并且用严厉的惩罚谴责任何人对儿童中最小的一个的冒犯。

7. 如果有人要问,基督为什么这样喜欢幼童并这样严格地要求我们关心儿童,许多理由是可以确定的。第一,如果现在这些幼童好像对你们无关紧要,不按他们现在的样子(情况)对待他们,而是按上帝的意图来对待他们的话,那么,他们就可以而且应当成为上帝所希望的那样的人。你要把他们不仅仅看做是世界的未来的居民、土地的所有者和上帝在其所造之生物中的牧师(当我们去世时),而且也看做是和我们共同承受基督遗产的同等参与者,一个高贵的(王室的)僧侣,一个选民,天使们的同事,魔鬼的审判官,天国的向往者,地狱的破坏者——是永生上帝最优越,居高位者的承继人。

8. 梅兰希顿③,一位虔敬的人,有一次到过一所普通小学,注视在那里聚集的学生们之后,就用下面的话开始他们的演讲:"欢呼致敬:尊敬的牧师们、博士们、准传教士们④、监督们! 欢呼致敬:最高贵的、最聪慧的、最有学识的贵族们、市长们、审判官们、地方行政长官、宰相们、秘书们、县长们、教授们,等等。"当听众中间有些人对他的话报以微笑之后,他回答说:"我的话并非戏言,我的演讲是严肃的:因为我并不以这些幼小男童的现在的样子来看待他们,而是因为把他们交托给我们教诲的缘故,是用另一种观点,即按照上帝心目中的意图来看待他们。确切地说,在他们中的大多数,将会出现上述的一些人物,虽然他们良莠不齐,好像在麦子中掺杂着一种糠秕的混合物一样。"这就是这位聪慧的人所做的生动演讲。但是,我们为什么不以同样的信心,对于基督徒父母的子女的事,来宣布上帝所读的光荣的事情呢? 因为基督、上帝永生奥秘的宣传者曾经宣称"像这样的事就是上帝的国降临"⑤。

9. 但是,如果我们要考虑他们现在的情况,那就会立刻明白,何以儿童在上

---

① 《玛拉基书》是旧约全书末卷,成书年代约为公元前397年,种子一词,见该书第2章第3节。
② 基督教称基督为永生之子。
③ 梅兰希顿(Philip Melanchton,1497—1560)是宗教改革时期在教育计划方面路德最亲密的合作者,德国最著名的人文主义者之一,精通希腊文的专家,学问渊博,做过威丁堡大学的讲师和教授。
④ 长老会长指已被许可说教而未就任的人。
⑤ 语见新约全书《马可福音》第10章第14节。

帝的眼中具有不能估计的价值,而且对于他们的父母也应当如此。第一,他们之所以对上帝是有价值的,正是因为他们是清白无罪的,除了原罪是唯一的例外,他们并没有以实际的罪行玷污其自身,从而并未抹了上帝的形象。复次,他们还"不能分辨善与恶,右手与左手"。有关这方面的事,从上面充分阐明的话中,和从其他神圣的经典中,上帝已经对约翰讲明了。

10. 第二,他们是纯洁的而且是基督付出代价换来的财产:因为基督本来是寻找迷路的人,所以被称为一切的救主,除了那些因怀疑和冥顽而把自己关闭在基督功业的参与者之外。这些功业是从众人之中贱卖来的。如此,他们就可以成为献给上帝的羔羊①的初结的果子;未曾因为罪的缘故而玷污他们自己;但是他们跟随羔羊到他所到之处,虽然他们可以继续跟随他,但他们应当像所希望的那样,接受人的一种虔敬的教育。

11. 最后,上帝这样热情洋溢地拥抱儿童,为要使他们成为显示上帝光荣的一种奇妙的工具,正如圣经所证明的,"从婴儿和吃奶的口中,建立了能力,使仇敌和报仇的,闭口无言"②。如何使上帝的光荣从儿童那里不断增加成为事实,对于我们的理解力来说,自然不是立刻就能明白的,但是精通万事万物的上帝却知道,理解而且宣称这事就应该如此。

12. 对于父母,儿童应当比金、银、珠宝和宝石还珍贵,这事若与来自上帝的一切恩物加以比较的话,就可以发现其中的道理。第一,金、银和其他同类的东西都是无生命的,只不过是比我们脚下所践踏的泥土要硬一点和纯洁一些;然而儿童却是上帝的生气勃勃的形象。

13. 第二,金、银是受上帝之命所产生出来的未成形的物体;但是儿童却是由至圣的三位一体举行特别会商产生出来的并且按它自己的形象来塑造的。

14. 第三,金、银是流行的和暂时的东西;儿童却是一种永远不灭的遗产。虽然他们必有死,但他们既不归于乌有,也不会灭绝;他们只不过从一个有死亡的居所转到一个永远长存的境地。所以当上帝把属于约伯③的一切财富和所有物交还给他,而所交还的几为他以前所夺去的两倍时,他(上帝)给约伯的儿女并不多于他以前所生育的,即是七男和三女。但事实上明显的仍是两倍,这是

---

① 羔羊系指基督耶稣而言,在新约全书各卷中屡见不鲜,如《约翰福音》第7章第36节所述:"他(约翰)见耶稣行动,就说:'这是上帝的羔羊。'"
② 见旧约全书中《诗篇》第8章第2节。
③ 约伯是旧约全书中《约伯记》一卷中的主人公。《约伯记》称乌斯地的约伯乌斯游牧民族的族长是一个"完全正直、敬畏上帝、远离恶事"的人。上帝为了考验约伯对它的信仰是否虔敬,使他在遭受各种灾难中丧失一切财产(7000只羊,3000只骆驼,500头牛,500匹驴和许多奴隶)乃至七男三女。但约伯并未动摇敬畏上帝的信心,终于得到他的信任,使约伯从苦境转回,并且"赐给他的比以前所有的加倍"。"这样,耶和华来赐福给约伯的比先前更多,他有14000只羊,6000只骆驼,1000头牛,1000头母驴。他也有七个儿子,三个女儿"(见《约伯记》第1章第1节;第42章第10节和12—13节)。

因为他以前的七男三女并未死,只不过到上帝那里去了。

15. 第四,金、银是由地而产生,儿童们则是出自我们的本体;由于是我们自己的一部分,所以,他们应受我们的爱护,自然不应少于爱我们自己;上帝在一切生物的本性中种下了对于幼儿的如此强烈的爱情,以致他们有时宁愿保全其后代而不顾自己的安全,如果任何人把这样的爱情转移到爱惜金、银,那么按照上帝的审判,他就像犯了崇拜偶像之罪一样。

16. 第五,金、银从一个人转到另一个人,好像不属于哪一个人的财产似的,而是公共的;然而儿童们却是一种独特的财产,是上帝指定了给父母的;如此,世界上没有哪个人可以剥夺他们的这项权利或者强占这份财产,因为它是来自于天而非一种可以转移的财产。

17. 第六,虽然金、银都是上帝的恩物,但这样的恩物,上帝却不允许派遣天使对它们加以监护;不,撒旦①常把它自己混杂在金银之中,为要利用它们作为网罗和陷阱来迷惑那些粗心大意的人,好像用皮带拉他们走向贪婪、傲慢和放荡一样;但是对于小孩子们的照顾却永在天使的保护之下,这正如耶稣自己所证实的。所以,凡是家庭有孩子的人们,那就会肯定在他们家里出现天使的显现;凡是用双手抱持小孩的人,可以确信他也在抱持天使;无论何人在为深夜黑暗所笼罩的情况下睡在一个婴儿的身旁,他会感到一种慰藉,借此可以得到保护,使黑暗鬼怪无所施其伎俩。这些事情的重要性是何等的伟大啊!

18. 第七,金银和其他外在事物并不会让我们得到上帝之爱,也不会像儿童们那样保障我们免去上帝的愤怒;因为上帝这样爱孩子,以致为了他们的缘故,他是时常宽恕父母的;尼尼微城②的事提供一个例证,正因为那里儿童众多,上帝才使做父母的免除了他宣判尼尼微城必遭倾覆③的灾难。

19. 第八,人类的生命并不存在于充足的财富之中,正如基督所说:因为如果没有上帝的恩赐,就没有食物滋养,也没有药物治病,没有衣服御寒;但是上帝的恩赐为了儿童的缘故,是永远和我们同在的,如此他们才得以存活。如果上帝大度地赐予那些经常访问他的渡乌(动物)以食物的话,那么他不应该给予儿童(上帝自己的形象)以更多的照顾么?所以,路德曾经这样明智地说:"我们并未抚养我们的儿女,而是他们抚养我们;正因为这些纯洁无罪的孩子们,上帝才供给我们必需品,而我们这些老年的罪人却和他们共享了。"

20. 最后,银子、金子和宝石,在智慧、力量和上帝的恩惠方面,给予我们的教育,并不比其他受造之物所给予的更深远,然而,儿童们给予我们的正像一面

---

① 基督教圣经中把魔鬼叫做撒旦(Satan)。
② 尼尼微(Nineveh),古亚述王国的首都,位于底格里斯河谷,距巴格达北部230英里。
③ 关于尼尼微城要遭倾覆的原因和因儿童幸免于难的故事,在旧约全书《约拿书》第1—4章记载极详。第4章第11节说:"何况这尼尼微大城,其中不能分辨左手右手的有12万多人,并有许多牲畜,我岂不爱惜呢?"

镜子,在它里面我们就可以注视谦虚、有礼、亲切、和谐以及其他基督徒的品德,基督自己宣称:"你们若不回转,变成小孩子的样式,断不能进天国。"[①]因为按照上帝的意志是应把儿童交给我们以代替其他教师,我们认为我们是负责给予最勤勉的照顾之义务的。

第四章 早期教育的性质

1. 人人知道一棵老树的枝干具有什么样的性质(倾向),从其生长初期就必须使之这样来形成,如同动物,除非它在最初形成时期接受一切肢体的基础(基本素质),无人希望它会接受这些东西,因为谁能修正那天生是瘸腿的、瞎眼的、有缺陷的或畸形的呢?所以,人在其身心最早形成的阶段中,就应当这样来塑造,使其成为终身应当成的那样。

2. 虽然上帝可以用完全改变人的办法使一个坏人改变成为一个有益于人的人,但是在自然的有规律的进程中,这是罕见的,正如一件东西从其根源那里曾经开始形成的那样,它已告完成,所以它就那样存在下去了。任何人在幼年时代播下什么样的种子,那他老年就要收获那样的果实,诚如谚语所说:"幼年的追求就是老年的爱好。"

3. 所以,不让做父母的将其子女们的全部教育交托给学校教师和教会的牧师。使一棵已经定型的弯树变直或从满绕荆棘的丛林中产生一个果园,那是不可能的。他们应按照他们所评价的方法加以采用来管教儿女。最终,在其亲自教导下,他们的儿女在上帝和人的面前是可以增加智慧和福气的。

4. 既然,人人应该有权(能力)事奉上帝和对人类有益,我们认为就应该在虔诚、德行和顽强的学习等方面受到教育。而做父母的就应为幼年子女们在这三方面打下基础。在头六年中,这些方面需要扩展到何种程度,在这里就须严肃地加以说明。

5. 真实而有益的虔诚,由这三件事组合而成:(1)我们的心,由于无时无地不尊崇上帝,就应在我们做事、说话和思想当中来寻求它。(2)一经发现上帝的脚踪,我们的心就应永远用敬畏、爱戴和服从来跟随它。(3)能如此永久并在任何地方都心向上帝,和上帝交谈,把心和上帝连成一气,那就会实现和平、慰藉和快乐。

6. 引领人进入神圣快乐的理想国(基督教称天国),这就是真实的虔诚。而那些使儿童在六年之内获得深刻印象的基础正是他应该知道的,如:(1)上帝是存在的;(2)因为上帝无所不在,它常注视着我们;(3)上帝赐予我们以丰富的饮食和衣服,而在一切事情上都要顺从它;(4)但上帝惩罚那些顽固和不道德的人,一至于死;(5)对上帝必须有所畏惧,时常向它祈祷并爱他如同爱自己的

---

① 见新约全书中《马太福音》第18章第3节。

父亲;(6)凡上帝命令做那一切应该做的事,都应照办;(7)如果我们对人善良而正直,上帝将引领我们进入天国。我认为一个婴儿是可以在这些方面受到锻炼的,直到六岁时为止。

7. 儿童还应在德行和德性方面受到教诲,特别是在以下几方面。

(1) 在节制方面:他们应学习按照自然的需要吃、喝,但不要过于贪婪或在已经满足的时候,还要塞胀肚皮。

(2) 在整洁和礼节方面:如上所述,饮食衣服以及身体都需要保持清洁,他们应习惯于端庄有节。

(3) 关于尊敬长辈:对长辈们的行为、谈话和教诲,他们应学着尊敬。

(4) 在使他人满足方面:在其长辈点头表示允许的情况下,他们必须进行所有一切要求做的事。

(5) 特别需要的就是他们应惯于说实话,而他们所说的一切的话都应该按照所说的那样"是,就说是;非,就说非"。他们没有任何理由说谎话,或说一些言过其实的话,不论是严肃的抑或是以此取乐的。

(6) 他们必须同样受到待人公平的训练,如不捉弄人,不暗中搞事情,不藏匿他人的东西,或不在任何方面使他人受害。

(7) 应灌输给他们待人亲切的思想,要使人高兴,如此他们的心将落落大方,既不吝啬又不嫉妒。

(8) 使他习惯于劳动以至厌恶懒惰,这对他们是极为有益的。

(9) 他们应当学习谈话,但也应学习在需要的时候保持沉静、默不作声,例如在祈祷时或别人正在讲话的时候。

(10) 他们必须锻炼耐性,如此,他们就不会希望举凡一切应做之事都会使别人满意,从幼年时起,他们就应学习约束自己的愿望。

(11) 他们应当有礼貌地并甘心乐意地服侍其长辈。由于这是幼年期的重要而优美的品质,所以应从婴儿时代起就予以训练。

(12) 由上所述将产生殷勤,借此,他们可以学习对人做出好的举动,祝贺问安和人握手,跪拜,因接受小礼品向人道谢,等等。

(13) 为避免粗鲁或轻浮的外表,应同时让他们学习端庄,如此才能谨慎地、优雅地做事。一个儿童在这样德性中学习初步知识,如基督所表现的那样将会受到上帝和人的称赞。

8. 至于正确的学习,这有三方面:学会理解、习作和说明一些事情或学会理解、习作和说明一切事情,但坏事除外。

9. 儿童在头六年中应知:

(1) 自然事物

知道元素的名称——火、风(空气)、水、地,会说出雪、冰、铅、铁等名称。

同样会说出树木和较为著名的和较为普通的植物的名称,如紫罗兰、各种草以及蔷薇花。同样,如各种动物的区别,什么是鸟,什么是牛,什么是马,等等。最后要辨别自身的外部肢体,应说出它们的名称和用途,如耳朵能听,腿走路,等等。

(2) 属于光学的

能知道何为黑暗,何为光亮和一些普通颜色的区别及其名称,那就够了。

(3) 在天文学方面

能辨认日、月、星辰。

(4) 在地理学方面

能知道他自己出生的地方和他生活的地方是城市、乡村、集镇或卫城;何为一块地、一座山、一片森林、一个牧场、一条河流,等等。

(5) 关于儿童初次学习的年代学

能知道何为一小时、一天、一周、一月、一年;何为春天、夏天,等等。

(6) 历史学的开始

要记忆昨天做的什么,最近做的什么,一年以前或两三年以前做的什么。

(7) 家务

要辨识谁是家庭的成员,谁不是。

(8) 在政治学方面

要知道一国之中有君主、行政官、国会议员,并知道国家不时举行各种会议。

10. 至于行动:有些关于思维和语言的,如辩证法、算术、几何学和音乐,有些是关于心和手的,如各项劳动和身体的动作。

(1) 辩证法的原理

可为儿童所吸取的,如他要知道问题是什么,答案是什么,并能清晰地回答提出的问题,而不把葱答成蒜。(意即不要答非所问)

(2) 算术

属于基础方面的是要知道某些东西是多或少,能数到20,乃至一连数到20,乃至一连数到60,并能理解何为偶数与奇数;同样要知道数目3比2大,3加1等于4,等等。

(3) 在几何学方面

知道什么是大的、小的、长的、短的、宽的、窄的、厚的、薄的,何为一英寸、一英尺、一码,等等。

(4) 儿童音乐

会背唱一些诗篇或圣诗(赞美诗)中的词句。

(5) 至于心与手

每种劳动或艺术作业都开始于切断、劈开、雕刻、排列、捆绑、联结、搭起和展开,这些事都是为儿童所熟悉的。

11. 至于语言,它的适当性是借助于语法、修辞和诗学来认识的。(1) 头六年的语法问题,儿童应当用自己的语言尽多地表达所知道的事物。虽然他说的话还不完整,但应当使他言必切题,并且使他音节分明的说话,好让人听懂。(2) 儿童修辞学是要采用自然的动作来表达,并且要理解和重述一个寓言或一个比喻,如果他们听到的话。(3) 诗学初步将是背诵诗句或韵律。

12. 关于教导儿童认知这些事物的方法,必须予以注意,不要把这类的教导精确地分配在某几年或某几个月(因为以后在其他学校还要教),但一般而言,这有以下的理由:

(1) 因为所有做父母的,在其家庭中并不注意或按照像公共学校的次序来教,在学校里并无罕有的事情来打扰事物的有规律的进程。

(2) 因为在幼年期所有儿童的天赋能力并不是同等的,有些儿童一岁就开始说话,有的在两岁,还有些儿童在三岁。

13. 所以,我将用一般的方法说明在头六年之内,如何教导儿童:(1) 在认知事物之中;(2) 在具有活动力的各种劳动中;(3) 在语言方面;(4) 在德行和德性方面;(5) 在虔敬方面;(6) 既然生活与健康构成关系到人们的一切工作的基础,通过父母的勉励和照顾,会指导教育儿童如何保持健全和健康的。

第七章 活动和表现

1. 男孩子总是爱好做事,因为他们那旺盛的血液是不许他们静止的。既然这是极为有利的,那就应该不加限制。但必须有所准备,好让他们有事可做。应当让他们像蚂蚁一样,不停地从事工作、输送、拖拉、建筑和倒转(移置),假定他们不论做什么工作,都必须勤奋地完成。应当帮助他们,给他们指出各种物品的形状,乃至玩具的形状;因为他们还不能从事真的工作,而我们就应和他们共同游戏。我们知道施米斯克莱斯①,雅典的最高执行官,常以长芦苇当马与其子共骑,这事被当时的一位未婚的青年公民看到,他表示惊异,心想这位伟大的人物何以如此稚气,但他请他不要把这种偶然的事告诉任何人,直到他已经有儿子时为止。这就说明,当他做了父亲,他将更加深刻地理解到父亲对于子女的爱,到那时他将不再对他认为孩子般的行为表示惊奇了。

2. 既然儿童们要力图模仿他们看到别人所做的事,那就让他做一切的事,

---

① Themistocles,公元前520—449年,雅典著名的大将和政治家。

除了那些使他们招致伤害的事,如刀子、手斧和玻璃,等等。当其不方便的时候,应为他们找些玩具以代替真的工具:即如铁刀、木剑、锄头、小车、滑板、踏车(磨房)、建筑物(房屋),等等。这些东西,可以帮助他们自寻其乐,并可锻炼身体、精神的活泼和各种肢体的敏捷。孩子们喜欢盖小屋,并爱以泥筑墙,堆积碎片、木头或石头,这样来表现他们的建筑才能。简言之,只要对他们没有任何伤害,不论孩子们喜欢玩耍什么东西,与其限制他们,不如满足他们,因为就精神和身体而言,不爱活动比爱好作业反而更有害处。

3. 现在进而按照儿童的年龄分别阐述。在第一年,假如他们了解到为什么吃东西要张口,头要抬起,手拿东西,坐下,起立,等等,他们就将有充分的机械学的知识;所有这些事情与其要依据教养不如依靠自然。

4. 在第二、三年,儿童们机械学的知识可以扩大;因为到此时,他们开始学习什么是跑、跳、不同方式的运动(动作)、游戏、点火和熄火、倒水、把东西搬来搬去、放下、举起、平卧、立正、转身、旋转、捡起、展开、弯曲、使直、劈开、割开,等等;只当机会许可时,这些事就应让他们去做并给他们讲明。

5. 第四、五、六年时,不仅要而且应当有充足的劳动和建筑活动;因为静坐过多,或行步缓慢,对儿童来说不是一个好的标志;相反,经常跑来跑去或做一些事情却是身体健康、智慧充沛(活跃)的一种可靠的标志。所以,凡是任何吸引他们注意的事物,与其拒绝不如交给他们。凡是要做的事都必须做得适当并且应该看到对将来的好处。

6. 在母育学校第四、五年的儿童也应练习绘画和写字(这是按照已经发现或可以激发他们倾向而言),供给他们粉笔(贫穷儿童可用炭条),借此可随意画些点、线、钩、圆;绘画的方法是容易指明的。儿童这样画,既可以当做练习,亦可以当做娱乐。按照这种方式绘画,他们的手就会习惯于使用粉笔并写成字母;同时,他们逐渐理解一个点和一条线的意义,并且在以后将大大减轻教师的劳动。

7. 在这个阶段中的辩证法(推理)除非是很自然的,或像在实践中所得来的,还不能加以运用。但是那些和儿童们相过从的人们,无论用什么方法,理性的、非理性的,来指导自己的行动,他们怎样,孩子们也将怎样。

8. 在第三年,可能很少向儿童陈述算术的各种因素;但是他们就能数到5或10,或至少能把数目正确地讲出来;他们最初或不能理解那些数目的真正意义,但他们自己将会观察数目的用途。在第四、五、六年,若是他们连续数到20,并能分辨7比6多,15比13多,那就很够了,何为一个偶数,何为一个奇数,他们从游戏当中很容易学会我们所称的单双数。在算术方面若超出这个范围,这不仅无益反而有害;因为没有像数目这种东西那样难于牢记于心。

9. 大致在第二年的时候,当我们说到某一东西是大的或是小的时候,几何学的原理是可以被认识的;他们将在以后容易地知道什么是短的、长的、宽的或窄的。在第四年,他们可以学习各种形状,举例说,何为圆形、直线和正方形。最后,他们可以学习通用的度量衡的名称,如一指宽、一指距、一尺、一品脱、一夸脱、一加仑。无论什么自发得来的知识,他们自己应该会说明如何量长短和称轻重,并把度量衡的一种标准和另一种标准相比较。

10. 音乐之于我们是特别自然的,因为,每当我们看到光亮,我们就立即唱起乐园(天国)之歌,同时又因回忆我们的堕落发出 A！a！E！E！(啊！唉!)的叹息。我认为悲和哭泣是我们首次出现的音乐,不可能剥夺婴儿的这种音乐;如果可能的话,那也是不合算的,因为这种音乐对他们的健康是有好处的,因为只要还缺乏其他练习和娱乐时,正是这种方式,可使婴儿的胸部和内部器官,泄出多余之物。在 2 岁时,儿童开始喜欢声乐,如唱歌、声响和各种打击乐器等,应使儿童耽溺于声乐之中,如此,就为和弦和声悦其耳而快其心。

11. 在第三年时,日常用的圣乐是可以采用的,即是已为人接受当做一种习俗在饭前饭后在祈祷开始与结束时所唱的圣诗。在这样的场合下,他们应该出席,惯于参加而泰然自得地自己进行。偕同他们参加礼拜,也是很有好处的:那里,全体在赞美上帝的声中团结一致。在第四年时,有某些儿童自己来唱是很有可能的,然而对迟缓的儿童们是不应加以强迫的,而应允许他们备有口哨、小鼓,或笛子,借吹哨、打鼓和吹笛可使他们的听觉惯于辨识各种声音,乃至能够拟声。在第五年时,高声唱诗赞美上帝,并为他们的创造主的光荣而发出其自己的声音。

12. 父母在唱歌和同儿童游戏中,他们很容易将这些事情徐徐灌输到他们的心内;他们的记忆力现在是逐渐扩大了而且比以前更为敏锐;并且由于韵脚与韵律的效果,将吸收更多的知识。他们背诵的圣经章节愈多,他们自己感到的快乐也愈多。而上帝的光荣也因此大大地增进了祝福那用音乐颂扬上帝的家庭。

第十一章　家庭教育的扩展

1. 当幼苗从种子长大以后,就须把它移植到果园之内,以利于成长和结果。同样,儿童在母亲胸怀中长大,现在他们的身心既有了力量,就应做权宜之计,把他们交托给老师。如此,他们便可以顺利地成长。常见移植过的小树生长得高而在花园里结的果子,其香味远比野果的味道更浓。然而这又须何时和怎样来处理呢？要把儿童在六岁以前就从其母亲那里交托给教师,我并不拟做此忠告,这有以下几点理由。

2. 第一,稚龄儿童,是需要更多的监护和照顾的,这远非一位教育许多儿童的教师力所能及的,因此应继续由其母亲教导,倒是较好的办法。

3. 在他开始负担各项劳动之前,对于头脑的成熟和发育来说,也比较稳妥(安全);婴儿的脑壳尚未紧合,而在五六岁以前,脑还是不凝固的。所以,对于这种年龄的儿童,使其在游戏中自然地、不自觉地来感知事物,也就很够了,对于家庭来说,这也是很方便的。

4. 除此,经由另外一条途径也不会招致什么好处。当幼苗太嫩的时候,就把它移出来栽种,则其生长既孱弱而又缓慢。但是,那比较结实的却生长得茁壮而迅速。使未成熟的小马拖车,只能使它长得更弱;但若给它以充分的成长时间,那它将来就能拖更重的东西。而它所给你的反而比耽搁的时间还要多。

5. 实际上,等到六岁末或七岁初,这并不是很大的拖延,如果按所忠告的那样予以照顾并且头几年中在家庭里又没有什么失败之处的话。如果发现一个孩子按照预定的方法,在家里完成了有关虔敬、优良品德、敬神、顺从、适当尊敬长者、聪慧、行动敏捷迅速以及语词拼音清晰等方面的初步教育,那么,在六岁末进入学校受教育绝不算太晚。

6. 另一方面,我也不愿作此劝告,即六岁以上的儿童还应该关在家里。因为在此期间内,凡是家里我们按照指示的方式去学应学的任何事情,他们都很容易地完成。六岁以后的儿童,若非把他们立即送入学校受较高一级的教育,他们将会始终如一地变为有害无利的懒散,而是终将变得像一匹"野驴驹"。另外,还会有令人更担心的事发生,就是从那不注意的懒散中沾染恶习,这会像一种毒草一样,以后很难连根拔掉的。最好的方法是毫无间断地继续那已经学习过的东西。

7. 然而,这种劝告并不是那样被人正确了解的,好像在六年结束的时候,由于没有适当注意各种情况,是没有什么应该做出的其他调换的办法似的。建设性的限界如半年甚至一年既可以做出而且可以预见的,这是按照儿童的能力和发展进步的情况而言。有些树是在春天结果,有的在夏天,有的在秋天。然而,早开花的反而凋谢得快,而那晚一点的却得到较大的力量和耐久性;照样,早熟的果子只能当天有用,但不能保存,然而晚熟的果子却可以常年保存。

8. 有些儿童的自然能力早在六岁、五岁或者甚至四岁以前就表现出来;但是与其让它发挥远不如加以限制,而更坏的是刺激它。有的父母用异乎寻常的办法,希望在罕有的时机下,尽早地得到哲学博士的学位,但他们经常只能得到文学士学位,而通常又是一个愚人。最初就过于繁茂而又发出丛密的球状物的葡萄树,毫无疑问地生长得很高,但它的根将被剥夺了力量并且不能耐久。相反地,也有发展较慢的自然能力,就是在七八岁开始任何有益的事情,其可能性也是很少的。因此,这里可作的劝告,就必须了解是适用于一般能力的儿童们,而其数量通常是较多的。任何人一旦有一个才能优越或低下的儿童的话,他就应该去请教教师或学校的视导员。

9. 据以发现儿童进入公共学校能力的标志,可有以下几点:(1)这个儿童是否真正获得在母育学校所应学习的东西。(2)在儿童方面是否发现他对问题有注意和辨别与判断的能力。(3)一个儿童是否有进一步学习的要求和愿望。

爱弥儿——论教育[①]

卢 梭

作者简介

卢梭(Jean-Jacques Rousseau,1712—1778)是法国著名启蒙思想家、哲学家、教育家、文学家,是18世纪法国大革命和近代欧洲资产阶级革命的思想和理论先驱,启蒙运动最卓越的代表人物之一。

卢梭生于瑞士的一个钟表匠家庭,自幼生活艰辛,长期过着漂泊动荡的生活,曾当过学徒、杂役、教师和流浪音乐家等。他是中小资产阶级及平民利益的代表者。因为家境贫寒,他没有受过系统的教育,但是从小酷爱读书,自学成才。他的著作广泛,涉及诸多领域。

选文简介、点评

《爱弥儿——论教育》是卢梭的教育代表作,写于1757年,1762年在荷兰的阿姆斯特丹出版,原版是法文。这是一部半小说半论文体的教育著作。卢梭通过他假定的对象——爱弥儿从出生到成人的教育过程,系统地阐述了他的自然主义教育理论。他曾经说过:"《爱弥儿》一书,构思了20年,撰写3年。"他对该部著作也最为满意,认为是他的著作中最为系统的一部。此书出版时,轰动了整个法国和西欧一些资产阶级国家,影响巨大。这部书不仅是卢梭论述资产阶级教育的专著,而且是他阐发资产阶级社会政治思想的名著。

卢梭的教育思想中包含了崭新的儿童观和教育观。在他之前,英国大哲学家洛克曾主张,儿童就像一块白板,教育者可以任凭自己的意愿采用任何方式去塑造儿童。而卢梭的儿童观则与此不同。他认为,儿童并不是可以任意塑造和填充的容器,不是白板,而是有其固定法则的"自然的存在"。因此他主张教育应遵循儿童的自然本性,按照儿童自然发展的程序在不同年龄阶段采用不同的教育原则、内容和方法。

《爱弥儿——论教育》全书共五卷。其中第一卷及第二卷与幼儿教育直接有关。第一卷讨论婴幼儿期(0—2岁)的教育。他指出,儿童在母亲怀中的时候,没有任何心情,没有任何思想,几乎连感觉也是没有的,甚至觉察不到其自

[①] 卢梭.爱弥儿——论教育[M].李平沤,译.北京:人民教育出版社,1987.

身的存在。因此,教育应从出生开始。他反对束缚儿童,父母应亲自教养儿童,让儿童保持自然的习惯,要增强幼儿的体质,训练幼儿的感官,让幼儿按照自然的方式生活。第二卷讨论了童年期(2—12岁)的教育。卢梭认为,儿童时期是理智睡眠时期,儿童的智力还处在感性阶段;记忆力还带有感性的特点;还不能接受观念,只能接受形象;还没有理性。在智育方面,卢梭指出:"在我们身上首先成熟的官能是感官,因此,应该首先锻炼的是感官。"对于如何发展儿童的感官,卢梭提出了很多宝贵的见解。在德育方面,卢梭根据这一时期儿童缺乏思维能力,善于模仿等特点,提出了一些具体的做法:远离城市的不良风俗,儿童应到乡村去接受自然的教育;示范在道德教育中起重要作用,因此教师必须"保持纯朴、谨言慎行";此期儿童没有道德概念,因此不必向他讲道德理论或强使其接受道德原则,只宜结合具体事物,通过实践来学习;反对为了惩罚儿童而惩罚儿童,主张运用"自然后果"的原则进行道德教育。

被誉为"儿童的发现者"的卢梭,他的儿童观和教育观确立了学前教育课程的基本理论。卢梭的教育思想影响了后来的裴斯泰洛齐、赫尔巴特、福禄培尔、蒙台梭利甚至杜威等一大批教育家。直到今天,卢梭的教育思想依然产生着巨大威力。但他的思想中也有不少空想、偏颇或自相矛盾之处,这是在阅读该书时应该予以分析的。

选文正文

第一卷

出自造物主之手的东西,都是好的,而一旦到了人的手里,就全变坏了。

我们生来是软弱的,所以我们需要力量;我们生来是一无所有的,所以需要帮助;我们生来是愚昧的,所以需要判断的能力。我们在出生的时候所没有的东西,我们在长大的时候所需要的东西,全都是由教育赐予我们的。

这种教育,我们或是受之于自然,或是受之于人,或是受之于事物。我们的才能和器官的内在发展,是自然的教育;别人教我们如何利用这种教育,是人的教育;我们对影响我们的事物获得良好的经验,是事物的教育。

在这三种不同的教育中,自然的教育完全是不能由我们决定的,事物的教育只是在有些方面才能够由我们决定。只有人的教育才是我们能够真正地加以控制的;不过,我们的控制还只是假定的,因为,谁能够对一个孩子周围所有的人的言语和行为统统都管得到呢?

在自然秩序中,所有的人都是平等的,他们共同的天职,是取得人品;不管是谁,只要在这方面受了很好的教育,就不至于欠缺同他相称的品格。别人要我的学生做军人、做教士,或者做律师,我没有什么意见。在从事他父母的职业以前,大自然就已经教他认识人生了。生活,这就是我要教他的技能。从我的门下出去,我承认,他既不是文官,也不是武人,也不是僧侣,他首先是人。一个人应该怎样做人,他就知道怎样做人,他在紧急关头,而且不论对谁,都能尽到做人的本分;命运无法使他改变地位,他始终将处在他的地位上。"命运啊,我对你早有防备,我已经把你俘虏,并且把所有一切你能够来到我身边的道路通通堵塞。"

我们要真正研究的是人的地位。在我们中间,谁最能容忍生活中的幸福和忧患,我认为就是受了最好教育的人。由此可以得出结论:真正的教育不在于口训而在于实行。我们一开始生活,我们就开始教育我们自己了,我们的教育是同我们的生命一起开始的,我们的第一个教师便是我们的保姆。"教育"这个词,古人用时还有另外一个意思,那就是"养育",不过,这个意思现在我们已经不再用它了。瓦罗①说:"助产妇接生,乳母哺育,塾师启蒙,教师教导。"因此,教育、教训和教导,是三样事情,它们的目的也像保姆、塾师和教师的一样,是各不相同的。然而,这些区别没有被人们弄清楚:为了要受到良好的教育,儿童是不应该只跟从一个向导的。

人们只想到怎样保护他们的孩子,这是不够的。应该教他成人后怎样保护他自己,教他经受得住命运的打击,教他不要把豪华和贫困看在眼里,教他在必要的时候,在冰岛的冰天雪地里或者马耳他岛的灼热的岩石上也能够生活。你劳心费力地想使他不至于死去,那是枉然的,他终归是要死的。那时候,虽说他的死不是由于你的操心照料而造成,但你所费的这一番苦心是可能被误解的,所以,问题不在于防他死去,而在于教他如何生活。生活,并不就是呼吸,而是活动,那就是要使用我们的器官,使用我们的感觉、我们的才能,以及一切使我们感到我们的存在的本身的各部分。生活得最有意义的人,并不就是年岁活得最大的人,而是对生活最有感受的人。虽然年满百岁才寿终而死,也等于他一生下来就丧了命,如果他一直到临死的那一刻都过的是最没有意义的生活的话,他还不如在年轻的时候就走进坟墓好哩。

我们的种种智慧都是奴隶的偏见,我们的一切习惯都在奴役、折磨和遏制我们。文明人在奴隶状态中生,在奴隶状态中活,在奴隶状态中死:他一生下来就被人捆在襁褓里;他一死就被人钉在棺材里;只要他还保持着人的样子,他就要受到我们的制度的束缚。

要是母亲们都能眷顾他们的孩子,亲自授乳哺育,则风气马上可以自行转移。自然的情感将在每一个人的心里振奋起来,国家的人口又将为之兴旺;这是首要的一点,单单这一点就可使一切都融洽起来。家庭生活的乐趣是抵抗坏风气毒害的最好良剂。孩子们的吵吵闹闹,人们原来是感到很讨厌的,现在也觉得很有趣了;父亲和母亲更加感到他们彼此是很需要的,他们相互间比以往

---

① 瓦罗(公元前116—前27)是古罗马学者。

更加亲爱了,他们的夫妇关系也更加紧密了。当家庭生气勃勃、热热闹闹的时候,操持家务就成了妇女最可贵的工作,就成了丈夫最甜蜜的乐事。所以,矫正了这个无比的恶习,则其他的恶习不久就可全部革除,自然那不久就可恢复常态。一旦妇女们负起做母亲的责任,则男子们立刻就可负起做父亲和做丈夫的责任。

遵循自然,跟着它给你画出的道路前进。它在继续不断地锻炼孩子;它用各种各样的考验来磨砺他们的性情;它教他们从小就知道什么是烦恼和痛苦。出牙的时候,就使他们发烧;肠腹疼痛的时候,就使他们产生痉挛;咳嗽厉害的时候,就使他们喘不过气来;肠虫折磨他们;多血症败坏他们的血液;各种各样的酵素在他们的血中发酵,引起危险的斑疹。在婴儿时期,他们差不多都是在疾病和危险中度过的;出生的孩子有一半不到8岁就死了。通过了这些考验,孩子便获得了力量;一到他们能够运用自己的生命时,生命的本原就更为坚实了。

经验告诉我们,娇生惯养的孩子比其他的孩子死得还多一些。只要我们不使他们做超过其能力的事情,则使用他们的体力同爱惜他们的体力相比,其危害还是要小一些。因此,要训练他们经得起将来有一天必然要遇到的打击。锻炼他们的体格,使他们能够忍受酷烈的季节、气候和风雨,能够忍受饥渴和疲劳;把他们浸在冥河水里吧。在身体的习惯未形成以前,你可以毫无危险地使他们养成你所喜欢的习惯;可是,一旦他们有了牢固的习惯,要做任何改变的话,对他们都是很危险的。一个孩子可以忍受一个大人不能忍受的变化,因为最初的性情是柔和易导的,不用花多大的力气就可以养成我们给它确定的类型;而成人的性情就比较执拗,只有用暴力才能改变他已经形成的类型。所以,我们能够在使孩子的生命和健康不遭到任何危害时,就把他培养得十分健壮。

一个做父亲的,当他生养了孩子的时候,还只不过是完成了他的任务的三分之一。他对人类有生育人的义务;他对社会有培养合群的人的义务;他对国家有造就公民的义务。凡是能够偿付这三重债务而不偿付的人,就是有罪的,要是他只偿付一半的话,也许他的罪还要大一些。不能借口贫困、工作或人的尊敬而免除亲自教养孩子的责任。读者诸君,请你们相信我这一番话。凡是有深情厚爱之心的人,如果他忽视了这些如此神圣的职责,我可以向他预言,他将因为他的错误而流许多辛酸的眼泪,而且永远也不能从哭泣中得到安慰。

只有一门学科是必须要教给孩子的,这门学科就是做人的天职。这门学科是一个整体。不管色诺芬对波斯人的教育说了些什么,反正这门学科是不可分割的。此外,我宁愿把具有这种知识的老师称为导师而不称为教师,因为问题不在于要他拿什么东西教孩子,而是要他指导孩子怎样做人。他的责任不是教给孩子所有行为的准绳,他的责任是使他们发现这些准绳。

要经常给孩子洗澡,他们搞得很脏,这就表明他们是有这种需要的。如果只给他们擦澡,那就会伤害他们的皮肤;随着他们的体质愈来愈强壮,就可以逐渐减低水的温度,一直到最后,无论夏天或冬天都可以用冷水甚至冰水洗澡。为了不至于使他们受到什么伤害,就需要慢慢地、一次一次地、在不知不觉中减少水的温度,我们可以用寒暑表来准确地测量这种降低的度数。

这个洗澡的习惯一经养成以后,就不要中断,应该一生都保持下去。我之所以这样重视这个习惯,不仅是为了清洁和眼前的健康,而且是把它当做一个增强体质的办法,使肌肉的纤维更柔和,使他们在应付不同程度的暑热和寒冷的时候,既不感到吃力,也没有什么危险。为此,我希望他们在长大的时候,要慢慢养成这样的习惯;有时候,身体受得住多热,就用多热的水洗,而且常常在尽可能寒冷的水中沐浴。这样一来,由于水是一种密度更大的流体,使我们受到影响的地方比较多,而且作用也大,所以只要习惯于忍受不同温度的水之后,对于空气的温度差不多就没有什么感觉了。

当婴儿脱离衣袍,开始呼吸的时候,就不要把他裹在比衣服包得还紧的襁褓里了。不要给他戴上什么帽子,不要给他系什么带子,也不要给他包什么襁褓;给他穿上肥大的衣服,让他的四肢能够自由,既不沉重到妨碍他的活动,也不暖和到使他感觉不出空气的作用。把他放在一个垫得好好的摇篮里,让他在里面没有危险地随意活动。当他的体质开始增强的时候,就让他在屋子里爬来爬去,让他发展,让他运动他小小的四肢;这样,你将看到他一天一天地强壮起来。把他跟一个用襁褓包得紧紧的同年孩子相比,你将对他们的发育的差异之大,感到惊奇。

孩子们不仅没有多余的力量,甚至还没有足够的力量来满足大自然对他的要求。因此,必须让他们使用大自然赋予他们的一切力量,这些力量,他们是不至于随便滥用的,这是第一个准则。

一切身体的需要,不论是在智慧方面或体力方面,都必须对他们进行帮助,弥补他们的不足,这是第二个准则。在给他们帮助的时候,应当只限制在他们真正需要的时刻才帮助他们,绝不能依从他们胡乱的想法和没有道理的欲望,因为胡乱的想法不是自然的,所以即便不使它实现,也不会使孩子们感到难过,这是第三个准则。

应当仔细研究他们的语言和动作,以便在他们还不知道装伴的年岁时,辨别他们哪些欲望是直接由自然产生的,哪些是由心里想出来的,这是第四个准则。

这些准则的精神是,多给孩子们真正的自由,少让他们养成驾驭他人的思想,让他们自己多动手,少要别人替他们做事,这样尽早就让他们养成习惯,把他们的欲望限制在他们力所能及的范围内,他们就不会尝到力不从心的事情的苦头了。

第二卷

　　为了不追逐幻想，我们总不能忘记怎样才能使他们适合于自己的环境。在万物的秩序中，人类有它的地位；在人生的秩序中，童年有它的地位；应当把成人看做成人，把孩子看做孩子。分配每个人的地位，并且使它固定于那个地位，按照人的天性处理人的欲念，为了人的幸福，能做的事情就是这些。其余的事情就要以各种外因为转移，但是，外因却不是类似的能力可以决定的。

　　人啊！把你的生活限制于你的能力，你就不会再痛苦了。紧紧地占据着大自然在万物的秩序中给你安排的位置，没有任何力量能够使你脱离那个位置；不要反抗那严格的必然的法则，不要为了反抗这个法则而耗尽了你的体力，因为上天所赋予你的体力，不是用来扩充或延长你的存在，而只是用来按照它喜欢的样子和它所许可的范围而生活。你天生的体力有多大，你才能享受多大的自由和权力，不要超过这个限度；其他一切全都是奴役、幻想和虚名。当权力要依靠舆论的时候，其本身就带有奴隶性，因为你要以你用偏见来统治的那些人的偏见为转移。为了要按照你的心意去支配他们，你就必须按照他们的心意办事。他们只要改变一下想法，你就不能不改变你的做法。所有接近你的那些人，只要设法控制你的家属甚至你自己的思想，即使你有泰米斯托克里①那样的才情，这些大臣、僧侣、军人、仆人、饶舌的人以及小孩子，也能在你的军队中把你像一个小子似地加以指挥。你真是徒劳心力：你真正的权力绝不能超过你身体的能力。一旦要用他人的眼光去观察事物，你就要以他人的意志为自己的意志了。"人民是我的臣属"，你骄傲地这样说。诚然，可是你又是什么人呢？你是你的大臣的臣属。你的大臣又是怎样的人呢？是他们的属员和情人的臣属，他们的仆人的仆人。你把一切都攫为己有，然后又一大把一大把地抛撒金钱；你修筑炮台，竖立绞架，制造刑车；你发布种种法令；你增加几倍的密探、军队、刽子手、监狱和锁链。可怜的渺小的人啊！所有这一切对你有什么用处？你既不能从其中得到更大的利益，也不能因此就少受他人的抢劫、欺骗或得到更多的绝对权力。你经常说："我们想这样做。"实则你所做的往往是他人想做的事情。

　　只有自己实现自己意志的人，才不需要借用他人之手来实现自己的意志；由此可见，在所有一切的财富中最为可贵的不是权威而是自由。真正自由的人，只想他能够得到的东西，只做他喜欢做的事情。这就是我的第一个基本原理。只要把这个原理应用于儿童，就可源源得出各种教育的法则。

　　你使孩子只依赖于物，就能按照自然的秩序对他进行教育。如果他有冒失的行为，你只需让他碰到一些有形的障碍或受到由他的行为本身产生的惩罚，

---

① 泰米斯托克里（公元前525—前460），雅典国务活动家、军事家。

就可以加以制止；这些惩罚，他是随时都记得的，所以，无须你禁止，也能预防他顽皮捣乱。经验和体力的柔弱，对他来说就是法规。绝不能因为他要什么就给什么，而要看他是不是确实需要。

　　大自然是有增强孩子的身体和使之成长的办法的，我们绝不能违反它的办法。当一个孩子想走的时候，我们就不应该硬要他待着不动，但是，如果他想待在那里，我们就不应当逼着他去走。只要不用我们的错误去损害孩子的意志，他是绝不会做没有用处的事情的。只要他愿意，就让他跑跑跳跳、吵吵闹闹好了。他的一切运动，都是他日益增强的身体所必需的；不过，我们应当提防他做他力所不能和必须别人代替他做的事情。因此，我们要仔细地分辨哪些需要是他真正的需要，是自然的需要，哪些需要是由于他开始出现的幻想造成的，或者是由于我曾经谈到过的生活的过于优裕引起的。

　　当一个孩子哭着要这个那个的时候应该怎么办，这我已经说过了。我现在只补充一点：自从他能够用说话的方式索取他想得到的东西以后，如果他还要用哭的方式索取的话，就不论他是为了想更快地得到那个东西，还是为了使别人不敢不给，都应当干脆地加以拒绝。如果他确有需要，不能不讲出来，你就要弄清楚他需要的是什么，并且立刻照他的话去做；但是，如果你一看见他流眼泪就给他东西，那就等于是在鼓励他哭泣，是在教他怀疑你的好意，而且还以为对你硬讨比温和地索取更有效果。

　　像这么一个怒火冲天，动不动就发脾气的孩子，我怎能设想他可以成为一个快乐的人呢？快乐，他！他是一个暴君；他既是奴隶当中最卑贱的奴隶，同时也是人类当中最可怜的人。我曾经看见过几个用这种方式培养起来的孩子，他们竟想叫人一下子把房子撞倒，竟要人把钟楼上的风标拿下来给他们，竟要人拦住正在行进中的军队，好让他们多听一会儿行军的鼓声；只要你不及时服从他们的指挥，他们就会震天价地啼哭，不听任何人的制止。大家白白地忙一阵，谁也没有办法使他们高兴；他们的欲望由于有获得一切东西的便利条件而愈益强烈，因此他们偏偏要那些不可能得到的东西，从而处处遇到抵触、障碍、困难和痛苦。成天啼哭，成天不服管教，成天发脾气，他们的日子就是在哭泣和牢骚中度过的，像这样的人是很幸福的吗？体力的软弱和使役人的心连在一起，是必然要产生妄念和痛苦的。在两个娇养坏了的孩子当中，如果一个要大发脾气，另一个要闹个翻江倒海，那就要打坏和打烂许多东西才能使他们感到痛快。

　　大自然希望儿童在成人以前就要像儿童的样子。如果我们打乱了这个次序，我们就会造成一些早熟的果实，它们长得既不丰满也不甜美，而且很快就会腐烂。我们将造成一些年纪轻轻的博士和老态龙钟的儿童。儿童是有他特有的看法、想法和感情的，如果想用我们的看法、想法和感情去代替他们的看法、想法和感情，那简直是最愚蠢的事情。我宁愿他让一个孩子到10岁的时候长得身高5尺而不愿他有什么判断的能力。事实上，在这种年龄，理性对他有什么用处？它阻碍着体力的发展，儿童是不需要这种阻碍的。

要按照你的学生的年龄去对待他，首先，要把他放在他应有的地位，而且要好好地把他保持在那个地位，使他不再有越出那个地位的企图。这样，就可以使他在不知道什么叫睿智的行为以前，就能实践其中最重要的教训了。千万不要对他采取命令的方式，无论什么事情都绝对不能以命令从事。

即使不读书本，一个孩子可能有的记忆力也不会因此而闲着没有用处。他所看的和所听的一切，都会对他产生影响。他将把大人的言语和行为都记在心里。他周围的事情就是一本书，使他在不知不觉中继续不断地丰富他的记忆，从而增进他的判断能力。为了培养他具备这种头等重要的能力，真正的好办法是要对他周围的事物加以选择，要十分慎重地使他继续不断地接触他能够理解的东西，而不把他不应该知道的事物都藏起来，它们要尽可能地用这个办法使他获得各种各样有用于他青年时期的教育和他一生的行为的知识。

你要记住，在敢于担当培养一个人的任务以前，自己就必须要造就一个人，自己就必须是一个值得推崇的模范。当孩子还处在无知无识的时，你尽可从容地进行一切准备，以便让他最初看到的都是适合他看的东西。你必须使自己受到人人的尊敬，你必须从使别人爱你着手做起，才能使每一个人处处都想满足你的心意。如果你不能控制孩子周围的人，你就不能做孩子的老师。这种权威如果不以别人尊敬你的道德为基础，就永远不能充分地行使。

不要把你自己的过失推诿给别人；孩子们固然要受到他们耳濡目染的坏事的败坏，但同他们受你的教育不善的败坏相比，在程度上还是要轻一些的。你为了向他们灌输你所谓的良好的观念，就成天说教，卖弄学问，结果在灌输你那个思想的同时，又把 20 个一点价值也没有的观念灌输给他们了；你尽管有满脑子的想法，可是没有看到在他们脑子中将产生什么效果。在你滔滔不绝地向他们高谈阔论的时候，你以为他们一句话也不会听错吗？你以为他们不会按他们的方式去评价你啰啰嗦嗦、杂乱无章地讲解的那些事情吗？你以为他们不会从其中找到一些材料来形成一套他们所理解的东西，以便有机会的时候就用来反对你吗？

在迫不得已的时候，可以把一个桀骜不驯的孩子当做有病的孩子来处理。可以把他关在房间里，如果必要的话，还可以叫他成天躺在床上，规定他的饮食，用他自己一天天增多的缺点去吓他，使他觉得那些缺点是非常可厌和可怕的。这样做，就不至于使他把你为了纠正他的缺点而不得不采取的严厉手段看成是一种惩罚。如果你因为一时的激动，失去了你施教时应有的冷静和稳重，你就不要想方设法地掩饰你的错误；你可以坦率地用一种温和的责备口吻向他说："我的朋友，你使我多么难过啊。"

要在社会当中把一个孩子一直带到 12 岁都不使他对人与人的关系和人类行为中的是非有一点儿概念，我认为是不可能的。因此，只需尽可能晚一些时候才把这些必要的概念灌输给他，并且在不可避免地要让他获得这些概念的时候,只把当时需要的概念灌输给他,其目的只是为了使他认识到他不是任何人的主人,他不应当满不在乎地损害别人,或者损害了别人还不知道。有些孩子的性格是很温和的,我们可以从他们天真无邪的童年时期把他们带养到很大都不会出什么乱子;但是,也有一些孩子的性格很暴烈,他们那种凶猛的气质发展得早,因此,必须赶快把他们教养成人,以免迫不得已地要把他们束缚起来。

在这方面,我说的话已经是够多了,其目的是为了使大家明了我们不能为了惩罚孩子而惩罚孩子,应当使他们觉得这些惩罚正是他们不良行为的自然后果。所以,你不要去斥责他们撒谎,绝不要仅仅因为他们撒谎而处罚他们,而要使他们明白,如果撒谎,则谎言的种种不良后果都要落在他们的头上。例如,即使说的是真话,也没有人相信;即使没有做什么事情,也要被别人不由分辩地指责说干了坏事。不过,我们要向孩子们讲解清楚什么叫撒谎的行为。

任何一种良好的行为之所以能够产生良好的道德效果,只是因为在你做的时候就认识到它本来是好的,而不是因为看见别人那样做,你才那样做。不过,像孩子那样的年龄,心灵还处在懵懵懂懂的状态,所以需要使他们模仿我们希望孩子们养成习惯的行为,以便他们最终能够凭他们自己的判断和对善的喜爱去实践这些行为。人是善于模仿的,动物也是一样;爱好模仿,是一种良好的天性。

把你的一切教育法则都彻底考察一下,你就会发现它们都是错误的,特别是有关道德和风俗的法则更是荒谬。在道德教育方面,只有一条既适合于孩子,而且对各种年龄的人来说都最为重要,那就是:绝不损害别人。甚至教人为善这一条,如果不从属于这个教训,也是虚伪的、矛盾的和有害的。

至于我的学生,或者说得更确切一点,自然的学生,他从小就锻炼自己尽可能地依靠自己,所以没有经常去求助他人的习惯,更不善于向他人炫耀自己的学问。不仅如此,他对所有一切同他有直接关系的事物都要进行判断,考虑其后果和分析它的道理。他不夸夸其谈,他要实际行动;他对世上的事情是一无所知,但是他非常懂得他应该做的是哪些事情。由于他经常不断地在活动,所以他不能不对事物进行仔细地观察,好好地考虑其影响;他从小就获得了许多经验,他的经验是取之于自然而不是取之于人;正因他不知道教育的意图,他所受的教育愈能发挥良好的效果。这样,他的身体和头脑同时都得到了锻炼。他始终是按照他自己的思想而不是按照别人的思想进行活动的,所以他能不断地把身体和头脑的作用结合起来;他的身体愈健壮,他就变得愈加聪明和愈有见识。这个方法可以使他将来获得一般人认为不能同时具有的东西,获得大多数伟大的人物都具有的智力和体力,获得哲人的理解力和力士的精力。

新社会观,或论人类性格的形成[①]

罗伯特·欧文

作者简介

罗伯特·欧文(Robert Owen,1778—1856),英国伟大的空想社会主义者,同时还是一位现代教育的教育思想家和教育实验家。

他生于威尔士一个小手工业者家庭。9岁离家,自谋生计,自学成才。1800年1月担任苏格兰新拉纳克纱厂经理,推行改革计划,同时大办教育。1816年,欧文把自己创办的教育机构统一命名为"性格陶冶馆"(又称"新馆"),即从幼儿学校直至成人业余教育在内的教育机构。其社会改革实验一度获得很大成功。他的教育思想成为马克思主义教育观的重要来源。

选文简介、点评

在欧文生活的时代,英国的现代工业已发展起来,社会矛盾也十分尖锐。他作为一位企业家,对现代生产和现代科学的作用以及对现代社会的问题十分敏感,他不但看到了资本主义的弊病,同时也看到科学和大生产的力量。他还看到"某些人的劳动比其他人的劳动的价值大得多,这主要是他们所受的教育造成的"。因而,他认为,"必须拟定方法,使贫民子女受到最有用的教育"。

正是基于改造社会的目标和上述这样的认识,1800年,他担任苏格兰新拉纳克一家大棉纺织厂的股东兼经理时,针对当时工人劳动条件恶劣、生活贫困、缺乏教育及道德沦丧的状况,他着手进行改革,同时大办教育,为工人及子女创办幼儿学校、小学、青年工人夜校及成人业余教育等。1816年元旦,欧文将上述教育机构统一命名为"性格陶冶馆"(又称"新馆"),并正式开馆。欧文的社会改革实验一度取得了很大成功,从性格陶冶馆中培养的儿童比任何一个州的同阶段的儿童都好得多。许多贵族妇女见到这些儿童后都感动得流泪,她们对欧文说:"要是我的孩子能像这些儿童一样,我随便花多少钱都可以。"

《新社会观,或论人类性格的形成》写于1816年,是欧文早期的一部重要著作。该书论述了其从事社会改革实验的基本理论依据,即关于人的性格形成的

---

① 欧文选集[M].柯象峰,何光来,秦果显,译.北京:商务印书馆,1984.

理论，此外还总结了在新拉纳克的教育实践经验。《新社会观，或论人类性格的形成》中的四篇论文均附有献辞或前言。第一篇论文阐述了人民教育和性格陶冶的一般原理；第二篇论文试图说明实现这些原理的好处及怎样才能顺利地普遍实现这些原理；第三篇论文说明新拉纳克所实行的提高居民物质享受及其道德品质的计划，并叙述了一个造福于贫民和劳动阶级的全面的实际的制度；第四篇论文提出对英国的政治制度实行改良，其中包括变革国家的教育制度。四篇论文前后呼应，首尾贯通，是一部完整的著作。

这里节选了欧文的有关论述，包括性格教育原理、幼儿教育的必要性、幼儿学校的内部设施和分班制度、幼儿学校的教育内容和方法等。欧文论证了儿童从幼年起就应该接受公共教育的思想；重视科学教育，主张从教育中排除宗教和迷信，在广泛应用直观性原则的基础上使儿童认识周围现实中的各种现象；要求考虑儿童的兴趣，利用游戏和娱乐作为教育手段；强调自幼培养儿童的集体主义精神和劳动习惯；主张把儿童培养成智、德、体、美全面发展的人。上述思想的提出在历史上具有重要意义。

欧文的教育思想对马克思的教育思想和后来的教育实践特别是社会主义国家的教育实践都有重要影响，成为马克思主义教育观的重要来源。

选文正文

论文一

"运用适当的方法可以为任何社会以致整个世界造成任何一种普遍的性格，从最好的到最坏的、从最愚昧的到最有教养的性格；这种方法在很大程度上是由对世事有影响的人支配和控制着的。"

上述原理是一个广泛的原理，如果证明是正确的话，它必然会使立法工作获得一种新的性质——一种最有益于社会福利的性质。

从历代的经验和目前的每一件事实中可以看清楚这一原理是极其正确的。这几篇论文所讲的原理只要为人们所知道就可以自己树立起来，我们今后的行动纲领也就变得清楚而明确，并且这些原理也不容许我们今后离开正路。它们指示各国当政者应为其人民的教育和普遍陶冶性格的问题制订合理的计划。必须拟订这些计划，使儿童从最小的时候就养成各种良好习惯（它们当然会防止他们养成说谎和骗人的习惯）。往后儿童必须受到合理的教育，他们的劳动必须用在有益于社会的方面，这种习惯和教育使他们深深地怀有积极热忱的愿望，要促使每一个人的幸福，不因教派、党派、国家或风土气候而有丝毫例外。这些原理还将极少例外地保证每一个人身强力壮、生气勃勃，因为人的幸福只有在身体健康和精神安宁的基础上才能建立起来。

论文二

论文一仅仅阐述了一般原理。这一篇论文将试图说明实现这些原理后可以得到哪些好处,并解释怎样才能顺利地普遍实现这些原理。

实现这些原理后可以得到的最重大的好处之一是,它们将提供最令人信服的理由,促使每一个人都"以宽宏精神对待所有的人"。凡是不够这条标准的感情在这样一种人的心里是绝不能存在的,这种人经过明白的教导,理解到世界各地的儿童过去是、现在是、将来也永远是具有与父母和师长相类似的习惯和情感的,只是由于过去和现在的或将来可能遇到的环境以及个人特有的体质的不同而有所变化。然而,这些形成性格的因素没有一种是由幼儿支配或以任何方式控制的。幼儿对于可能赋予他们的情感或品行是绝不能(不论我们心中被灌输了什么相反的谬论)负责的。社会的基本错误就在这个问题上产生,人类以往和现在所遭受的苦难大部分也是从这里产生的。

儿童们毫无例外地都是可以由人任意塑造的、结构奇妙的复合体。如果事前事后都根据这一问题的正确认识仔细地加以照管,就可以使他们集体地养成任何一种人类性格。这些复合体虽然像所有其他的自然产物一样有无数的种类,但都具有一种可塑性;如果行之得宜、持之以恒,最后是可以把他们塑造成充分体现人们的合理希望和要求的形象的。

1784年格拉斯哥已故的戴尔①先生在苏格兰新拉纳克郡克莱德瀑布附近办了一家棉纺厂。因此有必要招来一批新居民,为草创的企业提供劳工。这可不是一桩容易办到的事,因为所有受过正规教养的苏格兰农民都是不屑在棉纺厂里从早到晚、日复一日地做工的。因此,只有两种方法可以得到劳工:一种是从国内各公共慈善机构中招收儿童,另一种是吸引一些人家到工厂附近落户。

为了接纳儿童,当时盖了一幢大房子,最后住了大约500个儿童。他们多半是从爱丁堡的济贫院和慈善机构中领来的,他们的衣食教育都由厂方负责。戴尔先生以人所共知的始终不懈的慈善精神履行着这些职责。

儿童所住的那所宿舍的情形就完全不同了。仁慈的厂主不惜费用使这些贫苦儿童生活舒适。给他们安排的房间是宽敞的,经常保持清洁的,室内空气也十分流通;他们的饮食丰富,质量极好,衣服整洁而又合用;那里还常年聘请一位医生,指导疾病的预防和治疗;同时还派了当地最优良的教师,结合儿童的实际情况,教给他们可能有用的科目。派来照管儿童一切活动的人是一些心地仁厚、性情和蔼的人。总之,初看起来,那里似乎什么都不缺乏,可以成为一个最完善的慈善机构。

儿童从5岁到10岁这5年中,在乡村学校里读书、写字和算术,不用父母

---

① 即欧文的岳父戴维·戴尔。

花钱。一切教育方面的现代改良设施都已采用或正在采用中(为了避免在学校里由于专门采用一种宗教信条而产生麻烦,给孩子们读的书所教诲的都是各教派共同遵奉的基督教箴言)。因此,他们在从事任何正规工作以前就能受到教育和良好的训练。另外一个重要的方面是他们所学的全部课程已经成为他们所喜爱的东西;他们盼望上学比盼望放学还要迫切得多,因此进步很快。可以有把握地说,如果儿童不能养成最理想的性格,那也不是由于他们的过失,而是由于管教他们的人和他们的父母对于人性缺乏正确的认识。

用合乎理性的方法来培育任何地方的居民,他们就会成为有理性的人。为受到这种培育的人提供正当而有益的工作,他们就会非常愿意做这种工作而不愿意做有害或不正当的工作。对各国政府来说,提供这种培育和工作会带来无法估价的好处,而且也是简单易行的。

论文三

第二篇论文叙述了迄今在新拉纳克所做的一切,其主要内容是消除某些有助于产生、延续或增加人们早年的恶习的环境;也就是消除社会由于愚昧而允许其形成的东西。但要做到这一点却比从小培育儿童,使他们按照应走的道路去走要难得多。这是因为后者是最容易的形成性格的方法,而去掉和改变长期养成的习惯则是直接违反人性中最顽固的感情的做法。

然而比较地说,为他们做的事依然很少。他们还没有学习怎样养成极有价值的家庭和社会习惯,例如最经济地烹调食物,使住宅整洁并保持其整洁,等等。但更加重要的不可比拟的是:他们还没有学习怎样把子女培育成宝贵的社会成员,也没有教他们知道天下有一种原理,如果在人们幼小时适当地付诸实践,就可以万无一失地使人人都具有公正、坦率、诚恳和仁慈的品行。

正是在这个发展提高的阶段中,必须做出安排,使他们得到一种环境,借以逐渐地获得并巩固地保持这些家庭与社会的习惯和知识。为了这一目的,在企业所在地的中央盖了可以称之为"新馆"的一幢房子,前面还圈出了一片场地。这片场地是村民的子女从会走路起到上学为止这一时期内的游戏场。

惯于仔细观察儿童的人一定能清楚地看出,许多好事和坏事都是他们在很小的时候被教会或学会的,许多好的或坏的脾气和性情都是2岁以前养成的,许多深刻难忘的印象则是在1岁以前甚至在半岁以前获得的。因此,没有受过教育的或所受教育很差的人的子女,在这几年以及随后几年的童年和青年时代里,在性格的形成方面都受到很大的损害。

正是为了预防或尽量肃清贫民与劳动阶级在幼年时期所受到的根本性的毒害,这片场地才被划为新馆的一部分。

这片游戏场接纳刚会独自走路的儿童,由派来照料他们的人加以管理。

人的幸福主要地(如果不是全部地)取决于自己的以及周围旁人的情感

与习惯;同时人们可以使所有的幼儿养成任何一种情感和习惯。因此,最重要的是,使他们养成只能增进其幸福的情感与习惯。所以每一个儿童进入游戏场的时候,都要用他们听得懂的话告诉他们说:"绝不要伤害跟你一块儿玩的小朋友,相反的,要尽力使他们快乐。"只要人们不把相反的原则强加于幼弱的心灵,这条简单的格言(如果它的全部意义都为人所理解)加上早年实行这一格言所养成的习惯,就可以彻底清除迄今使世界陷于愚昧与苦难之中的一切错误。同时,这样一条简单的格言既容易教,又容易学,因为管理员的主要任务就是防止任何背离这条格言的行为。年纪较大的儿童认识到了根据这一原则行动所获得的无穷好处之后,就可以通过自己的榜样很快地促使新来的小孩遵守这一原则:于是一群一群的儿童由于行为合理而得到的幸福将保证大家都能迅速地、自愿地接受这个原则。他们在这样幼小的时候不断地根据原则行动,养成了习惯,从而使这条原则牢牢地巩固下来;他们将感到它是自己所熟悉的、容易实行的原则,用常用的字眼来说,便是一条自然的原则。

这样自幼养成的性格,对个人和社会愈是有利,就愈能持久。这是因为人们生来就能在充分理解真理之后立刻记住真理,而且终身不忘(除了精神有病或死亡以外);至于思想上有错误的人,只要能使他们认清错误,就一定能使他们在人生的每一个阶段里丢掉错误。由此看来,"新馆"这一部分安排可以达到下列目的:

儿童可以在目前切实可行的范围内尽量远离迄今未受教育的父母的错误的抚育。

父母在儿童能够自己走路到进入学校这个时期内,可以无须像现在这样为了照管孩子而花费时间,也无须操劳和担心。

儿童将被安置在妥当的环境里,和未来的同学与伴侣一起,养成最优良的习惯和品性。在吃饭时和晚上可以回到父母的怀抱里来,双方的情爱由于这样分离可能有所增进。

这一片场地还要当做军事操场和5岁至10岁的儿童在上课前及放学后的集合地点。军事操练的目的将在下面另做解释。此外还要搭一个棚子,在刮风下雨的时候,孩子们可以到那里去躲避。

这就是学校附设的游戏场的几项重要用途。

儿童在游戏场和学校里受锻炼的这段时期给人们以一切良好的机会去创造,培养并树立有助于增进个人福利和社会福利的情感与习惯。按照这种行动计划,2岁儿童进入游戏场时所接受的格言——"要尽力使小朋友快乐"——在他们进学校的时候还要重新提出,要他们遵守。老师的首要任务就是要训练学生养成永远根据这个原则行动的习惯。这是一条简单的准则,它的明白浅显的道理在儿童幼小的时候就很容易教他们理解。当他们渐渐长大,养成了遵守这条准则的习惯并体验了自己所能得到的好处后,就能更好地感到并理解这一准则对社会的全部重大影响。

上面说的是儿童的实际习惯的基础,现在让我们来解释一下上层建筑的情形。

在学校里,除了教育男女儿童认识上述格言的原理并教他们身体力行以外,还要教他们好好地读书,并理解读物的内容;写字要快,字迹要清楚端正;准确地学习算术,以便理解并熟练地运用算术的基本规则。女孩子还要学会裁剪和缝制实用的家常衣服。在这些方面获得了充分知识以后,她们要轮流到公共厨房和食堂里去工作,以便学习经济地烹调卫生的食物,同时还要把房屋收拾得整齐清洁。

上面说过,要教孩子们好好地读书,并理解读物的内容。

目前通行的儿童读物所传授的东西全是一些不应当在他们那种年龄教给他们的东西……既然是这样,我们就应当根据同一类原理教育儿童。首先要教导他们认识事实,从小孩子最熟悉的事情开始,逐渐涉及各人将来可能归属的阶层所必须知道的最有用的知识。在任何情形下,对每一桩事都要在儿童所能理解的基础上解释清楚;当他们的智力发展时,就可以做更详细的解释。

一旦孩子们有条件接受这种教育,老师就应该抓住一切机会使孩子们深深地认识到,个人的利益与幸福同所有其他人的利益与幸福之间显然存在着不可分割的关系。这应当是一切教导的全部要义;学生们也会逐步地理解透彻,以致深信其中的真理就像熟悉数学的人深信欧几里得的证明一样。孩子们领悟了这个道理以后,现实生活中压倒一切的、要求幸福的原则将驱使他们把这个道理始终不渝地贯彻到行动中去。

假定上面介绍的方案从儿童还是幼儿时就坚决执行,不受现行教育制度的阻挠,那么,就真才实学以及一切优良宝贵的品质而论,他们甚至在青年时代就不仅大大超过古往今来的贤哲渊博之士,而且表里如一地成为有理性的优秀人物。那些在早年系统地接受了一套错误思想、衷心地奉之为真理的人,当这些错误思想仍然存在时,必然会力图使之在自己的儿女身上流传下去。因此,必须采取某种简单而普遍能用的方法来尽快地消除这种大得骇人的障碍。

因为我们应当考虑到,我国的绝大部分人民属于劳动阶级或者出生于劳动阶级,而所有各阶层的幸福和享受都从根本上受到他们的影响,连最高的阶层也不例外,因为每个家庭的儿童的性格有很大部分是由仆人形成的,这是那些不习惯于从人的婴儿时期就细心探索人的心理状况的人所想象不到的。儿童自幼所接触的人应该先受良好的教育,否则儿童在任何情况下都绝不可能得到正确的教养。凡是体验过很好的同很坏的仆人之间的差别的人都能充分赏识好仆人的价值。

人的享受幸福的欲望、自然倾向的幼芽以及获得知识的官能，都是在母胎中形成的，他自己是不知道的。不论完善与否，这一切都是造物主直接创造的，无论幼儿还是日后的成人都无法加以控制。

如果一个人的推理能力从幼儿时期开始就得到适当的培养或训练，而且他在儿童时期就受到合理的教导，知道要排除那些自己加以比较之后认为是自相矛盾的印象或观念，那么这个人就会获得真实的知识，或者会获得所有的，未因相反的教育法而变得无理性的人都认为是自相符合或合乎真理的观念。

现在从每一个人的幼年时代开始就印在他的头脑里，从而产生了其他一切谬误的根本谬误是：每一个人的性格是由他自己形成的，而且由于早年印在他头脑里的一些特殊概念而有了功劳或是有了过错；那时他还没有能力和经验去判断这些概念或想法，或者不让它们在自己的头脑里留下印象。这些概念或想法一经考察就显得是同周围的事实有矛盾的，因而便是虚妄谬误的。这些错误概念一直在世界上造成祸害与苦难，而且现在仍然在向四面八方散播这些祸害与苦难。这些错误概念之所以存在的唯一原因是人对于人性一无所知；它们的后果就是人类以往和现在所遭受的，除去出自意外事故、疾病和死亡的祸害与苦难之外的一切祸害与苦难；而意外事故、疾病和死亡所造成的祸害与苦难，也由于人对自身一无所知而大大地增加和扩大了。

如果所有的人都被训练成有理性的人，那么战争技术就没有用处了。但是如果有任何一部分人受人教导，认为他们的性格是由各人自己形成的，并且从小就不断受到训练，使他们的思想和行动都不合理性（这就是说使他们养成仇恨的心理，认为自己有责任用战争去对付那些被教育得在情感上和习惯上与自己不同的人），那么，即使最有理性的人，为了本身的安全，也不得不学会自卫的方法。最有理性的人所组成的任何社会，当它的周围都是那样错误地教育出来的人时，就应当学习这种破坏性的技术，使自己能够抵御无理性人的行动，能够维护和平。

为了提供典型，说明这一点在不列颠诸岛能够怎样容易而有效地办到，我们的计划是：新拉纳克"新馆"所训练和教育的男孩子应当学习作战技术和武器的使用方法；指派在游戏场上管理儿童的人应当能够教导和训练儿童做体操，他应当时常从事这项工作，然后应当为孩子们准备武器，其重量和大小适合他们的年龄和体力，那时就可以教导他们操练和理解较为复杂的军事动作。

这种操练如果行之得法，对于孩子们的健康和精神是有很大的好处的，它可以使他们具有挺拔匀称的体形，养成精神集中、行动迅速和遵守秩序的习惯。可是，我们要教导他们认识到这种操练之所以绝对必要，是由于有些人陷于半疯狂状态（这些人受到世代相传的错误的教育，对于那些不由自主地在情感和习惯上与他有分歧的人养成了仇恨的心理,并逐渐发展到疯狂的程度);认识到这种技术除了用来制止这种人的暴行以外是绝不应当运用的;而且运用时,也要尽量减低严酷的程度,运用的目的只是预防疯人的鲁莽行为将造成的不幸后果,并在可能时治好他们的疯病。

论文四

这几篇论文所根据的基本原理是:"整个说来,儿童们可以经过教育而养成任何一种情感和习惯。"也就是说,"可以经过培育而养成任何一种性格"。

经过适当的培育,世界上任何一类人的年幼子女都可以很容易地成为其他一类人,甚至于相信并声称某种行为乃是正确和高尚的、是自己即使牺牲性命也要加以捍卫的,而他们的父母却被教导得相信并说这种行为是错误和邪恶的,即使牺牲性命也要加以反对的。

必须事先指出的是:为了形成一个教育良好、团结一致和生活幸福的民族,这种国家制度在联合王国境内就必须是全国一致通行的;它必须以和平和理智的精神为基础。此外,我们也绝不能有排斥帝国境内任何一个儿童的思想,理由是不言而喻的。

但国家教育的要义是使青年一代养成有助于个人与国家的未来幸福的观念与习惯;要做到这一点,唯一的办法是把他们教导成为有理性的人。

一个普通的观察者也定能看清楚,不论是用贝尔博士的体系还是用兰卡斯特先生的体系①,都可以教会儿童读书、写字、算算术、缝衣服,然而又使他们养成最坏的习惯,使他们的思想永远不合理性。

读书和写字仅仅是传授正确的知识的手段,我们在教儿童读书写字时,如果不同时教他们怎样正确地运用这些手段,它们比较起来就没有什么价值。

如果我们能够丢开民族偏见,考察一下我们引以为自豪的某些贫民教育新体系中的教学内容,我们就会发现这些内容几乎是糟糕透顶的。如要证实这个说法,我们只需走进任何一个所谓国民小学,请老师让我们了解一下孩子们的学习成绩就行了。老师把孩子们叫了出来,向他们提出一些连学识最渊博的人也无法做出合理答复的神学问题,但是孩子们随口就把原先所学到的话答了出来,因为这种似是而非的学习所要求于学生的只是死记硬背而已。

在这种情形下,如果一个学生对各种观念进行比较的天赋能力,也就是推理能力被摧毁得最快,而同时他却有记性,能记住互相矛盾、毫不连贯的东西,那么,这个学生就是所谓全班头一名学生。在这种情形下,本来应当用来进行

---

① 贝尔及兰卡斯特是英国近代教育史上面向贫苦儿童的"导生制"(即利用小孩教小孩)这一教育体系的创立者。

有益的教导的时间,实际上就有四分之三是用来摧毁儿童智力的了。

把人们认为适合儿童学习的东西教给儿童时,教师的教学方式已经由于牧师贝尔博士和兰卡斯特先生的倡议而有了改良(我们不难断言,这种改良不久就会得到很多补充和修正),可是他们各自的教学体系帮助人们把谬误铭刻在幼儿与儿童易于接受教育的头脑之中,这些谬误则是从那愚昧无知助长一切荒谬事物的时代里流传下来的。

这几篇论文所主张的原理绝不容许我们对任何一类人使用任何欺骗办法;这些原理只许我们在实践中采取无限诚恳和坦率的办法。这些原理不会造成任何不符合人类幸福的情感;它们所传授的知识会使人们看清楚,唯有把大人强制小孩接受的教育中一切虚伪和欺诈的成分铲除无遗之后才能获得人类的幸福。

目前,我们王国之内还没有任何人受到训练,能根据全人类的利益与幸福来教育年轻一代。教育下一代是最最重大的问题,因为我们给这个问题以应有的考虑之后就可以看出,年轻人的教育必然是社会的上层建筑赖以建立的唯一基础。如果这种教育还像以往一样任其自流,而且往往由社会上最不能胜任的人掌管,那么社会就一定要继续遭受由于这种幼稚无能的做法而目前仍然在遭受的无穷苦难。反过来说,年轻一代的教育如果规划得好,执行得好,那么国家往后所做的事情就没有一桩能有重大的危害性了。这是因为年轻一代的教育的确可以说是一种创造奇迹的力量,是值得议会给予无比深切的注意的;它既可以轻而易举地把人训练成害人害己的恶魔,也可以把人训练成无限仁慈的造福者。

人的教育①

福禄培尔

作者简介

福禄培尔(Friedrich Wilhelm August Frobel,1782—1852),是19世纪德国著名的教育家,新教育的倡导者之一,近代学前教育理论的奠基人。他创办了世界上第一所幼儿园,在外国教育史上被誉为"幼儿教育之父"。

他出生于牧师家庭。1805年,他受聘担任一所学校的教师。之后,他与裴斯泰洛齐交往密切,曾两次访问裴斯泰洛齐的伊佛东学院。1829年,他受政府迫害被流放瑞士。1837年,他重返德国,在勃兰根堡开办"幼童活动学校",1840年,正式命名为"幼儿园"。其主要著作有《人的教育》等。

选文简介、点评

福禄培尔在外国教育史上被誉为"幼儿教育之父"。他受裴斯泰洛齐的教育思想影响很大,坚信人类精神发展的规律是自内而外展开的。他还深受夸美纽斯教育思想的影响,重视幼儿时期的教育和儿童游戏。他主张教育要适应儿童天性,反对当时在德国盛行的强制性教育,反对压制儿童的发展,提倡重视儿童的积极活动,提倡发展儿童的创造性和个性,强调早期教育对人的一生发展的重要意义和家庭教育的作用,主张人的一切发展既有阶段性,又有连续性。世界上第一所幼儿园的创建是他的教育思想和热爱幼儿及幼儿教育事业的外部反映,也是他躬身幼儿教育实践的硕果和最好见证。

《人的教育》于1926年正式出版,原版为德文,是福禄培尔论述学前和学校教育的重要代表著作,是以他在卡伊尔霍学校教育实践经验为基础写成的,集中阐述了儿童发展和教育的理论。他非常重视学前儿童的教育,认为婴儿期是生活的时期,幼儿期则是学习和教育的时期;这个时期的教育影响人的一生,儿童对自然、社会及家庭的初步认识是在这个时期形成的;如果儿童的发展在这个时候受到伤害,则以后的弥补就异常困难。因此,他认为真正的人的教育就在这个时期开始了。他还认为,家庭在幼儿期的教育中具有重要作用,因为儿童的教育此时完全托付给了父母和家庭。家长应特别努力,从小培养儿童的活

---

① [德]福禄培尔.人的教育[M].孙祖复,译.北京:人民教育出版社,2001.

动本能。在书中,他特别强调了游戏在学前教育中的独特地位,他认为儿童早期的各种游戏是"整个未来生活的胚芽",儿童的天性是在活动中发展的,因而活动在儿童的生活和教育中居重要地位;幼儿活动的主要表现形式为游戏,它是儿童生活的一个重要组成部分,因而,游戏也是学前教育的一个主要内容。经过长期的实践和探索,福禄培尔设计了一系列游戏活动,并借助他为儿童特制的玩具——恩物来进行。他认为自然界是上帝对人类的恩赐,要让儿童认识大自然,就必须以大自然为基础制作各种玩具,恩物就是成人恩赐给儿童的玩具物品。

本次选择的是《人的教育》的第二章"幼儿期的人"的部分选文,福禄培尔着重谈了四个问题:儿童的食物与营养以及身体的健康;儿童感官和肢体的发展与对事物的认识;儿童早期的游戏及其教育意义;幼儿期的阶段性及其对人的发展的价值。

福禄培尔创办的幼儿园模式和幼儿教育思想对欧美影响很大,他在书中提出的对儿童发展的看法和儿童自我活动等教育原则,对20世纪前后的新教育思潮也产生了直接影响。他逝世后,他的教育思想在英国、法国、意大利、瑞士、荷兰、比利时和美国等地得到广泛传播。他所创立的比较完整的幼儿教育理论,成为后人设计学前教育课程的重要根据。

选文正文

第二章 幼儿期的人

在一个刚刚出生到世界上的人面前,即幼儿面前,出现的一个外部世界,尽管总是由同一些事物按照同一种结构组成,然而对他来说,最初是由处于迷雾般朦胧的、无形的黑暗和杂乱无章的混沌状态的、甚至幼儿本身和外部世界也相互混合的那种虚空构成的。然后,来自这种虚空和迷雾的事物,特别通过从父母或母亲方面来的、最早出现在幼儿和外部世界两者之间的、起初把这两者分开、然后又把两者统一起来的言语,首先是个别和稀少地、最后是多样地和常常按照本身内部包含着的固定的独特性展现在幼儿面前,于是人,即幼儿,最后把自己也看做一个具有一定独特性的、完全不同于其他一切事物的客观对象。所以,在人的心灵和精神中,在人类的思想发展史中,在人类意识的历史中,在儿童身上,在每个儿童从他出生到世界上起直到最后作为一个人自己意识到身居伊甸园以及在这里体验到展现在他面前的美丽的自然为止所获得的经验里,正如圣书里所向我们讲述的那样,复现着万物发展和被创造的历史。同样地,在每一个儿童身上,在以后的时期里,按其本性会重复同样的行为,这种行为标志着道德的解放、人的解放的开始和理性的开始,标志着全人类道德的解放、人的解放的开始和全人类理性的开始,而且这种解放和理性,为创造人类自由起见,是必然要开始的。从自身中去认识、去捉摸、去洞察整个人类发展的历史,直到该历史目前已经到达的一点,或者直到任何固定的一点,这一切,乃是每一个心灵和人,特别是注意到自己发展的每一个心灵和人的使命。为此,每一个人,凡能够做到的,应被要求把他自己和别人的一生及早地和经常地作为一个继续不断地、按照上帝的法则发展着的整体来认识和看待,并且每一个人都应当这样来认识和看待他自己和别人的一生。只有按照这种方式,人才能理解历史,理解人类发展的历史,理解自身,理解他自身发展的历史、现象和事实,理解他自己的心灵、性情和精神的历史。只有这样,他才能理解别人,只有这样,父母才能理解他们的孩子。

变内部为外部,变外部为内部,并寻求两者的统一,这是表达人的命运的一般的外部形式。所以,人所接触的每一个外部事物,都要求人们去认识它,从它的本质上和它的联系上去承认它。人具有感官,即借以实现这种要求的工具,它也充分和足够地体现了"感官"一词的含义,即"自发的内化"。①

但是,每一个事物,每一个生物,只有当人把它同它的对立物联系起来,并发现了它与对立物的统一性、一致性和同一性时,才能被认识,并且,对它与对立物的联系和统一性的发现越多,对它的认识便越全面。

外部世界的物体常常或主要以固体状态,或主要以液体状态,或主要以气体状态出现在人的面前,与此相适应,人天生地具有感官来感知这些或主要以固体状态,或主要以液体状态,或主要以气体状态出现的物体。

同时,每一个物体又是或以静止状态,或以运动状态出现的。与此相适应,每一种感觉官能又分属两种完全不同的器官,一种主要起到认识静止物体的作用,另一种主要起到认识运动物体的作用。比如说对气体的感觉归属听觉和视觉器官,对液体的感觉归属味觉和嗅觉器官,对固体的感觉归属感觉和触觉器官。

按照通过对立物认识事物的规律,幼儿的听觉器官首先得到发展。然后,通过听觉和在听觉的引发、制约、刺激下,视觉也得到发展。通过幼儿身上这两种感觉的发展,才使父母和周围的人有可能在物体同它们的对立物之间、物体同言语之间,然后是物体同符号之间建立最密切的联系,结合得像一个东西一样,像一个相互交错、相互重叠的共存之物一样,从而引导幼儿去观察事物和进一步认识事物。

随着感觉的向前发展,幼儿身上又同时地、有规律地发展对身体和四肢的运用,而发展的顺序又决定于它们自身的性质和物质世界事物的特性。

---

① "感官"一词的德文原文为"Sinn",即"S"+"inn";"自发的内化"的原文为"Selbsttätige Innerlich-Machung"。第一个词以"S"开头,第二个词的前三个字母为"inn",两者合起来正好成为"Sinn",即"感官"一词。福禄培尔在这里以文字游戏的手法试图说明"感官"一词本身就具有"自发的内化"的意思。——译者注

外部世界的物体，或者本身在更多情况下是靠近人的，是静止的，因而需要人们以静止的态度去对待它们。或者，它们在更多的情况下是运动着的，正在远离着的，因而需要人们去攫取它们、抓住它们、紧紧地握住它们。或者它们是同固定的、远处的位置和空间联系着的，因而要求想把它们移向自己的人按照它们向远处运动的程度向它们靠近，并把它们移向自己。这样，就在坐和卧、抓和握、步行和跳跃方面发展四肢的使用。直立是四肢和身体在总体上的运用，而且是最完美的总体上的运用，它意味着身体重心的发现。身体的直立对于这个阶段的重要意义，正如微笑和身体的自我发现对于前一阶段的意义一样，也正如道德和宗教上的独立对于人的发展的最高阶段的意义一样。

在发展的这一阶段上，对于一个出生到世界上的、正在形成中的人来说，至关紧要的仅仅在于他的身体、他的感官、他的四肢的运用，仅仅是为了运用、应用和练习，而并不是为了从身体、感官和四肢的运用和通过其运用而产生的结果。运用的结果对他来说是完全无关紧要的，或更确切地说，他还根本没有预感到这一点。因此在这一阶段上开始的儿童游戏是运用四肢进行的：运用他的双手、手指、他的嘴唇、他的舌头、他的双脚以及他的眼睛和面部表情。

虽然在脸部和身体的活动中表现出来的这种表情和四肢游戏，如刚才所说的那样，一开始并非以内部的东西在外部的表现为基础的，这种表现本来是在下一发展阶段上才会出现的，然而这些游戏作为儿童最初的表现应该加以注意和保护，以免儿童习惯于缺乏任何内部基础的身体的，特别是脸部的活动，例如眼睛和嘴的扭曲，以及在早期就发生举止和感情、身体和心灵、外部和内部的分裂和分离，这种分裂和分离会导致虚伪，或导致儿童养成一种将来非意志力量所能控制的、无法消除的身体动作和举止，从而使人一生犹如戴着假面具一样。

因而从幼儿早期起就绝不容许在除他们以外无任何用以进行活动的物体存在的情况下，让他们过久地独自呆在床上和摇篮里，这一点，对于防止身体的虚弱也是必要的，因为身体的虚弱必然产生并决定心理上的娇嫩和脆弱。为避免后一种后果的产生，幼儿的卧床也从早期起，即从一开始就不应当过于柔软。幼儿的枕头可以用干草、海藻、细禾草、糠秕或至多马鬃做成，但不能用羽毛枕头。幼儿睡眠时覆盖在身上的东西也应当轻一些，确保新鲜空气的流通。

为了避免前一种情况，即在幼儿入睡前，特别是在醒来后，让他在没有精神活动的状态下独自躺在床上所造成的弊端，在幼儿的自然视线内挂一只晃动着的、关着一只活跃的小鸟的鸟笼是很合适的，这种办法，可刺激幼儿的感官和精神活动，会在许多方面给他提供滋养。

在发展了的感官、身体和四肢活动到了儿童开始自动地向外表现内在本质的程度时，人的发展的婴儿期也告终，并开始了幼儿期。在这个阶段以前，人的内在东西还是一个不分化的、无多样性的统一体。随着言语的开始便开始了分化，即人的内在本质中按手段和目的联系起来的多样性的出现。人的内在本质发生分化，向外释放出来，力图向外表现自己，宣告自己的存在。人依靠自己自发的力量在自己外部固定的东西上，并通过固定的东西，把自己内在的本质向外表现，塑造其形象，而人的这种自发和独立的发展，这种内在本质通过自己的力量在固定的东西上自发表现，也可以充分地用"Kind"（幼儿）一词来表达，K-in-d①，即标志着人进一步形成的这个发展阶段。

随着幼年时期的到来，随着人在外部和通过外部表现内部本质并寻找和力求两者一致的，即寻找和力求结合两者的统一的这一时期的到来，真正的人的教育便开始了。这时，虽然身体的保育减少了，但智力的培育和保护却加强了。但在这一时期，人及其教育还是完全被托付给母亲、父亲和家庭的，他同他们一起，构成一个就本质上说完整的、不可分割的统一体。因为作为表现手段的语言，这时仅仅被看做可以听到的东西，说话在这一阶段上还是一种与人完全不分的东西。他还根本不认识作为某种固有的东西而存在的语言。它像他的手臂、眼睛、舌头一样，同他合为一体，而他自己关于它尚一无所知。

虽然在人不同的教育和发展阶段中，除了这些阶段出现的必然顺序（按照这个顺序，较早的和最早出现的东西总是较重要的和最重要的东西），就它们重要性的大小程度来说，我们是无法确定其顺序的，每一个阶段，在它所处的位置和时间来说，都同样重要，然而这一阶段，由于同周围的人和外界事物的最初联系和结合得到发展，由于它包含着说明和理解周围的人和外界事物并掌握其内在本质的最初出发点，因而是十分重要的。这一阶段之所以重要，是因为这一点对于一个正在发展中的人来说是很重要的，即在他看来，外部世界是否表现为一种高贵的或不高贵的东西，表现为一种卑微的、死气沉沉的东西，一件仅供使用、消耗和毁灭的东西，供别人玩赏的东西，或表现为自身的目的，表现为一种高尚的和有生命的东西，一种有精神、有灵魂和神圣的东西；它是否表现为一种纯洁的或污浊的东西，表现为一种贵重的、庄严的东西或一种低贱的、压人的东西；他是否按真正的关系或错误的、曲解的关系看待和认识事物。所以，这一发展阶段上的儿童，应当正确地和确切地看待一切事物，应当正确地、确切地、肯定地和纯正地描绘一切事物，无论就事物本身来说，还是按其本质和特性来说，都应当这样对待。他应当正确地描绘物体与空间和时间的关系，以及物体彼此之间的关系和物体对物体本身的关系，用恰当的名称和词汇表达每一个事物、每一个词本身，按照它的音调、音素、结尾等组成部分加以清楚、纯正地使用。由于人的这一发展阶段要求作为儿童的他清楚、正确纯正地描绘一切，因此就极其需要把他周围的一切东西正确地、清楚地、纯正地展示在他的面前，使

---

① 这里作者又采用了一种文字游戏的手法，以说明"幼儿"（Kind）一词所包含的深刻含义。他把德文"Kind"一词划分为三段，即 K-in-d，"K"在这里可理解为"力量"（Kraft），"in"可理解为"内在本质"（das Innere），"d"可理解为"表现"（Darstellung）。福禄培尔在这里要表达的整个意思是："通过自己的力量自发表现内在本质"（selbständige Darstellung des Inneren durch eigene Kraft）。——译者注

他能够正确地、清楚地、纯正地看到并认识这一切;两者是不可分割和相互依存的。然而在这一阶段,正如语言同说话的人还是一体的一样,对于说话的儿童来说,语言和语言符号同要描绘的对象也是一体的,也就是说,他还不能把词与事物分开,正如他还不能把身体与精神、肉体与灵魂分开一样。它们对他来说还是一体的、同一的东西。儿童在这一时期的游戏尤其可以表明这一点。儿童在游戏中,只要他能够说话,是很想多说话的。游戏和说话是儿童这时生活的要素,因此,处在人的这一发展阶段上的儿童,视每一个事物是有生命、感情和言语能力的,并相信每一个事物都在听他说话。这正是由于儿童开始把他的内在本质向外表现,所以在他看来,他周围的其他一切东西也能进行与他相同的活动,不管它是一块石头或一块木头,不管是一棵植物、一朵花或一个动物,都是如此。

这样,对于这一发展阶段上的儿童来说,正如他的生活本身得到发展、他同父母和家庭的生活得到发展以及他同一种对于他和对于这些与他共同生活的人来说崇高的、看不见的力量处在一起的生活得到发展一样,特别是他在——像他感觉到的那样——包含着同他相同生活的自然中以及同自然一起的生活也得到了发展。特别是父母和家庭的其他成员在这时必须把儿童在自然中和同自然一起的生活,同自然中明确的、无声的事物一起的生活作为儿童整个生活的关键来加以培育。而这一点,特别应当通过游戏,通过儿童游戏的培育来实现,而这种游戏在最初仅仅是自然的生活。

游戏是儿童发展的、这一时期人的发展的最高阶段,因为它是内在本质的自发表现,是内在本质出于其本身的必要性和需要的向外表现,"游戏"一词本身就说明了这一点。游戏是人在这一阶段上最纯洁的精神产物,同时是人的整个生活、人和一切事物内部隐藏着的自然生活的样品和复制品。所以游戏给人以欢乐、自由、满足,内部和外部的平静,同周围世界的和平相处。一切善的根源在于它、来自它、产生于它。一个能干地、自发地、平心静气地、坚忍不拔地、直到身体疲劳为止坚持游戏的儿童,也必然成为一个能干的、平心静气的、坚忍不拔的、能够以自我牺牲来增进别人和自己幸福的人。一个游戏着的儿童,一个全神贯注地沉醉于游戏中的儿童不就是这一时期儿童生活最美好的表现吗?

上面已经说过,这一时期的游戏并非是无关紧要的小事,它有高度的严肃性和深刻的意义。培养它,哺育它吧,母亲!保护它,关心它吧,父亲!用一个真正懂得人类本性的人的平静而敏锐的眼光来看,在这一时期儿童自发选择的游戏中显示出他未来的内心生活。这一年龄阶段的各种游戏是整个未来生活的胚芽,因为整个人的最纯洁的素质和最内在的思想就是在游戏中得到发展和表现的。人的整个未来生活,直到他将要重新离开人间的时刻,其根源全在于这一生命阶段,不管这未来生活是纯洁的还是污浊的,是温和的还是粗暴的,是平静的还是充满风浪的,是勤劳的还是怠惰的,是功绩卓著的还是无所作为的,是迟钝而优柔寡断的还是敏锐而富有创造的,是麻木不仁、畏首畏尾的还是富有远见的,是建设性的还是破坏性的,是和睦待人的还是生性好斗的,是惹是生非的还是给人以安宁的。他将来对父亲和母亲、家庭和兄弟姊妹的关系,对社会和人类、自然和上帝的关系,按照儿童固有的和天然的禀赋,主要取决于他在这一年龄阶段的生活方式,因为儿童的生活在他自身中和与他自己,在家庭成员中和与家庭成员,在自然和上帝中和与自然和上帝,这时还完全是统一不分的;因而,在这一年龄阶段的儿童几乎不知道哪一种东西对他更为亲切——是花朵呢,还是他自己对花朵的欢乐,还是当他把花朵带给母亲、带给他的父母时给予他们的欢乐,还是把花朵赐给人类的亲爱的造物主使他模糊地预感到的那种欢乐。谁能分析这一年龄阶段儿童的如此丰富地感受到的这些欢乐呢。假如儿童在这一年龄阶段遭到损害,假如存在于他身上的他的未来生命之树的胚芽遭到损害,那么他必须付出最大的艰辛和最大的努力才能成长为强健的人,必须克服最大的困难在其朝着这一方向发展和训练的道路上避免这种损害所造成的畸形,或至少防止这种损害所造成的片面性。

　　在幼年时期的这几年里,儿童的食物和进食是十分重要的,它不仅对于儿童目前的年龄和生活来说是重要的,而且对他整个未来的生活来说也是重要的,因为儿童可以通过他的食物、通过他的进食而成为怠惰或勤勉、萎靡不振或充满朝气、迟钝或敏捷、缺乏生气或充满活力的人。而且儿童以这种方式接受的,通过他的食物的性质接受的印象、性向、嗜好、感觉的倾向,甚至他所特有的生活倾向,生活中各种活动的倾向是难以摆脱的,甚至将来他已经成了自立的人时还是难以摆脱。它们同他整个肉体的生活成为一体,因而也同他的精神生活紧密联系,至少同他的感觉和情感紧密联系。所以儿童在母乳之后最初的食物应当简单而适度,不超出绝对必要的限度之外的人工的和精制的食物,尤其不要用过多的香料来刺激食欲,也不要太油腻,以免阻碍内脏器官的活动。

　　父母们和保姆们应当永远告诫自己作为任何规范所依据的普遍真理是:由于适合于未经宠坏的人类本性的,即适合于作为儿童的人借以成长发育的生活资料和身体需要的简单和适度,未来的人将更为幸福,更为强健,同时,无论从哪一方面来说,都将真正地发挥更多的创造力。难道有谁看不到在香料和过量的饮食过度刺激下的儿童身上出现的那种他再也不能摆脱的十分低级的食欲吗?这种食欲,尽管有时看来会减退,然而这仅仅是处于抑制状态而已,一有机会,便会在更大的程度上表现出来,并威胁到剥夺人的一切尊严,强制他放弃自己的义务。父母们如果想到,这不仅关系到将来多少个人的幸福,而且也关系到多少家庭和家族的幸福,甚至关系到一般社会公民的幸福,那么他们也许会采取完全不一样的做法!但这里是愚蠢的母亲,那里是幼稚可笑的父亲,我们看到他们递给自己的孩子各种形式和各种性质的毒品,有粗糙的和精致的。那里是过多的食品,只管给孩子吃,却不让身体和孩子去消化这些食物,甚至仅仅为了消除折磨无所事事的孩子的厌倦;这里是质料过于精细的食物,用来刺激没有精神的和真正的生活条件的肉体和生理的生活,从而起到了损害和削弱身体的作用。那里,怠惰和懒散被看做儿童应当享受的休息;这里;由过度毒品刺激造成的那种与精神方面的、真正的生活影响不相干的儿童身体活动,被看做真正的活力的上升和真正的生命力的发展。

　　人类安宁、幸福和健康的增进和促成,远比我们考虑的简单。我们都有简单的、伸手可及的手段可以运用,但我们却看不到它们。或许我们看到了它们,然而却不重视它们。由于它们简单、自然、易于应用和近在咫尺,我们就觉得它们微不足道,我们就鄙视它们。然而,因为我们只有通过我们自己求得帮助,而且唯有我们才能帮助我们自己,我们便从远方寻求帮助,因此,今后即使倾注了我们一半财产,甚至全部财产,也不足以使我们的孩子得到按照精明的见解和透彻的洞察认为最美好的东西,得到他们目前根本得不到或至少不能完全地、充分地得到的东西,得到那种似乎他们会自然而然地而根本不需要我们在自己孩子的幼年时期给予他们哪怕仅仅是一点点微小的关心而就能得到的东西。不,这是不可能的。如果他们将会得到这种东西,那么,正是由于我们为他们的身体保育提供了比之少得多的东西的缘故。

　　能否使每一对年轻的新婚夫妇从这些惨痛的经验和现象中知道一二呢?能否把这些惨痛的经验和现象的貌似简单而无足轻重的起因及其导致彻底破坏未来教育中一切良好东西的不可估量的后果生动地告诉他们呢? 为了获得这一点惨痛的经验,教育者必须作出千百次的努力,而对这种惨痛经验的认识也难以帮助他在未来的生活中在某些事情上观察到这些现象时使其变得无害。因为谁不知道青少年得到的印象的强大力量呢!

　　然而要避免错误是简单的,要找到正确的做法也是不难的,那就是:饮食始终只能是养料,不应多也不应少,不应为饮食而饮食,而唯一的目的是促进体力和智力活动;更不应把饮食的特色,即口味和精美程度,作为目的本身,它仅仅是由追求良好的、清洁的和有益于健康的营养品这个目的所决定的手段。否则,饮食在两种情况下都会起到破坏健康的作用。因而儿童的食物应尽量简单,以能够维持儿童生活所需,使他在体力和智力上达到同样程度的发展为限。

　　为了使儿童在这一时期在智力上、身体上能够不受限制地活动和游戏、发育和发展,他的衣服不应使他受到束缚、压迫和禁锢,因为这样的衣服也会束缚、压迫和禁锢人的精神。在这一年龄阶段和以后年龄阶段不能穿着割破和撕坏的衣服,因为衣服在儿童身上,在一个人身上产生的影响将会同样地影响到他的精神、他的心灵。衣服、衣服的式样、颜色、形状本身不应当成为目的,否则,衣服会使孩子很早就注意自己的外表,使他变成一个空虚的、轻浮的人,变成一个布娃娃而不是孩子,变成一个木偶而不是一个真正的人。因而,衣服无论对于儿童来说,还是对于未来的成年人来说,绝非无关紧要,可以说,甚至对于基督徒来说,衣服保持不破碎、不缝补,像耶稣的衣服那样,也像他的生活和活动、他的学说那样仅仅是一个始终连续的整体,这一点也不是完全无关紧要的。

因此,在家庭范围内,父母抚育子女的内容和目的就是唤醒、发展和激发孩子的全部力量和全部素质,培养人的四肢和一切器官的能力,满足他的素质和力量的要求。母亲出自自己的天性,在没有任何指导和要求,没有经过任何学习的情况下本能地、自发地做所有这一切。然而这样是不够的,她必须把孩子看做一种有意识的生物,对一种正在觉悟中的生物发生作用,有意识地引导孩子实现人的经常不断的发展,在自己同孩子之间在一定程度上建立起内心的、活生生的、自觉的联系。

因此,我希望在向母亲们指出她们的作用的同时,能让她们认识到儿童教育的本质、意义和各种关系。无疑,思想单纯,然而有思考头脑的母亲,能够把这一点做得更正确、更完美、更深刻。然而人是通过不完善上升到完善的。所以,我希望上面说到的一切能唤起父母的忠实和冷静的、考虑周到和合乎理性的爱,并把我们幼年的发展过程完整地展示在我们的面前。

儿童的世纪

爱伦·凯

作者简介

爱伦·凯(Ellen Key,1849—1926)是瑞典作家、妇女运动活动家和教育家。她出生于一个国会议员家庭,受到父母激进思想的影响。23岁时随父漫游欧洲。她曾广泛阅读有关进化论、优生学、哲学和心理学的著作,深受卢梭、达尔文、尼采和斯宾塞等人思想的影响。后来在妇女学校、工人学校和平民大学任教。1889年结束教师生涯后,更加积极地投身于捍卫妇女和儿童权力的妇女运动之中,被誉为"瑞典的智慧女神"。主要著作有《儿童的世纪》和《妇女运动》等。

选文简介、点评

《儿童的世纪》是爱伦·凯论述儿童教育的名著,被视为新教育的经典作品。该书是爱伦·凯在迎来1900年新年钟声的同时完成的。这象征性地告诉人们,即将到来的世纪将是"儿童的世纪"。《儿童的世纪》最早是1900年由瑞典斯德哥尔摩的一家出版社出版。我国的沈泽民先生,曾在1923年翻译了该书的一部分重点章节,取名为《儿童的教育》,作为新时代丛书第九种,1923年由商务印书馆出版。

《儿童的世纪》由两部十一章构成。作者在第一部的四章中,主要从妇女权、家庭环境等角度,论述了优生优育和儿童的早期教育问题。第二部一共有七章,主要论证了作者的自然主义的儿童教育观。

在书中,爱伦·凯呼吁保护母亲和儿童。她提出,为提高后代的素质,首先应保障作为未来母亲的妇女的权益,包括择偶权和选举权等。同时,妇女作为母亲应担负起抚养和教育儿女的责任,并为此而提高自我发展的能力。爱伦·凯重视家庭教育,认为在家庭中存在的和谐诚挚的气氛、父母高尚的情操以及以身作则,对儿童是最好的教育。她因此设想:不仅婴幼儿教育应当由母亲负责,甚至未来的小学教育也应由家庭承担,由母亲夺回教育的权力,以此作为实现女性解放的目标。

---

① [瑞典]爱伦·凯.儿童的教育[M].沈泽民,译.上海:商务印书馆,1931.

作为新教育的倡导者,爱伦·凯尖锐地批判家庭和学校教育中对儿童的摧残。她指责旧教育的结果是使儿童"脑力消耗,神经衰弱,独创力受限制……对于周围事实之观察力迟钝"。总之,旧教育虽然使儿童获得一点知识,却使其失去了个性。爱伦·凯主张依据卢梭的自然教育原则改革旧教育,以造就身心健全、自由独立和富有创造精神的新人。为此,她竭力倡导自由教育,主张建立以儿童为中心的理想学校。在这种学校里,教师不是严格的管理者和教训者,而是儿童的伴侣。他们热心地研究儿童,在教育中充分考虑儿童的年龄特征和个性差异;废除班级制度、教科书、考试及体罚制度,代之以宽松自由的环境,使儿童在独立自主的活动中获得经验,发展自我。下文选择的是第二部第一章"教育",反映了爱伦·凯有关儿童中心的教育思想。

爱伦·凯1900年在《儿童的世纪》中预言"20世纪将是儿童的世纪",强调教育将研究并顺应儿童的成长特点,使儿童保持自然纯朴的天性。此书出版后影响很大,不仅为社会各界人士所接受,且成为家庭中父母的教科书。此书在很短时间内被译成十几种语言出版,在推动20世纪欧美的教育改革中发挥了重要作用。

选文正文

今日的一般教育者,开口闭口不离"进化""个性""自然的倾向"这等新名词,自己说是很信仰的,可是实际上的行为完全和这些新名词中所含的新理想相反。我们的新理想,实质上就是上面所说的歌德的思想,就是说儿童的件件过失不过是一个包藏着美德的根苗的硬壳。但是他们却继续教育着,仿佛依旧相信人类是天生下流,生来就有罪的,那恶根性是可以羁禁、驯服、压倒,却不能改变的。到了现代,人们在教育上都还在沿用那以毒攻毒,以恶攻恶的旧法子,却不会改用那新法:让"自然"安安静静的去做他的工作,而我们只留意那环境,看他是否在帮助自然起作用。我真不信像他们那样的做法也算做教育!

卡莱儿(Carlyle)①有一句话说,凡性格超越一般孩子且有创造力的儿童,必然有种种狂野而强烈的情绪做他的记号,要管理这种孩子必须用一种像钢铁一样的训练。不论是蛮横的父母,温柔的父母,他们都不怀疑这句话的真理。现在一般人对待小孩只有两种方法了,不是要把小孩的热情连根拔去,便是只得挽起两只手,连教化两个字都不敢想起。

压抑儿童的真人格,把另一人格硬栽到他里面去,而至今依旧是那班大声疾呼着教育须得专门把儿童的个性发扬出来的人们所犯的普遍罪恶。

他们还是不肯相信自私心在儿童方面是功罪相当的。同样,他们也丝毫不肯相信恶的品性可以改变成好的品性。

教育是必须根据那个必然之理的,这必然之理就是凡属过失绝没有法子赎

---

① 今译卡莱尔。——编者注

罪,也没有法子打消,定要生出他们的结果来。还有一个必然之理是顺应进化的途程,一步一步地顺应着环境的情形而前进,也可以把他们改变过来。只有达到了这一步的时候,教育方才变成一种科学和艺术。到了那时,我们才能抛弃一切对于急躁的干涉所生的奇迹般效果的迷信;我们才能依照物质不灭的原理在心理世界中活动。我们永远不相信灵魂的特性可以被毁灭。只有两条可能的路:他不是可以被奴隶起来,便是可以被升到更高的水平面。

马丹史塔以尔(Madame de Stael)①曾说只有能和小孩们玩耍的人,才是能教育小孩们的人:这句话显出她不少的洞察力。希望小孩有好成绩,第一个条件就是要自己先变成和小孩一样,不过这并不是说那种模拟的孩子气,和故意说出来的婴儿话,这种态度,小孩子是一看就穿,并且深深厌恶的。这句话的真正意义是说要完全忘了自己,觉得也是他们中间的一个;而且完全地单纯地感他们所感,像小孩自己被他的生活所吸引着一样。他的意义是说要把小孩真当做平等人看待,就是说,要把一个人用来对大人的同样程度的关心给他看。就是说,不要照我们自己心中要变成怎样的人而去影响他,要让他随他自己的本性而去受印象的影响;不要欺骗他,或用暴力,而要把相当于他自己的品性的严肃和诚恳来对待他。

卢梭在某篇中曾说一切教育上的失败都由于自然并不把父母造成教师也不为教育造出儿童。那么假使我们终于服从了自然的指导,而承认教育的大秘诀藏在"不可教训"一句格言的中间,将有什么现象发生呢?

不让小孩安静是今日这些训育儿童的方法的最大缺点。教育的本职,是要在小孩的内心和外界创造出一个美丽的世界来让他在里面长大。让他在这世界里面悠游自在,直到他进社会而与他人权利永远存在的界限相接触:这便是未来的教育目的。只有到了那个时候,小孩的心理,才真正能为成人们所深明洞察,而不至于像现在这样几乎成为一个人所不能到的奥妙境界了。因为孩子秘藏他的本性不给教导者知道,是根据一种自卫的本能的。有些粗人对小孩粗暴地问,例如,"你心里在想着什么呢?"回答的话差不多一定是扯东扯西的一些谎言。小孩子见了要主宰他或不知尊重他思想和意趣,不知体贴,反而重伤或嘲笑他视为最神圣的感觉(在客人面前称赞他的善或暴露他的恶,以及把他此一时所坦然承认的话作为彼一时责备他的话柄)的教育家,一定要自己防卫。

人类没有一个是能了解别人的,不但如此,有点耐性能互相容忍的人也是很少的。在父母子女的关系中,不幸这句话就更加确实了,因为父母与子女的维系物是亲情,亲情最重要的元素是了解,而了解又是亲子之前所常常缺少的东西啊。

父母都不知道人的儿童时期是一生中最需要安静的时期,是一种外面好动

---

① 今译斯塔尔夫人,法国思想家。——编者注

而内心安静的生活。儿童自己有一个广大无涯的世界,他要进去,去和他产生关系,去把他征服,去把他变成他种种梦想的目的物,所以最需要的是大人让他安静。但是他经历了些什么呢?种种的障碍,种种的干涉,种种的纠正罢了,度日如年。孩子玩着什么,大人要他放手;孩子做着这件大人要他做那件,他所考察的,所要求的,大人都要去干涉。孩子随他自己个性指导所趋向的一切方向都被隔离了,而逼他往另一个方向发展;这都是由于大人误用教导,过分热心帮助这人类的小标本的缘故。却不知道这样做,不过是把他变成一组死的理想人物中的一个。

我曾听说有一个三岁孩子要到森林去玩,他的乳母定要拖他进城市,称他是"倔强"。还有一个孩子六岁,被责罚了,因为她对同伴淘气,唤她小猪——其实这也只是对于身上常常肮脏的人常用的一种比拟。这些都是那些有敏锐感觉的小孩为什么会变成呆钝的代表的例子。小孩子本来不懂得天堂地狱是什么;听说天堂对好孩子是怎样情形以后,自然要问他母亲假如他乖乖地在天堂里住了六天以后可以不可以在礼拜六晚上带他到地狱里去玩一回呢。

小孩子从意识的最深处觉得他有淘气的权利,并且不但要淘气,还要任性纵意、危险的快乐,都不用大人顾问的去淘气。从这种"不良品性"中把那附带存在的优良品性唤起来,就是因恶化善。否则,我们用了比这软弱的手段去压倒自然力而造出一种假品性来,就经不起"人生"所加上来的试探了。

我们空口说以善胜恶(或因恶化善)好像是很容易的,但是实际上却没有比找出实际的手段来达到这个目的更困难、麻烦的了。说哪一处不对哪一处不好,比要怎么样做才能把自由散漫变成自强刚毅,把狡黠变成从容,把好诌媚变成善接物,把浮躁变成目光四射,是容易得多。要达到这目的,只能从这一层认识上脱离出来,这种教育的方法说不定从前就是把他造成模范的儿童了事的,但是今日夺了他们该有的自己的欲望。一个人若不常常接触进步的过程,常常把自己放在当时最好事务的影响之下,恐怕连一个略像样些的儿童伴侣都做不成了。

教育一个小孩,就等于把一个灵魂的生死之权握在手里,把一个人的脚放在一条狭隘的路上;就等于说,永远不要让我们看到小孩的一双冷眼看着我们,用无声的语言让他看穿我们是不胜任而且不可靠的。因为这就表示,损害孩子成长的路是无穷的,对他有用的路却很少。但是负担起教育之重任的人,几曾能想到那是小孩子,(哪怕只有四五岁)已经在考量成人以后,看透了他们,并且用非常锐利的眼光估量成人的价值,反映出每一个印象。一点点不信任,一点点不吻合,一点点不公平的行为或轻蔑的嘲笑,在小孩的精致细嫩的心上可以留下毕生难磨的伤痕。而从反面说来,不真的友情,不和气的劝告,不公平的震怒,讲在那据人们说是像蜡一样柔软却对待他仿佛是牛皮一般的心上,留下一样深刻的印象。

比较来看，我宁可说，倒是那种旧式的教育好些，因为旧式的教育以身作则，专使自己完全、纯洁、高尚，虽然并不创造人格，至少也不曾毁损小孩的人格。现在这些做父母的人所费的心血，假如只有百分之一用来干涉小孩，其余的九十九能用来引导而不干涉，来做一种隐微的不可先见的预备，使小孩能从这里而得到经验，从经验得到判断，就好了。现在这制度是要把个人自己的发现、意见和原则，以不对的指导孩子行为的方法印到小孩心上去。教育者最意想不到的一件事就是在前面的其实全然是一个新的灵魂，一个新的自我，他的第一而且主要的权利就是把他所接触的东西细细思索。但是"新的灵魂"这词，在他听来，不过是旧人类中的一代后生，可以用旧方子所配的新药剂来医治罢了。我们教导那新的灵魂不要偷盗，不要说谎，要省俭衣服，要留心功课，要省钱，要听从命令，不要和长辈拗强，要背祷告文，偶然几次也要和人争鬨，练习自己的强项。但是谁去教这新的灵魂去选择他们所不得不走的路呢？谁能想到，小孩选择自己路径的要求是这样迫切，外来的硬要使他们变成一样的压力，就算是温和，也能使整个儿童时期变成黑暗世界呢？

小孩子一生到世界上，是挟着种族历来的遗传特质来的；顺应了环境以后，这遗传特质受到修整。但是小孩子同时还显出一种与该种族的式样相异的倾向，这是一种变化，就叫做个性的发展。假如我们不要"顺应过程"，消灭这种由变异而生出的新特质，那么必须用尽方法去助长一种自我决断的能力的发展，而那教师——必须懂得怎样去合并、扩大这发展的结果的——在旁边间接地使他们受影响。

教育的干涉，不论是用暴力或用劝告，总是会削弱这种发展的，就算不把他全然毁灭。

家庭里的习惯和小孩在这里面的习惯，必须绝对固定，假如希望他有一点什么价值。爱弥尔（卢梭所著教育小说《爱弥尔》中的主人公）说的很不错：改变习惯，就等于攻击全人生的要害，因为人生没有什么，只是一个习惯的网。

为什么芸芸众生代代相承，一切还是没有改变？为什么文明绚烂的基督教人民，却继续实行着劫掠的事，而美其名曰交易；大规模的互相残害，却统称之曰民族主义；强者欺压弱者，有权者蹂躏无权者，却尊称之为政制？

因为人类用强迫手段规范小孩，代复一代，把种种兽性的冲动闭压在下面，却自以为已经连根拔去了。及至生存竞争——个人向社会竞争，社会又向国家竞争——于是闭压在下面的冲动开始脱栏而出。现在所用的教育方法，不是感化的，乃是防堵这种兽性的。人类自猿人以至今日，野蛮性情一个都不曾完全除去，实际上就是这缘故。不过野蛮时代人还吃人，这种特质现在可说是已经消灭了。但据欧洲轮船公司或塞尔维亚狱囚的故事来看，现在的大多数人虽然对于吃人有一种从天性里发出来的生理上的深恶痛恨，然而遇到合宜于吃人的地方，这种行为不可避免要复活。其他如明知故犯的骨肉交媾，现在大家都生理上嫌忌着;在多户妇女中间,贞洁——就是灵肉一致的恋爱——也是自然所赋予的最好天性。又如杀人和偷盗,在少数人也觉得是当然做不得的事。这几项野蛮性情,虽然也像吃人一样,不免有时触发,但总已为人所深恶痛恨了。只有这样的进化是真进化,真经得起种种的试探。然而已经说尽了。自太古以来,人类的进化,不过这寥寥数项!

我们说到野性,称它是 Unchain ed Passions(脱了锁链的情绪),从语言就看出心理来了;其实这是非常正确的,在现行教育制度之下,情绪真不过是潜在栏里的猛兽。

一面天花乱坠地讲个性发展,一面对待孩子们时,仍旧仿佛他们的人格正在自在顺应中,模仿虽然占大部分,但个人发展能力同样重要。有了顺应,人生就有了定形;有了施展的能力,然后人生就有新意。

我已经说过了,有思想的人们,说了不少关于人格的话;但是他们当自己的孩子并不和一切其他孩子一样,当他们不能再在他们子裔身上看出一切社会所需要的品性存在的时候,不免又满腹狐疑了。于是他们就管束他们的孩子,把长大后自由发展的重要自然本能在幼年时代压住。可怜的现代人,到了今日还不大知道怎样造就新的人类;因此旧的式样充斥社会——干干净净的小伙子,娇娇滴滴的小姑娘,威威武武的官僚大人,如此,如此——循环再现。而挟有更高理想的新人物——独辟蹊径的发现者,独倡新理想的思想家,冒犯众怒的改造家——这些种类,在良好教育的人类社会中间,变稀罕了。

不错,"自然"自己也常把主要的几种式样反复再现的。但是她也常在造着细微的变异。各种的物类,甚至于人类的种族,都是这样来的。但是人类自己至今还不曾知道这种自然律在自己高程度发展中的重要。他只要些已经呈请、许可被代代后生翻印的情感、思想和判断。所以崭新的个人再不产生了,只有那些谨慎的、呆钝的、温驯的,或暴戾的标本,汗牛充栋。猩猩时代所遗留下的本能,在人类时代加倍了遗传的影响。现在,保守主义已经胜过产生新种类的努力了。但是最有价值的却是那后者啊。教育者什么都该做,就只不该动小孩在做着的事。当小孩显出与众相异的倾向来时,他该欢喜的。把别人的意见当做标准,结果是让自己的人格去服从他人的意志。于是我们成了大群众中的一部分,随"超人"的指挥而行事了,而其实,假如个人人格极强,即使有超人的意志也不能撼动的。有一句话说得不错,英国人民于政治社会世界中是顶自由的,因为英国民族是有个性的民族,他们心中所感觉的独立精神远远超过法律上所许可的自由。所以法律上的自由是增长不已的。

要全种族进步,要社会进步,教育不可不注意唤醒独立精神方面;凡有异于群众的倾向表现时,若此倾向不至影响到别人的权利,或只是一种招人注目的欲望的产物,教育即当极力维护他,并且促进他。若孩子自己有意对一种习惯一种普通感觉宣告独立,教育者即当给他机会,因为这是个性教育的基础,与群众意识的教育同样的重要。什么是个体意识呢：就是从自己的良心中相信某种外界法律是好的，正当的，所以自顾地去服从他。就是我自己立下一条不成文的法律，放在心里，即使举世反对，我还是不屈不挠地去服从他。

从来天生赋有奇才异能之士，小时候，在家庭学校中间，受歧视虐待是一种惯见的现象。没有人见了小孩恐惧、号哭、吵闹，或专心致思，或脾气顽强，而有能耐烦去思索他们的缘由的。然而做母亲做教员的人们，在这一点上，就更显出他们可怜的不胜任了，这就是，连教育艺术中最简单的基础部分也不知道，这就是，连舍去死板的信条而用他们自己的眼睛去观察都不知道。

这些话，当然不盼望社会上那些头脑愚钝不知儿童能力之发展为何物的所谓社会柱石的人物来了解。同样的也不盼望那班只知道人类天性是只适宜于受轻视受压制，只知道人类这负罪的身体这不洁的兽类是必须用鞭子来降服，而借一部圣经去树立他们的理论的基督教信徒来了解的。

我现在只求有人能够有新的思想，能够不用旧教育方法的人，来听一听我的话。这班人或者要回答说：新理想虽好，难于实行。不过这实行的障碍只在于他们的新思想还不曾把他们造成新人；在他们身体里的旧人没有闲暇也没有时间也没有耐性去应用新思想以革新他们自己的和小孩的灵魂罢了。

那些"试用过斯宾塞尔方法而遭了失败"的人，不晓得这失败是由于自己的冒昧和暴躁，而就抱怨了，以为小孩子是只能叫他们顺从的，以为那句古话"枝弯树亦斜"，到底还是真理。

"弯"这个字用得真不错呵。据旧法，教育的目的在铸造人格，教人谦卑服从，所以要弯。但是据新法，要小孩成为正直独立的人，是要扶持他免受弱点侵害，绝对不需要变弯的。

在现在的训育制度中，我们每每看出那"管理"的粗暴欲望仍旧活着，当小孩们拗强的时候，就发怒了。父亲或母亲说："不许！你要做主？教训你，看你可敢？今天要拔出你的意志！"但是，他是什么也不能从小孩心中拔出来的，反而是许多要不得的东西，给他添了进去。

严厉的管理只在小孩的最初几年中是不可少，因为这是一种预备；有几种习惯，一定要在这时期中养成，方可进而施行高级的训育。孩子在这时期内，只有感觉器官最发达，所以要传达大人的意思，一点轻微的痛楚或快感，仿佛就是语言，所以，对于有几个孩子，若要强迫他养成几种习惯，训诫是不可不用的手段；对于其余的孩子呢，虽然在这个时期，严厉一点的方法都可以完全不用，再到他能记得痛楚的时候，已达到不该再受的年岁了。

自然一定要小孩子晓得服从，而且，这服从要有绝对的性质，若从他那柔软的时期就养成这种性质，以后只要看一眼，说一句，略暗示一点声音，就可以使他规矩起来。教养孩子的人，要对于孩子的不满意发生效力，只有使他的不满意在阳光煊暖的家庭空气中能像一个黑影一样才行。人们若不愿趁着孩子幼小的时候就安排下服从性的基础,到孩子已经长大,行为已经变坏的时候,就不能怪斯宾塞尔的方法不能适用了。

对待很小的孩子,不要和他辩论,只要始终如一地待他,如影随形地矫正他。趁很早的时期,教育者应该依照卢梭和斯宾塞尔所推荐的方法把外界的印象安排成一个"一致的整体",让孩子去经历。若能这样,有许多习惯便能极深刻地印到孩子的心里。

小孩子哭泣不休,若已经明白这哭泣并不由于身上有病或有不舒服而起的——哭泣是孩子对付不舒服的唯一的武器,便该矫正他。普通人矫正孩子哭泣的法子总是用"打"。但是"打"服不了孩子的心,只能在他的小小的灵魂里种下这个观念,以为:凡小孩子哭泣的时候,大人是要打的。这不是呵护伦理学的观念。还有一个方法,就是立刻带那哭泣的孩子到静处去隔离起来,而同时解释给他听,扰乱别人的人是不准和他们在一起的;假使这种隔离是绝对必然的结果,而绝不能免,则在孩子的心里便立下了一个从经验得来的基础观念,就是,一个人若把自己变成不可爱或令人讨厌的时候便应受孤独之罚。以上两个方法,都是以损害孩子的意志而使孩子不做声;但一种是用武力去压迫孩子的意志,而另一种是用一个善良的动机去慢慢地使孩子自己节制他的意志。一个方法所鼓励的是一种卑贱的情绪——怕。一个方法是训练他的意志,使他由此得到一种人生中最重要的经验。一个方法是责罚,使孩子降落到兽类的水平线上。一个方法是把人类社会生活的大原理印到他的脑袋里,使他知道若是我们个人的快乐妨碍别人快乐的时候,别人是要来禁止我们纵乐的,或是要回避我,不让我妨碍的。

孩子们在食桌上,或其他的地方,必须养成良好的习惯。假使孩子恶闹,和别人厮缠不清,警戒了他还是这样,那么就立刻把他送开去。不多时,他就会觉悟了,原来一个人妨碍了别人的时候便应受孤独之罚这样,一个不错的原理就这样得到不错的应用了。幼小的孩子也必须知道别人的东西不可乱动。无论何时,小孩子不得许可动了别人的东西,就该这样或那样的罚去他活动的自由,这时候,凡是小孩子,都会明白了:自由行动的一个条件是不妨碍他人。

有一个做母亲的女人曾对我说,理想的育儿室是空空洞洞的日本式房间。这句话实在是有理的。我们这种现代式的陈设很多的房间若拿育儿的目的来讲,真是该骂的。在这种房间内,当小孩天天靠着尝、咬、触去进行他真真的教育的时候,时时刻刻只听得那喝止的声音:"不要动!""动不得!"所以若要小孩养成很好的气质,若要发展小孩子的能力,最好是有一间广大明亮的育儿室,四周用好看的石片木刻品等做装饰,并且备有几件简单的用具,让他在里面享受最充分的行动自由。不过这间育儿室就是他自由行动的范围了,假如他到父母的房里来,依旧任性胡为,最好还是暂时给他一点责罚,好让他知道,在各人私下的小世界之外,是另有一个广大的世界的,在这个世界里,自己有份,别人也有份,而且各人所有的一份,无论到哪里,都有一个限制。

假如小孩子接近危险物件的时候呢?这件东西如果可以让孩子去经验就不妨让他自己去经验一下。例如火,孩子玩火的时候,母亲喝止他是没有用的,他会等母亲不在的时候再玩就是了。让他被火区烫一下,然后他真不会再惹它了。小孩子的年纪渐大,那么乱用刀子玩具等事可以把收回这些东西做惩戒。大多数的小孩子,都是宁可受一顿打,也不肯失去一个心爱的物件的。不过这种方法也不可以用得太滥,因为这是人生经验中必然的法则,牵强人为,反不是真的教育。

我们听见许多以斯宾塞尔方法始而以体罚终的父母说了:孩子若年纪太小不能赔偿他们所毁损的衣服的时候,一种旁的责罚却不可少呵。但是在那种年纪,他们怎么可以因那种事情受责罚呢?他们该穿简单而结实的衣服,可以任意玩耍。等到以后,到他们真能谨慎的时候,假如不小心污了,或毁了衣服,那么,不让他到外面去玩耍,就是自然的责罚了。在这时候,大人可以教他帮忙把污毁了的衣服重复整好,或,要他把自己赚来的钱去另买一件新衣服。假如小孩子不晓得谨慎,那么平常该让他出来玩耍的时候,必须留在家里,假如吃饭的时候回来得太迟,必须让他一个人吃。我们可以说,一切社会生活中的重要习惯都能用极简单的方法使他们变成第二天性。不过要所有地方都应用斯宾塞尔的原理却也办不到。有时,因自然的结果危害孩子的健康或作用太慢就非使用直接干涉不可了。不过,若要用这种干涉必须前后一致,要快而且一定不变。孩子怎样会立刻知道火能烫人呢?因为火永是烫人。暗示做母亲的,一会儿打,一会儿吓,一会儿又贿赂那孩子。起初禁止他而不多时又许可他做了某种动作;或甚至吓又吓不动,打又打不听,只得不住口唠叨咒骂;这种反复无常的母亲,我只说他还不了解"火",还应该学学"火"的教育方法。

旧式的严厉的训练法固然不好,然而因为他前后一致,凡能把儿童造成一种固定的性格。他严厉就一直是严厉;绝不像现在这种千头万绪,在无数的儿童教育方法和无数的心理学中间摇头撞脑,把一个小孩子像皮球一般在人们手里往这儿那儿乱抛乱扔的样子;小孩子也绝不至于一会儿被人推向前,一会儿又被人嘲笑了,一会儿又被人推在一旁去了,然后再拉回来亲嘴,知道他厌恶不堪;也绝不至先被命令了去做,然后再因此受埋怨。假使巨人梯但(Titans)①把我们终年对待小孩子的方法来把一个成人玩上一天,这成人也要疯狂了!不可命令孩子,却要把待成人的谦让待他,他自然也谦恭了。不可强迫孩子注意他所不愿注意的事情,不可强迫他承受抚爱,不可过度的亲吻他,这是小孩子所最恨的,而且往往是惹起色情狂的原因。孩子表示爱的时候,这表示果然是诚恳,

---

① 梯但、泰坦或提坦(Titans),是希腊神话中曾统治世界的古老的神族,这个家族是天穹之神乌拉诺斯和大地女神盖亚的子女,他们曾统治世界。

就不可不答复,但是我们自己的表示却要谨慎,要留在适当的时候再用。这是许多极好的信条之一,但是记得的人能有几个呢?还有,强迫孩子道歉,说对不起;这种种,也是不对的。教导虚伪的方法没有比这个再好了。有一个很小的孩子一次待他的哥哥没有礼貌,所以被放在一个椅子上等他悔过。一会儿母亲来问他悔不悔,他咬牙切齿地答应了一句"悔",但是看见他眼光中很不服似的一闪,不觉又问道:"为什么懊悔呢?"于是这个孩子冲口答道:"悔我刚才不曾骂他'谎鬼!'"这时候,母亲的一句话总算问得很聪明,悔罪的办法,从此就取消了。

自动的悔罪是非常有价值的,这是一个痛切的感到非求不赦免不可的欲望。但是造作的情绪,却无论在何时何处总没有价值。"你懊悔不懊悔?""你的母亲生着病,你的哥哥死了,你的父亲不在家,你不难过么?"这种句子现在常常被人用以唤起小孩子的感情。但是有感情没感情,小孩子自有权衡,不但自有权衡,并且需有像大人一样自选的权利。其他如对于小孩的同情心和嫌忌心,都是一样。每每因为成人方面的不体贴,小孩们的敏锐感觉就受损伤,因而不免惹起他那易受挑拨的厌恶心。这种人,可惜不能令他看见一本未来的儿童心理学。在这书上,因大人粗鲁而给予小孩的种种痛苦,都分明写着呢。正像当小孩失礼于别人的时候,最好的训练法是叫他自己想想,假如别人也用这种手段对付他的时候,他将如何;所以当训练小孩的人对小孩粗鲁的时候,再好没有的方法是教他自己也想想:假如别人也这样对待我,我能不能接受呢?我们要记得,小孩吃苦,其感觉是加成人一倍的。做父母的人懂得这个,才懂得生理和心理的温存,没有了这种温存,孩子的生活便是一个永久的苦闷。

(鉴于选文原文中民国时期的表述会带来阅读困难,校译者在尽量尊重原文的基础上,已对某些表述进行调整。)

(宋寅喆校)

民主主义与教育[①]

约翰·杜威

作者简介

约翰·杜威(John Dewey,1859—1952),美国著名哲学家、教育家,实用主义哲学的创始人之一,功能心理学的先驱,美国进步主义教育运动的代表,是美国乃至国际上有重大影响的学者。

杜威出生于美国佛蒙特州柏灵顿市郊区的一个农村。1884年获得哲学博士学位。之后,他逐步把哲学、心理学和教育学结合起来进行研究,形成了一套系统完整的实用主义教育理论,成为引领新教育及进步主义教育运动的核心人物。杜威一生著作颇丰,已出版的著作共计36种,论文800余篇。

选文简介、点评

杜威的教育思想兼有儿童中心和社会改造思想,这与其经验主义、民主主义哲学思想是相适应的。杜威的教育思想作为当时进步教育运动(资本主义改良主义)的产物和对传统教育思想的一种批判,对当时美国新教育体制的产生与建立作出了突出贡献。作为一位著名教育家,杜威的实用主义教育思想不仅对美国,而且对世界其他国家也产生过广泛而深刻的影响。因此,《美国百科全书》指出:"无论在国内,还是在国外,杜威在所有美国教育家中无疑是最著名的。"

《民主主义与教育》(Democracy and Education)是杜威最重要的一本教育著作,也是其实用主义教育思想最系统、最集中的综合阐述,是一部内容渊博、值得深入挖掘的名著。该书于1916年在哥伦比亚大学写成,副标题为"教育哲学导论"。当时的美国处于工业革命和科学技术革命的新阶段,迫切要求研究与探索新的教育形式,以适应工业革命以及解决社会政治生活中各种问题的需要。正是在这样的背景下,杜威的《民主主义与教育》应运而生。

杜威在书中探究了民主主义、科学进步、进化论、工业革命对于教育的意义,并且对教育史上柏拉图、亚里士多德、洛克、卢梭、康德、费希特、黑格尔、赫尔巴特的理论进行了批判,同时对当时进步的教育运动和自己的教育观点进行

[①] 杜威.民主主义与教育[M].王承绪,译.北京:人民教育出版社,1990.[根据1990年由美国南伊利诺斯州大学杜威研究中心编辑整理《杜威全集》(1882—1953)所译,由美国的南伊利诺斯州大学出版社出版]

了比较系统的总结,在此基础上确立了完整的实用主义教育思想体系。他还试图改革传统学校以适应美国资本主义工业时代的需要,并对教育进行了思考。

　　杜威重视幼儿期的教育,认为婴幼儿自身蕴藏着学习和成长的"能量"和"潜力"。他提出教育要尊重并利用儿童的个体差异,给予儿童以自由,积极培养儿童的创造性。在幼儿教育的方式方法上,杜威提出教育要遵循儿童的身心特点。他十分重视游戏和作业在幼儿教育中的作用,还提出游戏要符合儿童的本能、兴趣,同时根据年龄特征等加以安排。上述观点对幼儿教育产生过重要影响。这里节选杜威关于儿童生长的观点。他认为"教育是生活所必需的","生活即教育","生活即是发展、不断发展,不断生长即是生活",从以上的论断可推导出"教育即生长",教育的历程就是不断生长的历程,在一个人一生的每个阶段里面都是以增加生长能力为目标;教育的结果,就是使人获得更多的教育能力。

　　《民主主义与教育》不仅是研究杜威教育思想的重要著作,也成为理解近百年来美国以及众多国家教育演进的钥匙,是一部堪与柏拉图的《理想国》、卢梭的《爱弥儿》相提并论的巨著。它被译成多种文字并多次再版发行,对世界各国的教育产生了重要影响。

选文正文

第三章　教育即指导

　　儿童天然的或天赋的冲动和他们出生加入的群体的生活习惯是不一致的。所以,必须对他们进行指导或疏导。这种控制和身体上的强迫不同,它把在任何一个时间起作用的冲动集中到某一特殊的目的上,并使一连串的动作有前后一贯的顺序。别人的行动常常受引起他们行动的刺激的影响。但是,有时人们发出的刺激,如命令、禁止、赞许和谴责,具有影响行动的直接目的。因为在这些情况下,我们最有意识地控制别人的行动,我们很可能过分夸大这种控制的重要性,而牺牲比较永久的和有效的方法。基本的控制存在于儿童参与的情境的性质。在社会情境中,儿童必须把他的行动方法,参照别人正在做的事情,使他所用的方法适合。这样就能指导他们的行动,达到共同的结果,并使参与者有共同的理解。大家从事不同的行动,却意味着同一个东西。这种对行动的手段和目的的共同的理解,乃是社会控制的本质所在。这种社会控制是间接的,或是属于情感的和理智的,不是直接的或个人的。而且这种控制是内在于一个人的倾向的,不是外在的,也不是强迫的。教育的任务就在于通过兴趣和理解的认同达到这种内在的控制。虽然书籍和对话作用很大,但是通常过分地依赖于这些方法。学校为了充分发挥它们的效率,要有更多联合活动的机会,使受教育者参与这些活动,使他们对于自己的力量和所使用的材料和工具都具有社会的意义。

第四章 教育即生长

一、生长的条件

社会在指导青少年活动的过程中决定青少年的未来,也因而决定社会自己的未来。由于特定时代的青少年在今后某一时间将组成那个时代的社会,所以,那个时代社会的性质,基本上将取决于前一时代给予儿童活动的指导。这个朝着后来结果的行动的累积运动,就是生长的含义。

生长的首要条件是未成熟状态。我们说一个人只能在他未发展的某一点上发展,这似乎是自明之理。但是,未成熟状态这词的前缀"未"却有某种积极的意义,不仅仅是一无所有或缺乏的意思。值得注意的是,"能量"和"潜力"这两个名词都有双重意义,一个意义是消极的,另一个是积极的。能量可以仅指接纳性,如一夸脱的容量。我们可以把潜力仅仅理解为蛰伏或休眠的状态——在外部影响下变成某种不同的东西的能力。但是,我们也可以把能量理解为一种能力,把潜力理解为势力。我们说未成熟状态就是有生长的可能性。这句话的意思,并不是指现在没有能力,到了后来才会有,我们表示现在就有一种确实存在的势力——即发展的能力。

我们往往把未成熟状态只是当做缺乏,把生长当做填补未成熟的人和成熟的人之间的空缺的东西,这种倾向是由于用比较的观点看待儿童期,而不是用内在的观点看待儿童期。我们所以仅仅把儿童期当做匮乏,是因为我们用成年期作为一个固定的标准来衡量儿童期。这样把注意力集中在儿童现在所没有的,他成人以前所不会有的东西上。这种比较的观点,要是为了某种目的也是够合法的,但是,如果我们把这种观点看做不可变更的道理,那就产生一个问题,就是我们是否傲慢武断;如果儿童能清晰地和忠实地表达自己的意见,他们所说的话将与此不同;我们有非常可靠的成人凭据,使我们相信,在某种道德的和理智的方面,成人必须变成幼小儿童才对。

当我们考虑到提出一个静止的目的作为理想和标准时,这个关于未成熟状态的可能性的消极性质的假设,其严重性是明显的。他们把不断地成长理解为已完成的生长,就是说停止生长,即不再继续成长。这个假设毫无价值。从这样的事实可以明白,每一个成人,如果有人诋毁他没有进一步生长的可能性,他就要怨恨;只要他发现自己没有进一步生长的可能性,他就要悲痛,把这件事视为丧失的证据,而不把以往的成就作为力量的适当表现。为什么对儿童和成人采用不平等的标准呢?

我们如果不用比较的观点,而用绝对的观点来看,未成熟状态就是指一种积极的势力或能力——向前生长的力量。我们不必像有些教育学说那样,从儿童那里抽出或引出种种积极的活动。哪里有生活,哪里就已经有热切的和激动的活动。生长并不是从外面加到活动的东西,而是活动自己做的东西。未成熟状态的可能性的积极的和建设的方面,是理解未成熟状态的两个主要特征即依赖和可塑性的关键。(1)把依赖说成某种积极的东西,听来未免可笑,把依赖说成一种力量,更加荒谬。但是,如果依赖完全是无依无靠的性质,那么发展永远不会发生。一个仅仅是软弱无能的人,永远要别人提携。依赖伴随着能力的成长,而不是越来越陷入寄生状态,这个事实表明依赖已是某种建设性的东西。仅仅寄人篱下不会促进生长。(2)因为寄人篱下不过是筑墙于软弱无能的周围。对物质世界来说,儿童是无依无靠的。在他诞生的时候和以后长时间内,缺乏行走和维持自己生命的能力。如果他必须自己谋生,那就连一小时都难以生存。在这方面,儿童几乎是全盘无依无靠。幼兽也要比他强得多。他的身体是虚弱的,不能运用他所有的体力去应付物质的环境。

1. 但是,这种彻底的无依无靠性质,暗示着具有某种补偿的力量。幼兽早期就有相对的能力,能够很好地适应物质环境。这种事实表明,这种动物的生活和它们周围的兽类的生活并不密切地结合在一起。可以这么说,因为它们缺乏社会的能力,所以不得不具有相当的体力。另一方面,人类婴儿身体上软弱无能,所以还能生活下去,正是因为他们有社会的能力。我们有时谈起儿童,想到儿童,似乎他们只是从身体方面讲偶然处于社会环境之中,似乎社会力量完全存在于抚养他们的成人之中,儿童乃是受抚养的人。如果说儿童自己本来具有非常的力量,引起别人的合作注意,便有人想,这不过是转弯抹角地说成人非常注意儿童的需要罢了。但是,观察表明,儿童赋有头等社交能力,儿童具有灵活的和敏感的能力,对他们周围的人的态度和行为,都同情地产生感应,很少成年人能把这种能力保持下来。儿童对自然界事物的不注意(由于无力控制它们)相应地强化了他们对成人行为的兴趣和注意,这两方面是相伴随的。儿童生来的机制和冲动都有助于敏捷的社会反应。有人说,儿童在进入青年期以前是利己主义的和自我中心的,这句话即使是正确的,也和我们上面所说的话没有矛盾。这不过表明儿童的社会反应能力是用来增加他自己的利益,并不是表明儿童没有这种社会反应能力。但是,这句话事实上并不正确。有些事实被引用来辩护所谓儿童的纯利己主义,其实是表明儿童趋向他们标的的强烈性和直接性。如果构成标的的许多目的对成人来说似乎是狭隘的和自私的,这不过是因为成人通过幼年时类似的独占行为,已经达到了这些目的,因而不再使他们感兴趣。所谓儿童天生的利己主义的剩余部分,大部分都不过是违反成人的利己主义的利己主义。成人过分专心于他自己的事务而对儿童的事务没有兴趣。在他看来,儿童似乎过分专心于他们自己的事务。

从社会的观点看,依赖性指一种力量而不是软弱,它包含相互依赖的意思。常常有一种危险,个人独立性的增加将降低他的社会能力。让一个人更加依靠自己,也许因此使他更加自以为是,脱离群众,冷漠无情,在和别人的关系方面麻木不仁，以致生出一种真能独善其身的幻想——这是一种无名的癫狂，世界上大部分本可挽救的苦难，都是由于这种癫狂所致。

2. 未成熟的人为生长而有的特殊适应能力，构成他的可塑性。这种可塑性完全不同于油灰或蜡的可塑性。它并不是因受外来压力就改变形式的一种能力。这种可塑性和柔韧的弹性相近，有些人通过弹性作用于他们周围的环境并保持他们自己的倾向。但是，可塑性比弹性更加深刻，它主要地是从经验中学习的能力；从经验中保持可以用来对付以后情境中的困难的力量。这就是说，可塑性乃是以从前经验的结果为基础，改变自己行为的力量，就是发展各种倾向的力量。没有这种力量，获得习惯是不可能的。

高等动物的崽仔，特别是人类的幼儿，必须学会利用他们的本能反应，这是大家熟悉的事实。人类生来比其他动物具有更多的本能倾向。但是，低等动物的本能在生后不久就自行完善，以应适当的活动。至于人类婴儿的本能，按它们原来的状态，大部分没有什么用处。有一种生来的特别适应能力，立刻发生效率，但是，好像一张火车票只能用在一条路线上。一个婴儿要运用他的眼、耳、手和腿，必须试验做各种不同的反应的结合，学会灵活多样的控制能力。例如，一只小鸡孵出后几小时，就能准确地啄食。这就是说，眼睛看东西的活动和身体与头部的啄食活动的准确的协调，经过几次试验就完善了。一个婴儿生后6个月，能够接近准确地把伸手抓物的动作和他的视觉活动协调起来，就是说，能够说出他是否能伸手抓到所看见的物件和怎样伸手去抓。结果，小鸡反受原来本能相对完善的限制。婴儿则具有大量尝试性的本能反应以及跟着这些反应所得到的许多经验的有利条件，即使他因为这些反应互相阻碍以致暂时处于不利地位，但这不过是暂时的事情。我们学习一种动作，不是按现成动作去做，必须学会变化动作的因素，根据不同情况作出种种因素的联合。人类学习一种动作，能够发展许多方法，应用到其他情境，从而开辟继续前进的可能性。更重要的是，人类养成学习的习惯，他学会怎样学习。

依赖和可变的控制能力这两件事在人类生活中很重要。这个原理早有人总结在延长婴儿期的重要意义的学说之中。婴儿期的延长无论从群体中成人的观点和青少年的观点来看都是重要的。依赖他人和从事学习的小孩就是一个刺激，要成人负责教养和抚爱。儿童需要成人经常继续不断的养护，也许就是把暂时的同居变为永久婚姻的一个主要原因。儿童有这种需要，肯定是养成慈爱和同情的照顾别人的习惯的主要影响。这种对别人幸福的建设性的兴趣，是联合生活所必需的。这种道德方面的发展，在理智方面就是能够引进许多引起注意的新事物，激发对未来的远见和为未来计划。所以，有一种相互的影响。社会生活日益复杂，需要一个较长的婴幼期，以便获得所需要的力量。这种依赖的延长就是可塑性的延长，或者就是要获得可变的和新奇的控制模式的力量。因此，这种延长能进一步地促进社会进步。

二、习惯是生长的表现

我们在上面已说过,可塑性是保持和提取过去经验中能改变后来活动的种种因素的能力。这就是说,可塑性乃是获得习惯或发展一定倾向的能力。我们现在要研究习惯的主要特征。首先,习惯乃是一种执行的技能,或工作的效率。习惯就是利用自然环境以达到自己目的的能力。习惯通过控制动作器官而主动地控制环境。我们也许易于强调控制身体,而忽略对环境的控制。我们想起步行、谈话、弹钢琴、雕刻工的专门技能,外科医生、建筑桥梁的工人等的技能,好像他们的技能不过是有机体的行动流畅、灵巧和精确。当然,他们的动作的确流畅、灵巧和精确,但是,衡量这些特性的价值的标准,在于他们对环境的经济而有效的控制。我们能够走路,就是能支配自然界的某些特性,所有其他习惯也是如此。

人们常常把教育解释为获得能使个人适应环境的种种习惯。这个定义表明生长的一个重要方面。但是,这个定义中的所谓适应,必须从控制达到目的的手段的主动的意义上来理解。如果我们把习惯仅仅看做机体内部引起的变化,而忽视这种变化在造成环境中以后许多变化的能力,就会把"适应"看做与环境一致,正如一块蜡依照印章一样。环境被看做某种固定的东西,这种固定性为有机体内部发生的变化提供目的和标准;所谓适应不过是使我们自己切合外部环境的这种固定性。如果把习惯看做"习以为常",确实是比较被动的东西。我们习惯于周围环境——习惯于我们的衣服、我们的鞋子和手套,习惯于相当稳定的气候,习惯于我们的日常朋友,等等,这些都含有被动的性质。和环境保持一致,在有机体内引起变化,而不问改变周围环境的能力,就是这种习以为常的显著特点。我们不能把这种适应(不妨称之为迁就,以别于主动的适应)的特点转到主动利用周围环境的习惯,除此以外,"习以为常"有两个主要特征值得注意。第一个特征是,我们首先通过使用事物而习惯于这些事物。试想一下,我们怎样习惯于一个陌生的城市。初进城时,我们碰到过多的刺激,引起过多的和不易适应的反应。逐渐地我们选择一些有关系的刺激,把其他刺激降级,我们可以说我们不再对这些刺激作出反应,或者更加正确地说,我们已经对这些刺激作出持久的反应,或称为适应平衡。这种持久的适应,给我们提供一种背景,待有机会时作出各种特殊的适应。这就是"习以为常"的第二个特征。我们从来不想改变整个环境,有很多事情,我们认为理所当然,安之若素,接受现状。在这种背景上,我们的活动集中在环境中的某些方面,努力进行必要的改革。所以,"习以为常"就是我们对当时我们还不准备改变的环境的适应,这种环境对我们的主动习惯还具有积极的影响。

总而言之,所谓适应,既是我们的活动对环境的适应,也是环境对我们自己活动的适应。

三、发展概念的教育意义

当我们说教育就是发展时,全看对发展一词怎样理解。我们的最后结论是,生活就是发展;不断发展,不断生长,就是生活。用教育的术语来说,就是:教育的过程,在它自身以外没有目的,它就是它自己的目的。教育的过程是一个不断改组、不断改造和不断转化的过程。

当我们用比较的术语,即从儿童和成人生活的特征来解释发展时,所谓发展,就是将能力引导到特别的渠道,如养成各种习惯,这些习惯含有执行的技能、明确的兴趣以及特定的观察和思维的对象。但是,比较的观点并不是最终的。儿童具有特别的能力,忽视这个事实,便是阻碍生长所依靠的器官的发育或使它们畸形发展。换言之,常态的儿童和常态的成人都在不断生长。他们之间的区别不是生长和不生长的区别,而是各有适合于不同情况的不同的生长方式。关于专门应付特殊的科学和经济问题的能力的发展,我们可以说,儿童应该向成人方面发展。关于同情的好奇心,不偏不倚的敏感性和坦率的胸怀,我们可以说,成人应该像儿童一样生长。

认识到生活就是生长,这就使我们能避免所谓把儿童期理想化,这种事情实际上无非是懒惰成性。不要把生活和一切表面的行动和兴趣混为一谈。对家长和老师来说,重要的事情是注意儿童哪些冲动在向前发展,而不是注意他们以往的冲动。尊重未成熟状态的正确原则,没有比埃默森①下面的一段话讲得再好的了,他说:"尊重儿童。不要过分摆起家长的架子。不要侵犯儿童的孤单生活。但是对于这个建议,我却听到有人叫嚷:你真要放弃公私训练的缰绳吗?人要让儿童去过他们自己的激情和奇想的狂妄生涯,把这种无政府状态称为尊重儿童的天性吗?我回答说,尊重儿童,尊重他到底,但是也要尊重你自己……关于儿童训练,有两点要注意:保存儿童的天性,除了儿童的天性以外,别的都要通过锻炼搞掉;保存儿童的天性,但是阻止他扰乱、干蠢事和胡闹;保存儿童的天性,并且正是按照它所指出的方向,用知识把儿童天性武装起来。"埃默森接着指出,这种对儿童期和青年期的尊重,并不为教师开辟一条容易而悠闲的道路,"却立刻对教师的时间、思想和生活提出巨大的要求。这个方法需要时间,需要经常运用,需要远见卓识,需要事实的教育,还需要上帝的一切教训与帮助;只要想到要运用这个方法,就意味着高尚的品格和渊博的学识了"。

第十五章 课程中的游戏和工作

一、主动的作业在教育上的地位

过去一个时代学校课程经过了很大的改革。这种改革的由来,一部分是由于教育改革家的努力,一部分是由于研究儿童心理的兴趣的提高,一部分是由

---

① 埃默森(George Barrall Emerson,1797—1881),美国教育家。

于学校教学的经验。从这三方面得来的一个教训,即教学应从学生的经验和能力出发,使学校在游戏和工作中采用与儿童、青年在校外所从事的活动类似的活动形式。近代心理学已经用复杂的本能的和冲动的倾向,代替旧理论关于普通的和现成的官能的主张。经验表明,当儿童有机会从事各种调动他们的自然冲动的身体活动时,上学便是一件乐事,儿童管理不再是一种负担,而学习也比较容易了。

有的时候,人们采取游戏、竞技和建造作业,只是为了以上这些原因,强调解除"正规的"学校功课的沉闷和劳累。但是,没有理由只是采用游戏和建造作业作为愉快的消遣。心理生活的研究表明,探索、操作工具和材料、建造、表现欢乐情绪等先天的倾向,具有基本的价值。如果这些本能所激起的种种练习是正规的学校课程的一部分,学生便能专心致志地学习,校内生活和校外生活之间的人为的隔阂因之减少,能供给种种动机,使学生注意有显著教育作用的各种材料和过程,并能使学生通力合作,了解知识材料的社会背景。总之,学校所以采用游戏和主动的作业,并在课程中占一明确的位置,是理智方面和社会方面的原因,并非临时的权宜之计和片刻的愉快惬意。没有一些游戏和工作,就不可能有正常的有效的学习;所谓有效的学习,就是知识的获得是从事有目的的活动的结果,而不是应付学校功课的结果。讲得更具体些,游戏和工作完全和认识的第一阶段特征相应。我们在前章讲过,这一阶段认知的特征是学习怎样做事和熟悉所做的事情和过程。

学校的任务就是设置一个环境,在这种环境里,游戏和工作的进行,应能促进青年智力和道德的成长。如果仅仅在学校采用游戏和竞技、手工和劳作,这还不够。一切还看我们怎样运用它们。

从儿童早期开始,就没有全部游戏活动时期和全部工作活动时期的区别,而只有着重点的不同。即使很幼小的儿童,他们也期望一定的结果,而且尝试要达到这个结果。他们对参与成人的作业有浓厚的兴趣,单就这一点来说,就能达到这个目的。儿童要"帮助"别人,他们渴望从事能产生外部变化的成人的各种事务,例如在桌上摆设餐具准备开饭,洗涤杯盘,帮助看护动物,等等。在他们的游戏中,他们喜欢制作自己的玩具和工具。随着儿童逐渐成长,对于没有实际可见的成就结果的活动,就失却兴趣。于是,游戏变成开玩笑,如果习惯性地沉迷于这种游戏,就成为道德败坏的事情。要使人们感到他们自己有多大的力量,必须有可以观察到的结果。当假装被公认是假装时,仅仅幻想虚拟的事物不能激起热烈的行动。我们只要观察真正在做游戏的儿童的面部表情,就可以注意到,他们的态度是认真的,聚精会神的;当事物不再能提供适当的刺激时,这种态度就不能维持。

儿童教育讲座

马卡连柯

作者简介

马卡连柯(Антон Семенович Макаренко,1888—1939),苏联教育家,苏联教育学的创建者之一。

马卡连柯出生于苏联铁路工人家庭。从1905年起,他担任小学教师和校长,积累了丰富的经验,奠定了其教育思想的基础。1920年后,他先后主持高尔基工学团和捷尔仁斯基公社的教育实践,从事对流浪儿童和少年违法者的教育改造工作,引起国内外广泛注意。1935年以后,他主要从事写作、理论著述和学术讲演活动。

选文简介、点评

马卡连柯在捷尔仁斯基公社工作期间,接纳了一些从家庭中出走的孩子,他在教育这些孩子的过程中深深感到,他们是比那些流浪儿更棘手的教育对象,从而引起了他对家庭教育的重视。之后,他在研究家庭教育问题和帮助家庭进行教育工作的途径的过程中,累积了许多印象、观察、经验和思想,这些材料就成为《儿童教育讲座》的基础。

《儿童教育讲座》是马卡连柯最主要的名著之一,是马卡连柯应全苏广播电台编辑部关于"家长教育宣传"节目的约稿撰写的,广播讲座从1937年9月开始,大约于当年12月结束。1940年苏联教育出版社出版了《儿童教育讲座》单行本,此后曾多次印刷。全书共八讲,包含了马卡连柯在幼儿教育方面独到的宝贵的教育思想。第一讲论述了早期家庭教育的意义、独生子女的教育以及父母的职责问题。马卡连柯认为教育必须及早开始,否则会给以后的教育工作带来极大的麻烦,独生子女家庭往往采取不正确的教育方法,将孩子培养成利己主义者,父母应以身作则,检点自己的行为,为孩子树立良好的榜样。第二讲讨论了家长们如何在孩子们面前树立威信,并列举了种种虚假的威信,指出什么才叫真正的威信。第三讲讨论儿童的游戏。马卡连柯认为将儿童的游戏的发展分为若干阶段,说明每个阶段应如何指导儿童玩耍,给他们什么样的玩具。

---

① [苏]马卡连柯.儿童教育讲座[M].诸惠芳,译.石家庄:河北人民出版社,1997.

第五讲和第六讲分别阐述了集体主义教育和劳动教育问题。

《儿童教育讲座》和马卡连柯关于家庭教育的其他著作一样,都已超出了家庭教育的范围,对共产主义教育的一般原理和方法论作出了重大的贡献。他在书中系统阐述了家庭教育的一些基本问题和原则,揭示了家庭教育的新的基础,指出了苏维埃家庭与资产阶级家庭的根本区别,在苏维埃制度下社会教育与家庭教育的全新的相互联系。在家庭教育的专门职能中,他把学前教育、情感修养的培养以及未来公民的培养推到了第一位。马卡连柯的家庭教育思想是家庭教育史上的一块闪亮的里程碑,但由于所处时代的历史局限性,他的家庭教育思想在其耀眼的光芒之下,不可避免地存在着不足之处,例如他对资本主义教育的全面否定、过分夸大独生子女教育的难度等。

《儿童教育讲座》在全苏广播电台播出后受到苏联广大家长、教师、社会教育工作者和教育理论工作者的普遍重视。虽然《儿童教育讲座》中的每一讲反映的都是当时家庭教育中面临的一些问题,但是这些问题对现代家庭教育仍具有很重要的意义。

选文正文

第一讲　家庭教育的一般条件

首先请你们注意我下面要说的这一点:正确地、规范地教育孩子比对孩子进行再教育要容易得多。从童年早期就开始正确地进行教育——这根本不像许多人以为的那样困难。就其难度而言,这是每个人,每个父亲和每个母亲都力所能及的事情。每个人都能够容易地教育好自己的孩子,只要他确实是愿意这样做的,何况这是一件愉快的、喜悦的、幸福的事情。而再教育则完全是另一回事。如果您的孩子没有得到正确的教育,如果您有点疏忽了,对他关心不够,其实常常是偷懒,对孩子不顾不问,那时候就必须对许多东西进行改造和矫正。而这种矫正工作,再教育工作,就不是那么容易的事情了。再教育工作需要花费更多的精力,需要有更多的知识,更大的耐心,并非每个家长都能做到这一切。常常有这样的情况,即家庭已再也没有能力去应付再教育工作中遇到的困难,不得不把儿子或女儿打发到工学团去。然而工学团往往也无能为力,他们将成为品行不十分端正的人进入社会。即使改造工作有奏效的情况,这个人走进了生活,参加了工作,所有的人都看着他,所有的人都很满意,家长也是这样,但是任何人都不愿意计算一下,已造成的损失究竟有多大。如果这个人从一开始就受到正确的教育,他从生活中获取的东西就会更多,他就能成为更有力量、更有教养的人进入社会,而这就意味着他将成为更幸福的人。不仅如此,再教育和改造——这项工作非但更困难,而且是痛苦的。这样的工作即使取得了圆满的成功,也经常地使家长忧伤,不仅损伤他们的神经,而且往往会扭曲他们的性格。

对于这一点,忠告家长们永远牢记在心,希望家长们要始终做好教育工作,力争将来不必再做任何改造工作,力争从一开始就把一切都做对。

我们知道,并非所有的人都能同样顺利地进行这项工作。这是由许多原因造成的,首先是由于采用了正确的教育方法。但是很重要的一个原因是家庭自身的组织和结构,这一结构在一定程度上处于我们自己的控制之中。例如,可以肯定地说,教育独生子或独生女要比教育几个孩子困难得多。即使家庭在物质生活上有一定的困难,在这种情况下也不应该仅仅只生一个孩子。独生子女很快成为家庭的中心。集中到这一个孩子身上的父亲和母亲的关怀,往往会超出有益的范围。在这种情况下父母的爱在一定的程度上带有神经质。这个孩子病了或死了,会给这个家庭带来极大的痛苦,对这种不幸的恐惧总是压在做父母的心头,剥夺了他们应有的平静。独生子女很容易习惯自己的特殊地位,变成家中真正的暴君。做父母的往往很难遏制自己对孩子的爱和关怀,不管他们愿意不愿意,他们正在培养利己主义者。

只有在有几个孩子的家庭中,父母的关心才可能正常。父母的关怀平均地分配给这些孩子。在大家庭中儿童从幼年起就习惯于集体生活,获得相互联系的经验。如果在家中有大孩子和小孩子,在他们之间就会形成各种形式的爱和友谊的经验。这样的家庭生活为孩子提供了处理各种类型的人际关系的机会。这些孩子所经历的生活中的任务是独生子女所经历不到的:爱哥哥和爱弟弟(这是两种很不相同的情感);养成与兄弟姐妹交流的技能,养成同情他们的习惯。且不说在大家庭中的孩子的一举一动,甚至在游戏中,都在养成集体生活的习惯。所有这一切对苏维埃教育正是非常重要的。这个问题在资产阶级家庭中不具有这种意义,因为在那里,整个社会是建立在利己主义原则之上的。

同时,您也应该永远记住,您生养儿女并且教育他们,不只是为了得到当父母的快乐。在您的家中,在您的指导下,未来的公民、未来的活动家、未来的战士正在成长。如果您搞错了,您将培养出一个不好的人,由此而产生的痛苦不仅是您个人的,这还将给许多人,给整个国家带来痛苦。请不要回避这个问题,不要认为这是讨厌的长篇议论。在你们的工厂里,在你们的机关里,难道你们不为生产出废品而不是好产品而感到羞耻吗?对你们来说,交给社会的人是不好的或有害的,这应该是更令人感到羞耻的事。

这个问题具有很重要的意义。只要您认真思考一下,许多关于教育的谈话就变成多余的,您自己也会发现您应该做些什么。而恰恰是许多家长没有考虑这个问题。他们爱自己的孩子;让孩子尽情地享受与自己的伙伴的交往,他们甚至吹嘘自己的孩子,打扮他们,完全忘记了他们所肩负的对未来公民成长的道德责任。

一个父亲本人就不是好公民,他根本不关心国家的命运、国家的斗争、国家的成就,对敌人的袭击无动于衷,这样的父亲能考虑这个问题吗? 当然不能。但是,关于这样的人不值得谈论,因为这样的人在我们国家是很少的。

但是有另外一种人。他们在工作时,在与其他人相处时感觉到自己是个公民,但在处理家务事时却没有这种感觉;他们在家里或者沉默寡言,或者相反,行为完全不像苏维埃公民。在您开始教育自己的孩子之前,请先检查一下自己的行为。

不可以把家务事与社会工作截然分开。您对社会或对工作的积极性应该在家庭中得到反映,您的家庭应该看到您的政治面目和公民面目,不应把它与父母的面目割裂开来。国家发生的所有事情应该通过您的心灵、您的思想传达给孩子们。您的工厂中发生的事情,不论是让您高兴还是让您忧愁的事情,都应让您的孩子们也产生兴趣。他们应该知道,您是一位社会活动家,他们应该为您,为您取得的成绩,为您对社会做出的功绩而感到骄傲。如果孩子们懂得了骄傲的社会本质,如果他们不只是为您的漂亮的西服、汽车和猎枪而感到骄傲,只有在这种情况下这种骄傲才能成为健康的骄傲。

您自己的行为,是最具有决定性意义的东西。不要认为,只有当您与孩子谈话,或教导他,或命令他的时候您才在教育孩子。在您生活中的每一时刻,即使您不在家的时候,您都在教育着孩子。您怎样穿衣服,您怎样与别人交谈和怎样谈论别人,您怎样高兴和忧愁,您怎样对待朋友和敌人,您怎样笑,怎样读报——所有这一切对孩子都具有重要意义。孩子能发现并感觉到语调中的细微的变化;您思想上的所有转变,都会通过无形的途径传达给孩子,而您却没有察觉。如果您在家里很粗暴,或者爱吹牛,或者酗酒,甚至更坏,您侮辱母亲,那么您就不必再考虑教育问题了:您已经在教育您的孩子们了,而且在教坏他们,任何最好的忠告和方法对您都是无济于事的。

父母对自己的要求,父母对自己家庭的尊重,父母对自己的一举一动的检点——这就是首要的和最主要的教育方法!

第二讲 家长的威信

在上一讲中,我们谈到了苏维埃家庭与资产阶级家庭的许多不同。区别首先表现为家长的权力在性质上的不同。我们的父亲和我们的母亲受社会的全权委托培养我们祖国未来的公民,他们要对社会负责。他们的家长的权力和他们在孩子心目中的威信就是建立在这一基础之上的。

遗憾的是有些家长把这种威信建立在错误的基础上。他们竭尽全力去让孩子听他们的话,这就是他们的目的。而实际上这是个错误。威信和听话不可以作为目的,目的只有一个,那就是正确的教育。家长只应该去追求这个唯一的目的,让孩子听话可能仅仅是达到这个目的的途径之一。那些家长恰恰不考虑教育的真正目的,而是为了达到听话的目的去得到让孩子听话的结果。如果孩子听话,家长生活得就安宁一些。而这安宁本身就是他们的真正目的。事实上无论是安宁还是听话,都不能保持长久。建立在错误基础上的威信只能在很短的时间内起作用,很快一切就土崩瓦解,既没有威信,也没有听话。常常也有这样的家长,他们取得了让孩子听话的结果,而因此忽视了教育的其他所有目的:确实培养出了听话的孩子,然而是一个懦弱的孩子。

这种虚假的威信有许许多多样式。我们在这里或详或略地分析其中的十几种。希望经过这种分析之后将较容易地搞清楚,真正的威信应该是怎样的。现在让我们开始吧。

以高压获得的威信,这是一种最可怕的威信,虽然不是最有害的。有这种缺点的更多的是父亲们。如果父亲在家里总是吼叫,总是发脾气,为了任何一件小事而大发雷霆,不管在合适还是不合适的场合下举起棍棒或皮鞭,粗鲁地回答每一个问题,惩罚孩子的每一个过错,这就是高压下的威信。父亲制造的这种恐怖使整个家庭处于恐慌之中:不仅孩子,而且母亲,都惶惶不安。这种威信的危害,不仅是因为它使孩子感到恐怖,而且使母亲的存在化为乌有,使她只能当一个女仆。无须证明这种威信是多么的有害。这种威信不能起任何教育作用,它只能使孩子养成离可怕的爸爸更远一些的习惯,它引起儿童的虚伪和人性的懦弱,同时它在儿童的心中孕育残忍性。这样的被打怕了的和没有自由的孩子,将来或者长大成为令人讨厌的、毫无用处的人,或者成为任性胡闹的人,在自己的整个一生中报复儿童时期所受到的压迫。这种最野蛮的威信通常只在没有文化的家长中才有,幸运的是近来它正在消亡。

以爱获得的威信,这是在我们中间最普遍的一种虚假的威信。许多家长确信:要让孩子听话就必须让他们爱父母;而要得到这种爱,就必须随时随地向孩子表明自己做父母的爱。温柔的言词,没完没了的亲吻、抚爱和表扬,过量地倾撒到孩子身上。如果孩子不听话,就会立即问他:"这就是说你不爱爸爸了?"家长嫉妒地盯着孩子的眼神,希望得到柔情和爱。母亲经常当着孩子的面对熟人们说:"他非常爱爸爸,也非常爱我,他是那么温柔的孩子。"

在苏维埃家庭中,真正的家长的威信应该是怎样的呢?

家长威信的主要基础只可能是家长的生活和工作、他们的公民面貌、他们的行为。家庭是一项巨大的、责任重大的事业,家长领导着这项事业,并为它对社会、对自己的幸福和对孩子们的生活负责。如果家长诚实地、理智地从事这项事业,如果在家长的面前有着有意义的、美好的目的,如果家长自己能经常全面地、充分地认识自己的行动和行为,这就表明他们具有家长的威信,不必再去寻找任何其他的根据,尤其不必去臆想出任何人为的根据。

您不单纯是公民,您还是父亲,您应该尽可能好地完成您的家长的工作,而您的威信的根源就在于此。首先您应该知道,您的孩子的生活的乐趣是什么,对什么感兴趣,喜欢什么,不喜欢什么,想要什么,不想要什么。您应该知

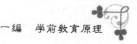

道,他的朋友是谁,与谁一起玩和玩些什么,读什么书,对读过的东西理解得如何。当他上学后,您应该知道他怎样对待学校和老师,他有什么困难,他在班级中的表现如何。所有这一切都是您从您的孩子幼年起就始终应该知道的。您不应该突然知道各种各样不愉快的事和冲突,您应该预料到这些事并采取预防措施。

所有这些都必须知道,但这并不意味着,您可以不断地用令人讨厌的盘问、庸俗的和纠缠不休的间谍一样的行为让您的孩子不愉快。从一开始您就应该把工作做好,让孩子自己告诉您他们的事情,让他们希望与您交谈,对您的学识感兴趣。有时候您应该邀请孩子的同伴到家里来,甚至可以拿点什么东西招待他们,有时候您应该亲自去拜访您孩子同伴的家庭,只要有可能您应该熟悉这个家庭。

做这些事不需要花费很多时间,只要关心孩子并关心他们的生活就行了。

如果您将这样地了解孩子,这样地关心孩子,您的孩子是不会对此无动于衷的。儿童喜欢家长这样地了解自己并因此而尊重家长。

以了解获得的威信必然导致以帮助获得的威信。在每个孩子的生活中都常常会遇到他们不知道该怎么做、需要忠告和帮助的情况。他可能不来请求您的帮助,因为他还不会这样做,您就应该主动去帮助他。

这种帮助常常可以是直接的忠告,有时候可以以开玩笑的形式,有时候以吩咐的形式,有时候甚至可以以命令的形式出现。如果您了解您的孩子的生活,您自己就会发现怎样做最好。常常有必须用特殊的方式给予帮助的情况。常常是或者必须与孩子一起玩,或者必须去熟悉孩子的同伴,或者必须去学校与老师谈谈。如果您家里有几个孩子,这是最幸运的,就可以吸引哥哥、姐姐参与这种帮助工作。

家长的帮助不应该是缠磨人的、令人讨厌的、令人疲劳的。在有些场合下完全有必要让孩子自己去摆脱困境,必须让他养成克服障碍和解决更复杂的问题的习惯。但是必须始终注意孩子是怎样完成这些工作的,不可以让孩子不知所措,从而悲观失望。有时候必须让孩子发现您的关心、注意和对他的力量的信任。

以帮助获得的威信,以谨慎的、关切的指导获得的威信,幸运地得到以了解获得的威信的补充。孩子将会感觉到您就在他的身边,感觉到您的理智的关怀,有一种安全感,但同时他也会知道,您对他有要求,您并不打算为他做所有的事,也不打算解除他的责任。

责任正是家长的威信的另一个重要方面。在任何情况下孩子都不应该认为,您是家庭的领导,而他们自己则是您个人的满足或快乐。他应该知道,您不仅为自己,也为他向苏维埃社会负责。不应该害怕坦率地、坚定地告诉儿子或女儿,他们在受教育,他们还必须学习很多东西,他们应该成长为好的公民和好人；告诉他们家长对达到这一目的负有责任，但家长并不害怕承担这一责任。进行帮助，提出要求，其基础就是责任心。在某些情况下应该以最严厉的、不容许反对的形式提出这种要求。顺便说一句，只有在儿童的意识中已经建立了以责任心获得的威信，这样的要求才可能有益。甚至在孩子幼年时，他就应该感觉到他和他的父母并不是一起生活在荒无人烟的孤岛上。

第五讲　家庭经济

集体主义　集体主义最简单的定义就是人与社会的团结一致。集体主义的对立面是个人主义。在有些家庭中由于家长很不注意这个问题，于是培养出一些个人主义者。如果儿童成长到青年时还不知道家庭的财产产自哪里，如果他只习惯于满足自己的需求，而发现不了家庭其他成员的需求，如果他不把自己的家庭与整个苏维埃社会联系起来，如果他成长为贪婪的消费者——这就是在培养个人主义者，这个个人主义者将来可能给整个社会，也给他自己带来许多危害。

有些母亲和父亲正在不知不觉地培养着这样的个人主义者。

这样的父母常常只关心让自己的孩子什么都有，让孩子吃得好，穿得好，供给他玩具，满足他的享受。他们做所有这一切完全是出于自己的无限的善良和爱，放弃了自己的许多，甚至是最必须的需要，而孩子对此却一无所知，并慢慢地习惯于认为他比所有的人都好，他的愿望对父母来说就是法律。在这样的家庭里孩子对父亲或母亲的工作往往什么也不知道，他们不知道父母的工作有多么困难，这种工作对社会是多么重要和有益。关于其他人的工作他们就更一无所知。他们只知道自己的愿望和满足自己的愿望。

这是非常不正确的和有害的教育方法，而这种错误的受害者多半是家长。在我国只有集体主义者的教育才是正确的，家长应该系统地进行这样的教育。关于这种教育我们提出以下建议。

（1）孩子应尽可能早地知道父亲和母亲在哪里工作，做什么工作，这种工作有多么困难，他们做出了多大的努力，取得了什么样的成就。他应该知道他的父亲和母亲在生产些什么，这种生产对全社会具有什么样的意义。一有机会家长就应向孩子介绍自己的一些同事和工作中的合作者，向他讲述他们工作的意义。即使父亲或母亲对某个人有反感，也不必用对此人的不赞许的评语让小小年龄的孩子生厌。

一般来说孩子应尽可能地很好地懂得，家长带回家的那些钱，不但是构成可以消耗掉的舒适的东西，而且是在从事重大的、有益的社会劳动的基础上得到的工资。家长总应该找到时间用简明的语言告诉孩子所有这一切。当孩子长大一点时，家长必须用同样简明的语言更多地告诉他全苏联其他类似企业的情况,讲述这些企业的工作和成就。如果有机会的话,还应该带孩子参观工厂,向他们讲解生产过程。

如果母亲不在机关、工厂工作,而在家里做家务工作,孩子也应该知道这种工作,尊重这种工作并懂得这种工作也需要付出努力和辛劳。

(2) 要让孩子尽可能早地了解家庭预算。他应该知道父亲或母亲的工资。不应该向孩子隐瞒家庭的财务计划,相反,应该逐步吸引他参加讨论家庭的财务计划。他应该知道父亲或母亲需要些什么,这种需要有多大和多迫切,还应学会为了更好地满足家庭其他成员的需求而放弃满足自己的某些需求。尤其应该吸引他参加讨论涉及家庭共同需求的那些问题:购买餐具、家具、收音机、书籍、报纸等。

(3) 如果家庭的物质条件很好,绝不可以让孩子因此而在其他家庭面前炫耀自豪,不可让他习惯于夸耀自己的服装、自己的住宅。孩子应该懂得,没有任何理由为家庭的富裕而自高自大。在一些有点富余的钱财的家庭中,完全不应该满足孩子的额外需求,而最好应把钱花在满足家庭的共同需求上,最好用来买书,而不是买衣服。

但是如果家庭由于各种原因很难满足自己的需求,就必须使孩子不要去羡慕其他家庭,不要产生离开自己的家庭转到其他家庭中去的念头。孩子应该知道,为改善生活而不懈奋斗,比有多余的钱更值得自豪。正是在这样的家庭中需要培养孩子有忍耐精神,培养他去追求可以在我国实现的美好未来,让他学会相互谦让并乐意与同学分享。家长在孩子面前任何时候都不可以沮丧和抱怨,应该尽可能地保持精神抖擞和乐观,永远向往更美好的生活,通过改善家庭经济和提高自己的工资去追求更美好的生活。在这样的家庭中出现的每一点真正的改善,都必须被注意到并予以强调。

第六讲 劳动教育

对于这一点家长们也应该永远记住。家长在自己的家中培养的不应是埋头苦干的劳动力,而应该培养斯达汉诺夫工作者[①]——从事社会主义劳动和获得社会主义成就的人。

劳动教育中最重要的是下面的方法。向孩子提出他运用某种劳动手段能够完成的一定的任务,这个任务不一定要在短时间内完成,完成它可以需要一两天的时间。这个任务可以具有长期性,甚至可以延续几个月、几年。重要的是给孩子一定的选择手段的自由,并且孩子对工作的完成及工作完成的质量承担一定的责任。如果对孩子说下面的话是没什么好处的。

---

① 期达汉诺夫是一名打破旧的技术定额、创造新技术而打破采煤世界纪录的苏联采煤工,后常用"斯达汉诺夫工作者"来称呼那些勇于创新、创造新纪录的工作者。——编者注

"给你扫帚,把房间打扫一下,这样做……"

较好的做法是,如果您让孩子长期保持某个房间的清洁,而怎样保持清洁,让孩子自己去解决并对此负责。在第一种情况下您只向孩子提出了运动肌肉方面的任务,在第二种情况下您向孩子提出了组织方面的任务,后者比前者的水平高得多,有益得多。所以劳动任务越复杂,越有自主性,它在教育方面就越有益。许多家长没有考虑到这一点。他们让孩子做这样那样的事情,但分散在过于细小的劳动任务中。他们让男孩或女孩去商店买某种东西,如果让孩子经常有一些需要他关心的事,譬如说,经常关心家里有无肥皂或牙粉,这样做将会好得多。

孩子应该很小就参加家庭生活中的劳动。应该在游戏中开始劳动。应该向孩子指出,他要对所有的玩具,对放玩具和他游戏的地方的清洁和秩序负责。必须概括地向孩子布置这样的工作:应该保持整洁。东西不应到处乱扔,玩具上不应有灰尘。当然可以向孩子演示某些收拾、整理房间的方式,但一般来说,如果孩子自己领悟到,要去掉灰尘就需要有一块清洁的抹布,如果他自己向妈妈要这样的抹布,如果他对这块抹布提出了一定的卫生要求,如果他要求得到一块更好的抹布,等等,这样就最好。也应该同样地允许他在他力所能及的范围内去修理损坏了的玩具,当然要为他提供一些供他支配的材料。

保育[①]法真谛[②]

仓桥惣三

作者简介

仓桥惣三(1882—1955),日本著名的儿童心理学者、学前教育的实践和改革家。1913年起在东京女子高等师范学校(现在的御茶水女子大学)任讲师、教授,并常年担任该校附属幼儿园的负责人。在任期间,对从明治时代(1868—1912)以来占主导地位的形式化的福禄培尔主义进行改革,为促进自己倡导的学前教育应实施"启发保教"理念,在实践中大力推进了幼儿园中的自主性活动。其影响力极为深远,至今渗透于日本学前教育。他所创立的保育学会,已成为今天日本学前教育最主要、规模最大的研究学会。

选文简介、点评

仓桥惣三为日本著名的教育家,被称为"日本幼儿园教育之父",著有《幼稚园杂草》《幼稚园保育法真谛》《儿童的赞歌》等著作,此次选取的是其《保育法真谛》一文,写于昭和九年(1934年),在这篇篇幅不长的文章中,读者可以发现仓桥惣三所提倡的保育理念,即诱导保育论。在他的诱导保育论中,提倡儿童中心主义保育,反对形式的恩物中心主义和注入式的传统保育,主张进行改革,以自由游戏为保育中心。重视儿童本身的生活和自发的活动,为儿童提供充分的自由时间和进行自由活动的环境及设备条件,让儿童能自己充实自己,在不能自我充实时,给予诱导或指导,按儿童的需要进行教育。他的这一诱导保育论对日本幼儿教育产生很大影响。在这一理论的发展期,幼儿教育机构有很大的发展,由初创结束时的229所发展到1925年的957所,平均年增加27所,儿童从20000人增加到83000多人,是原来的4倍。

《保育法真谛》全文共分为三个部分:"幼儿生活和幼儿园生活形态"、"把教育带到生活中"和"幼儿生活的自我充实"。在"幼儿生活和幼儿园生活形态"这个部分,作者围绕"生活"和"生活形态"这两个关键词,阐述了当下幼儿园教育中不适宜幼儿的一些现象。他在文中指出:"通观现在的幼儿园,我倍感痛心,

---

① 日语中的"保育"包含着我们所说的保育与教育。为保持原汁原味,在此保留"保育"的说法。——校译者注

② [日]仓桥惣三.日本保育历史五十年[M].东京:国土社,2002:72-78.

根本没有脱离构筑起的所谓'幼儿园',然后把孩子单纯地聚集过来这一事实。"并提出这些不尽如人意的状况是由于未能重视幼儿的生活形态而造成的,从而提出教育要适宜于幼儿的生活形态。在"把教育带到生活中"的部分中,作者承接上一部分的表达,继续说明幼儿园应该在形成每位幼儿的生活形态之后,开始将教育带入到符合幼儿生活的那种形态中。在"幼儿生活的自我充实"部分中,作者进一步说明了要重视幼儿自发的活动,让儿童自我充实。他说:"将幼儿生活原封不动地带进教育中之后,并不是单纯地置之不理,而是信赖幼儿自身的自我充实的能力,这些都是使生活得到充分实现的结果。"

仓桥惣三先生在建构其保育理论、实施其保育实践中最伟大的地方就是把西方的方式结合日本的国情灵活地加以运用,在本民族的立场和文化上自行建立了一套体系,他那种实践性的教育方法本是源自西方,但并不是将西方的东西日本化。仓桥惣三先生引进德国教育学家福禄培尔的思想并开创了符合日本实情的保育事业,日本教育部门1998年对幼儿教育指导纲要和托儿所保育方针所作的修改以仓桥惣三先生的保育理论为范本,以孩子为中心的保育方式在全国范围内得到推广,直至今日。

选文正文

一、幼儿生活和幼儿园生活形态

现在让我们为每天都来幼儿园的孩子考虑一下。大家每天都在幼儿园里,不怀任何感想地去迎接聚集而来的孩子们。也许有很多人并没有进一步地去考虑过那些孩子们的生活态度或是生活形态,也有很多时候用"来幼儿园"这件事打消一切的顾虑,以及正因为是幼儿园所以靠幼儿园来作为借口。然而,如果我们更进一步地去思考一下幼儿们与幼儿园的关系的话又会如何呢。就算在此出席的各位工作的幼儿园里没有这样的孩子,但根据孩子们的生活形态,总有不少勉强的情况吧?在我们实际去考虑和那些孩子们年龄相应的生活形态究竟是什么样的时候,我们就会把四十个孩子编成一组,让他们待在某个房间里,并按时间进行区分,当我们观察这种名为幼儿园的组织的计划下的生活,即使把孩子摆在计划的主角位置,谁又能断言不会发生任何勉强孩子的事呢?只是选择适当的话语让孩子来说,选择适当性质的工作让孩子来做,这并不是幼儿园的保育法能解决的。固然这也很重要,但比这更重要的是幼儿园的生活形态。我希望在幼儿园里面的孩子们不会感到丝毫的勉强。仅把幼儿园当做教育的场所来考虑教育的适当与否是不够的,还必须从幼儿园本身——即生活形态适合幼儿才行。那些以为"只要目的正确就行了"是门外汉的想法。我们每天都应该考虑自己所从事的保育工作中是不是达到了没有半点勉强的程度。如果只考虑教育目的的话,就会觉得勉强孩子并不是什么大不了的事。但是当认真地审视对方,忠实地为对方着想的时候,大多数都能察觉到自己似乎做错了什么。在座的各位或许都认为自己正在理想的幼儿园里工作,所以刚才我所说的情形大家或许想都没想到过吧。但我认为这是无论做什么事都要首先考虑到的事情。

即使目的正确但所采取的方法不适宜,幼儿园也有可能在稍不注意时就在是否为对方忠实考虑的问题上交出勉强的答案,而这正是我们研究幼儿园保育法真谛的出发点。一般来说教育者总有着容易片面追求目的性的坏习惯。就好像那些喜欢把自己的喜好强加于别人的人一样,教育者也似乎总是容易片面趋向目的。我认为关于这点特别是对于幼儿教育方面是不是该好好考虑一下呢。不过此处所谓的担心幼儿园生活形态对孩子来说是否勉强,并不仅指是否适宜孩子的能力。固然,不适合孩子能力的蛮横无理的教育本来就是不应该存在的。幼儿园施行规则中,也提到了不应让幼儿做自己能力范围以外的事,这可以说是一种过分小心的警告了。进行远超出幼儿能力范围的教育,犹如给只能吸收这点的胃强制喂食过多的食物,这种事根本不是教育者该做的。在幼儿园里对孩子来说是勉强还是不勉强,指的并不是能力,而是生活形态上的问题。如果只是指幼儿能力的话,那么就不单单是存在于幼儿园的特殊问题,对于私人保育也存在着相同的问题。幼儿园并非私人保育,而只有当聚集起几个孩子,并且在那里创造出的生活形态才正是幼儿园之本来。我认为这个生活形态对于学龄前的幼儿是否正确和合适才是最值得我们深思的问题。当然,问题不是不教导那些困难复杂的事这么简单,即使教授的东西再简单,但生活形态上也可能有勉强。相反,就算看上去有些事情难度大,但如果身处自然形态之中的话,那么就接受这种状态也没关系。我认为我们该把形态放在首位考虑。迄今为止,对于幼儿园保育法的研究大多都是关于幼儿的能力问题,而关于形态的问题却很少被提及。总而言之,幼儿园保育法的真谛并不仅是考虑保育的目的或是考虑如何适应对象的能力,而是何种形态才能算得上是幼儿园所需的真正生活形态的问题。

究竟为什么要这么重视形态呢？因为生活就是以其形态为基础凸显其真实实质的。活着的人就必然生活着,而那生活是否能称得上是生活,则都取决于其形态。"我靠我自己的力量过着我的生活"这种个人的主观坚持是意外脆弱的,只有根据身处何种生活状态,才能决定自己生活是否能称得上是生活。

换句话说,在幼儿园里重视形态,其实是从重视生活而得出的。但是通观现在的幼儿园,我倍感痛心,根本没有脱离构筑起的所谓"幼儿园",然后把孩子单纯地聚集过来这一事实。我对于自己所在的幼儿园也时常体会到这种弱点。我在和一起工作的保教工作者①们喝茶聊天时,因为都是些我也不

---

① 即幼儿园教师。——校译者注

太懂的话,所以她们也不太懂,但总是会有人提出总觉得好奇怪的意见。就算一起喝茶,却也感觉喝得不尽兴。说不清到底是哪不对,但就是觉得奇怪。幼儿早上来到幼儿园。然后幼儿们是否过着天然纯真的幼儿生活,适合一大群孩子共同生活的生活状态呢。是不是应该将幼儿们真实的生活保持住,然后再构筑起幼儿园呢?对于这些问题,我认为关键就是"感觉有点奇怪"这一点。

我所工作的幼儿园时不时被人们说成是所不像样的幼儿园。其中有人会在参观了一两小时后询问:"你们这儿保育多少小时啊?"那也是正常的。因为那里看起来就像放任幼儿任意妄为一样。即便那样,我仍然觉得"好像有点奇怪"。换句话说,我一直考虑着更加贴近自然生活形态的保育是否真的是不可取的。我尽量采取了和幼儿园相违背的形态看看是否能把握到本质,但还是一股幼儿园的味。尽管我的鼻子并不怎么灵敏,却还是嗅到一股幼儿园的味道。从远处就能闻到那是个幼儿园的浓烈气味:比孩子气味更重的幼儿园气味。这犹如把新鲜的鱼放到抓鱼的笼子里,刚抓上来的鱼是没有鱼腥味,但笼子却会不断散发出鱼腥味。孩子本身没有半点幼儿园气味,但进了幼儿园之后,来来回回之中就被熏上幼儿园的气味。那正是"好像有点奇怪"的关键。我始终在考虑这个问题:难道就不能保持他原本自然的样子吗?难道就创造不出一个只有孩子纯真气息,没有幼儿园特殊气味的地方吗?!

我在演讲会上经常会说出"享受生活、依靠生活、还原生活"的类似于念紧箍咒的话来。而这"享受生活、依靠生活、还原生活"也不过是为了回避以往"教育"这个词而提出的。但是如果从目的性来看,无论怎样那还是教育。此处所说的"教育",主要是考虑如何让接受教育的孩子一边保持原汁原味的生活状态,一边达到教育目的。将生活带到教育中来是很轻松的,只需适当地改变一下现在的教育体制,然后再纳入幼儿就行了。但是将孩子真实鲜活的生活状态原封不动地搬过来,再让幼儿园适应它却并非是件易事,但那是非常重要的。如果缺少这点的话,就称不上是真正的幼儿园保育法,至少我相信那样错误地走下去也寻求不到保育法的真谛。

二、把教育带到生活中

我有时会思考这样的问题:不是让孩子来幼儿园,而是我们走向孩子游玩的场所。这样的"移动教育"会是怎么样呢?各位如果摘下什么什么幼儿园的教师的头衔,成为"旅行保教工作者"、"闲游保教工作者"——闲游并没有什么坏的意思,指的是行动自由,那么,请大家想象一下:当各位胸怀幼儿教育的目的走向各地时,走到一个树荫下,将教育带到那里坐着的一群孩子中;走到在一座大桥下,将教育带到那儿聚集的一群孩子中;或是随着造访别人的家庭时带入教育,这种将教育带到任何能够到达的地方、带到孩子的生活里去,这种能保持孩子原汁原味的生活的教育活动会是怎样的图画呢?我有时会突发奇想地想办一家叫"巡回保育会"或是叫"出勤保育社"之类名字的公司，自己当公司的老板也应该挺有意思的。正好小石川区①那边有群玩耍着的孩子，其他什么区也有很多孩子，你就去那边吧。请你去孩子们聚集着的糖果店前，不要告诉他们自己是保教工作者，以一位路过的大人的身份和孩子们一起玩耍吧。然后再把各自的所见所闻交上来。我时常想象着有一天探讨这类教育的情形，果真实施的话，就能进行保持原汁原味的孩子的生活状态来进行保育了。

虽然我也只是嘴上说说罢了，但试问自称幼儿园的集团是不是也应该至少能拥有这样的想法呢。所谓的建立幼儿园，其实也就是实现在某处建造一个孩子们游玩的场所罢了。在称作教育的场所之前，那首先应该是孩子们的游戏场所，那才能称得上是幼儿园。那么这个游戏场所又该如何建造呢？那就需要相信孩子们拥有能够充实自己生活的能力，我们不过是为使这能力能够更好地发挥出来而改善环境，也就是说并不是仅仅把教育目的一厢情愿地塞给孩子，而是让孩子们首先感受到这里是属于他们自己的世界。我想要的是我们所建造的场所能让孩子感到高兴，感到快乐，让孩子获得没有比这更快乐更令人高兴的满足感。这正好和迎接客人的心境是一样的。首先要使对方感到舒适，无论之后端上的饭菜会如何，参观厨房也是之后随意的事，最重要的是让客人有宾至如归的感觉。幼儿园也是一样的。我认为最重要的是孩子来到后，教师虽然心中有着明确的目的，但不要突然就全部灌输给孩子，而是等幼儿园里形成了孩子们自然的生活状态后，再在其中慢慢渗透进去。

如果在某个幼儿园里，并没有让孩子们充实自己，而是早早地开始了教育，那就像去走亲戚时，一到那儿亲戚就说"我想你今天要来，就准备好了饭菜"，然后不管三七二十一端上一大桌饭菜。这样的话，会觉得像有东西在心里搁着似的，没办法好好品尝美餐。但如果亲戚说："啊啊，流了好多汗了吧？先到这里凉快凉快吧。"先让人的心平静下来，那就能更好地享受美餐了。孩子之入园也是如此。

正好昨天收到了美国教育局②的印刷品，我打开一看，里面是有关新的幼儿学校问题的，所涉及内容是新的幼儿学校的一天是如何度过的。配合这次的主题的话就是如何引入保育的过程吧，那确实有趣。根据上面的说法，早上来幼儿园后，先让孩子们去外面玩，十一点左右才让他们回到室内。也就是说算是八点左右来的吧，首先让他们在户外尽情玩耍过后再回到室内，脱下帽子，开始各种活动。这种形式即使在主张自由主义的美国的幼儿园，就算是在进步主义保育论中也未曾见过；就算是我自己经常考虑幼儿园的早晨应该以何种形式进行的人也从未想到过如此彻底的程度。根据这所新幼儿学校的顺序，首先就是

---

① 现在日本东京都的文京区，东京女子师范大学（现御茶水女子大学）所在区域。——校译者注
② 仓桥惣三曾在美国哥伦比亚大学留学，师从伟大的教育家、哲学家杜威，与我国的陈鹤琴是同学。或许是留过学的原因，他能收到美国教育局的资料。——校译者注

突然跑到庭院里去。这有尊重户外活动重要性的意思。这和先关在房间里进行一些活动，等差不多要去晒晒太阳了，才终于能好好玩耍一番的做法不同。一来到幼儿园马上就能去庭院里自由地玩耍，保育室的桌子要等到十一点才会看到，如果突然间采取这种形式的话，保教工作者们或许会忙得团团转吧，但我觉得这的确是个非常有意思的想法。也不是说非得弄得和那种模式完全一样，那也只是一种形态而已，但如果按这种方向走下去或许会发现和现在浓烈幼儿园的气味完全不同的形式。聪明的主妇如果有孩子的客人来造访的时候会说："啊，小朋友去庭院里玩吧。去庭院里尽情地玩耍吧。"这样先让孩子自由地玩耍。反之，让孩子眺望着庭院，压抑着自己想玩的心情，必须等冗长的寒暄之后才能去玩，这种等冗长的寒暄结束才终于得到解放能够去庭院玩耍的孩子着实可怜。我不是说只要让孩子去庭院里玩耍就行了，但在指导孩子该如何生活之前，更何况是在被教导之前，首先让孩子自己充实起来，获得一片能够自由玩耍的天地。我很希望幼儿园能够拥有这种思想。这并非保育法真谛的全部，但我认为至少应该把这个作为教育的出发点。揪着孩子的辫子，嚷着"你来幼儿园是来受教育的吧，既然来了就好好的受教育"这样凶神恶煞般的行为是应该被制止的。还是和可爱的孩子一起再玩耍一会，能够将教育不知不觉地进行几小时吧。没有付出这种程度的辛苦就不能称得上是专业人员。至少不能称作是新型的专业人员。

三、幼儿生活的自我充实

以上所说的都是极为基础的言论，教育无论是何种教育，都要尊重对方的生活，这是大家所达成共识的。而就此引出的就是教育的生活化，亦是以生活为基础的自然主义教育等各位所熟知的说法。但如果单从这词语来看的话，教育的生活化指的即是以教育为基础如何接近生活的问题，可是对于我们来说，至少对幼儿教育来说，与其说是教育的生活化，不如说是生活的教育化更为合适。不，"教育化"这个词也有些过于僵硬了，如果"化"了的话，那么就是去了生活的原味了。我就是想要做到甚至将教育整个词都除去般地以生活为主体，再在其中编织教育理念或是夹杂教育内容。

究其深意，为了尊重幼儿的生活，就必须将幼儿园的生活形态放在首位。从心理学的角度来看，基于幼儿的生活，对于激发每个孩子的主动性十分重要，而这里所要说的，就是站在社会性发展这一高度上来看待能否发挥生活化其本身魅力的问题，由此幼儿园生活形态就成为第一大问题。至于幼儿园的生活形态充分地体现出生活本质这一点，因为其本身并没有什么坏处，所以幼儿园生活形态当然应该拥有尽可能多的自由性。"自由"一词，放在孩子身上，则是理所当然的事，而置于原本就以孩子为主体对象的幼儿园来说，也就应将所谓的孩子的生活自由作为幼儿园生活形态的基础了，即按照孩子的生活方式那样运作。关于生活形态重要性的讨论就先到此为止，而我们也听到了如果这样做是否会将教育的目的置之不顾的疑问。当然丢失目的的教育不能称作教育。不过,目的也并非必须由别人强加上去,根据幼儿生活本身就有着能够充实自己的巨大力量这点来看,其实这里已经建立起了与教育目的之间的联系了。简言之,将幼儿生活原封不动地带进教育中来,并不是单纯的置之不理,而是信赖幼儿自身的自我充实的能力,这些都是使生活得到充分实现的结果。

将信赖幼儿自身的自我充实,并且使其生活能够得到充分的发挥等问题作为保育法的第一要义。为了符合这一要义,作为幼儿园的工作人员必须准备好各种必要的准备。即幼儿园应该做到拥有能够让幼儿生活得到充分的自我充实的设施及自由性。如果要问那所谓的设施具体究竟是什么样的东西,我这里先不具体提及,但有一点,没有那些设施的话,孩子是无法充分地自我充实的。依靠设施才能发挥出生活。由此来看,幼儿园在成为一个老师直接接触孩子的场所之前,首先需要成为一个设置了许多重要设施的场所。运用设施或者根据情况,也可以说是利用自然环境等,把这些要素带进幼儿园时,那背后则必定隐藏着老师的功劳。那设施中蕴藏的便是老师的教育目的,而且这个教育目的不会和幼儿的生活有正面的冲突。此外,就算设施很成功,但如果孩子被设施过分束缚的话,那么也就无法期望发挥生活。所以关于这点是非常需要费心思的,幼儿园必须做到,不但能为了使幼儿生活得到充分发挥而周到地配置各种设施,而且需要将使用设施的工作人员的整体态度调整到这样一个程度——允许幼儿无论身在何处、无论做什么,都能感到自由。之前我曾到这里的幼儿园与一个保教工作者交谈过,据说这里的幼儿园的设施的确还不太完备。应该让孩子生活的各个方面都得到自我充实,可是原本设施就不充足,但即使是不充足的设施,但待在那儿的孩子仍然不断地利用这个设施,结果这设施的效用就会被不断地扩大开来。如果这设施的使用方法被单一地束缚起来,那么这个设施就无法发挥出其本身所拥有的全部功效了。从这点来看,自由感才是使设施发挥最大作用的关键。不是单纯地说空间上的狭窄或宽广,即使狭窄,只要有自由感也会变得十分宽广的。在一个4张半榻榻米大小的房间①里坐着一位聆听着茶釜②内茶水沸腾声的品茶者,他在这4张半榻榻米大小的空间内仍然悠然地生活着。和这道理一样,幼儿园的设施的作用也会根据它所处环境的自由程度而不断扩大。反过来,就算拥有宽广的草坪,但如果那里没有足够的自由的话,那么即使让孩子身处其中的空间,也是无法在宽广的环境下生活的。

从这层意思上来看,在幼儿园里仅存在自由这一点就有着非常重要的意义。如果有这样一幅景象:来幼儿园的孩子们即使搞些小恶作剧,即使弄脏了衣服也不会挨骂,即使发生些争吵老师也只会笑眯眯地视而不语,孩子无论跑

---

① 在日式住房中,以铺在地上的席子为计量单位,4张半的房间是最小的,折合7.4平方米。——校译者注

② 茶釜,茶道的用具之一,为茶道用的烧水锅,在茶室中常成为观赏的对象。——编者注

到哪里，都不用一边窥察大人的眼神一边玩耍，而是充分地享受在周围所洋溢的自由感之中。即使仅是一幅图画，我也觉得这样的幼儿园其所蕴藏的意义是无比巨大的。我希望大家理解，即使无法再添加更多的其他要素——对于幼儿园保育法的真谛有着更丰富的要素——但仅此而已，对于我们所谓的幼儿园也已经拥有了非常特殊的意义了。更进一步用批判性的眼光来看现在幼儿园的各种现状，就会发现有不少完全无视幼儿的自我充实的蛮横粗暴的行为。固然这也可能是因为幼儿本身能力不足。但至少，我希望现在的幼儿园能够慎重考虑我所说的幼儿生活化这一点，并能作为研究的重点。

（张觅译　周念丽校译）

学前教育的重要性[①]

城户幡太郎

作者简介

城户幡太郎,1893 年出生,著名的儿童心理学家、教育学家。曾任北海道学艺大学校长。研究领域涉及儿童心理、学前教育、基础教育乃至高等教育。与仓桥惣三齐名。其所倡导的"儿童中心"教育理念对日本的学前教育产生了深远的影响。他还创立了日本"保教问题研究会"。一生著作颇丰,奠定了日本学前教育的理论基础。

选文简介、点评

城户幡太郎作为奠定日本学前教育理论基础的大家,在日本与仓桥惣三齐名。其一生著作颇富,其中比较著名的就是《幼儿教育论》一书。此次选取的是成书于昭和十四年(1939年)的《学前教育的重要性》一文,从中更能直接地体会到城户幡太郎对学前教育问题的深入思考以及他对学前教育领域的一些主张。由于篇幅有限,因此节选"我们应该做些什么?"和"幼儿生活与保教工作者"两个部分与读者分享。

在"我们应该做些什么?"部分中,城户幡太郎先生回顾了以往的研究,提出了致力于学前教育的同仁们需要一起解决的首要课题,即学前儿童的教育问题。他说:"托幼机构的保育必须与学校的教育紧密相连,这一点是不言而喻的。尽管如此,从托幼机构的保育到学校的教育之间是一个很大的飞跃,因此对于学龄期儿童,必须深入研究他们的身心发育规律,找出一套恰当的教育方法。"在对这个问题的思考中,城户幡太郎先生在学前教育不属于义务教育的前提下,强调了托幼机构的保育与学校的教育紧密联系的必要性,也强调了家庭、托幼机构与学校教育三者联系的重要性。同时,城户幡太郎还对教育目的、教育法令化、教育不公平、保姆素质、父母素质、日本当下学前教育受教育幼儿现状等问题进行了阐述。在"幼儿生活与保教工作者"部分中,城户幡太郎先从幼儿生活的特征入手,结合了心理学、生物学等理论,说明了幼儿身心发育的过程和其呈现出的特殊形态、特点。他认为在儿童发育过程中,"身体和精神都呈现

[①] [日]城户幡太郎.日本保育历史五十年[M].东京:国土社,2002:79-88.

出一种特殊的形态。就像植物一样,种子发芽,芽长出枝干,枝干开花,花结果实,幼儿的发育过程也有这么一个特殊的形态。而且某个形态要发展,必定会出现前一个规定的阶段。"之后,他又提出了一些针对性的教育方法:一种是消极的方法,另一种是积极的方法。随后,城户幡太郎对对待保教工作者的态度进行了反思。他认为"教育者面临的问题是不断追求新文化,并将其综合后再创造出更新的文化。就像蝴蝶作为各种花授粉的媒介创造出新果实一样,一般教育者带有文化传媒的使命,肩负教育的责任。其中尤其是幼儿保教工作者,更应该担负起新文化的传媒与生产责任"。所以,他提出保教工作者必须具备高文化水准,否则无法教育出能够理解文化、创造新文化的下一代。

我们可以从有限的篇幅中,发现城户幡太郎先生宏大的视野,他是从较大较复杂的角度来探讨和思考有关教育的一系列问题。而且,具有文化视野的城户幡太郎先生对学前教育的论述也是十分具有前瞻性与启发性的,能给我们以新的启示和思考。

选文正文

一、我们应该做些什么?

我们成立保育①问题研究会是在昭和11年的秋天,这数年间我碰到了很多问题,而且可以说重要的问题大多都没有解决。所以我想先把以前的研究总结一下,得出一个今后我们必须协力解决的课题。

第一大保育问题就是学龄前儿童的教育问题。托幼机构的保育必须与学校的教育紧密相连,这一点是不言而喻的。尽管如此,从托幼机构的保育到学校的教育之间是一个很大的飞跃,因此对于学龄期儿童,必须深入研究他们的身心发育规律,找出一套恰当的教育方法。这其中的问题就在于义务教育,因为学前教育不属于义务教育,所以无法要求入学儿童达到统一标准。要使儿童在入学前的教育科学化,就必须准确把握家庭、托幼机构和学校教育这三者之间的关系。但这并不是教育方法的问题,或许更应该说是教育机构的问题。通过增设托幼机构,使得义务教育的年龄至少能够向下延长一年。而且目前幼儿园和托儿所②之间的区别还不明显,在托儿所学习的孩子进小学以后也必须和幼儿园毕业的孩子一起上学。只要学前教育是以家庭条件来区分,在教育学上就是不彻底的。教育如果因贫富差距而出现差异,就说明是教育的贫困。教育至少应该拥有解决国民生活问题的力量。教育

---

① 在日语中,"保育"包含保育和教育之意,其意约等于我国的"学前教育"、"保教"。——校译者注
② 按照日本的学前教育体制,幼儿园归文部省(相当于我国的教育部)管辖,而托儿所又称保育园,归厚生省(相当于我国的卫生部)管辖。——校译者注

的目的是提高国民生活的内涵,社会的进步、国家的发展都依存于国民的生活水平。我们首先可以通过孩子了解国民的生活水平,再通过孩子使国民的生活水平更有内涵。

幼儿园和托儿所的保姆①能够通过孩子发现一些家庭教育、社会教育的问题。要解决这些问题,保姆不能只教育孩子,必须具备通过教育孩子来提高父母的素质。而现在对保姆的养成只在相关机构培训1—2年,教授一些完全没用的知识。如果需解决在实际中遇到的问题,就有必要积累一些研究。我们之所以特别重视保育问题研究就是这个原因,研讨会不只是提高知识的合作,还得团结一致加强研究。在合作提高知识水平的同时,齐心协力提高实践能力,这样问题才能得以解决。这里说到的合作与团结仅靠保姆是很难达到目的的。研究上的合作,大家都知道需要学者与实践工作者一起合作,如需发现问题和解决问题,就要寻求一切相关保育问题人员的协助。保姆由于一直呆在托幼机构里,有一定的局限,他们的教养水平可能不高,社会眼界可能不够开阔。

条令这种东西不是一旦制定就永久不变的。法律是不断进化的。促使其进化的是社会的进步,但社会的进步又取决于教育。因此,将教育法令化,令教育者受其约束,这样的教育无法成为社会发展的推动力。教育与社会发展息息相关,应该考虑得更深远一些。教育改革必须从教育工作者的经验出发。而实行的时候必须让一般社会大众认同这样做的必要性,并且还需要倚赖人们的协助。教育者不能只听取社会的要求,还要会向社会提出要求。但向社会提要求的时候必须得和社会有交涉。现在的教育者普遍与世隔绝,陷入了教育独善主义。这样的话教育很难成为社会发展的推动力,所以我们想以保育问题为中心,打破教育独善主义的弊端。

我们必须考虑的问题是,虽然已充分认可学前教育的必要性,但实际在托幼机构受教育的儿童与学龄儿童相比还是少之又少。这其中有诸多原因,主要原因是好的幼儿园比较少,入园费比较高。但所谓的好幼儿园未必是满足家庭教育要求的幼儿园。或者说只致力于满足家庭教育需求的幼儿园里有很多地方是不好的。幼儿园教育的意义就是必须从幼儿教育的角度考虑其与家庭教育、学校教育之间的关系。孩子到了五六岁便开始不满足于家庭生活,想要外出找朋友玩。对这类孩子的生活指导有很多地方父母是鞭长莫及的。而处于这个时期的孩子的社会性,即便是交朋友,那也是完全的利己主义,要让别人满足自己的要求。如果孩子们都要满足某个要求,自然就会吵架。而吵架的理由无非是"打破约定,做了狡猾的事",或者"做了坏心眼的事",这时就需要有一个教育组织来满足这类孩子的生活要求,来指导他们快乐的玩耍,培养他们的协

---

① 在日语中,原先将在托幼机构工作的教师都称作"保姆",现虽已都改为"保育士"这一名称,但为了保持文章的历史感,本文所有的翻译均保留原样。——校译者注

同精神。只要现今的学校无法达成这个目的,那么托幼机构就必须成为将此付诸实施的教育机构。因此不仅是幼儿园,即使是托儿所也必须摸索出一套保育方法,这里就会出现一个"保育的计划教育"的问题,这必须根据日趋明朗的教育目的来计划,所以不论现行的幼儿园法令中的保育目的是否妥当,都必须慎重地加以审视,我想这就是我们今后研究的中心问题。

教育是教授生活方法的方法,是不可能没有方法或没有计划的,问题就在于这个计划是不是妥当。

二、幼儿生活与保教工作者

照顾幼儿生活的保教工作者即保姆,我们应该报以何种态度呢?这个问题首先要理解幼儿生活的特征,然后再来反思对保教工作者的态度。

说起幼儿生活的特征,首先想到的便是其身心发育。但这个发育是有一定过程的。在这个发育过程中,身体和精神都呈现出一种特殊的形态。就像植物一样,种子发芽,芽长出枝干,枝干开花,花结果实,幼儿的发育过程也有这么一个特殊的形态。而且某个形态要发展,必定会出现前一个规定的阶段。如开花必先有花蕾,有花蕾必先有枝干,枝干又由芽生长而来,芽则由种子萌发而来。各阶段都有其自然发生的必然条件。

因此我们在观察孩子,对孩子进行保育的时候,不能截然将"萌芽"和"花蕊绽放"分开,必须考虑到前一个阶段和下一个阶段。一般来说,教育的问题关乎儿童的发展,幼儿教育也是如此,对于需要保育的儿童,必须先考虑他前一个阶段如何,后一个阶段又将何去何从。虽然孩子应该保持童心,但在保育过程中不能只考虑到童心。不能说因为要保持童心,所以只要给他儿童教材就可以了,而应该在保持其童心的同时引导他进入将来的生活。心理学上对精神发展有诸多定义,被广为接受的是卡尔·布勒①的"本能、驯化、智能"三阶段。这三个阶段不能只从精神自然发生的角度来看,还必须从教育的角度来审视。本能就是植物、动物等一般生物在发育时,由于内部的力量显现出来的东西。而且那不需要什么特别的经历就可以自然而然地形成,其中最典型的例子就是昆虫。昆虫大多数的生活机能都是由本能自然发展而来的,所以看似不可思议的昆虫的生活,其实是只能适应特定环境的极其死板的东西。常说的夏天的虫子往火里飞,那其实是因为特定的本能冲动驱使的行为,而那种行为却了结了它的生命。那正是无法适应新环境、发挥新机能的表现。一般来说,动物正因为它是低等动物,所以是靠本能生活的,一旦环境发生改变,便无法适应而自然死亡。

然而,随着生物的进化,发育逐渐完善,已经不再满足于与生俱来的本能,对于以前没有经历过的新环境,也表现出尽可能使自己生命能够得以维

---

① 卡尔·布勒(Karl Bühler,1879—1963),德国心理学家,维也纳心理研究所的创办者和领导人。——编者注

持的适应力。于是便有了教育的可能性,而人类的保育时间比动物长,正预示着需要很长的一段教育时间,来培养一种生活态度,这样将来才能在新环境中生活下去。然后我们就需要"驯化"和"智能"。"驯化"就是通过训练令其适应特定的环境,这个连动物也能办到。但是当一个生物遇到一个以前从未经历过的新环境,如何在这个新环境中维持自己的生命,如何处理环境,这些单靠训练士的训练是出不来的,那需要一些技巧。只有靠技巧才能渡过难关。"智能"就是一种技巧。对幼儿进行教育的时候,我们也不能仅仅满足于训练其适应我们所制造的特定环境,如果这样做的话孩子们的前途就一片黑暗了。幼儿教育的目的,就是必须培养他们将来能够独立生活的能力,即人类的、社会性的智慧。

一般来说孩子都是以自己为中心或者自以为是的。这正是因为孩子还没有摆脱动物性生活的原因。这时他们还依靠本能在生活,没有对环境的适应力,还坚持着自己与生俱来的形态素质。这就像在水中加入油,环境与孩子互不相溶。心理学上称之为"隔离"(segregation),如果孩子在被环境隔离的情况下生活着,无论人们怎么跟他搭话,他都无法做出相应的回答,只管自己说自己的。即使是孩子之间的对话,也会出现无法交涉而各管各的情况。在这种环境中,将自己隔离起来的孩子,我们认为有自我中心倾向或独善主义倾向。这虽说是孩子的特征,但如果就把这个特征直接等同于童心,并且放任不管的话,孩子就会跟动物一样,仅依靠天生的性格生活。一般认为,像这种孩子的独善主义思想称作儿童"泛善论",即根据感情上、主观上的自我需求来判断事物。有点像原始民族的精神生活或精神病患者的精神状态。例如,自己想这样做而事实上是办不到的。即使能通过科技得以满足,也并没有动脑子思考过,只是在感情上、主观上满足自己的愿望。所以孩子经常想拥有魔力。坪田让治的《风中的孩子》巧妙地刻画了这一点。孩子想拥有魔力,从而得到满足,这种想法与原始民族、精神病患者的想法无异,这样的话是无法充分发挥人类的生活机能的。所以,保教工作者的责任就是考虑如何使这些自以为是的、自我中心的孩子适应我们的社会生活,同时又如何培养他们创造新社会的能力。

要培养上述能力需要采用一些方法,在此讲述两种方法,一个是消极的方法,一个是积极的方法。儿童的精神发展虽说在某种程度上自然发展也能完成天生的性格,但环境中会存在阻碍条件。这样孩子就会得病,"得病"就意味着"停止",即发展受到阻碍。需要正确诊断出这个阻碍的"病根"并实施治疗,解除这个发展阻碍。这就是消极的教育方法。与之相对的积极的教育方法是,从环境中帮助其精神的发展,那就是智能的发展。孩子没有经历新环境,那么在到达某个时期之后天生的性格就会定型。当孩子遇到一个新环境的时候,注意观察孩子采取的态度,这对保教工作者来说是最重要的。

在让孩子体验新经历的同时让孩子了解这个经历的结果,这才是教育的本义。然而怎么做才能让孩子积累新经历、掌握新结果呢?植物学上就算把不同的枝干嫁接在一起也是不会发芽的。但是不同种类的花相互接触后结出的果实,有时会出现令人意想不到的新物种。这主要是利用遗传物质创造新物种,又或者是改造的结果。这个理论应用到人类上的话,就是不仅要解决遗传物质的问题,还要解决教育环境的问题。如果想让一个孩子在新环境中发展新文化,至少得让他先接触未经历的新文化,再从中创造新的东西。因此教育的环境并不仅仅是生存的空间,也是一个随历史发展而不断更新的生活样式。

由此,我认为教育者面临的问题是不断追求新文化,并将其综合后再创造出更新的文化。就像蝴蝶作为各种花授粉的媒介创造出新果实一样,一般教育者带有文化传媒的使命,肩负教育的责任。其中尤其是幼儿保教工作者,更应该担负起新文化的传媒与生产责任。因为处于独善主义时期的孩子如果不好好教育的话,随着身心成熟天生的形态素质日趋顽固,再想改变就很困难,就很难再去理解和创造新的文化了,因此有必要在年少时打下基础。

综上所述,保教工作者必须具备高文化水准。"因为教材很简单,保姆的水平就不需要很高"这种想法是错误的。一般从民族文化的发展来看,一个民族的文化要想引领世界,仅靠自古流传下来的传统文化是绝不可能做到的,需要不断吸收异文化,将其综合以后再创造出新文化。文艺复兴时期的意大利文化也是吸收了古希腊文化才创造辉煌的。17、18世纪的英美文化也绝非单一民族的历史传统文化,是吸收了各类异民族文化的产物。日耳曼民族的文化是野蛮的代名词,那是因为受罗马、拉丁文化的影响,发展成为凌驾于拉丁文化的文化。我们必须认识到,一个民族的文化发展,并不是只受到该民族自古以来传统文化的教育影响。换言之,日本文化不仅包括日本古代文化,还包括中国文化、欧洲文化,我们深切希望日本文化有朝一日能将它们综合在一起发展下去。引领新时代的民族文化仅靠该民族固有的传统文化是绝对不行的,这作为教育的原理也适用于指导幼儿生活。教育不可从单一立场出发,要综合各方立场选择教材,从中挖掘出以前我们没有经历过的东西传给孩子,我们认为这才是积极的教育方法。关于幼儿教育中积极教育法的具体方案,我想应该是多面教育法。这是我从经济上的"多面经济"中想到的。所谓多面经济,就是当一个事业做成的时候,计划出一个能够不浪费关联事业并将其整合后还能盈利的方法。例如,农村里养了一头牛,牛可以产奶,牛粪可以当做肥料,牛奶可制成黄油、奶酪。然后副业就可以养鸡养猪,得到的肥料可以种植各种食物。类似这种方法的所谓多面教育法,即教育一个学生的时候,不能像以前那样教授零散的教材,不仅要综合性地教授,还要保证所有教材的多面关联性。如观察某物体的时候,不能就观察而观察,观察的同时还要发展谈话、发展动手能力。与产业中的多面经济计划意义一样,要取得教育效果必须要有多面教育计划。

总而言之,不能撇开我们的生活去考虑幼儿的生活。我们必须考虑:在幼儿向成人发展的历史阶段中,我们该如何去指导?在运用指导原理方面,不能只用消极方法,要更多的使用积极方法——多面教育法。不能一味地说"不能这样,不能那样",虽然对孩子来说多少有点危险性,但还是应该抱着"不管什么都做做看吧"的态度去鼓励他们尝试。如在探索的过程中遇到难题无法前进的时候,也要他们自己寻找解决方法。这样我们才能让儿童从自身的内心中获得创造新社会的形成力。

(张岜译　周念丽校译)

专题拓展阅读文献

1. [古希腊]柏拉图.法律[M]//张法琨.古希腊教育论著选.北京：人民教育出版社,2007.
2. [希腊]普鲁塔克.论儿童教育(节译)[M]//任钟印.昆体良教育论著选.北京：人民教育出版社,2001.
3. [古罗马]塔西佗.关于雄辩术的对话[M]//任钟印.昆体良教育论著选.北京：人民教育出版社,2001.
4. 张法琨.古希腊"三杰"的教育思想[M]//张法琨.古希腊教育论著选.北京：人民教育出版社,2007.

第二编
学前儿童发展与教育

> 渺小的意识构成了意识的底层。每一个成年人，不管是豪杰还是群众，不管是领导人还是追随者，都曾是儿童，都曾是渺小的。
>
> ——《童年与社会》

专题导论

学前儿童教育与儿童心理发展是分不开的,有效的教育必须建立在了解受教育者心理发展规律的基础之上,儿童心理发展的研究对于教育者了解儿童、思考教育原则与方法都有着重要的意义。

在西方,儿童心理发展研究可以追溯到文艺复兴以后的一些人文主义教育家,如夸美纽斯、卢梭、裴斯泰洛齐、福禄培尔等人的工作。他们提出尊重儿童、了解儿童的教育思想,为儿童心理学的诞生奠定了最初的思想基础。而近代自然科学的发展,特别是达尔文的进化论思想则是直接推动了儿童发展的研究。达尔文根据长期观察自己孩子的心理发展的记录而写成的《一个婴孩的生活概述》(1877年)一书是儿童心理学早期专题研究成果之一,它对推动儿童发展的传记法(或日记法)研究有重要影响。

在众多受到达尔文进化论思想影响的生理学家、心理学家中,最为杰出的代表之一是弗朗西斯·高尔顿。高尔顿根据为时6年的调查写成他最负盛名的著作《遗传的天才》(1869年),并于1883年创立了优生学,1889年又出版了《自然的遗传》一书。高尔顿在他的著作中表达的关于遗传以及优生优育的思想,对儿童心理发展的研究产生了深远的影响。

美国儿童心理学家霍尔将儿童心理学的研究范围由婴儿期扩展到青春期,提出了个体心理发展的"复演说"。他在19世纪末发明了研究儿童心理的新技术——问卷法;撰写了第一本青少年心理巨著《青少年:它的心理学及其与生理学、人类学、社会学、性、犯罪、宗教和教育的关系》(1904年,中译本改名为《青年期的心理与教育》),并因此被誉为"美国儿童心理学之父"。杜威是美国近代著名的哲学家、教育家,他反对传统的灌输和机械训练的教育方法,主张从实践中学习。其强调个人的发展、对外界事物的理解以及通过实验获得知识的教育理论,对美国乃至世界其他国家和地区的教育事业都产生了深远的影响。《我们怎样思维》(1910年)是杜威在儿童心理学方面的代表作之一,对于深刻了解他的儿童心理学思想以及教育思想具有重要意义。

随着儿童心理发展研究的深入,出现了更多的儿童心理学著作,形成了各种儿童心理学理论派别,其中具有代表性的有精神分析学派、行为主义学派、社会文化历史学派、日内瓦学派等。各学派都有该学派的代表人物及代表著作。自从心理分析大师弗洛伊德以泛性论为基础,主张人的一切行为均可溯源于"性"以来,便有许多继起的精神分析学家纷纷提出不同的意见,对弗氏的泛性论作种种修正。这些新的观念统称为"新心理分析学派"。美国精神分析学家埃里克森便是精神分析学说发展到20世纪四五十年代的代表人物,他的第一部著作《童年与社会》(1950年),是一部研究人类童年和社会关系的佳作。美国的心理学家华生,是行为主义心理学派的创始人。他反对研究意识,主张只研究人的行为;反对用内省方法,主张用实验方法。《婴儿和幼儿的心理之看护》(1928年,中译本改名为《行为主义的幼稚教育》)一书,是华生从行为主义的立场,将研究儿童的结果,归纳成为可以实际应用的原则。社会文化历史学派是由苏联心理学家创立的,这一学派的代表人物是维果茨基,他强调人类社会文化对人的心理发展的重要作用,认为人的高级心理机能是在人的活动中形成和发展起来并借助语言实现的。维果茨基一生留下180多种著作,《思维与语言》(1934年)是他最后一部著作,内容涉及维果茨基有关现代心理学中一系列难度极高的问题的理论研究与实验研究的成果。

一个婴孩的生活概述[1]

达尔文

作者简介

达尔文,全名查尔斯·罗伯特·达尔文(Charles Robert Darwin,1809—1882),英国著名的生物学家、博物学家。1809 年 2 月 12 日,达尔文出生在英国的一个小镇——施鲁斯伯里,16 岁时便被父亲送到爱丁堡大学学医,随后进入剑桥大学学习神学,但他自始至终热衷于自然科学研究。达尔文早期因地质学研究而著名,而后又提出科学证据,证明所有生物物种是由少数共同祖先经过长时间的自然选择过程后演化而成。到了 20 世纪 30 年代,达尔文的理论成为对演化机制的主要诠释,并成为现代演化思想的基础,在科学上可对生物多样性进行一致且合理的解释,是现今生物学的基石。

选文简介、点评

1877 年,达尔文发表了《一个婴孩的生活概述》(A Biographical of an Infant)一文,该文是最早的儿童心理发展的观察报告之一。达尔文采用"传记法",随时记录自己孩子的重要活动表现,然后加以分析整理。在文中,他描述了新生儿具备的一些先天能力、愤怒或害怕的情绪最早出现的时间、婴儿行为的原因等。他认为,人类的意识与动作心理之间不存在什么鸿沟。

在《一个婴孩的生活概述》中,作者用传记笔法描述了出生后 7 天的婴儿已表现出明显的打喷嚏、打哈欠等动作。出生后 9 天的婴孩双眼已能看烛光。婴儿的右手比左手的动作发展早。4 个月的婴儿开始会发怒,恐惧则是最早的情绪表现。45 天前后能见到婴儿微笑,最早是对母亲发出这种微笑。第 4 个月显出对钢琴演奏声的兴趣,第 13 个月出现道德情感。作者还发现第 5 个月的婴儿,开始出现观念的联合,他认为这是婴儿心理发展的重要表现。第 7 个月幼儿听到喊保姆的名字时,就能去家里寻找保姆。幼儿 1 周岁时,能用手势帮助表达欲望,2 岁 3 个月有害羞和助人为乐的初步表现。2 岁 7 个月时如被发现贪吃,会感到羞愧。这一著作是历史上最早观察儿童心理发展的一篇报导论

---

[1] Charles Darwin. A Biographical Sketch of an Infant. Mind, Vol. 2, No. 7 (Jul., 1877), pp. 285-294. 此处选用的中译文选自:达尔文. 人类和动物的表情[M]. 周邦立,译. 北京:北京大学出版社,2009. 该中译文根据俄译文《达尔文全集》(第 5 卷,第 932-940 页)翻译。

文,是达尔文继 1872 年《人类和动物的表情》之后,进一步阐明人类心理和动物心理有连续性的重要文献。

尽管这篇文章在发表至今的这一百多年里,引发过一些争议,但不可否认的是,达尔文在此文中所描述的基本事实,直到今天还没有丧失它的意义。达尔文所写的关于婴孩出生以后的最初一个星期里的反射动作的话,从事实上来看,是不容争辩的,而且他所作的关于这些动作具有本能上的和反射的性质这个结论,已经被一切研究过出生婴孩的行为的专家所证实。达尔文所讲到的关于婴孩对视觉与听觉刺激物发生反应的最早时刻的事实,基本上是不容怀疑的。可是,现在已经可以根据大量观察资料来确定,在某些只不过是被达尔文顺便指出的幼年婴孩的反应的最初发生方面,还存在着很多个体上的差异。达尔文对于 4 个月的婴孩的眼睛转动和手的移动的配合方面所作的观察,也是和后来其他研究者们所获得的事实相符合的。至于说到婴孩的愤怒、恐惧、快乐等情绪和其表现方面,从纯粹叙述方面来看,达尔文所讲到的事实也没有失去它的意义。

除此之外,《一个婴孩的生活概述》一文的意义还在于,它是达尔文根据长期观察自己孩子的心理发展的记录而写的,是儿童心理学早期专题研究成果之一,对推动儿童心理的传记法(或日记法)研究有重要影响,同时,也为随后科学儿童心理学的诞生奠定了基础。

选文正文

一个婴孩的生活概述

泰恩先生关于婴孩智力发展的极其有趣的报告,使我去重新审查我在 37 年以前对自己的一个小孩所作的观察的日记;在最近一期《精神杂志》(*Mind*,第 252 页)里,登载着泰恩先生的这个报告的译文。我曾经获得了这些在直接进行观察方面的特殊机会,并且把一切所看出的情形都记写在日记里。我的主要目的就在于研究表情。我曾经在自己专论这个问题的书里,借用了自己的观察记录;可是,因为我顺便注意了婴孩的其他方面的行为,所以我的观察资料,虽然它们不太重要,但是也可以充当泰恩先生所讲到的内容的补充材料,并且也可以充当以后显然无疑将在这方面所做到的观察的补充材料。根据这些对于我的小孩的直接观察,我确信,小孩的各种不同的能力和习惯是在一定的生活期间里发展起来的。

在我的婴孩出生以后的最初七天期间里,有些反射动作,例如打喷嚏、打嗝、打呵欠、伸懒腰,当然还有吮吸和叫喊,已经极其明显地表现出来。在第七天,我用一片纸去触动他的脚的露出的脚踵;他就把脚缩回去,同时脚趾挤紧在一起,正好像年纪较大的小孩在受到搔痒时候所发生的情形一样。这些反射动作很完善;这就证明,随意动作极度不明确的情形,并不是由于肌肉或者协调中心的状况来决定,而是由于意志来决定。我明显地看出,甚至在这个很早的期间里,用温暖的柔和的手去摸触婴孩的面部,也会激起他的吮吸的欲望来。应该把它看做是反射或者本能上的动作,因为我们不可能去相信,婴孩接触母亲的乳房而发生的经验和联合,会这样迅速地想到行动。这个婴孩在最初两个星期里,时常在突然发生某些声音的时候发生颤抖和霎动双眼。可以观察到,我的其他几个孩子在和他相同年龄的时候,也发生同样的现象。当这个婴孩的年龄达到 66 天的时候,我偶然打一次喷嚏,他就发生强烈的颤抖,皱起双眉,好像受到了惊吓,并且高声哭泣起来;此后在一小时里面,他总是处在这种状况下,而年纪较大的孩子处在这种状况下就会被称作神经质的孩子,因为每次极其微小的嘈声就会使他颤抖。在这个事件以前几天,他初次在突然有一件可看的物体出现在他面前的时候,发生颤抖;可是,此后在长久的期间里,声响使他发生颤抖和霎动眼睛的次数,要比视觉刺激使他发生这些情形的次数更加频繁得多;例如,在他的年纪达到 114 天的时候,我用一只装有糖果的硬纸匣在他的面部附近摇动发声,这就使他颤抖起来;可是,当我单单用这只空纸匣或者其他东西在更加接近他的面部处摇动的时候,这并不引起任何的效果来。根据这些事实可以得出结论说,眼睛霎动,主要是为了保护眼睛而发生;这种动作并不是由于经验而获得的。虽然婴孩一般对声音很敏感,但是甚至在 124 天的年龄时候,他仍旧还不能够决定,声音从哪里传播过来的,并且也不能够朝向声源方面瞧望。

至于说到视觉方面,那么早在婴孩出生以后 9 天的时候,他的双眼就已经朝向烛火凝视不动,并且一直到 45 天为止,好像还没有任何其他东西能够吸引他的视线;可是,到 49 天的时候,他的注意力曾经被一把颜色鲜艳的刷子所吸引住;这一点可以根据他的双眼凝视和双手停止动作的情现来断定。他很迟才学会用双眼去追随一个慢慢地左右摇动的物体而瞧看的本领;甚至到 7 个半月的时候,他还很难做到这件事情。在出生以后 32 天的时候,他感觉得到母亲的乳房在 3～4 英寸距离处向他接近;这时候他的双唇向前伸去并且仔细瞧看,因此就可以证明这一点;可是,我很怀疑这种情形是不是和视觉、还有和嗅觉有某种联系,因为他当时确实没有触碰到母亲的乳房。我完全不知道,这究竟是不是由于母亲身体所发散的热量使他嗅到或者感觉到而引起的,还是由于当时他所处的位置所形成的联合而引起的。

在出生以后的长期间里,他的四肢和身体的动作总是无目的的和不确定的,而且通常都是激烈的;只可以举出一个例外情形来:在很早的期间里,就是在他还只有 40 天的时候,他能够把双手举起到嘴边。当他的年龄达到 77 天的时候,他曾经用右手去取奶瓶(保姆时常用这个奶瓶给他吮吸),不管保姆握住他的右手或者左手;而且只有再过了一个星期以后,他方才用左手去取奶瓶,不过这件事情是我设法差使他去干的；因此，右手在本身发展方面要比左手超前一个星期。可是，后来才知道，这个婴孩是善于用左手的人；显然无疑，应该认为这是一种遗传性，因为他的外祖父、母亲和兄弟也是善于用左手的。在他的年龄达到80～90天之间，他就会把各种东西都塞进嘴里去；而且在再过两三个星期以后，他已经会用某种技巧来干这件事情；可是，他时常开头想法用鼻子去接近物体，然后再用手把它送进嘴里去。当他把我的手指抓住并且打算把它塞进嘴里去的时候，因为他自己的小手挡住了嘴，所以他就妨碍了自己去吮吸我的手指；可是到114天的时候，他在经过了多次训练以后，就迅速地把自己的手开始向下移，以便把我的手指的尖端送进嘴里去。这种动作被他重复做了几次，所以显然这不是偶然发生的，而是完全故意的。因此，双手和手腕的随意动作，要比身体和双脚的动作超前出现；虽然这些动作从外表上看来是无目的的，但是它们从很早的期间起就已经轮流出现，好像在做着走路的行动时候的样子。在这个婴孩的年龄达到4个月的时候，他时常仔细地瞧看自己的手和其他位于他附近的物体，同时他的双眼也显著地向内斜移、并且他还时常作着骇人的斜视。过了两个星期以后，就是在他的年龄达到182天的时候，我就看出，如果有物体向他的面部移近而达到他的手臂长度的距离处，那么他就企图去抓取这个物体，但是时常不能成功；对于较远的物体，他就不打算去干这件事情。我以为，不应该去怀疑，双眼向物体会聚的动作，就是激发双手行动的原因。因此，虽然这个婴孩很早就开始运用双手，但是在这些动作里一点也没有表现出什么定规来。在他的年龄达到2岁4个月的时候，他会抓住铅笔、钢笔和其他物体，但是显著地不及他的妹妹那样灵活和能干；当时他的妹妹的年龄是14个月，已经表现出相当强烈的对于处理物体方面的天生能力来。

愤怒——很难确定这个婴孩在什么年龄第一次发生愤怒；在他出生以后8天的时候，他在哭泣发作以前就皱起双眉，并且把眼睛周围的皮肤皱缩起来；可能认为这种情形是由于疼痛或者苦恼而发生，却不是由于愤怒而发生。在他的年龄大概是10星期时候，在全部喂奶的期间里，当他吮吸到较冷的牛奶时候，他的前额就紧蹙起来；当时他好像成年人因为强迫他去干一件使他不高兴的事情而感到伤心的样子。当他的年龄大约是4个月的时候，说不定还在更加早些的时候，可以根据他的面部和头皮的充血情形来看出，他开始激烈地发怒起来。只要是不大的原因就足够引起他发生这种情况；例如，在他的年龄略微大于7个月的时候，他由于企图用手抓取一只柠檬遭到失败，而失望地发出尖叫来。在11个月的年龄时候，如果拿给他的玩具并不是他想要的，那么他就会把这个玩具推开和敲打它；我以为，这种行为就是愤怒的本能上的特征，而且不应该认为这个婴孩由于打算使玩具发生疼痛而这样干的。婴孩的这种本能，好像是小鳄鱼在破卵而出以后慢慢地把双颚颤动发声的样子。在他的年龄是2岁又3个月的时候，他就发生出一种把书籍和棍棒抛掷到那些欺侮他的人身上去的癖性;我的其他的几个孩子也发生这种情形;从另一方面看来,我始终一点也不能看出我的女儿在这个年龄时候具有这种癖性;这就使我认为,抛掷东西的癖性是由男孩遗传下去的。

恐惧——这种感情极可能是小孩最早发生的感情之一;根据下面的情形就可以明白这一点,就是:早在婴孩出生以后几个星期时候,他们发生颤抖,此后在出现任何突然发生的音响时候,他们就哭泣起来。在我的婴孩的年龄还没有满4个半月以前,我多次在他的身旁发出各种奇怪的高声;这些声音使他感觉到是适当的开玩笑;可是,到了这个年龄时候,我有一次发出一种以前没有听到过的响亮的打鼾声来,于是他马上变得严肃起来,此后就发声大哭。过了两三天以后,我由于忘记了这件事,又发出这种打鼾声来,于是又发生了同样的结果。大约在相同的时候(就是在他出生以后137天的时候),我有一次转过身子,开始用背部朝着他退走过去,此后又站定不动;这时候,他显得很严肃,并且很是惊奇;要是我不把身体转过去用面部朝着他,那么他一定就要哭起来;当时他的面部立刻就露出微笑来。大家知道,年纪大的小孩会强烈发生模糊不明的恐惧;例如,他们害怕黑暗或者大房间里的黑暗的角落等。我可以举出一个事例来作为例子;当时我带领上面所说的我的婴孩到动物园里去;他的年龄是2.25岁。他高兴地瞧着他以前已经认识的一切走兽,例如鹿、羚羊等,还有一切鸟类,甚至是驼鸟,但是在看到兽栏里的各种巨大野兽的时候就感到惊惶不安。此后他就时常说,要再去瞧那些走兽,但是不要再看到那些住在"小房子"(兽栏)里的野兽;我们绝不能够说明这种恐惧的原因。是不是应该去假定说,小孩的这些模糊的,但是完全现实的恐惧情形,完全不是由于经验而发生的,却是遗传下来的对现实的危险发生害怕和原始的古代所积累下来的旧有成见的结果呢?我们关于过去良好发展的特征会遗传下去的知识,使我们认为,这些恐惧情形应该在幼年期间里出现,而后来则消失去。

愉快的感觉——根据小孩在喂乳时候所呈现的迷糊的眼光,可以推测说,他们同时在发生愉快的感觉。我们所谈到的这个婴孩,在出生以后45天的时候发生微笑;而另一个婴孩则在46天的时候,发出了那些已经证明是由于愉快感觉而引起的真正微笑,因为同时这两个小孩的双眼变得发亮起来,而眼睑则略微闭起。他们主要是在望见自己母亲的时候发出微笑;这就证明这些微笑的性质是有意识的;可是,这个婴孩也时常在过了一段时间以后,由于某种内部的愉快感情而微笑起来,不过当时绝没有发生出任何一种设法使他兴奋或者高兴的事情来。在他的年龄达到110天的时候,如果有人把围涎布突然蒙在他的脸上,接着又很快除下,那么这种玩意儿就会使他很高兴;如果我把自己的面部迅速向他接近过去,同时把围涎布蒙在自己脸上和突然除下,那么也同样会使他高兴。同时,他还发出一种好像是初生的声笑的声音来。在这种情况下,突然发生的现象就是一种使他高兴的基本原因。在成年人方面,也可以时常观察到,在他们对开玩笑发生反应的时候,就发生这种情形。我以为,在这些由于突然露出面部而发生的高兴情形以前三、四星期里,他好像已经理解到,别人轻轻抚摸他的鼻子和面颊的举动,是一种良好的开玩笑。起初,我由于婴孩在略微过了三个月的年龄时候就会理解到可笑的事情这一点,而感到极度惊奇。可是,同时也应该记住,小猫和小狗在很幼小的时候就已经开始作玩耍了。他在 4 个月的年龄时候,极其明确地表现出一种要倾听钢琴演奏的愿望来;如果把他在更早的时候对于鲜艳的颜色发生兴趣的情形除开不算,那么显然现在这种情形就可说是他的美感的最早表现了。

恋情的感觉——如果我们根据这个婴孩在 2 个月的年龄以前对着那些看护他的人发生微笑这一点,来正当地断定他具有恋情的感觉,那么这种感觉极可能发生在很早的生活期间里,不过我还没有获得任何明确的证据,而可以用来证明婴孩在 4 个月的年龄时候能够辨别和认清任何一个人。可是,只有在他的年龄略微大于一周岁的时候,他方才开始自发地表现出明显的恋情的特征来;这些特征就表现在:他多次在保姆离开了一段时间而回来的时候,开始去吻保姆。每次在保姆装出要哭泣的样子时候,他就对保姆发生同情感,当时他的面部采取忧郁的表情,嘴略微收缩起来。他的年龄达到 15.5 个月的时候,当我去抚爱大洋娃娃或者去握他的小妹妹的手的时候,他就表现出嫉妒的特征来。在观察到狗的嫉妒感情怎样强烈地表现出来的时候,就可以预料到,如果以为个体发育在重现出系统发育来的说法是正确的话,还有如果能够用可靠的办法来做试验的话,那么小孩的这种感情应该在更早于刚才所讲述到的年龄时候就表现出来。

观念的联合、理性等——根据我所能观察到的情形说来,他的特殊的实际思考所表现出来的第一个行动,亦即我在前面已经写过的情形,在于他企图抓住我的手指;以便把指尖推送到他的嘴里去;这件事情发生在他出生以后 114 天的时候。他在 4 个半月的年龄时候,多次由于看到了镜子里的我和他自己的像而发生微笑,并且显然无疑把这些人像当做是实际的人;可是,当他听到我的声音在他背后发出来的时候,他就表现出理解上的惊奇来。也像其他一切的小孩一样,他很喜爱观看镜子里的自己的像;而且以后在他还不到两个月的时候,他已经清楚地理解到这只不过是人像,因为如果我悄悄地对他做出任何一种怪脸来,那么他马上会把身子转过来,向我瞧看。可是,在 7 个月的年龄时候,他在游乐的时候,隔着巨大的玻璃看到了我,也怀疑起我是不是镜子里的像来,因此就发生了困惑。我的另一个婴孩,就是小女孩,在一周岁的年龄时候,还没有表现出这种理解力来;当她看到镜子里的人像在向她迎面走过来的时候,她只是表示出犹疑不决的样子。我曾经观察过最高等的猿;它们用另外的方式去对付一面小镜子,就是:它们把手去按住镜子,用这种动作来表明它们理解到这是怎样一回事情;可是,它们并没有兴趣去细瞧镜子里的自己的像,反而发怒起来,不愿再去看它。

这个婴孩在5个月年龄时候,并不依存于任何的教育,就开始把观念联合起来;例如,只要把帽子一戴在他的头上和把大衣一穿在他的身上,如果不马上(抱着他)去散步,那么他就会开始撒起娇来。在他的年龄正巧是七足月的时候,他已经能够毫不错失地把保姆和她的姓名联合起来,并且在我喊出保姆的名字时候,就去找寻她。另一个婴孩由于把头部左右摇动而高兴起来;我模仿着他的动作,并且发出"摇头"的言语,去鼓励他做这个动作;在7个月的年龄时候,他有时听到第一次请求,用不到再看到年纪大的人所作的任何指示,也会做出这种动作来。在以后的4个月里,我们所讲到的这个婴孩就把很多事物与动作去和言语联合起来;例如,在有人要他去吻某一个人的时候,他就平静起来,同时伸出双唇;还有在看到炭篓子或者泼出的水时候,因为他已经学会这些东西是污秽,所以他就摇起头来,并且用不满意的声调发出"啊嘿"的呼声。我还可以补充说,在他的年龄达到十足月还差几天的时候,他能够把自己的名字和镜子里的自己的像联合起来;当有人呼喊他的名字时候,他就转身向镜子方面去;甚至在他离开呼喊的人不远的情形下,也是这样。在他十足月以后几天,他自发地学习到,当有人把手或者其他任何一种物体在他的面前的墙壁上投射出影子来的时候,他就一定向身背后去找寻这只手或者物体。在他还没有满一足岁的时候,只要有两三次间断地向他重复作出某种简短的提议,就已经足够使这个提议以联合的观念形式坚牢地固定在他的头脑里。泰恩先生叙述到,婴孩容易发生观念之间的联合;在我的婴孩方面,也可以观察到这种情形,不过那时候他的年龄要比泰恩先生所说的大得多;可是也可能他的初期的联合表现当时没有被我觉察到。在一些情形里,迅速而且容易由于教育而发生联合的观念;而在另一些情形里,则自发地获得这些观念;我以为,这种迅速和容易的情形,好像是婴孩的头脑和我曾经观察到的最聪敏的成年狗的头脑之间所存在着的最明显地表现出来的差异。在把这些资料去和穆比乌斯(Möbius)教授所获得的资料(穆比乌斯:*Die Bewegungen der Thiere etc*,1873年,第11页)作对比以后,就可以看出,婴孩的头脑和梭鱼的头脑有多么显著的不同。穆比乌斯曾经把一条梭鱼放在养鱼缸里的用玻璃板隔开的一部分里,而在另一部分里则放几条鮈(*Gobio fluviatilis*);这条梭鱼在一连三个月里,总是朝着玻璃隔板撞过去,直到自己头昏无力为止;最后它由于进攻总是受到这种处罚而改掉了原来的习惯;此后,又把它和同样的几条鮈放在一只没有玻璃隔板的养鱼缸里;这时候,它已经不再表现出以前进攻它们时候所采取的无意义的顽强精神来。

正像泰恩先生所看出的情形一样,小孩在最早的年龄时候就表现出好奇心来;这种好奇心对于他们的智力发展极其重要。可是,我一点也没有进行过这方面的专门观察。在此期间,也开始表现出模仿的行为来。当我的婴孩的年龄只不过4个月的时候,我觉得,他企图要发出声音来;可是,也可能我在自己的判断方面发生了错误，因为我不十分相信他当时真的在做这件事情；以后直到他满十足月的时候，我方才以为他在这样做。他在 11.5 个月的年龄时候，就毫不困难地模仿各种各样的动作；例如，在看到污秽的东西时候，就一面摇头和一面喊出，"啊嗯"（ah）来；或者在念着拙劣的儿童诗的诗句"瞧这个，瞧这个，把字母 T 描下来"的时候，就慢慢地和恰当地把一只手的食指贴近在另一只手的掌心。去察看他的面部在成功地完成了这一类动作以后所发生的满意的表情，真是很有趣的事情。

我不知道，是不是也值得把那些表明幼年的小孩具有良好的记忆力的事实提出来谈谈；例如，当我的小孩的年龄达到 3 岁又 23 天的时候，有一次把他的祖父的画像给他看，当时他已经有 6 个月没有看见祖父，但是他马上认出他，并且列举出许多在他和祖父最后会见时候所发生的事件，而这个小孩周围的人在这 6 个月的期间里一次也没有提到过这件事情。

道德感——在这个婴孩的年龄达到 13 个月的时候，我看出他的道德感的第一批特征表现出来；有一次我说道："杜但（Doddy，这是他的名字）不愿意吻爸爸——坏杜但。"由于我说了这几个字，他显然无疑变得有些难为情起来；接着在我回转到自己的安乐椅那里去的时候，他就伸出双唇来，表示出他准备来吻我的姿态；此后，他生气起来，把手摇动，一直到我向他走近去和让他能够吻到我的时候方才息怒。和我妥协这件事情，极可能使他发生满意的感觉，因为过了几天以后，当他假装生气、打我的耳光而且硬要接吻的时候，再重现出这一幕来；后来也时常发生这种情形。在这个年龄时候，可以很容易去影响婴孩的感情，并且差使他去干一切随便什么事情。在他的年龄满 2 岁 3 个月的时候，他曾经把最后一块小姜饼送给自己的小妹妹吃，此后就极其满意地喊叫道："啊，善良的、善良的杜但。"过了两个月以后，当有人对他嘲笑的时候，他就开始发出敏感的反应，同时他的怀疑心理很强烈，以至于时常以为旁人的笑声和谈话都是针对着他似的。在他的年龄再稍大的时候（在 2 岁 7 个半月的时候），我有一次遇见他从餐室里走出来，并且注意到他的双眼发出不寻常的光辉，而且做出一种奇怪的、不自然的、更加正确的说来是假装的举动来；我马上就走向餐室里去，以便认明什么人在那里；结果发现，这个孩子抓去了一把捣碎的砂糖；这件事情以前是不准他做的。不能用害怕这一点去说明他这种奇怪的举动，因为他从来没有受到过责备；我以为，在这种情况下，可以说是愉快的兴奋状况和良心的意识之间所发生的斗争的表现。过了两个星期以后，我正巧在他走出这个餐室时候遇见他，同时察看他的围涎布被整齐地卷起来；这时候他的举动也很奇怪，因此我就决定要查看一下这块卷起来的围涎布，不过他已经说过，在它里面没有藏着什么东西，同时还用命令的口气反复喊道："走开"；我发现，在他的围涎布上满布着咸黄瓜汁的斑点；因此，在这里就出现了狡猾地考虑过的欺骗。因为这个小孩已经受到教养，而且对于他的性格的优点方面特别发生反响，所以他马上就变得正像可能使人盼望到的那样真诚、坦白和可爱。

天真、害羞——在长期和幼小的孩子相处在一起的时候,就一定会注意到,他们完全缺乏困惑的状态,因此他们可以长久不眨眼睛,而瞻望着陌生人的面部;而成年人则只有在瞻望动物或者不活动的物体时候,才可能不发生困惑。据我看来,这种情形的发生原因,就在于:幼小的孩子绝没有想到自己,因此就不表现出害羞来,不过他们有时也害怕陌生人。我的婴孩在大约 2 岁 3 个月的年纪时候,有初次害羞的表现;我观察到,这些表现是在我离开家里 10 天以后再见的时候对我发生的;我看出,他的双眼起初逃避开我的视线,但是很快他就走近过来,坐在我的膝盖上,吻着我,于是一切难为情的痕迹就都消散了。

交际能力——在出生以后长久期间里并没有眼泪随着哭泣出现;哭泣的声音,或者更加正确的说来是尖锐的哭喊声音,当然是被本能地发出来的,但是也表明出有苦恼存在着。后来,发出的声音渐渐地由于那些引起它们的原因——饥饿或者疼痛——的不同,而开始显得彼此不同起来。在本文所叙述的婴孩年龄达到 11 个月的时候,他的哭声就显著不同;据我所知,在其他的婴孩的年龄比他更早的时候,也可以观察到这种哭声不同的情形。除此以外,这个婴孩很快学会了依照不同情况,为了要使人理解到他想要什么东西,而作有意识的哭泣,或者皱脸。在他的年龄达到 46 天的时候,他开始发出几种使他高兴而毫无意义的声音来;这些声音很快就变得彼此不同起来。在这个婴孩的年龄达到 113 天的时候,可以观察到他的初次出现的声笑;其他的婴孩的笑声在更加早得多的年龄时候就出现了。正像我已经指出过的,我觉得,婴孩在这个年龄时候企图要去模仿声音;在较后的期间里,他的确也就这样做了。他在 5 个半月的年龄时候,十分明确地发出一个声音"da"("达"),同时并没有任何意义包含在这个声音里。他在略大于一足岁的时候,就用手势来帮助表达出自己的欲望来;可以举出下面一件事情作为例子:有一次他把一片纸举起来,把它给我,同时用手指着炉火,因为他时常看见纸张在炉火上燃烧的情形,而且他很高兴看到这件事情。在一岁的年龄时候,他作出一些重大的成就;例如他会创造出一个字"mam"("妈姆");依照他的语言,这个字就是"食物"的意思;可是,我始终不知道,为什么会使他发出这个字来。后来,他在感到饥饿的时候,不去采取哭泣的办法,而改用这个新创的字以命令的声调发出,或者是作为动词,同时想要用它来说:"给我吃"。因此,这个字符合于泰恩先生所讲到的那个婴孩在较大的年龄 14 个月时候所使用的字"ham"["哈姆",意译"火腿"]。可是,我的婴孩也把他的"mam"这个字作为一个具有很多意义的名词来使用;例如,他把糖(sugar)叫做"su-mam"("苏-妈姆");后来,当他学会一个字"黑"(black)的时候,他就把甘草叫做"black—su-mam",就是"黑色的甜食物"。

有一种情况使我特别感到惊奇,就是:在想要吃东西和同时使用"mam"这个字的时候(在下面举出我当时在观察以后立刻写下的记录),在这个字的末尾随着发出特别显著的疑问声调来。起初他主要是在认清了周围的人们当中的某一个人或者看见镜子里的自己的像的时候,使用"啊嘿"(ah)这个声音;以后这个声音开始伴随着声音里的喊叫的热情同时发出,好像成年人在惊奇时候所发出的声音一样。我在自己的记录里指出说,这种音调显然是本能地发生出来的;我懊悔当时自己没有在这方面作出补充的观察来。可是,我在自己的记录里指出说,在较后的期间里,即在18～21个月的年龄时候,这个婴孩在拒绝去做某一件事情的时候,就显著地改变声音,并且发出诉苦的抗议的叫喊声,表示出"我不愿意"的意思来;声音里的音调变化情形,甚至好像是在说"就是,不愿意"。泰恩先生也认为,他所观察过的一个小女孩在她学会讲话以前的声音里的个别音调的表现力,具有重大的意义。我的婴孩在请求吃东西而发出"mam"这个字来的时候,也发出疑问的声音;这种声音是特别有趣的,因为如果有人发出个别的字或者类似的简短的提议来,那么他就会发现,音乐上的声音的升高到这个字的末尾达到最大的高度。当时我没有注意到这种现象符合于我所坚持的见解,就是我认为,在人类还没有学会用音节分明的语言来谈话以前,他已经能发出个别的、好像真正音乐上的音阶的音调来,正像类人猿长臂猿属(*Hylobates*)所发生的情形一样。

  最后,应该指出,这种加强婴孩去和周围的人们建立联系用的本能的叫喊,就是婴孩的欲望的最早的表现手段;这种叫喊逐渐地一部分在无意识地发生变化,而另一部分则据我看来是在有意识地发生变化。婴孩的面部表情的无意识的变化、姿态、音调加强的特征,最后还有婴孩本身所创造的而有最普遍意义的字汇,含有更加正确的内容,而且是模仿他所听到的说话而获得的字汇,在实现着他的欲望的表现;正就是这些字汇被婴孩异常迅速地吸收到头脑里去。我以为,婴孩在很早的发育期间里,就已经以某种程度根据那些保育他的人的面部表情而理解到这些人的意图和感情。婴孩的微笑本身,就已经证明了我们差不多不能对它发生任何怀疑;并且我以为,我在本文里所讲述的这个婴孩,在略微大于5个月的年龄时候,已经理解到同情心的表现。在他的年龄达到6个月11天的时候,他由于看到他的保姆假装哭泣的样子而对她表现出明确的同情心来。在他的年龄大约是一岁的时候,他仔细研看着那些向他瞧看的人的面部表情,而且由于成功地完成了一种对他说来是新的任务而感到满意。甚至在6个月的这样早的年龄,他显然已经对他周围的个别的人表示同情:不仅是由于他们的面部特征,而且也是由于他们的面部表情而表示同情。在他的年龄还不到一周岁的时候,他对音调和姿态的理解力,也像对很多字汇和简短提议的理解力一样良好。在他创造出自己的第一个字"mam"以前5个月里,他只能够理解一个字,就是他的保姆的名字;这一点也是可以料想得到的,因为我们知道,比较低等的动物也容易学会理解个别发出的单字。

遗传的天才①

弗朗西斯·高尔顿

作者简介

弗朗西斯·高尔顿(Francis Galton,1822—1911),差异心理学之父,心理测量学先驱之一。1822年2月16日生于英国伯明翰的拉杰斯,出身英国贵族。他3岁就会看书写字,早年入伯明翰综合医院学医,1840年入剑桥三一学院改修数学,毕业后再去伦敦皇家医学院习医。因家庭富有,他从未担任大学教职或其他专门职业,仅凭兴趣做了很多超越同期其他学者的研究工作。他学术研究兴趣广泛,包括人类学、地理、数学、力学、气象学、心理学、统计学等方面。他是达尔文的姑表弟,深受其《物种起源》一书的影响,致力于个体差异与心理遗传的研究。1884年创建人类测量实验室。1901年与其学生皮尔逊(K. Pearson)创办《生物统计学》杂志,1904年捐赠基金在伦敦大学创办优生学实验室。1911年1月17日卒于伦敦东南的萨里郡。

选文简介、点评

高尔顿受达尔文的进化论影响很深,主要从事个体差异的研究,是彻底把变异、选择和适应的原理应用于人类个体和种族的第一人。当时心理学家们正热火朝天地研究正常人一般的心理规律,个体差异还属于心理学研究的盲点。高尔顿的工作开拓了一个新领域,可以算做是个体心理学的创始人。

高尔顿是个体差异的遗传决定论者,他对心理学发生影响的第一部重要著作是《遗传的天才》,这也是他最负盛誉的著作。他研究了1768—1868年100年间英国的977个(这些人在4000人中才会产生一个)将军、首相、文学家、科学家的家谱,发现大多数名人出生于望族,他总结了有关杰出人物所有范畴里面的数据,并报告说,有31%的人有杰出的父亲,41%的人有杰出的兄弟,有48%的人有杰出的儿子。另外,一位杰出人物与其亲戚的关系越近,这位亲戚也会出名的可能性就越大。高尔顿据此做出论断认为天才是遗传的,还认为,

---

① 此处选用的中译文选自:罗伯特·哈钦斯,莫蒂默·艾德勒. 西方名著入门[M]. 北京:商务印书馆,1995.《西方名著入门》共有九卷,本文选自第七卷自然科学卷,由陈尚霖选译。(原著 *Hereditary Genius* 出版于1869年)

遗传的不光是天才本身,还有天才的形式。他用80对双胞胎的材料进一步证明了心理的遗传性。遗传决定论让他于1883年创造了优生学,以研究如何以人工选择代替自然选择改良人种,他认为有相当才能的男女,一代一代长此以往,最终就能产生极有天赋的人才。不过高尔顿走向了遗传决定论的极端,否定了环境因素的作用,他认为不仅智力上的天才或低能,甚至道德、性格、情感上的差异也是由遗传决定的。

"我想证明",高尔顿写道,"一个人天生的才能得自遗传,获得才能时受到的限制,从形式和身体特点上说都与整个生物界的一样。"他还得出结论:"我敢断定,不具备先天所赠予的非常高超才能的人,不可能获得非常崇高的声誉;我对这一论点的坚信,又给我一种信念,真正具有这些不世之才的人,极少会在功成名就上失败。"高尔顿的这些话,以及书中的其他类似的话,挑起了若干次在近代热烈争辩的论战。

从高尔顿"天才"理论本身来看,它只是强调遗传作用对天才产生或形成的决定性意义,因此,它对后人的启发意义在于:当考虑人的个别差异的形成,以及培养和造就天才人物等问题时,有必要充分估计到该理论提示的遗传因素作用,而并不等于说该理论的全部观点都具有真理性。正是由于它无限制地夸大了遗传因素作用,而完全忽视后天环境影响的作用和意义,因而其基调是片面、不确切的。

20世纪的人类学和跨文化心理问世后,学者们强调人的先天素质只是人发展的前提,而种族、民族,乃至个人之间的心理差异却是社会环境及其文化影响的结果,因而在理论上已越过高尔顿时代那种以生物进化论为理论基础的发展观。然而,尽管人们对优生学的思想有种种不同的理解或者非议,但其优生优育的观点仍然有着不容忽视的价值。另外,高尔顿在他的研究中开创性地使用了多种心理学的研究方法,这些方法比他的心理学思想本身意义更大。

选文正文

第二章 根据人们的天赋进行分类

有一种假设,说什么初生婴儿本来十分相似,意志坚毅和身体力行才是孩子之间与成人之间有差异的唯一力量。这种假设,公开阐述的只属偶见,通常总以隐喻方式出现在教育孩子们学好的故事中。对此,我从来也无法容忍。对于天生平等的主张,我的反对绝对不留余地。托儿所、学校、大学以及职业生涯中的经验,都可提供一连串情况正好相反的证明。我坦然承认,在开发心智的积极能力方面,教育和社会影响是巨大的力量,正好像我承认,铁匠的手臂肌肉会因为运用而更加发达一样,但也仅此而已。就让铁匠尽其所能地劳动好了,他仍将发现有些绝技是他力不能及的,而这在那些海格立斯①型体格的巨人却完全不当回事,哪怕后者的职业是案牍工作也罢。若干年前,苏格兰的高地人曾在荷兰公园举行大型集会,会上他们就本民族的摔跤比赛向全英国提出挑战。挑战被接受了。来自山区的训练有素的人,在竞走项目上被一个纯粹的伦敦佬、在银行里当职员的年轻人所击败。

凡是进行过体育锻炼的人,都能精细入微地发现自己体力的极限。当他开始练竞走、划船、举哑铃或赛跑时,他会非常愉快地发现,他的体力加强了,抗拒疲劳的耐力也与日俱增。只要他还是一个新手,他或许还以为,对筋骨的培养没有止境;但是他很快就会发现,每天的收获在减少,而到最后还完全消失不见。他的最佳成绩成为一个严格地确定的量。当他达到训练的最高状态之后,对于自己能跳多高或多远,他了解的精度可以达到一个英寸。对于施加于测力器的力,他了解的精度可以达到半磅。他对准测量冲击的机器一记重击,使指针指向某个确定的刻度,但不能再多一点。在赛跑、划艇、竞走以及任何一种形式的体力锻炼中,情况全都一样。每个人的肌肉的力量都有一个确定的极限,任何培育或锻炼都不能使他超越。

这一点与每个学生都曾有过的运用脑子的经验完全类似。初进学校,面对智能性困难但又用功的孩子,会因自己的进步而惊异。他对自己新开发出来的运用心智取得理解的能力洋洋自得,很可能他还一厢情愿地认为,要成为一位在世界历史上刻下印记的英雄人物,也是办得到的。岁月流逝,他在学校和大学的考试中一次又一次地与人竞争,很快就发现了自己在他们中间的位置。他知道可以打败这样或那样的竞争者;有些人他可以与之并驾齐驱,另有一些人的才华他简直无法望其项背。也有可能他的自负会换一种腔调继续悄悄地怂恿他。它会告诉他说,大学里讲授的古希腊、古罗马的著作,数学以及其他科目,不过是学究们的专长,并不能鉴定一个人更有价值的智能力量。它用无数个在少年期的竞争中并不成功,但在成年后却成为他们时代最突出人物的事例提醒他。于是,带着重新点燃起来的希望,带着年届22岁时所能有的全部抱负,他离开学校,投身到更为广阔的竞技场。此处等待着他的仍然是他已经从头到尾体验过的经验和教训。机会迎面而来(这对每一个人都一样),而他却发现无力把握住它们。他一试再试,而且进行多方面的试探。除非他一直被不可救药的自负蒙在鼓里,用不了多少年,他就准确无误地知道,他能完成的业绩是什么,还有哪些事业是心有余而力不足的。当他达到成熟的年龄,他就会只在一定的界限之内有信心,他对自己所有的明白无误的弱点以及不容置疑的优势,都已了解,或者说应该了解,其程度正

---

① 海格立斯(Heracles)是希腊神话中最伟大的英雄。在现代汉语中海格立斯一词已成为大力士的同义词。——编者注

与周围的世界可能对他作出的评价一样。他再也不会徒劳地用过分的自负、虚妄的期许折磨自己。他把要做的工作限制在他能达到的水平之下,心安理得地相信,他已经做了他的资质要求他完成的工作。

在剑桥大学参加数学考试,同样获得荣誉称号,得分却有巨大差异。人们智能上的差异,很难有更令人确信的证据。所以,虽然有关的细节枯燥而且乏味,我仍请求读者允许我对此问题多说几句。剑桥大学每年有400～450位学生取得学位,其中大约有100位成功地取得数学成绩特优的荣誉,而且由主试者按其成绩排列顺序。在取得数学荣誉的人中,前40名被授予一等合格者的称号;而且即使只是一等合格者中的低名次,也是件绝对地被人信任的事,它使人获得在小学院里任职的资格。请务必谨慎地记住,成为这份荣誉名单中的第一名,或被称作高级合格者,是了不起的殊荣,它的意义远远不止是在任意挑选的400～450人中数学成绩最突出。毫无疑问,剑桥的大部分学生,几乎全是任意随机地挑选的。孩子的父母对他的前程有所打算,如果这个职业是在教堂,或是法庭,一般几乎是必不可少的,而且也是特别重要的,先得把孩子送进剑桥或牛津。这样的年轻人可以恰当地看成是任意杂乱地挑选的。但还有许多其他学生,他们完全是自己赢得进大学之机会的,所以他们是在一个广大的范围内挑选的。在一等合格者中足有半数人都是各自中学中的尖子,而且,反过来说,在中学里成绩优异的孩子,几乎全都找到了通向大学的道路。所以,尽管剑桥、牛津两所大学的学生人数比较而言是个小数,却又包括了全英国最高级的青年学子。历年的高级合格者又是这些人中在数学方面的执牛耳者,而且赢得这种最高级殊荣的年轻人,过去和现在都是在进剑桥之前没有接受过数学方面的认真训练。他们都是在大学住校的3年中接受所有的训练。对于剑桥大学的数学教学沿着一条过分狭窄的路线进行,到底是好还是不好,我不想妄加评论。对于剑桥大学按学生成绩排名次以及牛津大学先按成绩分类,同一类中的姓氏按字母排列的两种做法,孰优孰劣也不作剖析。我在此只关心结果,它们才与我的论述最有关系。这些年轻人以尽可能最公平的方式开始为期3年的竞争。他们在最强有力动机的激励下奔向前程,激励他们的是竞争、是荣誉以及未来的财富(因为好的会员资格就是财富);而到3年终了时又以最严格的方式接受考试,遵循的制度,他们全都理解而且有同等的准备。这场每天五个半小时的考试要延续8天。所有答案都由主考者仔细评分,然后加出总分,再严格地按成绩排出名次。剑桥大学考试之公平及彻底,还从未受到过怀疑。

对我的目的而言,不幸的考试分数不予公布。因为允许每个主考者使用他本人的评分尺度,所以考试分数也不按统一的系统;不过,无论主考者使用的尺度为何,各个成绩的比例结果总是一样的。我得感谢一位剑桥的主考者,他给了我两次考试的评分记录。(见表1)两次评分的尺度十分近似,只需稍作比例调整，就可以相互比较。因为这在一定程度上是次保密的交流，所以假如我公布的东西能使人识别出那是某一年的成绩就极不合适。我把成绩分组列出，只求它们能反映成绩的巨大差异。在获得荣誉的名单中，最低的一个得分不足 300 分；一等合格者中的最低者得了 1500 分，而在我手边的一份名单中，高级合格者的得分是 7500 分。所以，一等合格者的最低分约为获得荣誉者中最低分的 5 倍，同时又只是高级合格者成绩的五分之一。

表 1　剑桥大学学生中获得数学荣誉成绩者的得分情况

（本表将两年的结果汇总在一起。每年可得的总分为 17000）

荣誉获得者得到的分数	两年中得到该等级分数的人数①
低于 500	24
500—1000	74
1000—1500	38
1500—2000	21
2000—2500	11
2500—3000	8
3000—3500	11
3500—4000	5
4000—4500	2
4500—5000	1
5000—5500	3
5500—6000	1
6000—6500	0
6500—7000	0
7000—7500	0
7500—8000	1
	200

在这两年中，更引人注意的那一年的高级合格者得到的准确分数是 7634 分；同年的第二名得 4123 分，而荣誉名单中的最后一名仅得 237 分。结果，高级合格者的得分几近第二名的两倍，而且是同样获荣誉但得分最低者的 32 倍。我还由另一位主考者获得另一年的成绩，其中的高级合格者更加杰出。他得到了 9422 分，至于第二名，他的成绩一点也不比一般的第二名差，却只得 5642 分。同一份荣誉名单上的最后一名，只有 309 分，或者说仅仅是高级合格者的

---

① 本表中我只收进每年的前 100 人。省略掉的余数太小，已无关紧要。我之所以要省略是避免讲出获得荣誉的确切人数，否则就有可能从人数识别有关的年份。我已说明在前，不打算提供这方面的信息。

1/31。在第四个非常引人注目的年份里,我遇到了特殊情况,那一年的高级合格者在答题纸上的得分,竟不少于第二名的 10 倍。于是我就与有经验的主考者讨论,考试的分数在多大的程度上反映了应试者的数学能力。他们让我相信,得分的差异在最高与最低者之间是严格成比例的,这对于最高分者就并不十分公正。换言之,前面提到的高级合格者,确具有荣誉名单中最后一位 30 倍或 32 倍以上的才能。他们有可能解决困难程度有 32 倍的问题;或者,如果问题的困难程度相同而又是大家的智力所及的,则处理与理解的速度将要迅速到那个比例的平方根的程度。分数对于非常优秀的人可能不太公正是有道理的,因为考试中的很大一部分时间都用于机械的书写。每当应试者的思想跑得比他的笔快,他就不能因过分的才思敏捷而得到好处。不过,我也应该提到:某些最有能力的人已经利用比较精练的文字来证明其优势。他们能马上找到已经形成之难题的根子,而且只使用简明、恰当、有力的几笔,就成功地证明他们确能征服它,然后他们就转向其他问题。真正是每一个字都击中要害。就以已故的 H. 莱斯利·埃利斯(H. Leslie Ellis)先生为例,他是 1840 年度辉煌的高级合格者,好几代的剑桥人都熟知这位旷世奇才的名字。他即使在考试时期也不是从头到尾留在教室里,他身体衰弱,必须节俭地使用他的力量。

荣誉名单上最后一位的数学能力是平凡或第二流的,与高级合格者相比是太低了。但与普通英国人的天资相比,或许也要高出于凡人。虽说考试使他落在 100 位获荣誉学位者之后,他仍然高出 300 位普通学位获得者。即使让我们承认其中甚至有 200 位是因为懒得获取荣誉学位,总还有 100 个人尽管作了努力也仍然没有争取上。每位导师都清楚,即使是最简单类型的抽象概念,要灌输给大多数人是多么困难。他们智能方面的把握力有多么软弱,他们的脑子多么易于迷乱,他们对知识中的精确性和正确性是多么无能为力。熟悉某些科学课题的人,常常有机会听到一些只有中人之资的男男女女相互间讲起某些讲演——譬如是皇家研究院的讲演——中的心得。他们在那里带着愉快的注意力,坐了一个多小时,讲演令人称羡地流畅,又用最完美的实验来说明。他们对所有这些都表示极其满意而且深受教益。但仔细听听他们讲的话,可真叫人难受。他们记住的似乎只是乱七八糟和误解:纯粹出于自己的空想,他们还给听到的东西规定某种形式与结构,但与演讲者真正想要传达的意思却彻头彻尾地不一样。即使是那些被称作受过良好教育的听众,他们平均领会能力之差,如进行严格的测试,也会令人感到荒谬。

在阐述人与人之间的差异时,请丝毫也不要以为数学家的天分是片面的。存在着无数事例说明情况正好相反。读者可在我论述科学那一章的附录中找到他们,我是作为遗传的天赋的事例摘引的。作为全面的天才,我固然特别要提到莱布尼兹(Leibniz)的名字,但是安培(André-Marie Ampère)、阿拉哥(Arago)、孔多塞(Condorcet)和达朗贝(D'Alembert)也全都绝不仅仅是数学家而已。不,由于剑桥的试题范围非常广泛,包括了许多数学以外的题目,虽然都是荣誉的获得者,最高分与最低分之间的才能差异要比我已经描述过的更加突出。我们还会发现,一方面那些第二流的人已经为获得那237分投入了全部精力,而另一方面,有些高级合格者却同时又是古希腊、古罗马著作方面有高深造诣的学者,并且还娴熟其他知识。剑桥已经提供了这样的事例。该校列出经典著作荣誉名单固然只是近年的事,但从既往发生的事实仍可获得其他证据。例如曾经在哈罗公学当过多年校长,诗人拜伦(George Gordon Byron)就曾在那时就读于该校的乔治·巴特勒(George Butler)博士(他是现任哈罗公学校长之父,在他的多位公子中,还有两位也是大型公立学校的校长),他之所以能获得文科方面的职位,必然是因为他杰出的文科才能;但巴特勒同时又是1794年的高级合格者,在那一年,连大法官林德赫斯特勋爵(Lord Chancellor Lyndlhurst)都屈居第二。林肯郡已故主教凯(Kay)博士和已故大法官奥尔德森(Alderson)爵士都既是高级合格者,又是同一年中经典著作荣誉奖的获得者。经典著作的荣誉学位考试是1824年开始的,从那时迄今,已故的古尔本(Goulburn)先生(议员,财政大臣古尔本之子)就是1835年一级合格者中的第几名,又是同一年经典著作荣誉的第一名。但是在近年中,要获得数学考试中的最高名次,需要大量的准备工作,使得研究的方向有了广泛的分化。一个人想在一个以上的学科中获得足以赢得第一名的必要知识,时间已不再够用。因此,就不再有一人在两种考试中都取得绝对第一的例证,但是,正如《剑桥一览》所公布的名单已显示的,仍有一些人在经典著作及数学两方面都高度杰出。在最近几年中最为突出的当推巴里(Barry)博士,奇尔坦亨学院前任校长,伦敦国王学院的现任校长[杰出建筑师查理·巴里爵士(Sir Charles Barry)之子,继承了父业的爱德华·巴里(Adward Barry)先生之弟]。他是那一年数学考试的第四名和经典著作考试的第七名。

无论以何种方式测试才能,我们都发现智能上同样巨大的差异。麦考利勋爵(Lord Macaulay)……是记忆力最强者中的一员,他能背诵各种作者数以百计的著作中的许多页,而这些他只不过是看了一遍,普通人要想在脑子中记住麦考利勋爵的三十二——或者就算是一百——分之一,也肯定办不到。塞内加的父亲是古代记录在案的最伟大的记忆家之一……希腊学者波尔松因为天资聪颖而著名,但我还要加上一句,"波尔松的记性"又是那个家族的遗传。在治理国家、行军作战、文学、科学、诗歌、艺术等方面,也同样发现人与人之间的巨大差异;而且本书所记载的数量庞大的事例也将证明,无论是在上述的各方面,还是在任何其他类别的智力方面,一个人成为杰出的,极少可能纯粹归功于他拥有的特长。那些事例都让人认为,他们之所以杰出是因为这些具有广泛天才的人进行了精力集中的努力。人们都过分强调表面上的特长,仓促地得出结论说,因为一个人专心致志于特殊的事务,他就不可能在任何其他事情上取得成功。这完全相当于这样一种说法,就因为一个男孩曾热恋过一位黑里俏的姑娘,他就不可能对碧眼金发的女郎坠入爱河。他对前一种类型的美女既可能有,也可能没有更多的天生爱好,但事情主要地或整个地由于他是个多情种子也同样是可能的。在职业的专注上也完全一样。一个得天独厚的人在选定其职业之前,常常是心神不定,飘浮多变,但一旦已经选定,他就会以全部激情献身于该项事业。在一个天才人物选定了自己的偏好,将自己调整得似乎只有一种特殊的才能,而且似乎不适宜于做任何其他事情之后,我常常以钦慕的心情注意到,当环境突然将他放到陌生的位置上时,他又表现得多么好。他会对新的情况有深邃的理解,他处理这些情况的能力,即使是他最亲密的友人也不相信他竟能胜任。许多自以为是的愚人常常把心不在焉误认为无能,当他们试图在天才人物未加防范之处将人打翻在地时,常常不免搬起石头砸了自己的脚。一个人,如有幸在任何一个大的都城里进出于有能力者的社会,或者有幸熟悉历史上英雄人物的事迹,他就绝不会怀疑,在人类中有巨人、有天生就出类拔萃的伟人、有注定要成为众人之君主的人的存在。当我为了给本书准备材料,有时需要对远远优越于我的近代智者进行测定,或对我们民族中最光辉夺目的历史人物的天赋进行评述时,我总有一种亵渎神灵的感觉,因而深深地感到不安。这时,我总是回忆起既往岁月中游历非洲时一度产生过的熟悉的情绪,那是当我在山脚下路过,想测量耸入云天、君临俯瞰着我的峭壁高度时有过的感觉,也是我面对崇丽景色,想对隐现在我实际视野之外的、崇山峻岭中无人走访过的部落,标定其位置时有过的感觉。

我不曾为天分在中人之下的人多操心,其实他们也可能是有趣的研究课题。在全英格兰和威尔士的 2000 万居民中,痴呆或低能者的近似估计为 5000 人,或者说每 400 人中有一人,法国在这方面的一位权威塞甘博士说,痴呆或低能人中有 30% 稍多的人,若有适宜的指导,可以教会他们遵循社会的和伦理的规矩,在条理、感情和工作上也能表现得有普通人的三分之一那么好。也还说,若有一个理解人的道德与社会环境,超过 40% 的人能处理好日常事务,并工作得像普通人的三分之二。最后还有 25%~30% 的人会越来越接近于标准的人类,甚至其中有些人与一些正常的青年男女相比,更不需要监督指导。位列痴呆与低能之上的,是一大群散见在许多家里,不大见人,但朋友和亲戚们又全很熟悉的轻度笨人,他们的智力不足以应付一般社会中的交往,但又不难掌握某些照章办事、没有危险的职业。然后该是以著名的戏剧中的邓德雷莱爵士(Lord Dundreary,意译为抑郁的傻子)为代表的一类人;就这样通过一个个台阶,我们逐步上升到凡人。我知道两个并非低能却是遗传性憨子的很典型的例子,而且有充分理由相信,不难获得大量同类的事实。

总之,人与人之间的智力差异,且不说最高的白种人与最低的野蛮人之间的,即使是在英国知识界最高与最低的之间,也极其巨大。世人的天赋才能,从无法想象的高直至无法想象的低是连续的。我在本章的目的是将人按其天赋才能排列顺序，按其成就的程度划成若干类，并指出各个类中的相对人数。或许有人会即兴地猜想，这些类别所包括的人数大致相等。果真这样想的话，我敢保证他实实在在犯了异乎寻常的大错。

我用来发现这些数字的方法，不过是"关于中值之离差"（deviation from an average）这个很奇怪的定律的一种应用。我要先解释这一定律，然后再证明，天生的智能性天资的产生正属于这一范围。

这一定律的适用性非常普遍。比利时的皇家天文学家，同时又是生物与社会统计学最大权威的奎特莱（Lambert Adolphe Jacques Quételet），就在其研究中大量地运用这一定律。他还制作了数表，有了数表，无论何时想求助于这一定律，必要的计算就变得很容易。我的介绍受篇幅限制，读者若想了解得更多，请直接阅读他的著作，那是一本可读性很强，值得统计学界之外的人士阅读的八开本著作，书名《概率论书简》，由唐斯翻译（莱顿公司伦敦1849年版）。

近年出版的利用统计推演结论的著作已经不少，所以我相信读者会同意下述这个假设的情况：设在一个大岛上居住着一个民族，他们自由遇婚，而且在不变的环境中生活了许多世代。于是，这一人口中成年男子的平均身高，无疑地将年复一年地相等。还有，仍然从近代统计学的经验出发，即使例子的条件没有上述的周密，也仍然得出一成不变的结果——各种身高之男子的比例也会维持不变。我的意思是说，如果求得的平均身高是66英寸，而且还发现某一年中超过78英寸的人，在每百万人中的比例为100人，则每百万人中100个的比例，将在所有其他年份中都很接近地维持着。无论我们乐于规定的高度界限是什么，譬如说在71～72英寸之间，或者在72～73英寸之间，如此等等，在此界限内人数的比例也同样稳定地保持着。对于我所举的似乎有可能是这么回事的情况，统计性的经验已经丝毫不爽地予以肯定，再也不必举出类似的事例。关于中值之离差定律正是在这一时刻显示其作用。它可以证明，根据前述的两个数据：一个是平均高度，另一个是每百万人中有100人的高度超过78英寸，或任何与此相类的数据，就能预言每百万人中身高在72～73英寸（或在任何其他界限）之间的有多少人。

图1可使人理解得更清楚。设让100万个男子依次背对着一块有足够高度而且竖放的木板站立，并随即将他们的高度用一个点标在木板上。这块木板就会呈现出附图（见图1）上的样子。平均高度线是将所有点均分为二的线，在我们假设的例子中正位于66英寸处。这些点在图上的排列，关于平均高度线极其对称，以至下半图几乎就是上半图的精确倒影。其次，如果从高向低数100个点，并在它下方划一条直线，则按前述的条件，这条线将位于78英寸处。利用由这两根直线提供的数据，根据关于中值之离差定律，就有可能以极高的近似程度重现板上全部点的系统。

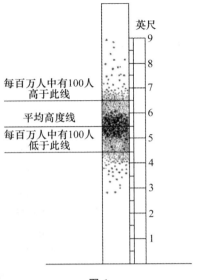

图1

奎特莱的数表中,最上面的一根线截去的不是100万中的100个而是100万中的一个。随后他又将这根线到平均数所在的那根线之间的距离,划分为80个等分,并且给出了落在每一等分中的点的个数。借助于他的表,无论我们乐于采用何种分类系统都不难计算出结果。

关于中值之离差这个定律的应用有完全的普遍性。例如,如果在靶子前面的一根水平线上射击,子弹作出的记号,也遵循同样的分布规律。只要涉及的是大量的类似事件,而且每个事件都是同一可变环境造成的后果,就一定会有两个结果。首先,这些事件的平均值是常数。其次,若干个事件偏离平均值的量将服从这一定律(这个定律与赌台上输赢次数所服从的定律,在原则上是同样的)。

影响若干个事件的条件,必须有同样的性质。将分属于两个不同民族的男子的高度混在一起,期望这个复合物仍服从同样的常数,显然是不恰当的。将两个不相类似的点系统混在一起,所产生的混乱与半数子弹射向一个目标,而另一半却射向另一目标一样。不仅如此,一个并不知道发生过什么事的人在考察了这些点之后,都会发现存在着这样的情况,而且借助于这个定律,还有可能解开由于有两个目标,甚至有限数量之附加目标所造成的混乱。所以,这个定律还可以用作最可信赖的标准,借以判明,在取平均值时,这些事件服从的是同类的条件还是不同类的条件。前面举的例子是世代居住在一个海岛上、内部自由通婚的假想民族,目的是保证他们生活的条件具有一致的性质。接下来我的目的是要证明,不列颠诸岛上居民的环境,具有足够的一致性,因而他们完全在这个定律的管辖之下。

为此目的,我先请读者注意奎特莱书中的一个例子。这是对大批苏格兰士兵胸围的测景。苏格兰人并不是严格单纯的民族,他们的生活条件也不全相同。他们是凯尔特人、丹麦人、盎格鲁-撒克逊人以及其他人以各种比例形式的混合体。而高地人则几乎是纯凯尔特人。另一方面,这些种族虽然起源十分不同,但特征又不是十分不相同。结果就发现,他们关于中值的离差以相当高的准确性与理论计算相一致。

表 2

胸围测量 (英寸)	据实验每万 人中的人数	按计算每万 人中的人数	胸围测量 (英寸)	据实验每万 人中的人数	按计算每万 人中的人数
33	5	7	41	1628	1675
34	31	29	42	1148	1096
35	141	110	43	645	560
36	322	323	44	160	221
37	732	732	45	87	69
38	1305	1333	46	38	16
39	1867	1838	47	7	3
40	1882	1987	48	2	1

事例见上表(见表 2)所示。奎特莱是从《爱丁堡医学杂志》第十三卷取得共计 5738 位士兵的测量资料的,表中的数据已经按一英寸的间隔归类,并自小到大地排列。奎特尔教授将归类汇总的结果与他所编数表的结果作了对比,结果就是上面这个表。事实与理论之间天衣无缝的吻合,即使是最外行的人也可以一目了然。应该说明的是,为了方便计算,实际测量及计算的值都已化为每万人中的数字。(原书的表及正文中都将万误写为千,汉译已改正——译者)

在下面这个计算其平均值的例子中,各组成部分的不相似程度,比上例更大。这是 10 万名法国应征兵的身高。法国人人种的复杂程度也和英国人的一样,因为法兰西被划分为许多完全独立的王国距今并没有很多个世代。在其特有的人种里有诺曼人、不列颠人、阿尔萨斯人、普罗旺斯人、贝亚恩人、奥弗涅人,他们各有其特有的特点;然而下面这张表(见表 3),仍然表明实验结果与基于纯理论假设的计算结果有着极惊人的一致。

表 3

	人数	
	测量的	计算的
低于 61.8	28620	26345
61.8—62.9	11580	13182
62.9—63.9	13990	14502
63.9—65.0	14410	13982
65.0—66.1	11410	11803
66.1—67.1	8780	8725
67.1—68.2	5530	5527
68.2—69.3	3190	3187
高于 69.3	2190	2645

最低两档中的差异最大。其中包括了许多因为长得过矮不适宜于从军的人。奎特尔果断地将这些差异归因于欺诈性降级,似乎肯定有原属于第二级的人被不正当地划入第一档,从而豁免了服兵役的义务。果真如此的话,在本例中事实与理论的吻合程度,也足以为我的目的服务了。

从法国人和苏格兰人得到的结论推论开去,假如我们对不列颠诸岛上的男性成年人进行测量,尽管我们的人口与我描述过的苏格兰的人种一样混杂,而且爱尔兰人主要是由凯尔特人组成的,那也会发现,测量的结果与利用关于中值之偏离的定律计算出来的结果,十分接近。进一步说,假如关于身高的情况确系如此,则有关其他每一种身体特征的结论也将成立。例如头围,脑子的大小,灰白质的重量,脑纤维的数目,等等;再进一步呢,这是任何生理学家都会毫不迟疑地跨出去的,人的智能必将遵循这一规律。

这正是我的用意所在。上面的类比推理已经表明,居住在不列颠诸岛上的居民,必然有一个相当稳定的平均智能,而关于该平均值的偏离——向上至盖世天才,向下到愚不可及的白痴——也必定像一切关于真正平均值的偏离一样服从同一个定律。

不过,我们做的已经比仅仅依靠类比推理更进了一步,因为我还要讨论来自同一类别的选手们所参加过的那些考试的成绩。许多人都见到过不时在报端公布的各种竞争者的名单,他们成功地得到了公职任命,在每个候选人名字旁边都标明了各人得到的分数。这些名单里包含的名字太少,不可能像苏格兰士兵的例子那样显示出与理论有那么美妙的一致。在这些考试中,任何一份名单都不超过 100 名,而接受胸围测量的苏格兰人却有 5700 个。我又不能将若干次独立考试的成绩放在一起,因为我明白不同的主考官都各有取舍,所以每次考试都单独分析。下述的资料是我对最近获悉的一次考试所进行的计算,这样的计算也可以对任何其他的考试进行。我说的是1868年12月在桑德赫斯特举行的皇家军事学院的入学考试。考分在3000分处聚集得最为稠密,所以我将之作为考生平均能力的代表数字。又因为没有一位考生的得分超过6500,我就借助奎特尔的数表计算出下表(见表4)中的B列。从表中看到,A列与B列的接近程度与参加考试的人数少时能期望的相符合。

表 4

	获得各类分数的候选人人数	
	A 按事实	B 按理论
6500 以上	0	0
5800—6500	1	1
5100—5800	3	5
4400—5100	6	8
3700—4400	11	13
3000—3700	22	16
2300—3000	22	16
1600—2300	8	13
1100—1600	或未参加竞争	8
400—1100	或未被录取	5
低于 400		1

上表中向下分支的对称性之所以受到严重破坏,已在A列的下方作了说明。所以,无须怀疑,如果在英国有什么人专心致志地学好某一门知识,然后又在使用统一评分标准的主考官手中应考的话,他们分数的排列也必定像法国应征者的身高、苏格兰士兵的胸围那样,严格地服从关于中值之偏离的定律。

才能要划分为多少等级完全可以根据情况来决定。可以将英国人分成少数几个大类,也可以分得很细,完全看是否方便。我将选用的分类系统,可以与上一章区分杰出人物时的分类系统对比。由上一章已知:每百万人中有250人会成为杰出的。遵此,在设计下表中的类别时,我使最高的两类Y和G,与(包括一切高于G的等级的,未再细分)X类合在一起,总数将在那个数字上下——也就是每百万248。

我相信,大家都能理解,这张表中的人数并不是根据什么靠不住的假设。它们全都由关于中值之偏离这个颠扑不破的定律确定,如果我们从每一百万人中挑出那个最有天才和最愚笨的人,将剩下的999998人分为14个类别,让每一类人中的平均才能与相邻类别的人相差同样的等级,则每个类别中的人数经过许多个百万人的平均后,就将是表中所说的那数字,这是个肯定不移的事实。这个表既适用于人的总的能力,也适用于专门的才能。对于任何一种能显示出天赋才能的考试,它都适用,而不论这是绘画、音乐方面的,还是充当政治领袖方面的。不同类别之间的比例,对于所有这些情况全都相同,当然,随着考试意图的不同,归到各个类中去的个人也会不同。

由表(见表5)可以见到,每百万人中有半数以上的人属于a与A这两个凡人类别,a,b,A,B四类凡人超过了总数的五分之四;而六类凡人占总人口的19/20以上。所以出类拔萃的人才如凤毛麟角,平庸之辈却充斥道路,这决非偶然,它是由这些事物的本性所决定的必然现象。"凡人"或"平庸"这个词的含义不容怀疑。它规定了极大多数外省地方性集会中的智力标准,因为大都市等地方的更激动人心的生活所具有的吸引力,已经将更有能力的几类人吸引去,而愚笨或痴呆的人亦不会出席这种集会。所以,剩下来组成外省小地方一般社会之主体的,通常是清一色的凡人。

C类人拥有的才能要比普通陪审团中的陪审长略高一等。D类中就包括了大量在日常生活中获得荣誉的那些人。E类更高一级。然后才是F类,那是智力超常类别中最低的一档,也是本书最关心的一个类别。

在逐步下降的那一侧,与之对应的是f类,他们属于已经提到过的痴呆与低能者之列。我们已经见到……在英国的居民中每百万人有400个痴呆与低能者,但他们中有30%是轻度的,将他们称作痴呆并不恰当。在我们的人口中,每百万人里还剩有280个真正的痴呆和低能者。这个比率与f类的要求吻合得相当密切。毫无疑问,在他们中有一部分是因为偶然原因才痴呆,这些偶然因素妨碍了天生良好的大脑正常工作,就好像一点污迹会使第一流的钟表反而不如普通表一样。但,因为通常见到的这些人才智弱而疾患少,我敢肯定偶然事故所导致的痴呆,比例不会大。

所以我们就得到了这个既不容置疑,却又不是始料所及的结论,杰出的天才人物高高凌驾于凡人之上的程度,就好像痴呆者匍匐其下的程度,这样的事实可以大大拓展人与人之间智能性天资有巨大差异的观念。

我甚至设想:F类的狗,以及其他更加聪明的动物,在记忆与推理能力方面,大致与人类中的f类相当。至于这些动物中的G类就肯定大大优越于人中的g类。

表 5　根据人的天赋才能进行分类

		在联合王国的男性总人口，假设为1500万，在下列年龄组里各有：						
		20—30	30—40	40—50	50—60	60—70	70—80	
低于平均	高于平均							
a	A	256,791	495,000	391,000	268,000	171,000	77,000	
b	B	161,279	312,000	246,000	168,000	107,000	48,000	
c	C	63,663	123,000	97,000	66,000	42,000	19,000	
d	D	15,696	30,300	23,900	16,400	11,400	4,700	
e	E	2,423	4,700	3,700	2,520	1,600	729	
f	F	233	450	355	243	155	70	
g	G	14	27	21	15	9	4	
x	X	1	2	2	2	—	—	
所有低于 g 的等级	所有高于 G 的等级	500,000	964,000	761,000	521,000	332,000	149,000	
在平均值的无论哪一侧两侧总数 ……		1,000,000	1,928,000	1,522,000	1,042,000	664,000	298,000	
		2,536,000						

表的说明：表中各年龄组的比例是按照苏格兰与威尔士的真实比例计算的（1861年的人口普查结果，见本书第107页附录）。意思是说在百万人中这样的人有233人。f类的情况也是一样，F类（f类也一样）的人20—30岁的有590个，30—40岁有450个，等等。

例如F类是每4300人中有一个，意思是说在百万人中这样的人有233人。

143

青年期的心理与教育[①]

斯坦利·霍尔

作者简介

斯坦利·霍尔(Granville Stanley Hall,1844—1924),美国心理学家、教育家,美国第一位心理学哲学博士,是美国心理学会的创立者,发展心理学的创始人,将精神分析引入到新大陆的第一人,也是冯特的第一个美国弟子。1844年出生于美国马萨诸塞州艾士非(Ashfield)的乡村。1863年,他进入威廉学院,学习多门学科,其中包括对他影响极深的进化论。1878年在哈佛大学获得美国历史上授予心理学界的第一个学位——心理学哲学博士学位。随后赴德深造,学习生理学,并师从冯特专攻心理学。1880年回到美国。1915年当选为国家科学院院士,1924年当选为美国心理学会主席。1924年病逝于美国马萨诸塞州渥斯特(Worcester)。

选文简介、点评

霍尔是美国心理学会的创立者,美国发展心理学的创始人,教育心理学的先驱。霍尔最重要和最有影响的著作是1904年出版的两卷本巨著《青少年:它的心理学及其与生理学、人类学、社会学、性、犯罪、宗教和教育的关系》。这部大约1300页的著作不仅是包罗了有用资料的百科全书,而且对霍尔关于发展的学说作了最完整的说明。中译本《青年期的心理与教育》是《青少年:它的心理学及其与生理学、人类学、社会学、性、犯罪、宗教和教育的关系》一书的缩写本。《青年期的心理与教育》除了在方法上广泛运用问卷法以外,在理论上把当时生物学上的复演学说运用来解释儿童心理发展。由于深受达尔文进化论的影响,霍尔在此书中提出了他的复演论(recapitulation theory)来说明个体心理发展。霍尔提出应该把个体心理的发展看做是一系列或多或少复演种系进化历史的理论。如果人类的胚胎发展是动物进化过程的复演,那么,出生后个体的心理发展则复演了人类进化的过程。从复演的阶段看,8~12岁的儿童期,其知觉力敏锐,而道德、宗教心、同情、爱情及美感则十分幼稚,复演了人类远古的特征;少年期知觉敏捷,记忆力强,道德观念迅速发展,复演了中世纪人类的特

---

① [美]斯坦利·霍尔.青年期的心理与教育[M].李浩吾,译.上海:世界书局,1929.(原著:Granvill Stanley Hall. *Youth*:*Its education, regimen, and hygiene*. Appleton and Co., 1920)

征;青年期人性趋于完善,发展突飞猛进,复演了近代风云变幻的人类特征。霍尔认为,人类的活动方面也表现了复演规律,比如儿童的追逐活动是狩猎本能的复演,少年期打猎、捕鱼、偷窃、游泳、划船、争斗和爱好动物等游戏是祖先野外生活的复演。因此,儿童心理发展上的性质、特点是在人类进化历史过程中以固定形态而存在的。纵观霍尔的观点,我们不难发现,他强调的是个体的生物因素通过遗传决定性地控制和引导着个体的发展与成长,而环境的作用非常小。个体成熟以后,其行为将不可避免地随着遗传物质记载的方式而改变,而且这种发展与成长的模式在不同的文化背景以及各种环境中都是基本一致的。

从复演论思想出发,霍尔主张儿童教育应考虑到个体心理发展复演种系进化的特点。对于儿童多少带有一些野蛮的本能,应在一定范围里容其自由表现,甚至可以采用各种有效的方法,满足他们对于野蛮性行为的热望。霍尔的复演说试图揭示出个体发展史和种系发展史之间存在的联系。这一学说一直引起心理学界很大的争论。但总体看来,霍尔的心理进化理论在新的心理学研究成果的基础上,与卢梭"自然教育"的一些观点不谋而合,即对儿童的教育应顺应自然,防止儿童早熟的最好方法是让其接触自然,采用非正规的教学形式,帮助儿童自然发展。霍尔的学说也为当时欧美教育革新运动提供了理论依据,对20世纪美国的进步主义教育运动产生了广泛深刻的影响。

选文正文

第一章 少年期(先青年期)

约自8岁至12岁的这几年间,是人间生涯中独特无伦的时代。这时候,齿的旺生时期正在过去,脑髓之大与重量,始与大人相等,健康差不多是在最良好的状态,活动要比在前的或在后的任何时期都要旺盛而且复杂,更具有特别的忍耐力、活气及抵抗疲劳之力。儿童自于家庭的范围以外,发展自己的生命。要像这时候般的不受大人的影响而一任自然的嗜好以生活之时期是再也没有的了。知觉力非常锐敏,对于危险及诱惑之感受性极少。而理性、真的道德心、宗教心、同情、爱情及美的享乐等,都是十分幼稚的。

从各方面来看,这个时期正可代表人类远古祖先的成熟期——人类之有此种成熟期的时代,是非常长久、非常迟滞的。即和当初我们年轻的祖先(大概身体是很小的)要脱离两亲以趋于独立的状态有些相似。从人类进化的历史来说,在少年期所发达的遗传的性质,要比后才发达的心身上的遗传的特质古老得多,后者恰如以前者为基础的新的上层建筑物,因之前者实比后者为更稳定、更强固。自然,在少年期所构成的人格之要素还是稀少的,但是这些要素却好好地组成在简单而有效的素地上。凡由我们远祖遗传的此等特质,寓有伟大的动力。我们常可把此等特质和后来发现的遗传的特质显然区别开来。所以在一种新的意义上，儿童乃是成人之父。即因儿童所有的性质，在人类进化的历史上是非常古旧的，远在更显著的人类属性出现以前，即具固定的形态已存在了。当儿童6岁前后，即呈现两三点远古时代的特质之微光。这事却使我们可以推知：好像在健康犹未稳定的幼儿期中，他已表现了远古时代的青春期的特征。我更有理由可以做这样的结论：不管性的机能如何有力，但因他的成熟期非常不定，竟可和其他许多在平常有密切关系的各性质不相关联，所在古代虽是作为性的成熟之结果以表现的，今则大都在个人生活上，反先于性的成熟以表现。

卢梭主张儿童在12岁以前，可以完全放任，但凭遗传的冲动，让野蛮性赤裸裸地发挥无遗。在生物学的心理学上也有许多有力的理由，可以确认这种见解，只要能予以适当的环境。儿童对于野蛮的事是异常爱好的。所以倘若容许他们在山野中掠夺、渔猎、争斗、遨游、嬉戏，尽量地逞其种种本能，又让他们生活于在今日社会中到底像是无望的境遇之下，那么他们恐怕可以被造就为比现在第一流学校所能培植的更富人间性更要大度一点的人。像今日的情形，精神的根本器官受着压迫、错乱或者妨害，到了日后，自将发生恐怖的结果。但若反之，把他们放在上述的境地，那么时期一到，此等根本器官自要充分发达，并依从亚里士多德的所谓"清净"之原则，精神渐被洁净，至成长之后，可不再染有野蛮的性质。而对于这个"清净"一词，我要比亚里士多德在他那个时代所能见到的有较广大的意义。

这些天生的多少带着野蛮性的本能，在相当范围之内，自可以让其自由活动，而且也有其必要。原来，这种种原始的经验与行动是人类的祖先迫于"生存的"必要所习得者，所以各个少年对于这些的热望，不当轻轻看过；而当用种种方法，如从文学、历史及传说中，将古昔英雄的单纯的道德的事迹讲给他们听，至少也应有几分可以满足。这样做，又加上儿童的活泼的想象力，他就得仿佛在眼前见到过去的光景似的，而使内在的各种倾向随着年龄得以发展，既自然而又充分。此等本能，比起远祖的盛大丰富的生活来，虽只不过止于反响；但唯此等反响，正是防止到处遍在的所谓早熟这种危险的唯一守护神之微语。所以，充分地活动儿童的本能，不唯得免损失之危险，还可利用高等遗传之结果以增进精神之发达。此等高等遗传之结果，实是地球上最贵重又最有力的东西。既在我们的犹如温室的都会生活中，什么事情都有早熟的倾向，因之对于都会的儿童必须教以自然。唯在教自然时，却不可采用更远离自然生活的方法，而应当不断地鼓励儿童们到田野、森林、丘陵、海滨，或者有水流、有花开、有鸟兽居的处所去游玩。这些处所，原是野性未驯服时期的儿童们的本家，只可惜现在的社会并不会向他们供给这类场所。静坐读书是不适合少年脾胃的，因为他们的身心都渴望更活泼的具体的生活，又要求能直接地观察自然与人间。因之，当此时期，或在家庭，或在外界，用这些极自然的（非正式的）方法，供给儿童们以故事与自然的两种资料,实为教育的本义。

然而在现在,文明非常复杂,我们不得不学习种种的知识与技艺;这件事情又要强使儿童远离自然。儿童1—8岁,便被送到光线不足、通气不良、温度不适的小学校里。其后必须隔绝自然,做个"读书人"。又要坐在不合卫生的板凳上,只许运用舌头和手指的小筋肉,而让其他几乎占体重之半的大筋肉归于衰废。他更须屈从于严密的训练,过和大人一样的规律的生活;问其理由,则说儿童不只是自然的产物,还是要发达而成为高等人类的候补者。在儿童一方面,对于大部分此种影响,从开始就不发生什么内心的反应。因为如洞察力、理解力、兴味、情操等等,今不过仅仅萌芽,而大部分应属于成熟的成年时代的,尚未发达。故从教师方面认为最聪慧的要求,在儿童方面看来,只是多少外铄的、专横的、他律的、假装的场面。因此,儿童即有服从命令的事情,大都也并不是真心服从,而是被强制服从,有时且不免积极地抵抗,顽强地敌对。

然而,少年的感觉是敏锐的、活泼的,对于刺激的反应是强固的、敏捷的,记忆是迅速、确实而又持久的,关于空间、时间及物理的因果律之观念,与关于道德上社会上正当不正当之观念,也在急速地发展。像这个时期那样适于接受训练陶冶,适于构成习惯,适于顺应新境遇的时代是再也不会有的。这正是适于外部的机械训练之时代。读书、写字、绘画、手工、外国语及其发音、算术、几何以及各种技巧之进步,皆以此时为他们的黄金时代。设若不于此时发达这些能力,后来即想发达,也恐事倍功半。为训练这些能力,从身体的健康上,或感官、智力、道德心上来看,或许有点不便。因之,做教师的应该讲究教授的技术,要不失时机,而又深刻、迅速、尽可能地减少儿童的劳苦,尽可能地减少说明与人为的方法,却要诱起自然的趣味,使能"视药物为果点"。这与其说是正当意义的教授,毋宁说是练习、谆嘱与组织。其方法应该是机械的、反复的、权威的、独断的。少年的自动能力的旺盛,现正达于顶点,他们能比今日在腐朽状态的教育学所知道或梦想的做得更多些,更容易些。在这点上,我们可以从中世纪的甚至古代的教育者获得一点教训。即当教授这些根本上是形式的,在儿童看来又是乏味的学科时,只能采用古人所试行的办法,即缩短授业时间,尽力予以深刻的印象。只取强制的或奖励的态度,而不要一任儿童的兴味与理性,或不待教师的督促也会独自用功。这些方法和上段所述更多含教育意味的要素,是显然各有区别的。即上述的教育的要素,能适于儿童的本性,为儿童所极喜欢,兴味可多,内容又丰富,加以一日的时间表、方法、精神以及周遭的事情,教师的人格,都有比较地可以通融的便利。这两种要素之不同,在一年的某节季上,差不多有如工作与游戏之差别,更有如严厉成性的将军与亲切有味的妇人之差别。

青年期是新生命之开始,因从这时候起,有更高等更完全的人性产生出来。

这时期所开始表现的心身之特质，在进化的历史上是比较更新颖的。儿童反映远古的时代，青年则遗传比较新的祖先之特质，从而在青年身上，那些后获得的人类的经验渐占势力。这时期的发达是急剧的、突飞的，暗示我们从人类祖先进至某个进化阶段时的风云时代。身长、体重与筋力之年年增加率，都非常加速，有时为从前的两倍，甚或更多。新的重要机能，现在也表现出来了。身体各部分及各器官生长之比例，也与从前不同，某部分是永久生长，而某部分仅为一时生长。有的到老年期依然生长，而有的不久即行萎缩。从前所用关于身体各部分容积之度量，今已废止。以前所见到的调和，今已破坏。在身体上或精神上之个性的差异，如今益形显著。有发达极迟或极慢，常保儿童状态的生活者；有骤然突进，早早成熟者。骨与筋肉为青年身体诸器官中之最占优势者，但它们好像在互相竞争：骨胜则身体软弱，筋肉胜则身体紧张。自然为帮助青年将来得过奋斗的生活，特赋予以所有的能力——敏捷的行动与肩、腕、背、脚、颚等之力，又强大头盖、胸部、臀部等，并使男子备有适于进攻的体格，使女子具有适于为母的结构。

我们怎样思维[①]

约翰·杜威

作者简介

约翰·杜威(John Dewey,1859—1952),美国哲学家和教育家。杜威出生于美国佛蒙特州的一个普通家庭。1879年毕业于佛蒙特大学,1884年获约翰·霍普金斯大学哲学博士学位。1884—1888、1890—1894年在美国密西根大学,1889年在明尼苏达大学教授哲学。1896年他创立一所实验中学作为他教育理论的实验基地,后因归并问题离去。1894—1904年在芝加哥大学任哲学系、心理学系和教育系主任,1902—1904年还兼任该校教育学院院长。1904—1930年,他在纽约哥伦比亚大学哲学系兼任教授教职。还担任过美国心理学联合会、美国哲学协会、美国大学教授联合会主席。1919年,他曾经先后在北京、南京、杭州、上海、广州等地讲学,他还去了苏联、土耳其、南非及墨西哥等地。1952年因肺炎逝世。

选文简介、点评

杜威是20世纪美国学术界的泰斗。他依据生物演化论与实验科学程序,建构了一套异于传统的知识论,突显知识的工具性与实践性,特别重视知识与行动的关系,强调知对行有指导功能,行对知有检测与修正作用。其教育理论强调个人的发展、对外界事物的理解以及通过实验获得知识,对美国乃至世界其他国家和地区的教育事业都产生了深远的影响。

《我们怎样思维》是杜威1910年的作品,这本教育专著距今已跨越了一个世纪。该书是针对当时美国教育在培养学生思维方面存在的问题而作。

"我们怎样思维"以及"我们怎样发展我们的思维"一直是教育学所关心的问题。19世纪末20世纪初,杜威在批评赫尔巴特学派为代表的"传统教育"基础上构建其"现代教育"体系,进一步将科学的思维概括为"暗示—问题—假设—推理—用行动检验假设"等"五步思维"。具体来说,"五步思维"把思维过程分成了五个步骤:一是疑难的情境;二是确定疑难的所在;三是提出解决疑难的各种假设;四是对这些假设进行推断;五是验证或修改假设。由"五步思维"

---

① [美]约翰·杜威.我们怎样思维·经验与教育[M].姜文闵,译.北京:人民教育出版社,1991.(原著 *How We Think* 出版于1910年,由 D.C.希斯出版公司出版)

出发,杜威认为,教学过程也相应地分成五个步骤:一是教师给儿童提供一个与现在的社会生活经验相联系的情境;二是使儿童有准备地去应付在情境中产生的问题;三是使儿童产生对解决问题的思考和假设;四是儿童自己对解决问题的假设加以整理和排列;五是儿童通过应用来检验这些假设。杜威的"五步思维"在教育史上具有经典的意义,为后来的教育研究者作为"五步教学"或"问题解决教学法"的五个步骤广泛引用。

杜威在书中还着重论述了反省思维与教学的关系,他指出:"实际上,科学的思维态度同儿童和青年的学习并非不相关联;儿童天赋具有的、未曾受到损坏的态度,具有热烈的好奇心,丰富的想象力,喜好实验性的探索等特点,这些特点同科学的思维态度是十分相近的。"杜威认为,持久地改进教学方法和学习方法的唯一直接途径,在于把注意集中在要求思维、促进思维和检验思维的种种条件上。思维是有教育意义的经验的方法,因此教学法的要素和思维的要素是相同的,即:"第一,学生要有一个真实的经验的情境——要有一个对活动本身感兴趣的连续的活动;第二,在这个情境内部产生一个真实的问题作为思维的刺激物;第三,他要占有知识资料,从事必要的观察,对付这个问题;第四,他必须负责一步一步地展开他所想出的解决问题的方法;第五,他要有机会通过应用来检验他的想法,使这些想法意义明确,并且让他自己去发现它们是否有效。"

作为杜威最重要的代表作之一,《我们怎样思维》一书较为深刻地反映了杜威的实用主义教育思想,对于了解和研究杜威的教育思想具有重要意义。书中的很多分析和建议,时至今日仍具有很强的现实意义和借鉴价值。

选文正文

第五章 反省思维的过程和结果:心理过程和逻辑形式

一、形式的思维和实际的思维

1. 教科书中的逻辑

当你阅读有关逻辑学的读物时,你在读物中可以找到特殊、普遍、外延、内涵等等一类的名词;可以找到肯定的、否定的、全称的、特称的等等一类的命题;可以找到在三段论式中的一些论证。三段论式中的一个人们熟悉的命题是:所有的人都是要死的;苏格拉底是一个人;所以,苏格拉底是要死的。形式推论的一个特点是,可以把特殊的、专门的事物排除掉,在空缺的地方添进任何实质性的事物。这样,就可提出一个三段论的形式,即所有的 M(在上例中 M 就是人)是 P;所有的 S 是 M;所以,所有的 S 是 P。在这个公式中,S 代表结论的主语,P 是谓语,M 是中名词。中名词出现在两个前提内,中名词把 S 和 P 联结在一起,若没有中名词,S 和 P 在逻辑上就不能联结。故中名词成为"S 是 P"这个断语的基础和理由。在不能成立的推论中,中名词不能把结论中的主语和谓语紧密地、完全地连接在一起。在三段论式中,无论是肯定的或是否定的,都可以提出许多规则,使之含有暗示结论的前提,而排除不正确的形式。

2. 实际思维与形式逻辑的区别

在任何人的头脑中,形式推理和实际思维这二者都有重要的区别。(1)形式逻辑的论题纯粹是一般性的,很像是数学里的公式。这些形式是独立的,同思想者的态度无关,它也不决定于思想者的愿望和意图。另一方面,如我们已经指出的,任何人的思维都依据他们的习惯来进行。如果思维者具有细心、透彻等态度,那么,他的思维便是好的;如果思维者轻率鲁莽、没有观察能力、懒惰、感情用事、以个人利益为标准等等,那么,他的思维便是糟糕的。(2)逻辑的形式是恒常的、不变的,不论人们在逻辑形式中加进什么论题,逻辑形式本身依然如此。如同"2+2=4"一样,不论数字代表什么事物,这个公式本身仍然没有任何的变化。实际思维是一个过程,它时刻发生,它时刻进行。总之,只要人们在思维着,那么它就处于不断变化的过程之中。它的每一个步骤都涉及论题。就其实质内容而言,一部分是所遇到的障碍使人产生疑难和困惑的问题;另一部分是指出理智地解决困难的途径。(3)逻辑的形式是统一的,它适用于任何一个论题,而不必考虑论题的实际内容。另一方面,实际的思维则要经常参照某些实际的内容。正如我们已经考察过的,实际思维是从处于思维以外的、其本身尚未确定的情境中产生的。我们可以比较一下,形式逻辑和实际思维的不同:在形式的三段论式中,苏格拉底是必定要死的;而在苏格拉底受审判时,他的弟子们的心理状态却是期望苏格拉底能继续活着。

3. 作为逻辑的形式或结果的思维与作为心理过程的思维

从以上的比较得知,可以用两种不同的观点去考察思维。本章的标题已指明了这两种观点。我们把它们称为结果和过程——逻辑的形式及存在,或是心理过程。也可以把它们称为历史的或超时间的。形式是长久的;思维是有时间性的。显然,教育上最主要的是要考虑人类个体所实际产生的思维。教育的任务是培养适合于有效思维的态度,并且选择和安排教材,以及为了促成有效的思维态度,配合教材选择和安排一些活动。

然而,不能因为教育上主要是关心具体的思维,就说形式的推论完全没有教育价值。只要安排得当,形式的推论也有其价值。所谓安排得当是指"结果"而言。它把实际思维的结构排列成一些形式,用来检验实际思维的价值。打个比方,设想一下,一张地图是经过探险和测量而制成的,是探险和测量的产物,而测量和探险则是过程。地图是结果,地图制成之后就能使用,而不必去考虑制造地图时所经历的旅行和探险活动,尽管如果没有旅行和探险活动,地图就不会存在。当你查看一张美国地图时,只是为了使用它,而不必考虑哥伦布①、

---

① 哥伦布(Christopher Columbus,1446—1506),据说他于1492年发现北美洲。

钱普莱恩①、路易斯②和克拉克③,以及另外数以千计的人们,尽管在地图中体现着这些人付出的种种艰辛和努力。

现在,这张地图就在你面前。我们可以恰当地称它为形式,任何人都可以使用它,到各地去做特殊的旅行。并且,如果一个旅行的人知道如何利用地图,地图就能供他使用,检查旅行者所处的位置,指引旅行者的行动。但是,地图并不能告诉旅游者走向何处去,只有旅行者的愿望和计划才能决定他的旅行目的,就如同旅行者自己的早先的愿望和计划决定了他现在所到的地方,以及他现在要从哪里出发一样。

4. 实际思维不采用逻辑的形式,但思维的结果用逻辑思维来表述

逻辑学读物中提供给人们的逻辑形式,其本身并不能告诉我们如何思维,甚至也不能告诉我们应当怎样思维。没有任何人按照三段论法的形式去得到苏格拉底或任何别的人是会死亡的这种观念。然而,一个人搜集并揭示他们取得的种种证据,得出了人都会死亡的这种结论,而又想向别人阐明他们结论的理由,那么,他就可能采用三段论法的形式;如果他愿意用最简洁的方式说明他的论据,那么他必会用三段论的形式。例如,一位律师事先就知道他要去证明什么事项,他的头脑中已经形成了一个结论,他希望向别人说明他的结论,使别人信服,那么,这位律师很可能把他的种种理由按三段论的形式组织起来。

简而言之,这些形式不是用于获得结论,不是用于取得信念和知识,而是用这些形式作为最有效的方式来说明已经推断出来的结论,同样,也用这些形式来说服别人去相信结论的正确性(如果一个人愿意回想一下自己结论的理由是否充分,也可以用这些形式)。在获取实际结论的思维中,人们进行种种观察,以至离开本题,引出错误的线索,作出没有成效的暗示,从事多余的活动。正是因为你并不知道你所面临问题的答案,所以,你必须向前探索,至少是在微暗不明的情况下探索。你开头探索的那些方面,后来又放弃了。当你仅是探索真理的时候,你的探索多多少少有一些盲目性,你对真理的探索和已经具有真理,二者之间是有根本区别的。

具有特性的结论获得和采取的逻辑形式,并不能规定我们在疑难和探索的情况下期望获得结论的方式。然而在反省的过程中,却可能出现一些不完全的部分的结论。会有一些暂时的中止点,这个终止点便是以前思维的终点,也是继起的思维的起点。这种结论不是一下子就得出的。在每一个中止点上,要反过头来,看看走过的行程,并且检查一下以前的思维的内容对结论的获得具有多少影响,以及是怎样发生影响的。这样,前提和结论就同时确立了彼此的关

---

① 钱普莱恩(Champlain,1567—1635),法国探险家,发现了魁北克。
② 路易斯(Meriwether Lewis,1774—1809),美国探险家。
③ 克拉克(William Clark,1770—1838),美国探险家,路易斯的同伴。

系,并可用公式把这种关系表示出来。这样的公式就是逻辑形式。

5. 实际思维有它自己的逻辑;它是有秩序的、合理的和反省的

反省探究的过程和反省探究的结果二者之间的区别,并不是固定的和绝对的。我们把过程称为"心理的",把结果成为"逻辑的",并不意味着只有最后的结果才是逻辑的,或者那些及时地参与一系列步骤的和包容个人愿望和目的的活动,不是逻辑的。更确切地说,我们必须区分应用于结果的逻辑的形式和那种可以而且应当属于过程的逻辑的方法。

我们所说的历史的"逻辑",即是说种种事件向着一个最终的顶点,作有次序的运动。我们说,一个人的行动和谈话"合乎逻辑",而另一个人的行动和谈话"不合乎逻辑"。我们并不是说合乎逻辑的人的活动、思维或谈话是遵循三段论式的,而是指他所说的和他所做的是有秩序的,具有连贯性;在他心目中他所采用的手段能够很好地预测到将来获得的结果。在这种场合下,"合乎逻辑"和"合乎道理"是同义词。而那个"不合乎逻辑"的人却是毫无目的地徘徊不定;他不由自主地离开了自己的论题;他漫无目标地左顾右盼;他不仅一下子匆匆做出结论(我们大家在某些方面也必须这么做),而且他不能回过头来考察一下,他匆忙做出的结论是否具有站得住脚的证据。他对自己的所作所为没有自知之明,因而他的一些说法总是矛盾的、前后不一致的。

另一方面,一位思维合乎逻辑的人,他在自己的思维中是细心的,他尽心竭力地把他所凭靠的证据搞清楚,在他取得结论之后,他用证据来检验结论,看其结论是否能站得住脚。总之,把逻辑的应用在思维过程中,就意味着思维的进程是反省的,在这个意义上,可以把反省思维同其他各种思维分辨开来。一个手艺笨拙的人能够制造出一个箱子来,可是,箱子的榫头结合处不能准确地吻合,箱子的各边凹凸不平。而一位有技艺的人制造箱子时,却能节约时间,节省原料,制造出来的成品坚实整洁。对于思维的优劣,也可以这样地去辨别。

我们说,一个人是有思维的,我们不能指他单纯地沉溺于思维之中而自满自足。真正有思想的人,其思想必定是合乎逻辑的。有思想的人细心而不轻率,他们四处查看,谨慎周到,而不盲目地乱碰。他们审时、度势、深思熟虑——这些词的含义是细心地比较和权衡种种证据和假设,对证据和假设作出估价,以便下决心在解决问题时依据这些证据和假设的威力和重要作用。再则,有思想的人考察各事实,他仔细察看、审查和作出检验,换句话说,他不是依据表面的价值,而是深入探讨,看一看他们所观察的事物究竟是什么。"脱脂牛奶冒充奶油";真菌看起来像是可食用的蘑菇,其实那是有毒的;黄铁矿石似乎像黄金,但是,它仅仅是黄铁矿石。我们只有在相当少的场合下,才能毫无疑问地接受所谓"感受的证据"。太阳并不是绕着地球转;月亮看来有圆有缺,而实际上它的形状并没有发生变化,如此等等。一个合乎逻辑的人必须检查他所观察到的事实是否可靠。最后,有思想的人"根据情况进行推论"(put two and two together)。他要进行评定、推测和计算。"理性"(reason)这个词从词源学上讲,是同"比例"(ratio)相联结的。在这里,其潜在的含义是关系的准确性。所有的反省思维都是发现种种关系的过程;它表明,良好的思维并非满足于发现"随便什么关系"(any old kind of relation),而是寻找出情境所许可的准确规定的关系。

6. 总结

因此,我们使用"心理的"这个词,不是要把它同"逻辑的"对立起来。只要实际的思维过程真正是反省的,那么,它就会是灵活的、细密的、彻底的、确实的和准确的,它是一种有秩序的过程。简单地说,这便是逻辑的。当我们使用"逻辑的"这个词时,我们是为了把它同实际思维的过程区别开来,在我们的心目中,对于特殊的思维过程的最终的结果,有一种形式的排列,这种排列概括为基本的结论,并提出结论所依据的准确的理由。模糊的思想,其结果一定是不可捉摸的,我们要证明什么或要达到什么目的,也是含糊不清的。真正的反省活动必然以取得结果而告终。把所得的结果尽可能确定地表述出来,使它变为一种真实的结论。反省的活动也必须对结论所依据的材料作出观察和审视。然后,把这些材料表述出来,作为结论所依据的前提。例如,几何学的推论,总是在最后表述它所证明的结论。如果不是单凭记忆,而是理解了那些理由,那就领会了推论的命题,领会了前面业已证明的事项。

二、教育与形式的关系

1. 学习就是要学会思维

从上可知,就教育的理智方面而言,是同培养反省思维的态度紧密相关的,对已有的反省思维的态度要加以保持,要改变那些比较散漫的思维方法,尽可能地形成严密的思维方法。当然,教育并不只是局限在它的理智的方面,教育还要培养实际有效的态度,加强和发展道德的素质,培育美的鉴赏能力。但是,在所有这些事项中,至少要有一种有意识的目的,亦即要有一个思想的因素。否则,实际的活动便是机械的、因循守旧的,道德也要流为轻率的和独断的,美的欣赏就会成为感情的冲动。下面,我们只限于说明教育的理智方面,即教育在理智方面的任务是形成清醒的、细心的、透彻的思维习惯。

当然,理智的学习包括积累知识和记住知识。但是,如果不理解知识,那么,知识便成了一堆未经消化的负担。只有理解了的东西才称之为知识。所谓理解和领会,意思是指都能够把握已获得的知识的各个部分彼此之间的关系——只有不断地对所学的东西进行反省的思维,才能达到这种结果。字面上的、机械的记忆和老作家们称之为"明智的记忆"之间有着重要的区别。后者使人了解保持知识和回忆知识的各种关系,因而,它能够把知识运用到新的情境中,而字面上的记忆则完全做不到这个地步。

我们所说的"心理的思维",正是这种发生的实在过程。在特殊的场合下,它可能是散乱无序的,或者只是一种幻想。但是,如果总是处于这个状态,那么,这种思维不仅没有用途,就连生命本身也难以维持。如果思维不同实际的情境发生关系,如果不是合乎逻辑地从这些情境进而求得有结果的思想,那么,我们将永远不会搞发明、作计划,或者,永远不会知道如何解决困难和作出判断。我们已经提到,内在的因素和环境的压力引导思维真正地具有逻辑的或反省的性质。

2. 两个教育派别都忽视了思维过程和思维结果之间的联系

实在令人吃惊,两个对立的教育派别都忽视了思维的实际过程和思维的结果之间的内在的、必然的联系。

一派认为,人的思维本来就是不合乎逻辑的过程,而逻辑的形式是从外面强加给思维的。他们认定,只有把知识组织起来,才具有逻辑性,只有吸收合乎逻辑的、现成的教材,才能使思维的作用具有逻辑性。在这种场合下,逻辑的系统表述并非个人思维进程的结果,它是由别人做出并以完成的形式提供出来,而与求得这种形式的过程无关。他们认定通过一些幻术就能把逻辑性传入到学生的头脑中去。

举出一两个例证,把上面申述的意思再明确一下。假定我们讨论的学科是地理,那首先要说明地理的意义,由此将地理同其他学科区别开来。然后,从比较简单的单元到比较复杂的单元,提出科学的、有系统的发展所依据的各种抽象名词——极地、赤道、黄道、地带,一个一个地加以说明并做出定义;然后,再以同样的方式提出更具体的事实——大陆、岛屿、海岸、海角、岬角、地峡、半岛、海洋、湖泊、海滨①、内海、海湾,如此等等。学生在学习这些教材时,不仅获得重要的知识,而且由于接触现成的逻辑定义、概念和分类,也逐渐地获得了逻辑推理的习惯。

这类方法适用于学校中的每一门学科——阅读、书写、音乐、物理、文法、数学等。例如,图画就可以按照这种理论去教,因为所有的图线都是直线和各种曲线的组合,最简单的步骤是首先让学生获得能力,可以画出各种不同位置的直线(水平线、垂直线、各种角的对角线);然后,让学生学习画各种典型的曲线;最后,学习把直线和各种曲线联合起来,做出各种排列,拼成真正的画面。这似乎是理想的"逻辑的"方法,按照这种方法,一开始是分析各种因素,然后,按照有规则的次序进行愈来愈复杂的综合,这样做,每个因素都明确了,因而也能够清楚地理解了。

即使不采取这种极端形式的方法,也难得有少数学校(特别是初级学校的中、高年级)不受过分重视形式的影响,因为学生要得到逻辑的结果,大都需要使用这些形式。人们认为,总有一些按照特定次序安排的特定的步骤,用来明显地表达对一门学科的理解,学生必须能够"分析"这些步骤。那就是说,要学

---

① 在原文里 coast 一词出现了两次。这里,一译为海岸,一译为海滨。——译者注

习待定的机械的叙述的公式。这种方法,在文法和数学中,通常极为盛行,在历史甚至在文学中,这种方法也颇有市场,以简化理智训练为藉口,作纲要、搞图解,以及进行其他的划分、再划分的种种计划。儿童记忆这种人为的、呆板乏味的、成人的逻辑模式,使儿童自己的生动的逻辑思维活动逐渐陷入愚笨、矛盾和没有成效的状态。教育学之所以名声扫地,多半是由于教师们采用了这种被误解的逻辑方法,有许多人认为"教育学"就是一套机械的、有意的手段,用某些铸铁模型似的外部的计划来代替个别人的心理活动。

从这些事例中,可以明显看到,这种教学的计划是把逻辑的同教材的某种形式特征看做是同一的;把逻辑的完全等同于在特殊领域内的专家按照特定的联结的原则所作出的关于教材的规定、提炼、划分和组织。他们把这些教学方法看做是一些技术手段,认为使用这些手段就能把数学、地理、文法、物理、生物或者不论什么学科中的材料加以细心的复制,把它们的相似的性质输入到学生的头脑里边。认为儿童心智的自然的作用是无关紧要的,甚至完全妨碍儿童获得逻辑的能力。因而,在这种学校里便有下列种种口号,如"训练"、"禁止"、"自觉的努力"、"功课的需要",如此等等。从这个观点来看,体现在教育工作中的逻辑的因素是教材,而不是学生的态度和习惯,只有当儿童的学习同外界的教材相符合的时候,他们的心智才能变成合乎逻辑的。为了使儿童的学习同教材相符合,首先就要由教师把教科书或教材分析为种种的逻辑成分;然后,对每一种成分下一个定义;最后,把所有的因素按照逻辑公式或普遍原则,安排成若干组或若干类。这样,学生逐条地学习各种定义,逐步地增加这些定义的内容,造成逻辑的体系,因而,学生本身也就逐渐地受到感染,从没有逻辑性进而也就有了逻辑性。

这种号称"逻辑的"方法造成了不良的后果,不可避免地产生了一种反动。在学习中缺乏兴趣,有着漫不经心和因循拖延的习惯,厌恶智力的运用,单纯依靠纯粹的记忆和机械的陈规旧套,学生对他所学习的东西只有一点点理解。所有这些都表明,关于逻辑定义、划分、分级分等以及逻辑体系等等,在理论上认为能做到的事,在实际上都不能兑现。这种后果的倾向——如同各种逆反行为一样——是走向相反的极端。他们认为,"逻辑"完全是人为的和外加的;教师和学生同样应该摆脱这种"逻辑",并且放手让他们自由地表现他们现有的倾向和爱好。强调依靠自然的倾向和能力,把自然的倾向和能力当做发展的唯一可能的出发点,认为这样做确实是健全的。但是,这种反动是错误的,并且能把人们引入歧途,因为它忽视和否定了在现有的能力和兴趣中存在着真正的理智的因素。

这个派别实际上采纳了同它们对立一派的教育理论的基本前提。这个派别也确信儿童的心智自然而然地厌恶逻辑形式;它们依据的理由是:确信许多人的心智对于教科书中所用的特殊的逻辑形式是难控制而有反抗的倾向。从这个事实出发,它们推断说,逻辑次序与心智的自然作用是不相干的,在教育上没有多大的重要性,至少儿童教育上,其重要性极其微小,教育的主要任务正是在于自由发挥冲动和愿望的作用,而不需要顾及任何确定的理智的生长。因而,这一派的口号是"自由"、"自我表现"、"个性"、"自发性"、"游戏"、"兴趣"、"自我发展",如此等等。在它们强调个人态度和活动时,它们轻视了有组织的教材的作用。它们确信,方法乃是在儿童自然次序的生长中,为了激励和唤起个性中固有的潜在的可能性而采用的各种手段。

3. 两派的基本错误是相同的

这样看来,两派的基本错误是相同的。两派都忽视了并在实际上否定了反省的和真正逻辑活动的倾向是为儿童心智所固有的,这种倾向本身在儿童早期就已经表现出来,他们由外部环境和内部固有的好奇心引出他们的需要。儿童有一种进行推论的天生素质,并且有实验和检验的内在的愿望。在心智的每一个生长阶段中,都有它本身的逻辑。他能提出种种假设,并且用对种种事物和事件的观察来检验他们的假设,从而得出结论,并试图把结论用于行动中,寻找证实结论的依据,或者改正结论,或者抛弃结论。一个婴儿,甚至在他们相当早的时期,都能作出一些推论,从他所观察到的事物中引出一些期望,以他看到的某些事物作为标志或证据,用来解释没有感性观察过的事物。所谓"自由的自我表现"派,未曾注意到在儿童的自发活动中所表现出来的一个重要的事实,即理智的特性。这是突出的具有教育意义的因素。至于同教学有关的其他方面的活动,则应该作为使这个因素有效发挥作用的手段。

任何教师,只要对在正常儿童自然经验中发生作用的思想模式加以细心体察,那么,他就不会把逻辑的和现成的教材组织混为一谈,也不至于为了避免这一错误,而不去注意逻辑的要求。这样的教师不难看出,智力教育的真正的问题在于把自然能力转变为熟练的检验的能力;把或多或少的偶然的好奇心和分散的一时性的暗示转变为灵敏的、谨慎的和彻底的探究。他将会理解到,心理的和逻辑的,并不是彼此对立的(或者说,并不是彼此独立的),这两者是联结的,是同一过程的起始阶段和终结阶段。而且他将会认识到,成人教材的逻辑安排,并不是仅有的一种;这种按照科学原则组织起来的教材,其实并不适合于儿童,只有儿童的心智达到成熟的地步,他才能理解为什么教材的安排采取这种形式,而不是别的形式。只有儿童的心智达到了这种成熟的地步,才能够采用按照科学原则组织起来的教材。

从教材的观点来看,严格的逻辑形式实际上是体现了专家、内行者所取得的结论。传统的教科书上的定义、划分、分类等是把专家们取得的各种结论加以浓缩提炼而写成的。一个人要想获得作出准确的定义、透彻的分类和完整的概括等能力,唯一的办法是根据自己现时的水平,进行灵活而周密的思维。一定要有某种理智的组织,否则就会形成含糊的、混乱的和不连贯的"思维"的习惯。但是这种组织不一定要求符合成年的专家的标准。因为，专家已经有了理智的技能，而未成年者则仍然处于训练理智技能的过程之中。把内行专家的终点作为初学者的起点，这是荒唐可笑、极不合理的。但是，应当训练初学者，要求他们进行周密的考察，具有连贯性，有某种概括能力，形成他自己的结论，并能说明其结论所依据的理由。

4. 总结

总括起来，"逻辑的"思维至少有三个不同的含义。就其广义而言，任何思维都是要获得能被人接受的、令人相信的合乎逻辑的结论，即使在实际的思维过程中有不合逻辑的地方，但最后的结论一定是要符合逻辑的。就其狭窄的意义而言，"逻辑的"思维是指按照特定的人们认可的形式，以意义清楚、明确的术语作为前提，从而得出结论，它的含义是具有严密性。介乎以上两者之间的含义，在教育上是至关紧要的：这是指有系统地注视和控制思维的过程，以便使思维真正是反省的。在这个意义上，"逻辑的"是指观察、暗示和检验的自然与自发过程的规则；这就是说，思维是一种艺术。

三、训练和自由

1. 训练的概念

在前面的讨论中，我们提到两派教育思想有互相对立的标语或口号。一派强调训练；另一派则首先强调自由。然而，从我们的立场来看，每一派自己所奉行的原则，都有错误的含义。如果自然的或"心理的"过程缺乏一切内部的逻辑性，那么，逻辑性便是从外部强加的，而训练则一定是某种消极的东西。这便迫使思维离开适当的途径，进入强制的途径，思维就成为令人厌烦费力的过程，这个过程虽然是痛苦的，但为了或多或少的遥远的未来作准备，这种痛苦的过程又同时是必需的。一般来说，训练同锻炼是一回事；锻炼的含义类似于机械式的捶打，通过不断的捶打，把一种外部的物质打入另一种不同的材料中去；或者，也可以把机械式的常规训练形象地比喻为未经训练过的新兵，接受军人姿态和军人习惯的训练，这些当然完全是从外部获得的。这后一种训练，无论它是否称为"训练"，都不是心智的训练。它的目的和结果都不在于思维的习惯，而在于外部动作模式的一致性。许多教师由于没有研究训练的含义，便错误地认为他们从事的工作是在训练学生的心智，然而，事实上，他造成了学生对学习的厌恶情绪，使学生感到学习不是一种极其快乐的活动，而是一件令人烦闷不快的事。

实在地说，训练是积极的和富有建设性的。它是一种力量，是控制种种手段、为达到目的所必需的力量，也是估价和检验结果的力量。一位画家要接受一定程度的艺术的训练，以便能够控制和有效地运用其艺术中的全部因素——这些因素从外部来讲，有画布、颜色和画笔；从内部来讲，有他的观察力和想象力。实践、练习的意义包含着力量的获得，但是，它们不是采取没有意义的锻炼的方式，而是采取艺术练习的形式。它们是达到所期望结果的活动的一部分，而不是单纯重复一种活动。训练是指一种结果、一种产物、一种成就,而不是来自外部的某种东西。一切真正的教育,其终点必在训练之中,但是,它的过程却在于使心智为其自身的目的而从事的有价值的活动之中。

2. 自由的概念

这个事实能够使我们看到教育理论对立的一派关于自由的概念的错误。训练同锻炼能力是同一的,训练同自由也是同一的。因为自由就是不受外界控制的行动和实践的能力。它意味着要具有独立实践的能力,从别人的强制的束缚下解放出来,而不仅仅是不受外界的阻挠。当把自发性或自然性看成是等同于或多或少的偶然的暂时的冲动,教育者就倾向于提供大量的刺激物,以便可以维持自发的活动。提供各种有兴趣的教材、设备、工具和各类活动,以便使自由的自我表现不至于松弛下来。这种方法忽视了获得真正自由的一些基本的条件。

3. 克服障碍,获得自由

一种冲动的直接的即时的表现,对思维来说,可以铸成不可挽回的错误。只有当冲动在某种程度上受到牵制并且反射到自身时,才能出现反省思维。如果认为一定要从外面强加一些任意的作业以便提供困惑和疑难的因素是引起思维所必需的,这种想法的确是愚蠢的错误。任何深度和广度的充满生机的活动,必然在其尽力自我实现的过程中遇到各种障碍物——这个事实表明,追求人为的、外部的问题完全是多余的。然而,这种在经验发展的内部表现出来的困难,乃是反省探究的自然的刺激物,教育者也应予以爱护,而不能予以轻视。自由并不在于保持一种不断的不受阻碍的外部活动,自由是从个人的反省中,通过克服那些直接妨碍行动和自发性成就的种种困难而获得的。

4. 思维需要从儿童早期得到自然的发展

如果强调心理的和自然的方法,但是看不到在儿童生长的每个时期,好奇心、推论和检验的愿望等是自然倾向的重要组成部分,那么,也不一定能够保证自然的发展。在自然的生长中,每一个活动的连续的阶段都是在无意识地准备着。下一个阶段呈现的种种情境——就如同植物的生长周期一样。这种准备虽然是无意识的,但却是很充分的。人们没有理由可以假定思维是一种特殊的孤立的自然倾向;也不能假定,在适当的时候,单纯地因为各种感官和运动肌的活动在先前已经充分地表现出来,儿童的自然倾向就不可避免地蓬勃发展起来;也不能假定,因为观察、记忆、想象和手工技能,在没有思维的情况下,先前已经有了联系,儿童的自然倾向也会不可避免地蓬勃发展起来。只有当使用感官和肌肉作为观察和活动的向导,并以这种方式作为准备,去达到以后的更高的类型的思维时,思维才能不断地得到运用。

现在,有一种颇为流行的看法,认为儿童几乎完全是没有反省思维的——儿童只是出于感觉、肌肉和记忆的发展时期,一到青春期,思维和理想就突然表现出来了。

然而，青春期也并不是不可思议的。毫无疑问，青春期必然要扩大儿童时代的思想范围，对较大的事件和问题具有敏感性，对自然和社会生活具有更丰富的、更概括的观点。这种发展提供了一个机会，使得思维同先前达到的水平相比，是更为广泛的和抽象的。但是，思维本身在任何时期都是一样，思维是追踪并检查从生活事件和事实的暗示中得到的结论。一个婴儿丢失了他玩耍的皮球，开始预想某种还未存在的可能性——找到皮球，并且开始预想实现这种可能性的步骤，通过实验，用他的想法去指导行动。因而，也在行动中检验他的想法，一旦儿童有了以上种种表现时，思维就开始活动了。只有充分利用儿童经验中已经具有的生动的思维的因素，才能指望并确保青春期或者任何更后期的优良的反省思维能力，顺理成章地得到发展。

5. 心理习惯总要形成，不论其是好是坏

在任何情况下，确定的习惯总会形成：如果不是形成细心考察事物的习惯，不是形成使观念前后相继发生的连贯的习惯，就是形成偶然的像蝗虫乱蹦乱跳似的胡猜乱想的习惯；如果不是经过检查证据、检验推论而后再下判断的习惯，就是忽而轻信、忽而轻疑的习惯。无论在哪种情况下，其相信或不相信都是凭靠一时忽起的念头、情绪或偶然的情境。要想获得细心、周到、彻底和连续的品质（这些品质是"逻辑的"因素），我们已经讨论过，唯一的办法是从一开头就训练这些品质，并且设想使种种情境有利于这些品质的训练。

6. 真正的自由是理智的

简而言之，真正的自由是理智的；它依靠训练有素的思维能力，依靠研究事物的"叩其两端"（turn things over）的能力和深思熟虑对待事物的能力。要有能力去判断，手边的哪些证据对于作出决定是需要的，如果没有证据，要能说出在哪里以及怎么样才能找到这类证据。如果一个人的行动不受认真考虑过的结论的指导，那么，他们就要被粗心的冲动、不稳定的欲望、反复无常的任性和一时的情境所指导。培养不受阻挠的、粗心大意的表面化的活动能力，就是鼓励奴隶般的盲从，它将使人完全受欲望、感觉和环境的支配。

童年与社会[①]

埃里克·H. 埃里克森

作者简介

埃里克·H. 埃里克森(Erik Homburger Erikson, 1902—1994年),德裔美国神经病学家,著名的发展心理学家和精神分析学家。1902年6月15日生于德国的法兰克福,1933年移居美国。1933—1939年,他作为一名儿童精神分析医生在美国波士顿开业,并在哈佛、耶鲁等医学院任职,研究自我发展问题。1939—1944年,他参加了伯克利加利福尼亚大学儿童福利研究所的纵向儿童指导研究,1960年被任命为哈佛大学心理学教授,1970年退休。他最重要的理论贡献是人格发展阶段论。

选文简介、点评

埃里克森是美国当代著名精神分析学家,是精神分析与人类发展学科的领袖人物之一。他一方面吸取了弗洛伊德精神分析学说的营养,另一方面又有自己独到的见解。

《童年与社会》是埃里克森的第一部精神分析著作,是一部研究人类儿童与社会关系的佳作,也是一部体现其人格发展理论思想的重要学术专著,全面而系统地阐述了埃里克森的发展心理学。弗洛伊德的经典精神分析认为,人是一个复杂的能量系统,该系统的能量源泉均来自于本能;埃里克森则更强调社会、文化、家庭对于一个人的人格形成与发展的影响。他认为,一个人无论在什么时候,他既是一个有机体,又是一个社会成员,人格的健全发展与其生理、心理和社会环境等诸多因素有关。

埃里克森在《童年与社会》一书中提出了"人生的八个阶段"以及每个阶段的发展任务,建立了自己的心理社会发展论。埃里克森认为,人的一生可以分为既是连续的又是不同的八个阶段,前四个阶段是在婴幼儿和童年时期出现的,第五个阶段表现在青春期,后三个阶段是从成年到老年的心理发展。每一阶段都有其特定的发展任务,如果外在环境有利于个体顺利实现这一发展任

[①] 车文博. 弗洛伊德主义原著选辑(下卷)[M]. 沈阳:辽宁人民出版社,1989. (原著 *Childhood and Society* 最初发表于1950年,1963年再版,此处选用的中译本根据美国纽约 W. W. Norton&CO., Inc. 的1963年版本译出,由蒋一斌译,杨韶刚校)

务,则人格就会健康发展;反之,如果外在环境妨碍了个体实现这一发展任务,个体就会出现发展"危机",形成不良人格,并妨碍后来各时期人格的健康发展。

本书选取了"人生的八个阶段"这一章节,并根据《童年与社会》一书中所涉及的学前儿童的年龄段,重点截取了前四个阶段的内容。从这些部分可以看到,埃里克森继承和扩展了弗洛伊德的儿童发展理论,创建了有关人的生命周期的八个心理社会发展阶段渐成说。这是一个发展的理论,不仅与弗洛伊德的驱力渐成说相联系,还试图给弗洛伊德的各心理性欲阶段赋予更大的普遍性意义。该理论的提出是埃里克森对心理学的重大贡献之一。

值得一提的是,《童年与社会》的论述方法完全不同于一般的学术专著。表面看来,它似乎没有严谨的结构、缜密的逻辑和层层深入的论述。作者仿佛在同一位朋友闲聊一样,侃侃而谈,以不紧不慢的节奏和散文式的任意风格,让读者在领略作者深奥的学术思想的同时,也获得了丰富的知识。美国学者玛格丽特·米德(Margaret Mead)誉之为"一部罕见的作品,是欧、美人类科学思想的生动结合"。《科学》杂志称它"富于想象力的临床实例描述,严谨的思想,绅士般的幽默与深刻的人性哲理的独特结合"。

选文正文

第三部分

第七章 人生的八个阶段

1. 基本信任与基本不信任

婴儿对社会信任的最初表现是他吃奶时的愉快、睡觉时的深沉和排便后的轻松。日益增加的接受能力和母亲喂养方式的彼此规律性的经验,逐渐帮助他消除了由于出生带来的体内不平衡而引起的不舒服感。在逐渐增多的觉醒时间里,他发现越来越多的感觉接触产生了一种亲近感,这种亲近感与体内舒服感一致。像便秘引起的不舒服感一样,舒适的方式以及与这些方式相联系的人变得同样熟悉了。这时,婴儿的第一个社会成就就是母亲不在身边时,也不会过分焦急和狂怒,而是乐于如此,因为他已经变成了一个既有内部确定性也有外部可预知性的现实个体。经验如此的一致、连续和同一,会提供一种基本的自我同一感;我认为,这种自我同一感建立在对内部记忆过的、预期感受和想象过的总量的承认之上,而这些却紧紧与外部熟悉的、可预知的事与人的总量有关。

我们这里所谓的信任与赛瑞斯·伯耐蒂克(Cyrus Bernadette)所说的"信赖"是一致的。如果说我喜欢"信任"这个词的话,那是因为它含有更多的朴素品质和更多的亲密关系。但是如果说一个婴儿有信任感,那与我所说的信任就差得太远了。更深一步讲,一般的信任状态不仅包含一个人已经学会了依赖外部供给者的相同性和连续性,而且包含一个人可以相信自己和自己的器官有应激的能力；也包括一个人认为自己是完全可以信赖的，不需要供给者时时戒备，以免他们受挫。

当出牙引起内部疼痛，当外部亲友或者毫无办法，或者撤去他吃手指的手时（因为吃手指可以减少痛苦），内外关系的不断尝试和体验，在吃手指阶段的愤怒期间受到了决定性的试验。并不是出牙本身好像引起了所有不良的后果。反而正如前边概要所讲的，这促使儿童"领悟得"更多，但是他有这样一种倾向，即发现所渴望的客观存在物是难以理解的，如奶头、乳房和母亲的注意中心以及关怀等。长牙似乎有典型的意义，也许最像色情受虐癖者倾向的样子，这种倾向即：一个人在任何时候不能挽回重大损失时，他就通过承受伤害而使残忍变成舒适。

在精神病理学中，基本信任的缺乏可以在早期精神分裂症中得到最好的研究；在成人人格中形成这种不信任的终生潜在的缺陷，是显而易见的，这些人倒退成为精神分裂症患者或处在压抑状态是习以为常的。对这些病例的治疗已经发现，最基本的需要会重建一种信任状态。因为无论什么条件可能导致精神病的突发，许多病重的人在行为上的稀奇古怪和衰败倒退，却都隐藏着一种期望，他们期望通过对感觉和自然现实，言语与社会意义之间界限的测验，而重新发现社会间的彼此关系。

精神分析心理学假设内外部的早期分化过程来源于排出与摄入；排出与摄入把我们最强烈、最危险的一些防御机制保留下来。在摄入中，我们进行感觉和活动，外部的一切好像变成了内部的确定性。在排出中，我们体验到内部的损伤好像变成了外部的损伤，即我们把实际存在于我们身上的罪恶施加于有影响的人。当婴儿倾向于把疼痛内部化和愉快外部化时，这种目的必然产生成熟感的证据和推理的最终结果，我们假定婴儿无论在干什么中都建立了摄入与排出这两种机制。一般地说，这些机制是在对成人的爱、信任和依赖的严重危机中得以恢复的，并且能使一群"成熟的"个体对自己的对手和敌人采取典型的无理态度。

牢固确立解决现实存在的基本信任与基本不信任的主要冲突的持久模式，是自我的首要任务，并且首先是一种需要母亲关怀的任务。在这里与其说来自婴儿早期经验的信任依赖于对食物要求的绝对数量或爱的表示，倒不如说它依赖于与母亲关系的性质。母亲通过对孩子的精心照料，就在孩子身上建立了一种信任感，这种照料的性质把孩子个体需要的关怀和他对文化方式的坚定信赖感结合起来，这种信赖感存在于他们的文化生活结构的信任框架之内。这就在孩子同一性感觉中形成了一个基础，这种同一感在后来将把认为自己"正确"的感觉和别人认为他将成为什么样的人结合起来。因此如果挫折导致了更多的不断更新的同一性和更强烈的发展连续性的经验，或者挫折旨在把个人生活周期和一些有意义的、广泛性的相属关系结合起来，那么（在以前定义为儿童关怀所"必不可少的"某些限度内），在成长的儿童所无法忍受的这一阶段或以下诸阶段，总会遇到少数挫折。父母不仅要采取某些抑制或允诺的办法，而且能够向孩子表示一种深刻的、几乎是肉体的信任,相信孩子所做的事情是有意义的。这样,孩子得了神经症,就不是由于挫折,而是由于在这些挫折中社会意义的缺乏和损失而造成的。

但是即使在最有利的环境下,这个阶段似乎也带着精神生活一种内部分化感和丧失天堂的普遍怀乡病。为了抵御失落感、分离感及遗弃感的这种强有力的结合,基本信任才必须维持终生。

每个成功的阶段和危机都和社会的一个基本要素有特殊的联系,并且这种联系的起因很简单,即人类的生活史是和制度一起进化的。这一章我们只能略微提及每一阶段之后有什么社会组织的基本要素与之相联系。这种联系是双重的,即人往往把他婴儿时的心理痕迹和青年时的热情带给这些制度,并且只要它们设法维持着自己的生存,人们也会从这些制度中接受婴儿时获得的强化。

促使新生儿信任形成的父母的信仰,在整个历史过程中,始终在有组织的宗教中寻求着它的制度上的安全庇护。产生于关怀的信任,实际上是一定的宗教现实性的试金石。所有宗教对上帝周期性的孩子们的屈从都有共同之处,或者对施予现实财富以及精神健康的精神的屈从也完全一样。通过降低身份的姿态和卑贱的举止,人类的渺小得以表现;在歌曲和祈祷中,不端行为、不良思想和罪恶企图得到承认;在神灵启示下,对内部统一的强烈呼吁;最后,认识到个人的信任必须变成共同的信仰,个人的不信任变成同仇敌忾的罪恶,而个人的康复必须成为许多仪式实践的一部分,还必须在社会中变成可信赖的标志……

每个社会和每个时代必须找到制度化的尊重形式,这种形式从它的外界表象和无法确定的命运中获得生命力。临床只能观察到很多人没有信仰却自以为是,这些人的孩子没有信仰是不能维持生存的。另一方面,有很多人似乎是从社会活动或科学研究中获得必要的信任。但是,有很多自称信任的人却在实践中表现出对生命和人类的不信任。

2. 自主与羞怯和疑虑

把在人类个体的成长和危机叙述为一系列交替的基本态度时(例如,信任与不信任),尽管我们采用了"……的感觉"这个术语,但是,像"健康感"或"不舒服感"等这样的"感觉"却往往渗透在人的表面和内部、意识和无意识之中。他们同时是经验接近内省的途径;是众人注目的行为表现的途径;也是通过实验和分析才能测定的潜意识的内部状态。当我们进一步研究时,牢记这三个维度是很重要的。

肌肉的成熟进入了用两套同时发生的社会模式进行实验的阶段,即"抓住"和"放开"。当所有社会模式处于上述情况的时候,它们的基本冲突最后不是导致敌意的,就是导致善良的期望和态度。这样,"抓住"可能成为一个破坏的和残忍的保留或限制活动,并且也可能成为一种爱的模式,即拿和抓。"放开"可能成为相反的毁坏力量的松弛,或成为"原谅"和"放任"的一种缓和状态。

因此，这个阶段必须牢牢保证外部的控制。婴儿必然会感觉到对现实存在的基本信任，那是他学话时得到的永久财富，不会因为他的思想改变而受到危害；这种思想改变即是有选择余地、踊跃地占有和固执地排除他人的强烈愿望。当还没有训练识别能力时，稳定的控制必须防止他潜在的混乱和由于慎重而在抓住和放开方面表现的无能。当周围环境鼓励他"自食其力"时，必须防止他产生羞怯和早期怀疑的无意义和任性的经验。

　　后一种危险是我们都熟知的。因为如果否定了自由选择的、渐进良好的自主经验，或者如果确实被最初的丧失信任所减弱，孩子就会对他认识和处理刺激的能力进行自我反抗。他将过分巧妙地对待自己，他将产生一种早熟的良心。为了通过有目的重复来试验他们，代替事物占有权的是他将被自己的重复所困扰。当然，通过这样的困扰，这时他学会了通过顽强的暂时控制而重新恢复环境和获得力量，但是，他却不能发现大规模的共同规律。这样的虚伪胜利是一种强迫性神经症的婴儿模式。它也是婴儿在后来的成人生活中，通过文字而不是通过精神来控制自己目的的本源。

　　羞怯是一种研究得很不够的情绪，因为在我们的文化中它与犯罪是很早和很容易联系在一起的。羞怯意味着一个人被完全暴露或被别人发现时所产生的意识，换句话说，就是自我意识。人是坦白的但又不准备坦白，这就是为什么我们把羞怯想象为人们在穿着短衣短裤，或者穿着睡衣时被人盯着而"感到心跳"的原因。一个人在受到刺激而感到羞怯时最初的表现为遮掩自己的脸，或是在此时马上把眼睛低垂下来。但是我认为这是反抗自我的基本愤怒。感到羞怯的人希望迫使这个世界看不见他，不去注意他的行迹。他想毁坏世界的眼睛，但他毕竟希望自己不被看见。在"廉耻"教育法中常用的这种潜能也被一些原始民族专门地使用着。视觉的羞怯在听觉犯罪之先发生，这是超出我的声音之外，没有人注视或一切都是寂静时靠自身获得的一种不良感觉。这样的羞怯利用了日益增加的渺小感，它只能在孩子站立或他的意识允许他去注意有关体积和力量的大小时才能发展。

　　过分的羞怯并不能导致真正的礼仪，而只能导致沉默寡言和企图逃避现实的决心。但是如果在大胆无羞怯时，这种情况就不会发生。在一首令人难忘的美国民谣里，一个杀人犯被当众送上了绞刑架，代之以情感严厉惩罚的是他开始责骂围观的人，并用这句话结束每一段骇人的咒语："上帝让你们瞎眼。"很多羞怯超过忍耐的小孩子可能会用一种持久的情绪（显然既没有勇气，也不用言语），用类似的术语表示反抗。我所说的这个不吉祥的材料的意思是，儿童和成人在面临着要求考虑他自己、他的身体和他的愿望是罪恶和肮脏的时候，他对通过这样的判断而得出结论的那些人的一贯正确性的信任方面是有限度的。他可能很巧妙地把事物转移开，并且只把现实存在的事实看成是罪恶，即当事物并不存在或者他将离开事物时，他的机会就产生了。

疑虑是羞怯的兄弟。羞怯依靠的是正直和被暴露的意识,临床观察使我相信,怀疑与这样一种意识有很大关系,即前后意识特别是"后"意识。因为身体的这个背面区域及其在括约肌和屁股中攻击的和力比多的焦点,孩子自己是看不见的,但它却能被别人的意志所支配。"背后"是小孩子的黑暗大陆,也是能够被一些人巧妙支配和有效侵入的一个身体区域。这些人侵犯人的自主权力,把排泄出来时才感到舒畅的大便称为罪恶。在人所遗留下来的无论什么东西中所存在的这种基本怀疑感,后来就形成了更多的强迫怀疑的语言形式的基础。关于这一点已发现在成人偏执狂恐怖症中有所表现,这种病与来自背后威胁的暗藏的迫害者和秘密的迫害有关。

因此,这个阶段对爱与恨、合作与信任、自我表达的自由与禁止的比率是决定性的。从不失自尊的自我控制感会产生一种良好的愿望和自豪的持续感。从失去自我控制和失去不适当的过分控制感会产生一种怀疑和羞怯的持续倾向。

对某个读者来说,如果他觉得我们似乎把阶段的"消极"因素完全夸大了的话,我们必须提醒他,这不只是对临床资料先入为主的结果。成人和表面成熟的人以及非神经症患者表现出一种"丢脸"而羞怯和担心遭"背后"进攻的敏感,这种进攻不仅十分荒唐无稽、与他们的知识格格不入,而且如果有关情感能影响诸如种族间的关系和对外政策的话,那么这种担心是至关重要的。

我们已经说明了基本信任和宗教制度的关系。个人永久性需要在法律和秩序的原则中有一种制度上的保证;这种永久性需要使个体的意志在事物成熟阶段得到重新肯定和描述,并且它也同时重新肯定和描述他人的意志。在日常生活及高等法律程序中,无论是国际还是国内,这条原则分配给每个人特权和限制、义务和权力。在儿童周围成年人身上的权力威严和法律独立性的感觉,给具有良好愿望的儿童以自信的期望,童年养成的自主感在后来的生活中将不会导致过分的羞怯和疑虑,儿童时期养成并随着生活进步而完善的这种自主感将在具有正义感的经济和政治生活中得到保持。

3. 主动与内疚

一个儿童发展的每一阶段都有一个生机勃勃地表现出来的奇迹,这对一切就产生了一种新希望和新责任。这是主动感和主动感性质的扩大。所有这些感觉和性质的标准是相同的,即在儿童的人格和身体似乎突然成长起来的过程中,就决定了多少带有笨手笨脚和胆怯的危机。儿童显得"更自信"、更可爱,在判断中他更活跃、更明智,并且他显得具有活力和富有生机。他有权支配自己的过剩精力,这种过剩精力使他迅速地忘记失败并且在还没有衰落的以及更正确的指导下,接受渴望获得的东西(即便这也是不确定的,甚至是危险的)。主动精神把因活跃和运动的缘故而承担、计划和投入工作的性质加到自主性身上,并且在自我愿望实现之前的活动中,或常常在别的方面,他的精神的反抗活

动无论如何都坚决主张独立。

对很多人来说，我知道"主动精神"这个词有一种美国的和因勤奋努力而得到的含义。主动精神也是每个活动的必要部分，而且人为了学习和做任何事情都要有主动感，包括从采集水果的简单劳动到一个计划体系的设计与完成。

步行阶段和婴儿生殖阶段把"制作"阶段增加到基本社会模式的内容中，这首先是在"制作过程"的意义上增加的，在这一内容中没有更简单、语气更重的词，它表示攻击和占有的愉快。在男孩身上重点是崇拜男性生殖器的模式，在女孩身上则转到用更高级的获取方式或用使自己更迷人和更受人爱恋的温柔方式"攫取"的模式。

这个阶段的危机是犯罪感，这种犯罪感是一个充满新鲜的活动能力和智力的人在预期的目标或开始活动时产生的，即攻击性的操作和强制活动迅速超过了有机体的心理的执行能力，并且强烈要求停止一个人所期望的主动性。当自主性集中对付潜在的对手时，并且因此可能导致和年轻的弟弟妹妹直接对抗的嫉妒感时，主动性便带着自主和这些在这里占优势或可能占优势的对手进行激烈的竞争，但是，由于他们的优越位置而占有了主动精神所指向的领域。婴儿的嫉妒和对立常常是难受的，也是划分一个既定的特权范围的基本上无意义的企图，并且在最后为了竞争一个和母亲相处的优越位置，而使这种婴儿的嫉妒和对立达到高潮。……

婴儿的性欲、乱伦禁忌、"阉割情结"和超我都在此联合起来，以产生那种特殊的人类危机，在此危机期间儿童必须把排他的和性前期的对其幕府的迷恋，转到成为父母和传统继承人的缓慢过程中。在这里最致命的分裂和转移是在情绪的强有力者身上发生的，这是潜在的人类繁荣和总体毁灭之间的分裂。因为在这里儿童自身被永远分裂了。在促进婴儿身心发育之前的本能片段，现在也被分成一个使成长可能性变成现实的婴儿倾向，以及一个支持和提高自我观察、自我引导和自我惩罚的父母倾向。

这个问题又是一个相互调节问题。现在已如此乐意支配自己的儿童能够逐渐发展一种道德责任感，他能认识一些允许他的责任参加的风俗、功能和角色，则这些情况下他将在使用工具和武器中，在操作有意义的玩具中和在照料比他小的儿童中发现令人愉快的成就。

当然，父母倾向在本质上首先是婴儿的：即人的良心部分地终生保持婴儿期的特点，这个事实是人类悲剧的核心。因为儿童的超我可能是原始的、残忍的和不妥协的。这可以在儿童过分控制和把他自己过分压缩到自我毁灭点的例证中，在他们发展了一个比父母希望所要求的温顺更服服帖帖的、过分服从的例证中，或者在他们发展了大量倒退和持久愤怒的例证中观察到，因为父母自己似乎没有达到预期的新良心的标准。生活中最深刻的冲突之一，是对作为榜样和超我执行者的父母的嫉恨。但是发现父母正（以某种形式）试图侥幸排除儿童不能再忍受的犯罪。在超我的全部或部分品质中混合的怀疑与逃避,这个道德传统的器官(在道德说教的意义上)使有道德的人给他自己的自我以及他的同伴的自我造成了很大的潜在危险。

……

……已形成的自我道德,常常是对善良的主要奖赏,后来是在最不能忍受的情况下以持久的道德主义监视的形式转而反对别人的。因此禁止而不是主动引导就成为占优势的努力。另一方面,即使有道德的人的主动精神倾向于打破自我束缚的界限,允许他在自己或别人的土地上去做别的事,他常常既不做什么也不能忍受在自己家里所做的一切。

从人类漫长童年中潜在的危机来看,对生活阶段的蓝图加以回顾,以及下一代年轻时对他们指导的可能性加以回顾,是大有好处的。这里我们注意到,根据基本计划的知识,儿童在任何时候都不如他在这一发展时期更乐意快速而贪婪地学习,更乐意在享受义务和操作的意义上长得更大。他热切地希望,而且能够合伙做事,能够为了建设和计划的目的而和别的儿童联合起来,并且他希望从教师那里得到裨益或模仿理想榜样的模式。当然,他保持着与同性别父母的同一,但是现在他又寻找机会,在这些机会中已作的认同似乎允许在没有过多的婴儿冲突或恋母情结罪恶感的情况下给予主动精神一席之地,以及在共同做事中经历到平等精神基础上获得更真实的认同。总而言之,"恋母情结"阶段不仅导致有限范围的道德感压抑的确立,而且它指出了朝向可能性和现实性的方向,允许把童年早期的梦归属于活跃的成人生活的目标。因此社会制度给这个年龄阶段的儿童提供了一种经济的时代思潮,在这种理想模式影响下通过衣帽或职务来认识成人,并且神魂颠倒到足以替代小说和神话故事中的英雄。

行为主义的幼稚教育

华生

作者简介

华生(John B. Watson,1878—1958)是美国心理学家,行为主义的创始人。他1878年1月出生于美国南卡罗来纳州格林维尔城外的一个农庄,16岁时进入格林维尔的福尔曼大学学习哲学,21岁获得哲学硕士学位,1900年入芝加哥大学研究哲学与心理学,1903年获心理学博士学位,随之出任芝加哥大学讲师和心理实验室主任。1913年《行为主义者心目中的心理学》文章发表,行为主义正式诞生。1915年当选为美国心理学会主席。1918年获福尔曼大学名誉博士。1920年因主持一项有关性行为的实验研究,引起家庭纠纷与妻子离婚而被迫辞职并离开学术界,改行从商,经营广告行业。1958年9月25日逝世。

选文简介、点评

华生认为心理学研究的对象不是意识而是行为,心理学的研究方法必须抛弃"内省法",而代之以自然科学常用的实验法和观察法。华生在使心理学客观化方面发挥了巨大的作用。

作为极端行为主义的代表,华生不承认意识和精神因素的存在,认为心理的实质就是行为,主张心理学作为一门行为的科学,应致力于研究能够用S-R公式表达的客观的行为。他认为,传统心理学的意识是宗教神学中的灵魂的同义语。他说,意识看不见、摸不着,也不能在试管中实验,因此不能成为科学心理学的研究对象。而科学是客观的,只能以直接观察到的事物为对象,并要求心理学只应该研究行为,成为研究行为的自然科学。华生所讲的行为首先是一种可观察到的机体反应。这种机体反应的本质是人和动物对于外界环境的适应。华生承认,"反应"一词是从生理学中转借到心理学的。但是,心理学扩大了它的用法。也就是说,心理学把一组简单的生理反应组合成为一套复杂的反应,把简单的肌肉骨骼动作联结为一种行为的方式。并且,华生将有机体的全部行为区分为先天遗传的反应和后天习得的习惯反应。华生认为这种区分是很重要的,因为行为主义就是要发现后者的学习过程和方式,以掌握其形成的规律,实现预测行为、控制行为的目的。

---

① [美]华生.行为主义的幼稚教育[M].章益,潘硌基,译.上海:黎明书局,1930.(原著 *Psychological Care of Infant and Child* 出版于1928年)

华生的行为主义心理学的影响在20世纪20年代达到最高峰。它的一些基本观点和研究方法渗透到很多人文科学中去,从而出现了"行为科学"的名称。直至今天,其涉及的领域仍日益扩大。尽管它们不全以行为主义为指导观点,但名称的起源则不能不归之于行为主义。华生的环境决定论观点影响美国心理学达30年。他的预测和控制行为的观点促进了应用心理学的发展。

《行为主义的幼稚教育》是华生从行为主义的立场,将研究儿童的结果归纳成为可以实际应用的原则。这本书在1928年出版,伯特兰·罗素(Bertrand Russell)曾在"The Drift of Civilization"中赞扬此书,誉为有功于科学的教育。书中的实验在1920年以后,陆续发表于心理学杂志。全书分为七个章节,除首尾两章论述行为主义对儿童的研究以及行为主义者的自释外,其余五个章节围绕幼儿的恐惧、母亲的溺爱、幼儿的愤怒、幼儿日夜看护、幼儿性教育,将行为主义应用到实际的尝试进行了阐述。由于不乏行为主义相关研究的系统性文章,且编者也想让读者感受到《行为主义的幼稚教育》一书的特点,因此节选第二章《儿童恐惧之发生与控制》。

相对于华生的其他代表著作而言,《行为主义的幼稚教育》一书也许称不上是华生的杰作,但是该书把抽象的理论应用到具体的实际中来,将行为主义新发现对于教育的影响进行了最直接的介绍,能给我们带来一些来自不同角度的启示。此外,由于选文所用译本为民国时代译本,因此诸多表述与当代汉语的表述有所差异,但为了尽可能忠于原译文,我们在不改变内容的前提下,只在最小程度上进行表述的修饰。

选文正文

第二章　儿童恐惧之发生与控制

儿童的恐惧,正如爱和怒一样,为家庭所造成。父母将这种情绪种植着、培养着。当儿童到了3岁时,他全部的情绪生活和倾向,便打好了根基。这时,父母也已决定了这个儿童将来是变成一个快活健康而品性优良的人,或是一个怨天尤人的神经病者,或是一个睚眦必报、作威作福的桀骜者,或是一个畏首畏尾的懦夫。

父母们怎样造成恐惧

……

儿童情绪的生活特别容易在早年造成。作一个简单的比喻:一个铁匠将烧红的铁放在铁砧上,开始依着他心里的模型,造出各种式样来。有时,他将重锤用力地锤着,有时用小锤轻轻地锤着。这正如当儿童刚生下时,我们就不可避免地开始造成他的情绪生活一样。如果铁匠的锤来得太重,将那块铁锤得不成形了,他却有权力可以将它重新改造。但这里并没有重新改造小儿的方法。每一锤,无论是好是坏,都有它的影响,我们最多只能很乖巧地将没有锤好的过失隐瞒着。我们依然能够造成有用的工具,可以塞责的工具,但能够适应环境而胜任愉快的"人的工具",从来就很少有人能够十分完全地造成功的。

实验中告诉我们:怎样是恐惧发生的过程

假定将一个美丽、健康、身体构造很完善的9个月的婴儿放在你的面前,在婴儿的褥子前面,放着一只兔子,我知道他是从来没有看见过兔子的。他起初用一只手去摸它,当他的眼睛注视那兔子的全身时,立刻又换另一只手去摸它。再换一只狗,他的行为也与前一样。再换一只猫,一只鸽子,每换一个新的东西,是同样地被欢迎着,被抚摸着。婴孩怕有毛的东西吗?全不对。那么,黏湿而蠕动的动物,真的。小孩是怕冷的滑溜溜的蠕动的动物,真的。他是怕鱼和蛙的。于是我给他一个活的而跳跃的金鱼,再将一个绿色的蛤蟆放在他的面前。不错,换了一个新的世界。他立刻就很活泼地近看它们,如同近看别的动物一样。古史告诉我们,人类是本能地躲避蛇的。文学书上充满着例子,以为蛇是人类的天然仇敌。但对于我们这9个月的婴孩,全不是这么一回事。我将一条小蛇(无毒的)放在他的面前,却能引起他那极兴奋的亲善的和爱玩的反应。

又如将小孩抱入一间全不透光的暗室里,他是不是因恐惧而号泣呢?这也全不是事实。那么,那一切物质势力中之最可怕的火为小孩初次所看见的,他应该非常害怕吧!我们将新闻纸放在铁锅内燃烧着,将他放在旁边(留心不要让他逼近着火以致发生意外),如上所示,他丝毫不表示恐惧。

然则小孩是冥顽不灵而全无情绪的生物吗?我可以告诉你不是这样的。当孩子坐着时,我在他的后面约一尺远的地方(使他不能看见)用铁锤将钢条敲击,发出尖锐之声。顿时孩子改变了常态。他开始呜咽,呼吸急促,全身僵硬,将手向侧边拉动,然后号啕大哭眼泪下流。我再做一度的敲击,而这次的反应更加剧烈。他大声哭着,滚倒在地,极力地挣扎着,爬往他处。

让小孩宁静地坐在毯子上,他也许安静地假寐着,也许热烈地耍着玩具。我会突然将他坐着的毯子抽去。这突然地失去凭借,可以发生与大声相同的反应,我抽毯子时,并没有伤他。他自己平时从座位上倒下来,每日不下50次之多,可是并没有哭泣过。对于这身体失了凭借和突然听到大声的恐惧之声,你的训练是无关的,而且你也没有办法将这种恐惧完全移去的。我会在看见一个饱经风霜的猎人当他假寐时,同伴擦火柴点灯,他警醒起来,乱跳。你也许看见过平时十分勇敢的太太们,当她们经过一条十分安全的小桥,桥板为身躯的重量所摇摆时,她们就吓得发抖。

其余一切的恐惧,全是人为造成的。拿证据来:再将那9个月的婴儿放在你的面前。我的助手将小孩的老玩友——兔子——取出。婴儿开始去摸它,当他刚触着兔子时,我在后面敲着钢条。他呜咽,他哭,他非常地害怕。等一刻,我将玩具给他。他平静下来忙着玩耍。如是再将兔子取出来。这时他很迟疑地对着它。他不像以前一样立刻用手去摸它。最后他十分谨慎地去试试。我又将钢条敲着。这次他又发生一个剧烈的恐惧反应。如是,我又使他平静下来玩着玩具。助手再将兔子取出。这时有新的发现了。他一看见兔子就害怕,用不着敲钢条。他对着兔子与敲击钢条声会发生同样的反应。他一看见兔子就哭起来,迅速地爬开。我试验这造成恐惧的过程而发现了这种恐惧是长久地存在着,如果一个月以后,将兔子拿出来,小孩仍然发生同样的反应。因此,可以知道早年时人为造成的恐惧,可以延长至一生之久。这种人为造成的恐惧我们名之为制约的恐惧,也就是家庭造成的恐惧。用这种方法我们可以使世界上任何物件都能引起制约恐惧的反应,只要给儿童看某种物件时同时发出很大一声就行了。

但是对于兔子的恐惧,在小孩的恐惧生活中,并不是我们所造成的唯一的恐惧。自从经过这一个试验以后,小孩对于一切有毛的动物,如狗、猫、鼠、豚鼠,都可以引起他的恐惧反应。他甚至对于皮衣毛毯或是圣诞老人的面罩,也发生恐惧。他用不着触着它们,只要看见它们,就可以使他害怕。这简单的试验使我们对于早年环境所造成的恐惧,有一种明了的观察。你也许觉得这种试验对于小孩未免太残忍了,但这一点也不残忍,如果它能够使我们明了围绕着我们的成千上万成人们的恐惧生活,而且可以实际地帮助我们教养小孩克服恐惧的习惯。这里如果我们能够寻求一种克服人造恐惧的方法,它的价值也就很大了。

家庭中造成的恐惧

以上所述,为实验室中之试验。这种试验与家庭有什么相干?父母们怎样地造成这种恐惧?从最简单的例中就可以知道。家庭中平时一切嘈杂之声,对于一个行为系统尚未成熟之儿童,都足以引起恐惧的反应。举例说,你的孩子有点不愿意睡觉,这对于你的行动有些妨碍,于是你走出房门,将门砰地关上。

你要将孩子睡在空气充满的屋子里,当有微风的晚上,也将所有的窗户开着。你还没有进门,门自己就砰地关闭起来。当儿童熟睡的时候,窗门忽然掉下来,或是小床旁边的围屏忽然倒地,风雨之夕,门户时常砰地相击作响,锅铲之类有时亦坠在地上。这些都是造成儿童恐惧极有力的东西。小孩对于电闪并不害怕,即使将他放在暗室内,极强度的光线反射在他的脸上,也仅能使他的眼睛闪动一下。但雷声却可以使小孩发生极大的恐怖,因此他对于闪电,亦发生了制约的反应。如果小孩在暗室中时,忽然听到空中响雷,他将因此对于黑暗发生恐惧至数日或数周之久。

消极的反应

小孩另外有一种行为与他的恐惧生活有密切关系,父母们宜特别留神。当小孩的身体被创伤,如偶然被针刺火灼,或是被责打,他往往发生一种消极的反应。每一个婴儿生下来就有将身躯的任何部分躲避以免伤害这种反应,有时叫做躲避的反应。一个简易的说明:如小孩遇到足以伤害他的东西——如火灼如责打——立刻将手退缩。所有一切的消极反应,除了躲避痛苦以外,都是被家庭造成的,或是被父母造成的,我们成人不知道被造成了多少这一类的消极反应。如我们有时躲避某种地方、物、人等都是这种反应的表示。消极的或躲避的反应,正同恐惧的反应一样,同为制约的结果。举例说,一个爬行的小孩触着一个火炉,手指被灼立刻将手缩回,以后小孩看见火炉,总是这样地站在3尺以外,再也不敢接近它。自从小孩对于火炉消极地受了制约,以后只要看见火炉,就将手立刻退缩回去。

父母们的"不准"为造成恐惧的因素之一

父母们的"不准"为制造恐惧与消极反应的一个极有力的要素。你曾否想过,你处于父母的地位,每天说过多少次的"不准"? 你是否知道你说"不准"时,就无形中造成了小孩的恐惧或消极的反应?

这简单的"不准"二字,它本身并没有使小孩发生恐惧或消极反应的力量。它的力量的来源有两种:其一,父亲往往有强有力的声音。正当小孩接近什么物件或者玩一件玩意儿为他的父亲所不高兴时,父亲便大声地说"不准",这就造成制约的恐惧反应。这高声的"不准"便代替了实验中的钢条。小孩处在这种情形之下,在极短时间内,便造成了恐惧的反应。其二,当小孩接近某物时,父亲或母亲敲击他的手指,而同时说"不准",这敲击或痛苦的刺激,使小孩立刻将手缩回去。制约的消极的反应,就这样制造成了。"不准"立刻就可以唤起恐惧和消极反应,与尖锐的高声和痛苦的刺激有同等的效力。因为时常应用的缘故,这"不准"和其他相似的话语,便成了小孩生活上支配的势力。一切国家都会有,社会的权威,完全基于这种简单的原理,他们都是教训我们居于恐惧的生活中。我反对他们,并不是反对制度的本身,而是反对他们教训的办法。经过同样的方法,不知有多少的字句,也取得同样的效果。即如我们成人有时还觉得这样的话是可怕的:"不要靠近那只狗,它会咬你!""那东西要爆发!""火柴将要灼烧你!""不要近火,它是很灼的!""水深呀,这底下有逆浪!"又如这类的名词:如邪恶、错误、罪过、海盗、仇敌、魔鬼、撒旦等等,都是在这简单的方法中,得到唤起反应的效力。

怎样使儿童免掉恐惧与消极反应——父母们所能做的几件简单的事

家庭中养了一个婴孩,就应该绝无声息吗?那么父母们的生活,不是完全变成负累吗?他们是不是要用脚尖走路,日夜提防着以避免制约的恐惧反应呢?当然没有这种必要。只有某种性质的突然的高声,总发生消极的反应。家庭生活尽可以照常进行,用不着留意到睡着或是醒着的儿童。家庭内如弹奏钢琴,听无线电音乐,以及跳舞,或是在屋子里走路谈天,这些事哪一样不可以做?

儿童从这种常态的声音中生长出来，绝不会为其所扰，除非是在生病，而在这种情形之下，当他的病稍一痊愈后，一切常态的声音就应该立即恢复。

父母们能够减少家庭内一切发生高声的可能性。门户宜留意着，不使它砰击作响，窗帘宜紧紧地系住，围屏宜竖好使它不致翻倒。如果忽然刮大风，房内应当好生照顾，以避免突然的声响。自然，很少人有适合于养育儿童的理想的家庭设备。我们建筑房屋时，应该远离马路，使汽车发动和按喇叭的声音，以至于尖锐的犬吠声，都听不到。虽然迅雷烈风是我们能力所不能控制的，那又当别论了。小孩又当特别留意着以避免损伤他身体的物件，如针刺、火灼等。小孩的尿布应当好生的系着，别针应当别牢，并要留神他的皮肤有创痛，否则容易使他感觉痛苦而造成消极的反应，以致时常哭泣不能稳睡。对于小孩施行责打，在可能的范围内，应该尽量减少。而与责打有同等效力的字"不准"也应该斟酌施行。

恐惧的反应应该全不造成吗？——父母们全然不能打骂孩子吗？

我以为有些恐惧和消极的反应是应该制造成的。如果儿童加入"群"的生活，对于"群"的共同的准则应该相当地遵守。这种习惯是要养成的。每当孩子伸手去拿不是他应该拿的东西，我便毫不迟疑地用铅笔敲他的手指。要在心理上发挥效力，必须在儿童发生不正当的行为时，父母立即施行这种痛苦的刺激。如果你迟延了，等过了许久再打他，制约的消极反应就不能造成了。除非受了消极的制约，儿童怎么会知道不去拿他不当拿的东西如玻璃杯瓶之类？他怎么知道不去接触活的猫狗，不走入水中？但这种必要的消极的反应之造成，或是由于"不准"或是由于责打，绝不应该用旧的眼光去看，以为它是一种惩罚儿童的方法。"惩罚"二字，除非将它当做古语，绝对不应该发现于我们的字典中。我相信这不独对于育儿学是如此，在犯罪学中也是同样的真理。父母们用铅笔敲击儿童，其目的在于使儿童能适合某种社会习惯，使他能够自制。这样，父母们为什么应该发怒？他们为什么要以旧圣书的意义去惩罚儿童？像"鞭挞"、"赎罪"这一类的事，现在还很普通地应用于一般学校中、家庭中、教会中、法院中。其实这都是黑暗时代的遗迹。父母们的态度应该是积极的，应该是一种教师的态度。总括地说，行为主义者主张，在儿童做不正当行为时敲击他的手指或者身体的别的部分，以求早年造成若干应有的消极反应，全是一种客观的试验的手段，而绝对不是"惩罚"。

为了竭力减少消极反应的制造，应使儿童生活在能够发生积极反应的环境之中。我们应该使他每日忙着做事，而不使他怕事。小孩的周围应当放着各种他所能玩的物件，我们立刻使他养成在自己有权利玩耍的物件中工作的习惯。这样一切"禁物"也就渐渐失去了对他引诱的能力。儿童们再不会去玩火，拨开煤气灶的按钮，玩锋利的刀叉或玻璃杯之类。万一这积极方法全失败时，则轻轻的铅笔的敲击不妨应用。

怎样去掉对于不应该恐惧的物件的恐惧

　　恐惧并不因为我们的提防就不被造成。造成之后可以移去吗？这很困难。这需要有忍耐力。父母们要有一种实验的态度。假如小孩对于兔子的恐惧是根深蒂固的,你虽可将兔子远离他,但一年以后,他看见兔子仍然害怕。仅将所怕的东西隐藏着是不中用的。你可以对小孩讲些关于兔子的故事,使他组成些关于兔子的语言反应,但依然不能去掉他的恐惧。你可以取笑他——叫他是"胆怯的猫儿"——但仍没有结果。徒然激增他恶劣的情绪。你可以叫别的小孩在这孩子的面前弄兔子玩,但这仍然是不中用的。

　　所有方法都失败了,此地却有琼司(Jones)夫人在实验室内所发明的方法。此方法在每天小孩进午膳时日行一次,当孩子看见食物的时候,远远地放着一只兔子。如果餐室太小,将室门开着,兔子放在门外可以使小孩看见的地方。兔子距离很远,所以小孩就开始进食。除进餐时以外平时不让小孩看见兔子。下次小孩进食时,将兔子放在原处,再将它稍放近一点。如果小孩表示害怕立刻停止进行。这样每天试行着,不久小孩就可以接近兔子了。此后一切平静,恐惧不再发生。这样的程序我们叫做解制约。这种重新的训练,有极大的效果。它可以移去对于别的有毛动物的恐惧,至少也可以减到最低限度。

　　假定小孩忽然被造成害怕黑暗的习惯,千万不要对他发怒。你可以立刻进行解制约的方法。晚上像平时一样安顿小孩睡觉。房外留着一点微光,将房门开着。如是每晚孩子睡在床上的时候,将房门多关一点儿,将灯光减暗一点儿。这样,不出数晚,小孩对于黑暗的恐惧便自然消失。又假如小孩曾经在水中失去身体的平衡,或是洗澡时不小心滑溜一下,下次洗澡他便产生恐惧。你暂时不要让他在浴室洗澡。你可以暂时用干洗的方法:一两日以后用盆盛水少许给他洗涤。盆内的水可以渐渐增加。不出数日小孩依然可以在浴室内洗澡了。我曾经看见父亲们往往强迫小孩游泳,反而因此破坏了小孩学习游泳的机会。

　　以上所述是极普通的常识——然而它能帮助我们避免家庭中发生的恐惧。当恐惧发生时,立刻用这种解制约的方法是非常见效的。我曾经看到许多小孩一经解制约之后,便什么动物都不怕了。虽然他们不去摸活的动物,他们在生人的面前一点也不表示恐惧与羞怯,不怕火,也不怕黑暗,一切有生命的东西,他们都不害怕。恐惧的行为正同读书、写字、做游戏一样,是很容易训练的。它可以教好,也可以教坏。假如用科学方法去施行训练,小孩情绪的生活将全在训练者之控制中。现在既晓得着手的方法,我相信无论哪个母亲,如果她有一个羞怯的孩子,她会十分愿意牺牲时间,不辞劳苦,以从事改造那孩子的恐惧生活。

思维与语言[①]

维果茨基

作者简介

维果茨基(Lev Vygotsky,1896—1934),苏联心理学家,"文化—历史"理论的创始人。1917年毕业于莫斯科大学法律系和沙尼亚夫斯基大学历史哲学系。1924年到莫斯科心理研究所工作。1934年维果茨基因患肺结核逝世,年仅38岁。

维果茨基毕生从事心理发展问题,重点是人的高级心理机能的发生和发展。他强调人类社会文化对人的心理发展的重要作用,认为人的高级心理机能是在人的活动中形成和发展起来并借助语言实现的。维果茨基一生留下180多种著作,其心理学思想至今仍有很大影响。

选文简介、点评

《思维与语言》为文化历史学派创始人维果茨基的代表作,是维果茨基在逝世前不久准备出版的最后一部专著。

该书汇集了维果茨基工作的主要方面。维果茨基从种系发生、个体发生、自我中心言语向内部言语过渡以及概念的形成等四个方面探讨了思维与言语的发展,对心理学上关于思维与语言研究的两个代表人物斯特恩(William Stern)和皮亚杰(Jean Piaget)的观点进行了批判,提出了思维与语言受制于社会文化的观点。尽管其主题是思维和语言的关系问题,但是它却深刻地展现了具有高度创造性和缜密思考的智力发展理论,为教育心理学和语言学提供了内部语言的最深刻分析,对后来的心理学家和语言学家产生过重大影响。首先,他批判了现有的语言和思维理论和研究,并主张进行单位分析法,研究具有思维和语言两功能的最小单位——词。其次,在自我中心语言和词的"有意性"问题上,维果茨基对皮亚杰和斯特恩的理论作出了批判和改进。他提出自我中心言语在儿童活动中不是伴随的,非本质的,而是起定向和调节作用的,这种自我中心言语将逐渐转化为内部言语;儿童对词的"有意性"的获得不是突然而至的,而是一种从量变到质变的过程。再次,他对思维和言语的起源,从系统发生

[①] [苏联]维果茨基.维果茨基教育论著选[M].余震球,选译.北京:人民教育出版社,1994.(原著出版于1934年)

和个体发生两个方面作了研究。最后,他对儿童日常生活概念和科学概念的形成进行了研究,论证了词和教学对形成科学概念的重要作用。

下文选取的是《思维与语言》的第六章,该章的撰写依据的是维果茨基在其生命最后几年中与同事合作进行的有关儿童日常概念与科学概念发展的比较研究。该章与第五章一起构成了全书的中心部分。从研究人工概念发展的"实验室"阶段向研究有生命力的真实概念的发展过程的过渡,标志着维果茨基科学研究生涯中一个崭新的重要阶段。研究现实概念的新方法的应用,不仅在实验概念的研究与儿童现实生活概念的分析之间架设起一座桥梁,而且还开辟了对了解学生智力发展的全部历史具有重大实践与理论意义的一个新的研究领域——科学地研究科学概念的发展。该研究的核心思想是:概念及相关的思维形式的发展是在掌握系统知识的过程中进行的,因此,掌握是儿童意识发展的基本形式,同时也是人所特有的反映形式。这表明,自发概念,尤其是科学概念的问题,就实质而言,乃是教学与发展的问题,表现为教学形式的儿童与成人间独特的合作正是科学概念形成过程的一个重要方面。维果茨基通过研究揭示了儿童的日常概念与科学概念不同的形成途径,并明确指出两者最根本的区别在于概念本身是否存在系统。

尽管维果茨基提出的"日常概念"与"科学概念"对立的问题,在当时围绕此书进行的讨论中常引起异议,但应该指出,对学校教学过程中的概念形成过程和以非系统方式获得生活经验的过程进行比较,至今仍然是心理学最迫切的问题之一,而解决这一问题的尝试正是由维果茨基率先进行的。

选文正文

第六章 对儿童期科学概念发展的研究

II

为了研究在科学概念和日常概念的发展之间存在的复杂关系,必须批判地理解我们打算进行的比较的规模。我们应该弄明白,学龄儿童的日常概念的特点是什么。

皮亚杰指出,在这一年龄段概念和思维的最大的特点总的来说是儿童不能理解关系,但他能自觉地、完全机械地正确运用这些关系。妨碍儿童理解自己思想的东西是他的自我中心主义。自我中心主义是如何影响儿童概念发展的,从皮亚杰的一个简单的例子里便能知道。

皮亚杰问一些7~8岁的孩子:在"我明天不上学,因为我病了"的句子里"因为"是什么意思。多数的回答是"这就是说他病了"。另外一些孩子则称:"这就是说,他明天不上学。"简言之,虽然这些孩子能自发地用"因为"这个词,但他们完全不理解它的定义。

这种不能理解自己思想的状态,以及由此产生的不能理解地确定逻辑联系的状态延续到11~12岁,也就是说延续到第一学龄期的结束。儿童显示了对逻辑关系的无能,于是代之以自我中心的逻辑。这个逻辑和困难的原因的根源便在于7~8岁之前儿童思维的自我中心主义和由此产生的无意识性。在7~8岁和11~12岁之间这些困难转入语言方面,在这一时期之前起作用的原因仍在影响儿童的逻辑。

在功能方面这一对自己思想的无意识性反映了说明儿童思维逻辑特点的一个基本事实:儿童显示了能作一系列逻辑运演的能力,而逻辑运演是在儿童自己的思想自发进行时产生的,但当要求他非自发地,而是自如地、有意识地完成这些逻辑运演时,他却不能完成这些类似的运演。我们举一个实例来阐明思维的无意识现象的另一个方面。问儿童应该怎样读完下面的句子:"这个人从自行车上跌下来,因为……"7岁的儿童不能完成这个句子。这一年龄的儿童常常是这样读完句子的:"他从自行车上跌下来,因为他跌下了,然后他跌得很痛",或者"一个人从自行车上跌下来,因为他病了,因为把他在街上抬了起来"。这样我们看到了,这一年龄的儿童原来是没有能力来有意识地、随意地确定因果联系,但他在自发的、本能的言语里能完全正确地使用"因为"这个词语,而且也像他不能理解上面引述的句子表示的是不上学的原因,而不是不上学这一事实或者疾病一样,虽然儿童懂得这句话是什么意思,儿童理解最简单的原因,但却不领悟自己的这种理解。他自发地正确地使用连接词"因为",但他却不会有意地、随意地运用它。这样,通过纯经验性的途径确定了儿童这两种现象思维的从属性(儿童思维的无意识性、本能性和无意识的理解和自发使用)的内在依从性。

这两个特点,一方面最紧密地和儿童思维的自我中心主义相联系,另一方面其本身也导致了儿童逻辑的一系列特点,而这些特点也反映在儿童对关系逻辑的无能力状态。这两种现象的主导地位延续到学龄期结束,作为思维社会化的发展导致这些现象逐渐地、缓慢地消失,导致儿童思维从自我中心主义束缚中解放出来。

这是怎么发生的?儿童是用什么方法缓慢地、困难地达到理解和掌握自己的思维的?为了解释这个问题,皮亚杰引述了两个心理规律,这两个心理规律并不属于他自己,但他以它们为基础建立了他自己的理论。第一个规律是由克拉帕雷特①表述的认识规律。克拉帕雷特用非常有趣的实验证明了,儿童的类似意识比差异意识出现要迟。

事实上,儿童对可能成为相互类似的物体的态度是一样的,他并不想到需要理解自己行为的这个统一性。他按照类同行事比他思考这个类同要早。相

---

① 克拉帕雷特(Edouard Claparede,1873—1940),瑞士精神病学家、儿童心理学家,以记忆实验闻名于世。——编者注

反,不会适应造成了物体间的差异,然而却导致了认识。克拉帕雷特从这一事实中引出了一条规律,他称之为认识规律:我们使用某个关系愈多,我们认识这个关系就愈少。或者,我们只是随着不会适应的程度在认识。某个关系机械地用得愈多,我们对它的认识也愈困难。

关于认识是如何实现的,这个规律什么也不能告诉我们。认识规律是功能规律,也就是说,它仅仅指出,一个人什么时候需要和什么时候不需要认识。还有一个结构问题:这个认识的手段是怎么样的,它碰到的障碍是怎么样的。为了回答这个问题,还要引用一条规律:移位或者转移规律。确实,认识某一个操作——这就是说要将它从动作的层次转入语言的层次,也就是说,为了可以用语言来表达它就要在想象中再现它。操作从行动的层次转移到语言的层次,要伴随着重复那些在动作的层次上掌握这一操作时所遇到的困难和波折。改变的将只是时间,而节奏可能依然照旧。在掌握语言层次时再现在动作层次里掌握操作时发生的波折,就是认识的第二个结构规律的实质。

现在我们要简要地探讨这两个规律并弄明白,学龄期间概念运用的无意和不理解性的产生和真实意义是怎么样的,儿童是如何达到理解概念和有意地、随意地使用概念的。

对这两个规律我们只能极为有限地提些批评意见。皮亚杰自己也指出克拉帕雷特认识规律的匮乏和不足。仅仅用认识的需要来解释认识的产生,实质上和解释鸟产生翅膀是因为鸟要飞,需要翅膀,是一回事。这样的解释不但使我们沿着科学思想发展的历史阶梯倒退十万八千里,而且要求先具备创造性的能力来建立满足这个需要的必要的条件。而为了认识却又缺乏始终在进行的认识的准备行动的任何发展,所以这也就是预成论。

我们有理由问:儿童认识差异比认识类同早,可能不仅因为他在处于差异关系时较早地碰上缺乏适应力的实施和认识的需要,而且是因为,认识同类关系比认识差异关系要求更为复杂的发展与较迟的概念和概括结构?我们用以弄明白这个问题所作的专门研究迫使我们对这个问题作出肯定的回答。对发展中的类同和差异的概念所作的实验分析表明,认识类同要求形成包括具有这种关系的物体的最初概括和概念,相反,对差异的认识并不要求思维一定形成概念,它能通过其他途径产生。这也就直接地给我们解释克拉帕雷特确定的事实——类同认识发展较迟的事实。这两个概念发展中的次序是它们在动作层次中发展次序的颠倒,这一情况只是广泛的其他同类现象的个别事例。我们曾借助实验确定这种反向顺序。比如说,是对物体和动作的感知和理解所固有的[①]。儿童对动作的反应比对单独分立出来的物体的反应要早,但他对事物的

---

① 给年龄和发展相同的两组学前儿童出示相同的图片。一组儿童按此图片做游戏,也就是说用动作展示它的内容,另一组儿童讲述这张图片,显示他们对结构的理解和感知;他们在行动中全部地再现了图片的内容,而在语言表达时他们只列举了个别的物品。

理解早于动作,或者说儿童动作的发展早于主知觉的发展。但是意义知觉的发展比意义动作的发展整整提前一个年龄段。分析表明,这种现象的基础是和儿童概念及其发展的本质相联系的内部原因。

但是这一点还是可以容忍的。可以统一克拉帕雷特的规律不过是功能规律,不能要求它解释问题的结构。只是我们不禁要问,这规律是否能像皮亚杰那样,令人满意地解释在学龄期间概念方面认识问题的功能。皮亚杰就这个问题所作的长篇论述的简短意思就是他在下面所描述的一幅7~12岁年龄段概念发展的图画里。在这一时期,儿童在自己的思维操作中不断地碰上自己的思想不能适应成年人思想的情况,不断地经受失败和挫折,显示了他逻辑的脆弱,他不断地碰壁,额头上撞出来的包,用卢梭的英明表达,是最好的老师——它们不断地产生认识的需要,这种需要在孩子面前魔术般地揭开理解了的、随意的概念的芝麻。

在概念的发展中与对概念的认识相联系的最高阶段,真是仅仅从失败和挫折中产生的吗?不断的碰壁和额头上的包真是儿童在这条路上的唯一的老师吗?称作概念的概括的最高形式的根源真是自发思想的自动完成的行动的不适应性和软弱无力吗?只要提出这些问题便能看清楚,除了否定的回答,别的回答是没有的。也像不可能用需要来解释认识一样,同样地不可能把儿童智力发展的推动力解释成是在整个学龄期间不断地、每时每刻都在发生的儿童思想的破产和崩溃。

皮亚杰为了说明认识所引用的第二个规律需要专门的分析研究,因为我们认为,它是属于发生论解释的类型。发生论解释是极为常用的,它们使用重复或复现的原则,就是在高级阶段重复或复现同一个发展过程中早期发生的事件和规律的原则。用来解释学生书面语的特性的原则实质上就是这样的。据认为,学生的书面语在其发展中似乎重复了儿童在童年早期经历的口语发展的道路。这一解释原则可疑性来自于忽略了两个发展过程的心理本质,根据这一原则,这两个过程有一个应当重复或再现另一个。因此在后来的过程中重复或再现的类同特点的背后忽略了由稍晚在高水平上进行的过程所制约的差异特点。由于这个原因,结果是圆圈运动代替了螺旋发展。但我不想过细地探讨这个原则的实质。我们感兴趣的仅仅是与我们的课题有关的运用于理解问题的解释价值。事实上,如果皮亚杰承认在认识是怎样借助克拉帕雷特的规律而实现的这个问题上不可能解释什么东西的话,那请问,在这方面皮亚杰用作解释原则的迁移定律又能超越前面那个规律多少呢?

从上面转达的这个规律的内容本身就已经清楚地看到,它的解释价值比第一个规律大不了许多。实际上这是已经消失了的思维特点和性质在新的领域里的重复和再现的规律。即使假设这个规律是正确的,那他在最好的情况下回答的并不是引用它来解决的问题。在最好的情况下它能给我们解释的是为什么学生的概念是不理解的和不随意的,也正像现在在思维里重现的他学龄前的动作的逻辑也是不理解的和不随意的一样。

但是这个规律怎么也不能回答皮亚杰自己提出的认识是如何实现的这个问题，也就是从不认识的概念向认识的概念过渡的问题。实质上，它在这方面可能完全和第一个规律相同。也像那个规律在最好的情况下能给我们解释缺乏需要如何导致缺乏认识，但不能解释在出现需要的情况下如何魔术般地引起认识的实现，这个规律也一样，它在最好的情况下能够令人满意地回答为什么在学龄期间概念未被认识的问题，但不能说明概念的认识是如何实现的。问题正在于此，因为发展就是对概念和对自己的思维的运演日益进步的认识。

正像我们所见到的那样，这两个规律都不解决问题，却成了问题。它们并不是不正确或者不充分地解释认识是怎样发展的，它们根本就没有解释这一点。所以我们不得不独立地寻找儿童智力发展中的这一基本事实的假定解释，这一事实是直接地和我们的实验研究的主要问题相联系的，这一点在进一步的研究中将会看得清清楚楚。

但是为此要先弄明白，皮亚杰从这两个规律出发对另一个问题所作的解释的正确程度，这另一个问题是：为什么学生的概念是不理解的？严格地说，这个问题是最紧密地和认识是怎样实现的这个使我们感兴趣的问题相联系的。确切点说，这甚至不是两个问题，而是一个问题的两个方面：在学龄期间由不理解的概念到理解的概念的过渡是如何实现的。因此，如何解决关于概念的无意识性的原因的问题，不仅对于解决认识是如何实现的问题，而且对于正确提出这个问题，显然不可能是无所谓的。如果我们按照皮亚杰的方式用他的两个规律来解决这个问题，那么我们应该像皮亚杰所做的那样，在同一层次、同一理论方面解决第二个问题。如果我们拒绝提供给我们的对第一个问题的解决方案，如果我们能够即使从发生论角度拟订另一个解决方案，我们对解决第二个问题的探索显然将完全另外确定目标。

皮亚杰是从过去引出学龄期概念的无意识性的。他说，在过去无意识性对儿童思维的控制时期更为漫长。现在儿童心理的一个部分已经摆脱了它，而另一部分处于它决定一切的影响之下。我们沿着发展阶梯愈是往下降，我们也就不得不承认越来越广泛的心理区域是无意识的。婴孩的世界完完全全是无意识的，皮亚杰认为婴孩意识的特点是完完全全的唯我主义。随着儿童的发展，唯我主义无斗争地、无反抗地让位给意识到的社会化思维，在更为强大有力的成年人的思维的冲击下逐渐消失。唯我主义被儿童意识的自我中心主义所代替，这种自我中心主义总是表现为在发展的该阶段上在儿童自己的思想和他所掌握的成年人的思想之间所达到的折中。

这样，根据皮亚杰的观点，学龄期间概念的无意识性是正在消亡的自我中心主义的剩余现象，但这一自我中心主义在新的、刚刚开始形成的语言思维领域里还保持着影响。因此为了解释概念的无意识性，皮亚杰引用了儿童的残余我向性和导致阻塞沟通的他的思维不充分的社会化。需要弄明白，下面这个观点是否正确，即儿童概念的无意识性直接来自儿童思维的自我中心性质，这种自我中心性质必然决定了学生没有能力去认识。从我们已经获悉的学龄儿童智力发展的角度看，这一观点令我们大感不解。从理论方面看它也是令人费解的，而研究却直接推翻了它。

在转向批判分析之前，首先要弄明白我们感兴趣的第二个问题：应该如何用这个观点来想象儿童达到认识自己的概念所经历的道路。因为从对概念的无意识性的原因的一定的解释中必然对认识过程本身只能产生一种解释。皮亚杰没有直接谈过这一点，因为这对他来说并不成问题。但是从他对学生概念的无意识性的解释中，从他的整个理论中可以完全清楚地见到，他是如何想象这条道路的。正因为如此皮亚杰认为不必谈论这个问题，认识的道路问题对他来说根本就不是问题。

根据皮亚杰的观点，认识是通过用社会成熟的思想排斥言语自我中心主义的残余完成的。认识并不作为无意识概念的发展所必需的最高阶段而产生的，它是从外部带过来的。很简单，就是一个动作方法排斥另一个。像蛇蜕皮是为了长出新皮一样，儿童抛弃、丢掉陈旧的思维方法是因为他掌握了新的思维方法。寥寥数语，但认识是如何实现的基本实质便一目了然。正像我们所见到的那样，要解释这个问题不需要引用什么规律。概念的无意识性得到了解释，因为它是由儿童思维的本质所决定的，而认识了的概念简单地存在于外部，在儿童周围的社会思维环境中，当儿童自己思维的对立趋向不妨碍时，这些认识了的概念是简单地被儿童以现成的形式掌握的。

现在我们能同时一起分析这两个相互紧密联系的问题——概念起初的不被认识和随之而来的被认识，二者在皮亚杰的解决方案中无论在理论方面还是在实际方面都同样地显得论据贫乏。不能用这一年龄的儿童根本就不能认识、他是自我中心的来解释概念的无意识性和概念随意使用的不可能性，因为正是在这个年龄，正如研究所表明的那样，高级心理功能进入了发展中心，这些功能的基本的和与众不同的性质应是理性化和掌握，也就是认识和随意性。

学龄期发展的中心是从注意和记忆的低级功能向随意注意和逻辑记忆的高级功能转化。我们在别的地方已经很详尽地讲明了，我们有充分的理由谈论随意注意，我们也有同样充分的理由谈论逻辑记忆。这是根据功能的理性化和功能的掌握是一个过程（向高级心理功能过渡）的两个方面而得出的。我们掌握每个功能的程度等同于它理性化的程度。活动中某个功能的随意性总是其认识的反面。说记忆在学龄期理性化，也就是说出现随意识记，说注意在学龄期变成随意的，这就等于说，它愈来愈依靠思维，也就是依靠智力，像布隆斯基[①]

---

① 布隆斯基(Блум Хомский，1884—1941)，苏联心理学家、教育家。——编者注

正确地所说的那样。

于是我们发现,在注意和记忆的范畴里学生不但显示了认识和随意性的能力,而且这一能力的发展就是整个学龄期的主要内容。单单根据这一点不可能用儿童的思维一般没有能力去理解和掌握概念,也就是用自我中心主义来解释他的概念的无意识性和不随意性。

但是皮亚杰所确定的事实本身是不可推翻的:学生并不明了自己的概念。但是如果我们将这一事实与另一个事实相比较,情况会更加令人困惑。这另一个事实似乎说的是相对立的事:如何解释学龄儿童在注意和记忆领域里显示了认识能力,显示了掌握这两个最重要的理性功能的能力,然而他却尚不能掌握自己的思维过程和认识这些过程。在学龄期间除了智力自身之外一切基本的智力功能都理性化,成为随意的。

为了解释这个表面看来离奇的现象应该求助于这一年龄期的心理发展的基本规律。在别的地方我们详细地展开了关于儿童心理发展过程中功能间联系和关系变化的思想。我们曾详细地用实际论据论证和加强了下面的观点:儿童的心理发展主要地不在于发展和完善个别一些功能,而在于改变功能间的关系和联系,每一个单个心理功能的发展就是决定于这一改变的。随着每一个新的阶段,意识改变自己的内部结构和部分间的联系,它是作为一个整体而发展的,不是作为每一个个别功能发展中产生的部分改变的总和而发展的。意识发展中的每一个功能部分决定于整体的改变,而不是相反。

意识是一个统一的整体,各个功能处于相互不可分割的联系之中,这一思想对心理学来说并不是什么新鲜的东西。更确切地说,这一思想和科学心理学一样老。几乎所有的心理学家都提到功能是在不可分开的和不间断的相互联系中起作用的。识记必定要求注意、知觉和理解进行活动。知觉必须包括注意、认识,或者记忆和理解功能。但是在老的和新的心理学里这个实质上正确的关于意识的统一功能和意识的各个形式的不可分割的联系的思想始终处于注意的外围,从这一思想中从未得出过任何正确的结论。即使心理学采用了这一无可争议的思想,但从中却得出与似乎应该得出的结论相对立的结论。心理学确定了功能的相互依从性和认识活动中的统一性,但它始终在继续研究单个功能的活动,忽视它们的联系,继续将意识看做它各功能部分的总和。这个方法从普通心理学移植到了发生心理学,在这里它导致了将儿童意识的发展开始理解为各单个功能里发生的变化的总和。功能部分对于整个意识的优先地位在这里也仍然是起主导作用的武断定理。为了理解这种明显地和前提相矛盾的结论是怎样发生的,必须注意老心理学里作为关于功能相互联系和意识统一观念基础的一些暗藏的假设。

老心理学教导我们功能总是在相互统一中起作用的,知觉总是与记忆和注意一起活动的,等等,只是在这一联系中实现意识的统一。但这时老心理学又以隐蔽的形式用三个假设补充这个观点。摆脱了这三个假设实际上意味着心理学思想从束缚它的功能分析的羁绊下解放出来。大家都接受在意识的活动中总有相互联系的功能在起作用,但此时假定:(1)这些功能间联系是永恒的、不变的、一劳永逸地赋予的、固定的、不应该发展的;(2)因而,这些功能间的联系,作为永恒的、不变的、始终和自己相等的,是以同样的形式,同样的程度共同参加某一个功能的活动的数值,可以放进括号中,在研究每一个个别的功能时可以不予考察;(3)最后,这些联系被设想为非实质性的,意识的发展应该理解为是从它的一些功能部分发展派生出来的,因为虽然功能是相互联系的,但由于这些联系的固定不变,它们保持了完全的自主性和自己的发展和改变的独立性。

所有这三个假设原本从头到尾是完全错误的,心理发展领域中一切我们所熟悉的事实教导我们,功能间的联系和关系不仅不是固定的,不是非实质性的,不是被放进括号(在括号里进行着心理计算)的,但功能间联系的改变,也就是意识的功能结构的改变就构成了总的心理发展过程的主要和中心内容。如果这样,那必须接受心理学应该将以前作为假设的东西当做问题的观点。老心理学是从功能间相互联系的假设出发的,但它仅限于此,未能将功能联系及其变化的性质作为研究的对象。对新心理学来说功能之间的联系和关系的变化,成了一切研究的中心问题,不解决这个问题在任何一个局部功能变化范围里是什么也不可能明白的。我们应该引用这个关于发展进程中意识结构变化的观点来解释我们感兴趣的问题——为什么学龄期间注意和记忆成为有意识的和随意的,而智力本身则仍然是无意识的和无意的。发展的一般规律是认识和掌握仅仅为某个功能发展中的高级阶段所特有。它们发生得迟些。在它们前面应该有个这类意识活动发挥无意识的和无意的功能的时期。为了认识,应当有应该认识的东西。为了掌握,应当具有应该服从于我们意志的东西。

儿童智力发展的历史教导我们,婴儿期的特点是各个功能互不区分。在这一年龄期,意识发展的第一个阶段之后紧随着的是两个其他阶段——童年早期和学前期。在童年早期知觉分化出来,并经历了基本的发展道路,在这一阶段知觉在功能间关系体系里占主导地位,并且作为主导功能决定一切其他意识的发展和活动,而在学前期记忆推进到了这一年龄段的主要地位,成了主导和中心功能。因此,在学龄期临近时知觉和记忆已相当成熟,而且这是这一年龄段一切心理发展的主要前提之一。

如果考虑到注意是记忆所接受和呈现的结构的功能,那就很容易理解,儿童在临近学前期时便已拥有相对成熟的注意和记忆了。所以,他有他应该认识的东西,也有他应该掌握的东西,这样,为什么记忆和注意的有意识的和随意的功能推进到了这一年龄期的中心位置也就可以理解了。

为什么学生的概念仍然是无意识的和不随意的,这同样也清楚了。要认识什么和掌握什么,应当首先拥有这个东西,这一点我们上面已说过了。但是概念(或者,确切地说,前概念,我们认为这样表示这些无意识的、还未达到发展高级阶段的学生概念比较确切)第一次出现正是在学龄期。而且也只有在学龄期间成熟。在此之前儿童是用一般的观念或者复合体思维的,我们曾经在别的地方提到过这个学龄前占主导地位的较早的概括结构。但是如果前概念只在学龄期产生,那么如果儿童能认识和掌握这些前概念,那真是奇迹了,因为这表示,意识不仅能认识和掌握自己的功能,而且在它们充分发展之前很久能无中生有地建立和重新创造这些功能。

这些理论论据促使我们推翻皮亚杰提出的对概念的无意识性的解释。但我们应该利用他的研究资料并且了解认识过程本身在心理学上是什么东西,以便弄清楚对注意和记忆的认识是怎样发生的,概念的无意识性是从哪里来的,儿童后来又是通过什么途径认识概念的以及为什么认识和掌握原本就是同一个过程的两个方面。

研究表明,认识是完全特殊的过程,我们将努力大致上弄明白这一特殊过程。应提出一个首要问题:什么叫认识?这个词有两个意思。正因为它有两个意思,正因为克拉帕雷特和皮亚杰混淆了弗洛伊德和普通心理学的专门术语,才产生了混乱。皮亚杰谈论儿童的无意识性时并不认为,儿童没有意识到他意识里产生的东西,儿童的思维是无意识的。他认为,意识参加儿童的思维,但不彻底。开始是无意识的思维——婴孩的唯我主义,最后是有意识的社会化思维,而在中间是一系列阶段,皮亚杰称之为自我中心主义日益减少和思维的社会形式日益增长的阶段。每一个中间阶段都是婴儿的无意识我向思维和成年人的社会的有意识的思维之间的一定的折中。小学生的思维是无意识的,这是什么意思?这就是说,儿童的自我中心主义伴随着一定的无意识性,这就是说,对思维的认识不彻底,思维包含着有意识的和无意识的成分。因此皮亚杰自己也说:"无意识推理"这个概念是模棱两可的。如果将意识的发展看做由无意识(弗洛伊德认为的无意识)向完全有意识过渡,这样的观点是正确的。但弗洛伊德研究本身确定了,他认为的无意识,作为从意识中排挤出来的东西,产生得较迟,而且在一定的意义上是意识的分化和发展的派生物。因此在无意识和不认识之间有很大的差别。不认识根本就不是部分地无意识的,部分地有意识。它并不表示意识性的程度,而是意识活动的另一个指向。我打上结子。我是有意识这样做的。但我却讲不出我是怎样做的。我的有意识的动作就成了不被认识的,因为我的注意指向打结动作本身,而不是指向我是怎么做的。意识始终表示某一小块现实。我意识的对象是打结,是结以及与结发生的事情,而不是那些我在打结时产生的动作，并不是我怎样做，但正是这个东西可能成为意识的对象——那这就是认识了。认识就是意识行动，其对象是意识活动本身。①

皮亚杰的研究已经表明内省只有在学龄期才开始多少获得发展。进一步的研究也表明，学龄期内省发展中发生了类似婴孩期过渡到童年早期时外部知觉和观察的发展中发生的东西。大家都知道，在这一时期最重要的外部知觉的变化是儿童从无言语的，所以也是从无意义的知觉过渡到有意义的、言语的对象知觉。关于学龄前夕的内省可以说同样的话。儿童在这时从无言语的内省转变为有言语的内省。儿童自己的心理过程的内部意义知觉在发展。但是，正如研究所表明的那样，意义知觉，不论是内部的还是外部的，都是概括化的知觉。所以，向言语的内省的转变除了开始概括积极性的内部心理形式之外并不表示什么其他东西。向新型的内部知觉的转变也就表示向高级的内部心理活动类型的转变。因为对事物的感知按另一种方式意味着同时获得作用于事物的其他可能性。比如在棋盘上，所见不同，想法也不同。概括自己的活动过程，我便有可能与它产生另一种关系。如果粗略地说，似乎是从总的意识活动中把该过程分解出来。我意识到我记忆起的东西，也就是我将自己的追忆变成意识的对象。发生了分解活动。任何概括总是以某种方式挑选对象。这也就是为什么被理解为概括的认识能直接导致掌握。

这样，认识的基础是心理过程本身的概括，它导致对这些过程的掌握。在这一过程中首先反映了教学的决定作用。与客体关系完全不同的、通过其他概念间接获得的科学概念，随同其相互关系的内部层次体系，属于另一个领域，在该领域中看来首先发生对概念的认识，也就是对概念的概括和掌握。这样，在一个思维范畴里一旦以这种方式产生了新的概括结构，它就像任何其他结构一样，作为一定的活动原则，无须经过任何训练便能迁移到一切其他的思维和概念的领域。这样，认识穿过科学概念的大门来到了。

在皮亚杰自己的理论中有两个成分在这方面是非常出众的。自发概念就其本质而言就是未被认识的概念。儿童能自发地运用它们，但不认识它们。我们已在儿童关于"因为"的概念的例子里看到这一点。显然自发概念本身必定应该是未被认识的，因为包含在它里面的注意总是指向它所体现的客体，而不是包括它的思维动作本身。在概念方面自发的就是未被认识的同义词——皮亚杰的著作中从未直接阐明过这一思想，然而它像一条红线贯穿着皮亚杰一切著作的字里行间。皮亚杰把儿童思维的历史仅局限于自我概念的发展，这就是他不能明白在儿童自发思维的王国里如果不是从外部怎么还能有别的方式产生已被认识的概念的原因。

---

① 问学龄前的儿童："你知道，你叫什么名字吗？"他回答"科利亚"。他认识不到，问题的中心不是他叫什么名字，而在于他是否知道他叫什么名字。他知道自己的名字，但不认识自己名字的知识。

如果自发概念必然应该是未被认识的这个观点是正确的话，那么科学概念按其本质来说也必然要求被认识。我们上面提到的皮亚杰理论中两个成分中的第二个成分是与此相联系的。它与我们的分析对象有最近、最直接、最重要的关系。皮亚杰的一切研究导致下面这个结论：自发概念与非自发概念，尤其是科学概念最首要的、最有决定性的差异，是它们在系统之外给予的。如果我们在实验中想找到儿童所说的非自发概念到隐藏在它后面的自发概念，我们应遵循皮亚杰的规律，使这个概念摆脱任何系统性痕迹。从包括这个概念的又将它和其他概念相联系的系统中抽取这个概念，是皮亚杰推荐的最可靠的方法。他采用这一方法的目的是为了使儿童的智力定向摆脱非自发的概念，皮亚杰用这一方法实际上证明了，儿童概念非系统化是获得儿童的这种回答的（皮亚杰的著作中到处都有这种回答）最可靠的途径。很显然，概念系统的存在对每一个个别的概念的结构和生命并不是某种中立的和无所谓的东西。概念一旦孤立地被提取，被从系统中抽取，使儿童与客体的关系较为简单和直接，它便变成另一种样子，完全改变了自己的心理本质。

仅仅根据这一点我们便已经能预测构成我们假设核心的东西，也是我们后面对实验研究进行概括时要进行详细讨论的东西，这就是：只有在系统中概念才能获得可认识性、随意性，认识性与系统性对于概念完全是同义词，正像自发性、不理解性和非系统性是表示儿童概念本质中同一事物的三个不同的词一样。

实质上这是由上述内容最直接地引述得来的。如果认识意味着概括，那就很清楚，概括出了形成高级概念（oberbegriff-über-geordneter begriff）之外别的什么也不表示，该概念作为个别情况包括进高级概念的概括系统中。但是如果在该概念产生之后产生高级概念，那么它必然要求具有不是一个，而是一系列共同从属的概念，而该概念与这些共同从属的概念处于高级概念系统所决定的关系之中。如果不是这样，高级概念对该概念来说就不是高级的了。这个高级概念同时也要求在层次上低于该概念的从属于它的概念分层次的系统化。该概念和这些从属于它的概念重又被完全确定的关系系统联系起来。这样，概念的概括导致该概念在确定的共同性关系系统中的定位，这些共同性关系是概念之间最主要的、最自然的和最重要的联系。这样，概括同时表示对概念的认识系统化。

皮亚杰的话语明确指出，对儿童概念的内部性质而言系统并不是无关紧要的东西。他说："观察表明，儿童的思维极少现实系统性、连贯性、演绎，一般不可能要求他出现不矛盾，他总是附和别人的见解，而不是综合这些见解，总是满足于综合的图式，而不是坚持分析。换句话说，儿童的思维比较接近于同时来自动作和幻想的定式的总和，而对能意识到自我、掌握系统的成年人的思维则相距较远。"

稍后我们将努力证明，皮亚杰在儿童逻辑方面所确定的一切实际规律，只是在非系统化的思维范围内才有效。它们也只适用于取自系统之外的概念。皮亚杰所描述的一切现象，显然是将概念的非系统性作为自己的共同原因，因为只有在概念之间存在一定的关系系统时，才有可能对矛盾敏感，才能不附和别人的见解，而是合乎逻辑地对判断进行综合，掌握演绎的可能性。如果没有这一概念之间的关系系统，所有这些现象就像子弹上了膛的枪在扣扳机后必然射击一样不可避免地应该发生。

但现在我们感兴趣的仅仅是一件事：证明系统和与系统相联系的可认识性，并不是排挤儿童固有的形成和使用概念的方法，从外部进入儿童概念范畴的，它们自己要求具备足够丰富和成熟的儿童概念，没有这些概念儿童也就没有应该成为儿童认识和予以系统化的对象，在科学概念领域里产生的初步的系统在结构上能移植于日常概念领域，似乎是由上而下地改造它们，改变它们的内部属性。二者（科学概念依从于自发概念以及它们对自发概念的反向影响）来自科学概念对客体的独特的关系，正如我们已经说过的那样，这个关系的特点是：它是通过别的概念中介出来的，所以，自身同时包括与对象的关系和与别的概念的关系，也就是包括概念体系的初级成分。

这样，科学概念由于按其本质是科学的，要求在概念系统中有一个确定的位置，这个位置能确定它与其他概念的关系。马克思在它的原理里极其深刻地确定了任何科学概念的实质："如果事物的表现形式和实质直接相符，那一切科学都是多余的。"科学概念的本质就在于此。如果它作为一个经验概念在它的外部表现中反映客体，它也就是多余的了。所以科学概念必须要求只可能在概念中存在的对客体的另一种关系，这个包含在科学概念中的与客体的另一种关系，正如我们上面所表明的那样也必定要求具备概念的相互关系，也就是说要求具备概念系统。从这一观点出发我们可以说，任何概念应该和决定它素有的共同程度的共同性关系的整个系统一起提取，就像一个细胞应该和自己全部的突起部一起取下，因为它是通过这些突起部而长入组织的。同时从逻辑的观点看区分自发的和非自发的儿童概念和区分经验概念和科学概念是一致的。

我们后面还有机会回到这个问题上来，所以我们可暂时只限于举一个能说明我们思想的具体例子。大家都知道，儿童的较为一般的概念的产生常常早于局部概念。儿童掌握"花"这一词通常早于"玫瑰"。但在这一情况下"花"的概念并不比"玫瑰"更为一般，知识比较广泛。很清楚，当儿童只掌握这一个概念时，他与客体的关系和产生第二个概念时是不同的。但就是此后还有很长的一段时间"花"的概念是与"玫瑰"的概念并列的，而不是凌驾于上的。它并不将较为局部的概念包括进来，也不使之服从于自己，而是代替它，和它站在同一个行列。当产生对"花"这一概念的概括时，才改变这个概念和"玫瑰"的概念以及其他从属概念之间的关系。系统产生于概念之中。

现在我们再回到我们推理的开头,也就是皮亚杰所提出的原始问题:认识是怎样实现的。我们在上面曾试图弄明白,为什么学生的概念是未被认识的,以及它们是如何获得可认识性和随意性的。我们发现,概念不可认识性的原因并不在于自我中心主义,而在于自发概念的不系统性,因此这些自发概念必然是未被认识的和不随意的。我们也发现,对概念的认识是通过基于概念之间的一定的共同关系的概念系统的形成而实现的,对概念的认识导致它们的随意性。但是科学概念就其本质而言要求系统,科学概念是可认识性进入儿童概念王国要经过的大门。我们完全明白了,为什么皮亚杰的全部理论无力回答认识是如何实现的这个问题。这是因为,这一理论绕过了科学概念和反映系统之外概念运动的规律。皮亚杰教导我们,为了使儿童的概念成为心理研究的对象,应该清除任何系统性的痕迹。然而他自己阻塞了解释认识是怎样实现的这个问题的道路,更有甚者,他排除了将来对此问题作出这种解释的任何可能性,因为认识是通过系统实现的,而排除任何系统性的痕迹是皮亚杰全部理论的基本东西,这种理论,正像上面所说的那样,只在非系统概念的范围内才具有极为有限的意义。为了解决皮亚杰提出的认识是怎样实现的这个问题,应当将皮亚杰从门槛上丢掉的东西——系统置于中心地位。

专题拓展阅读文献

1. [美]考夫卡(K. Koffka). 儿童心理学新论[M]. 高觉敷,译. 北京:商务印书馆,1993.
2. [美]勒温(K. Lewin). 形势心理学原理[M]. 高觉敷,译. 北京:商务印书馆,1942.
3. [奥]阿德勒(A. Adler). 儿童教育[M]. 包玉珂,译. 北京:商务印书馆,1937.
4. [德]彪勒(C. Bühler). 人生第一年[M]. 李芳经,译. 北京:商务印书馆,1944.
5. [德]彪勒(C. Bühler). 儿童发展测验[M]. 徐丹,译. 北京:商务印书馆,1940.
6. [瑞士]皮亚杰(J. Piaget). 儿童心理学[M]. 吴福元,译. 北京:商务印书馆,1980.
7. [美]布鲁纳(J. S. Bruner). 教育过程[M]. 邵瑞珍,译. 北京:文化教育出版社,1982.
8. [苏]列昂捷夫. 活动·意识·个性[M]. 李沂,等译. 上海:上海译文出版社,1980.
9. [美]加德纳(H. Gaedner). 多元智能[M]. 沈致隆,译. 北京:新华出版社,2004.
10. [美]肖可夫·菲利普斯. 从神经细胞到社会成员:儿童早期发展的科学[M]. 方俊明,译. 南京:南京师范大学出版社,2007.
11. [德]普莱尔(W. Preyer). 幼儿的感觉与意志[M]. 孙国华,唐钺,译. 北京:科学出版社,1960.
12. James Mark Baldwin. Mental development in the child and the race[M]. New York:The Macmillan Company,1911.
13. A. Gesell. Maturation and the patterning of behavior. In C. Murchison(Ed.), A handbook of child psychology[M]. Worcester, MA:Clark University Press,1933.
14. Burrhus Frederic Skinner. Science and human behavior[M]. New York:Macmillan,1953.
15. Judith Rich Harris. The nurture assumption:why children turn out the way they do [M]. New York:Free Press,1998.
16. Ingrid Pramling. The origin of the child's idea of learning through practice[J]. European Journal of Psychology of Education, Vol 1(3), Oct, 1986.
17. Ingrid Pramling. Developing children's thinking about their own learning[J]. British Journal of Educational Psychology, Vol 58(3), Nov, 1988.

第三编
学前教育课程

> 儿童从生命的开始就是一个知识、文化、自己身份的共同建构者。……学习是一种合作的、交往的活动,在这种活动中儿童与成人共同、与同伴同样地建构知识、理解世界。
> ——《超越早期教育保育质量——后现代视角》

专题导论

　　学前课程历来是学前教育备受关注和研究的一个领域。课程质量的高低直接关系学前教育质量的优劣。课程总是与背后的理念密切相关,有什么样的课程理念就会有什么样的课程主张。传统以注重知识的学习和灌输式的方式,忽视儿童主体性的局限性不断凸显,而关注个体生命体验的主张得到实践的检验而得到继承和发展。

　　20世纪以来,无论是欧洲还是美洲学前课程理论都体现出对儿童主体性的尊重,强调在活动中学习探索。意大利著名的幼儿教育专家罗里斯·马拉古齐基于对理论灵活的理解和应用以及对实践的深刻思考,创建了瑞吉欧课程。《儿童的一百种语言》是罗里斯·马拉古齐对瑞吉欧教育哲学理念的进一步反响。它比较全面地从历史层面、哲学层面、环境设施、课程与教学法、教师、家长、组织机构等方面作了全方位的介绍。瑞吉欧教育在各国得到进一步的延伸和应用,反映出人们对瑞吉欧教育取向的强烈兴趣和深刻的思考。

　　深受瑞吉欧影响的美国同样体现出对儿童主体性的尊重,强调在活动中探索学习。"高瞻课程"(High/Scope,也被直译为"海伊/斯科普")的奠基人戴维·P.韦卡特的《活动中的幼儿——幼儿认知发展课程》一书是对幼儿进行多年教育实验和研究的成果。他们以皮亚杰的认知发展理论为基础,吸取现代教育学和心理学的研究成果,建立起了一种颇具特色的幼儿认知发展课程。这个课程的主要特色在于总结出幼儿认知发展应获得的关键经验,指导教师如何在幼儿园一日的各种活动中帮助幼儿逐步获得这些经验,以促成他们的良好发展。"主动学习"成为本课程编制的中心任务。虽然该课程表面上看起来似乎以儿童认知为主,实质上是强调教师通过观察幼儿一日活动的方式,确定幼儿发展的关键经验,并以这些关键经验作为儿童认知的来源。因此,该课程仍然是以幼儿的活动为出发点和着眼点。

　　如果说玛丽·霍曼所主张的观点还不足以体现在活动中探索学习的理念,那么美国幼儿教育协会(NAEYC)前任主席丽莲·凯兹则明确强调了以项目的形式在探索中学习。方案教学是一种当前国际流行的教育方法,引导学生参与项目,鼓励学生自主探究与创造、合作学习。它有助于教师转变以教授、计划为主的传统教育观念;体现师生的平等互动;对教师专业化发展很有帮助;更有助于深化教育改革。《启迪儿童:方案教学》一书详细介绍了这种当前国际流行的教育方法——项目课程教学。该书阐述了早期教育发展目标及其早期教育应该遵守的原则,项目课程教学的阶段和特征,项目主题的选择中存在的问题,教师计划,幼儿绘画在项目中的作用等方面。作者提出许多批判性和创新性的观点,为幼教工作者提供了一种新的视角和思维启迪。

无论是罗里斯·马拉古齐创建的瑞吉欧课程,还是玛丽·霍曼主张的认知发展课程,抑或丽莲·凯兹倡导的项目课程,只有经得起适宜性评价检验的课程,才能真正成为促进儿童发展的课程。因此,素·布瑞德进行了发展适宜性的和非发展适宜性的教育实践,并在《儿童早期教育项目中的发展适宜性方案》中提出了"有助于儿童发展的方案",即能有助于儿童达到一定的发展目标的方案。该方案确定的学前不同年龄段发展适应性标准有利于更高效地促进幼儿身心发展。

随着后现代的特征日益凸显以及多元文化带来的冲击,以后现代视角、跨文化视角来研究课程正成为一种国际趋势。《超越早期教育保育质量——后现代视角》一书通过对后现代思想的探讨,重构了对儿童的理解和对早期教育机构的理解。该书论述的学前教育的各种问题,其中有关于社会文化背景与学前教育的问题,有关于学前儿童发展与教育的问题,有关于幼儿游戏的问题,有关于托幼机构课程与教学的问题,等等,向我们展示了一种批判的力量,提供了一个广阔的视野,开辟了一个新异的视角。

而以跨文化视角来研究学前课程的重要代表人物之一的是美国亚利桑那州立大学教授,著名人类学家约瑟夫·托宾。他在《从民族志研究视角看学前教育的质量》中,通过考察日本和法国的学前教育,引出对不同文化背景下学前教育的思考。他认为在学前教育中,并没有一个全球通用的质量标准。因此,关注学前教育实践中的文化差异是一件极具价值的事。但真正值得关注的,与其说是在不同的文化之间传递不同的理念,不如说更多的是试图让人们意识到文化之间、国家之间的不同,进而挑战那些习以为常的想法和认为质量标准普适通用的观点。

瑞吉欧——儿童的一百种语言^①

罗里斯·马拉古齐

作者简介

  罗里斯·马拉古齐(Loris Malaguzzi,1920—1994)是意大利著名的幼儿教育专家。1950年,他创办了市心理教育医疗中心,并在此中心工作长达二十多年之久。通过各种会议、研讨会、与大学和基金会联合研究项目以及巡回展览"儿童的一百种语言",马拉古齐将自己的教育哲学理念推广到整个意大利和美国。美国《新闻周刊》赞扬瑞吉欧·艾米利亚的幼儿园是"世界上最好的幼儿园"。随后,马拉古齐在丹麦和芝加哥分别获得乐高奖和科尔奖。1994年,由于身患心脏病,在瑞吉欧·艾米利亚与世长辞。

选文简介、点评

  瑞吉欧·艾米利亚是意大利北部的一个小城市,自20世纪60年代以来,罗里斯·马拉古齐作为瑞吉欧·艾米利亚教育的创始人,不仅能注意到理论学习的重要和必要,而且能够将理论和实践密切结合,以理论指导实践,以实践活化各种幼教理论,和当地的学前教育工作者一起兴办并发展了瑞吉欧·艾米利亚学前教育,其独特而非凡的教育工作使得这个无名小镇成为世界幼教专业工作者的圣地。瑞吉欧教育成为意大利乃至世界各国幼教工作者学习的典范。

  《儿童的一百种语言》是对瑞吉欧·艾米利亚教育取向进一步的反响。该书比较全面地从历史层面、哲学层面、环境设施、课程与教学法、教师、家长、组织机构等方面作了全方位的介绍,同时也描述了瑞吉欧·艾米利亚的教育在美国课程的延伸和应用,反映出人们对瑞吉欧·艾米利亚教育取向的强烈兴趣和深刻思考。

  下文节选了《儿童的一百种语言》第二部分第三章中的理念篇和基本原则篇,以期在有限的篇幅中使读者对瑞吉欧教育的发展源流和基本内涵有所了解。文章以访谈录的形式讲述了瑞吉欧教育的历史、理念及基本原则。"二战"后的瑞吉欧·艾米利亚小镇居民,经过了战争的洗礼,意识到需要一种崭新的、

---

① 卡洛琳·爱德华兹,等.儿童的一百种语言[M].罗雅芬,等译.台北:心理出版社,2006:56-68.

快速的、在儿童成长早期将幼儿视为单独个体的教学方法,这种意识,加之罗里斯·马拉古齐的出现以及不断吸收各种理论的成长,发展出了瑞吉欧教育的一系列原则。该课程的基本原则主要体现在:重视家庭的知情权以及参与权、重视和谐环境的创设(体现在和谐的物质环境和精神环境如工作坊,和谐的幼儿、教师以及家长间的关系)、注重幼儿自主建构学习、注重与家长的沟通,建立和谐的关系。这些原则的形成和运用,从根本上颠覆瑞吉欧·艾米利亚传统教育过于注重灌输的教学方式,机械的学习方式,更加注重转变教师角色,从命令者、权威者的角色转变为指导者、协商者的角色,同时,学习方式也更加突出学生自主探索、自主建构。实践证明,这些课程原则不仅指导并改变了瑞吉欧·艾米利亚的教育困境,并成为一种成功的探索模式,被全世界的幼教界研究和效仿。

这本书的诞生能让读者对于瑞吉欧·艾米利亚教育取向的不同层面进行更深入、更广泛的分析。《儿童的一百种语言》一经出版便在幼教界引起了强烈的反响,各国纷纷开展对瑞吉欧·艾米利亚教育的研究。

选文正文

第三章 历史、观点与基本理念

访问者:莱拉·甘第尼
受访者:罗里斯·马拉古齐

理念篇

灵感来源

甘第尼:您认为何种理念与学说影响这个教育取向的形成?

马拉古齐:当有人问我们如何开始、从哪里来和启发我们的来源是什么等等问题时,我们不得不背诵出那一长串的人名。而当我们谈到以前那些微不足道,同时却也极为特殊的缘由时,我们试着去解释那些萃取自理论原则,一直支持我们工作的最原始来源,我们注意到的不只是很多的兴趣,也有很少的怀疑。令人感到奇怪的是(但并非不公平),主张只从正式的模式或已建立的理论而得的教育想法与实践,这个想法到底有多大的弹性。

然而,我们必须立即说明的是,我们来自于一个复杂的文化背景,我们接受历史的洗礼,无时无刻不为教条、政治、经济力量、科学上的变迁及人类戏剧所围绕;为了生存,也总是进行着艰难的交涉与折中。因此,我们必须不断地挣扎并随时修正我们的方向,不过,到目前为止,命运让我们免于接受可耻的妥协或做出违背诚信的事。对教学法而言,不受到过度自信的桎梏,而应去了解教育学本身不同力量之间的相关性和将理想变为实际所遭遇的困难。皮亚杰已警告我们:科学资料与社会应用者之间的失衡现象导致教学法的谬误与薄弱。

为我们自己作准备本身是一件艰难的工作,我们寻求相关书籍,四处奔走,企图从极少但弥足珍贵的其他城市创新经验中,捕捉不同的观点与建议;我们和其他朋友及全国教育领域中最活跃、最具创新精神的代表人物共同组成研讨会,尝试实验,开始与瑞士、法国等地教育界的同事共同分享彼此的经验。这些团体中的第一个团队(瑞士)深受积极性教育理念与皮亚杰学派趋势的吸引,而第二个团队(法国)创设了一个奇特的学校,这个法国学校每隔三年便搬迁至另一个新的地点,利用当地老旧、废弃的农舍重新整修为校舍,以校舍的整修作为对幼儿最基本的教育。这些便是我们所进行的。逐渐地,所有的成果便凝聚统合在一起。

20世纪60年代的幼儿教育

甘第尼:大家都知道在20世纪60年代,意大利对幼教出现一种新的觉醒,当时伴随的文化背景又是什么?

马拉古齐:在20世纪60年代,关于幼儿教育的主题是激烈政治辩论的重点,幼儿教育的需求是毋庸置疑的,最主要的争论在于学校是否应被纳入社会服务之中,更多实际的考量尚未出炉。事实上,就全盘的教育而言,在法西斯的统治下,意大利的教育落后了整整20年,有关社会科学的研究都受到压抑,欧洲其他国家与美国的理论和经验也被摒弃在外。约翰·杜威、瓦龙(Henri Wallon)、夏帕赖得(Edward Chaparède)、德克罗列(Ovide Decroly)、安通·马卡热可(Anton Makareko)、维果茨基,以及后来的艾瑞克森(Erik Erikson)与布朗分布伦纳(Urie Bronfenbrenner)等人的作品开始广为人知。另外,我们也阅读波费特(Pierre Bovet)与费列尔(Adolfe Ferrière)所著的《新教育》(*The New Education*)以及学习法国弗雷内(Celestine Freinet)的教学技术、纽约的达顿学校(Dalton School)中所实施的"进步主义"教育实验,和皮亚杰等人在瑞士日内瓦所进行的研究。

这些文献所传达的强烈信息,引导我们的选择,给我们决心,不断成为经验交流的诱因,使我们避免停滞不前。因为教育内容与方法之间关系的辩论,在政治理论者的拖延下耽搁了十多年之久,我们认为这些辩论毫无意义,它并没有考虑"差异性"是社会的一部分,也忽视了积极性教育是建立在一个内容与方法两者紧密联结的状态下。而我们本身对家庭、幼儿、教师三者逐渐投入项目所带来的多元性的觉醒,增强了我们对积极性教育所持的信念,也使我们更尊重其他人所处政治地位不同,让我们挣脱偏颇与成见的捆绑。

回顾从前的点点滴滴,我们对任何事物的尊重,在精心规划教育方案时,为我们带来坚强的自主能力,同时也帮助我们对抗许多反对的压力。

自从20世纪一开始,仰赖阿加齐修女以及蒙台梭利这两位重量级的人物是意大利的传统。蒙台梭利是第一位受到赞扬的,但由于"蒙氏教学法"采取科学化的教育取向,遭到后来掌权的法西斯政府的贬低,因而成为非主流;阿加齐修女的教学法则因为比较接近天主教派对幼儿所持的观点而受到采用。我相信蒙台梭利与阿加齐修女两人的著作必须被传递下去,才能够超越她们两人原有的成绩。

同时,当时的罗马天主教会实际上几乎垄断了所有的托儿所教育,他们对协助幼儿和提供监护服务付出的心力,比回应社会及文化变迁所作的努力还来得多。一间教室通常容纳了40~50位幼儿,只由一位没有教学文凭也不支领任何薪水的修女负责。以下的统计数据可以说明当时的情况:在1960年,大约只有1/3的幼儿进入托儿所就读,当时22917位教师中的20330位是修女。

更多灵感的来源

甘第尼:您已经提到第一波影响你们的种种,是否可以告诉我们还有哪些想法与观念对你们而言是重要的?

马拉古齐:在20世纪70年代,我们听到了第二波的声音,其中包括威尔福瑞德·卡尔(Wilfred Carr)、大卫·谢弗(David Shaffer)、肯尼斯·凯亚(Kenneth Kaye)、耶罗米·卡甘(Jerome Kagan)以及加德纳等心理学家,哲学家戴维·霍金斯、理论学者莫斯科维奇(Serge Moscovici)、查尔斯(Charles Morris)、格莱戈雷·贝特森(Gregory Bateson)、亨兹·芬·福尔斯特(Heinz Von Foerster)以及维埃拉(Francisco Varela)等人,再加上那些在动力神经科学领域工作的学者们,这些人启发我们并延续了好几代,一直反映在我们所作的选择中。从这些资源联络网,我们选出一些能持续很久的,或甚至不能持续太久的构想,作为讨论的主题和变迁的理由,以寻求文化变迁的关联性与不协调性,并寻找辩论的场合,以及激励我们肯定、扩展实践与价值。整体而言,我们已经掌握对理论与研究变通运用的能力。

谈到教育时(包括幼儿教育),我们不能受到文献的局限,但这类的谈话政治性十足,必须持续不断提醒大家经济、科技、艺术、人际关系和风俗上主要的社会变迁或转型。这些都大大地影响人类——甚至幼儿,如何看待并处理生活现实面的方式,而且无论在一般性或地域性层面,这些也决定教育内容与实践新方法、新问题与关于心灵探索问题的产生。

为幼儿寻找一个教育取向

甘第尼:在意大利,稚龄幼儿(4个月到3岁)的集体照顾在团体环境中发展得十分成功,这类幼儿保育工作在瑞吉欧·艾米利亚是如何开始的?

马拉古齐:1971年,全国性法令公布设立幼儿服务机构,而在法令通过的前一年,我们便在瑞吉欧·艾米利亚成立第一个提供3岁以下幼儿服务的中心。这项法令使意大利妇女在经过十年奋战后获得全面胜利,托幼中心的成立满足了妇女们的双重需求,除胜任母亲的职责与工作外,幼儿也能够在核心家庭中顺利成长。

提议设立婴幼儿中心的支持者，必须处理由鲍尔比（John Bowlby）和斯皮茨（Rene Spitz）两人著作中所引发的激辩，他们在第二次世界大战之后，研究母亲与幼儿分离所导致的伤害。另外，他们也必须说明来自天主教界的抗拒，教派害怕破碎家庭所带来的危机与病态的产生，这是一个非常敏感的问题。而我们的3—6岁幼儿的经验就成为有用的参考重点，但同时并无法提供完整的答案。与其以监护照顾的角度来思考，我们坚持天主教会的教育急需专业领域的人才、保育的策略，以及适合的、专为幼儿发展阶段设计的环境。

我们有许多的恐惧，而这些恐惧是合理的，这些恐惧帮助我们成长，让我们用谨慎的态度与年轻的教师及家长一起共事。家长与教师也学习用最多的关怀，去处理幼儿所面对的一个转型期——一个由集中于对父母与家庭的依恋感，转变为对婴幼儿中心大人与环境之间产生的依恋感。

事情进行得比预料中顺利，我们很幸运地拥有一位优秀的建筑师为我们规划第一个中心的环境，幼儿们很快都知道，我们期待他们在生命中的探险能在两个愉快且舒适的地方——家庭与中心之间循环着。在这两个地方，他们能够表现出先前被忽视的渴望，并与同伴共同成长，在此过程中找到可以驱除内心阴影与不安的参照点、领悟、惊喜、情感联系以及欢乐之处。

对我们、幼儿与家庭来说，创造一个大家可以长时间生活在一起的可能性——从婴幼儿中心到学前学校阶段，也就是5～6年相互信任及共事的时间。我们发现这段时间弥足珍贵，能够让教育工作者、幼儿与家长三者之间产生相互依赖的潜在力。

今天，在瑞吉欧·艾米利亚市，具有就学资格的幼儿中，有30%在我们的婴幼儿中心就读，倘若空间足够的话，大约可以再增加10%～20%的人数。我们从这些经验中学到什么呢？20年来的工作已使我们深信，即使再年幼的孩子也是社会的一分子，从出生开始，他们就倾向于与父母及其他的照顾者产生重要的关系（当然，父母也并没有因此丧失他们特别的责任与特权）。

幼儿在与同伴的互动游戏中所获得最明显的好处就是团体经验的再次保证，这个具有更广含义的潜在力，却仍未受重视。因此，我们同意美国心理学者，如艾伦·霍克（Ellen Hock）、布伦芬布伦纳（Urie Bronfenbrenner）的意见，也就是对一个母亲而言，不管她选择的角色是个家庭主妇或职业妇女，重要的是她是否能从自己的选择中，从家庭、幼儿中心或者至少从周遭文化中所获得的支持感受到自我实践与满足，亲子关系的品质比相处时间的多少来得重要。

基本原则篇

教育选择与组织的架构组成

甘第尼：在你们的幼儿学校里，什么样的组织协助您去了解创新的构想？

马拉古齐：我们把幼儿学校当做是一个完整的生命有机体来看，一个成人与幼儿可以彼此分享生活与关系的地方，学校是运转中的结构体，持续不断地调整自己。在这个有机体的一生中,我们当然必须随时调整我们的体制,就像海盗船为了继续海上的航程,必须被迫去修理他们的船帆。

创造一个友善的学校是可能的吗?

甘第尼:参观你的学校时总是会有一种发现与祥和的感觉,是什么因素可以营造出这样的气氛与充满乐观、积极的状态?

马拉古齐:我相信我们的学校展现出一种尝试,也就是将工作的组织与环境融入整个教育课程中,以激活最大的活动允许最大范围内的相互依赖和互动。我们的学校就像是一个永不懈怠、充满活力的有机体,它有其困难、争议、欢乐,也有处理外在干扰的能力。重要的是对学校的走向有一个共识,而把各种形式的诡计与虚假都摒弃一旁。我们的目标,也是我们一直追求的,是创造一个和谐的环境,在此环境中的每一位幼儿、家庭及教师们都感到自在。

就从环境说起,我们有一个大厅入口,在那里通告、记录以及预告有关学校的整个形式和组织。再往里走有一个餐厅,可以很清楚地看见厨房,从大厅入口处的另一个方向进去是一个共同的空间,或者称之为广场(piazza),作为接触、友谊、游戏及其他活动的场所,教室与其他设施空间与广场虽相隔一段距离,但也都与其相连接。每间教室被分隔成两个紧邻的空间,是采用皮亚杰少数可实际应用的建议之一,他的想法是允许幼儿可独处或与教师在一起。但是我们却让这两个空间能有更多的用途。除了教室的空间以外,我们也设立了"工作坊",也就是学校小型工作室及实验室,幼儿在那里巧妙运用单一或连贯的视觉语言,独自分开或结合文字叙述来进行操作或实验;另外在每一间教室的旁边设立一个"小型工作坊"(mini-atelier),可以让幼儿进行更具深度的项目活动。我们也有音乐教室和数据文件室,我们在那里放置由教师和家长所制作的大小、形状不一,有用但非商业性的物品。校园内所有的墙壁都是幼儿或教师们的作品临时或永久性的展示空间:我们的墙壁是会"说话"与"记录"的。

每一间教室里的两位教师采用协同教学的方式,而且也与其他的同事或家长共同计划教学活动。学校的所有教职员一星期开会一次,互相讨论和扩充他们的想法,同时也一起接受在职训练。我们有一组教学协同研究人员,协助学校各成员之间的联系并考虑全盘想法与细节。借由个别会议、团体会议或校务会议让家长们可自行召开会议,或与教师一起召开会议,每一所学校的家长们也成立一个咨询委员会,固定每月开会2~3次。除此之外,整个市镇、郊区以及附近的山区都可以作为额外的教学场所。

因此,我们有一个结合场所、角色和功能的机制,各自有各自的时间表,但也可以互相交流以期产生更多的想法与行动。整个合作的联合工作网,在一个充满生气及真诚的世界里,为家长和幼儿们带来一种归属感。

以相互关系为基础的教育

甘第尼:您如何建立并维持与学校有关团体之间的互动与合作关系呢?

马拉古齐：在我们的教育体制中，最基本的就是以幼儿为中心，但除此之外我们仍觉得不够，我们也认为教师与家庭在幼儿教育上扮演重要的角色，因此，我们选择将我们兴趣的中心放在这三个主角上。

我们的目标是建立一所和谐的学校，幼儿们、教师和家长在那里感觉就像在家里一般。这样一个学校需要缜密的思考与计划过程、动机和兴趣，也必须包含三个核心主角的相处之道、强化三者关系的方法、对教育问题付出全心的关注，以及参与和研究的推动。最有效的方法就是让幼儿、教师以及家长三者更团结并了解彼此的贡献，这也是使所有成员对合作共事感到自在，并在和谐中产生更高水平结果的最佳工具。

任何人进行课程一开始，先思考采取何种行动，才能将目前的情况转变更新并符合预期的结果，我们的取向也是如此。为了进行，我们计划并反省与认知、情意及象征相关的领域，我们修正沟通技巧，也非常主动地和许多参与者共同进行探索和创造，同时对改变保持开放的心胸。当以这种方式与成员分享所有的目标时，最有价值的那一部分仍是在人际互动中获得满足感。

即使我们心目中的架构（以幼儿、教师和家长为中心）显示了缺点和困难，而参与也有不同程度的强度，学校激发的气氛对大家所关心的事务提供了一种积极的接纳态度。之所以会如此，是因为我们的学校欢迎想法的交流，一直有开放与民主的风格，也因此更开放我们的胸襟。

疏离、冷漠和暴力愈来愈成为现今社会的一部分，这些东西与我们的教育取向相违背，也因此更坚定我们前进的决心，所有的家庭也有相同的感觉，现代社会的隔阂成为我们更加渴望敞开心胸的理由。

这种种都作用于建构一种以关系和参与为基础的教育，在实际运作层面上，我们必须维持并重新促成新的沟通联络网。我们与家长一起开会讨论课程；在策划活动、安排场地及准备新生欢迎会时，我们寻求家长的合作。我们将其他小朋友及教师的地址与联络电话发给每一位幼儿，鼓励他们相互拜访，在家里准备点心接待客人，或参观幼儿家长的工作地点。我们也与家长组织远足活动，比如去游泳池或体育馆，与家长同心协力整修家具或玩具，一起讨论项目和研究，也在学校共同举办餐会或其他庆祝活动。

与家长共同合作的教育取向也大大显示出我们的哲学理念与基本价值观，包括互动与"建构主义"层面、关系的强度、合作的精神，以及个人与团队在研究过程中付出的心力。我们珍惜不同的情境，在社会互动中仔细留意个别认知活动，建立情感上的结合。在学习双向沟通技巧的过程中，我们也理解到有关婴幼儿的政策，鼓励幼儿与家长之间相互的调整，并致力于成人教育能力的增长。我们真正摒弃幼儿以自我为中心、只专注于认知及外在物质环境的看法，以及小看与低估幼儿的感觉与情意发展的态度。

关系与学习

甘第尼：请问您从哪一特殊的角度来看待在这具有丰富关系情境中的幼儿的学习？

马拉古齐：在我看来，在积极的教育过程中，各种关系和学习是相互配合的。它们来自幼儿的期望与技巧、成人专业能力，以及更广泛地源自整个教育过程。

因而，我们必须在实施中有具体表现，在复杂、决定性的一点上予以回应：幼儿的学习并非教师教授后的一个自行发生的结果，反而大部分是由于幼儿自己参与活动的结果及利用提供的资源自己动手做的结果。

我们必须考虑到幼儿未入学前或在学校之外独自建构的知识与技巧，这类的知识基础并非属于维果茨基所谓的"前史背景"（prehistory，就如同是一种完全独立的经验），而是幼儿进行中的社会发展。在任何一个情境下，幼儿并不会等待对自己提问题或形成关于想法、原则或感觉的策略，不管在任何时候、任何地方，幼儿一直于学习与理解的建构与获得中，扮演主动、积极的角色。学习是一种令人满足的经验，同时也如心理学者尼尔森·古德曼（Nelson Goodman）所说的，了解是去体验欲望、表演及挑战。

因此在许多情况下，尤其是当挑战来临时，幼儿告诉我们他们知道如何往理解的道路前进。一旦幼儿受到协助而视自己为作者或发明者，一旦他们接受协助而发现质疑及追根究底的快乐时，便爆发出动机及兴趣，他们期待不同与惊喜。身为教育工作者，我们必须理解幼儿的张力，部分是因为即使以最少的反省，我们也可在我们身上找到相同的事物（除非新鲜感与困惑感的吸引力已经逐渐淡化或消逝）。与接下来的几个时期相较，这类的期待是幼儿时期的一大特色，让幼儿感到失望将剥夺许多在往后岁月里无法再唤回的机会与可能性。

但是，对幼儿的称赞，并非企图回到20世纪70年代的天真行为，尤其当我们发现幼儿在建构活动中采取主动的角色，加上幼儿与成人互动过程的双向结果导致对成人角色的贬低时，我们更不希望过度强调幼儿在互动过程中的主控能力。事实上，双方面的互动是一项难以忽视的原则，我们把这种互动想象成乒乓球赛［您是否记得在《丰富的思考》（*Productive Thinking*，1945）一书中，伟大的"格式塔"心理学家韦特海默（Max Wertheimer）完美地叙述了两个男孩之间的羽毛球赛］，为了让比赛继续进行，成人与幼儿的技巧需要作适当的调整，才能帮助幼儿在技巧的学习中成长。

所有的考量都提醒着我们，我们与幼儿相处的方式将影响到幼儿的学习动机与所学到的事物，我们必须将幼儿的环境设定好以鼓励认知领域与关系、情感领域之间的互动，因此发展与学习之间、各种不同的象征语言之间、想法与行动之间、个体与人际之间的自主性都必须相结合，而价值应该强调于情境、沟通过程中，以及幼儿之间或幼儿与成人之间较广的互惠交流网络建构中。

然而，成功的关键在于拥有清晰、开放的理论概念，以确保随时与我们的选择、实务运用及持续不断的专业成长相一致。

扩大沟通联络网

甘第尼：您已经很详细地叙述了各类关系在你们的教育取向中所占的重要地位，但是你们的取向只以关系为基础吗？

马拉古齐：当然不是，沟通是我们体系中主要的结合层面，但是"关系"不应只被理解为一个温暖的保护壳，而应从一个朝共同目标互动的力量与元素之间富有活力的连结的角度来看待。我们整个体系的力量在于我们将关系与互动之间的必要情况明朗化并加以强化，我们支持社会交流，因为它确保在认知、情感和表达领域里所有相关的期望、冲突、合作及所凸显的问题的沟通。

我们的教育目标是借由同侪与成人的认同，来强化每一位幼儿的自我意识，而自我意识的强固足够使幼儿充分感受到归属和自信心，以参与学校中的活动。我们经由这种方式鼓励幼儿去开拓沟通联络网，精通及重视语言在各个层面与情境中的使用方式。其成果是，幼儿发现了沟通如何强化个人与团体的自主能力，经由意见的交流和对谈，对想法的信赖、沟通及行动，整个团体形成一个特殊的整体。

以关系为基础的教学取向最能表现出教室由独立个体、小团体加上不同的同质性关系和技巧所组成的特性。沟通情形有其不同的面貌，我们留意到某些幼儿沟通行为较其他人来得少，教师或参与的观察人员利用问问题、面对面的交换意见、重新引导活动、修正方法或与某位特定的幼儿共同强化彼此的互动，来回应他们所见所闻。2—4位幼儿为主的小组活动，是最让人期待及最具有良好沟通功效的单位。对以"关系"为基础的教育而言，这种小组是最理想的教室组织模式，有助于冲突的产生与探索，而且活动能联结幼儿先前曾说过的意见以及自我调整的适应能力。

也许从系统的观点能帮助我们分析"关系"所扮演的角色，我们学校的整个关系系统是实质的，但同时也是象征的。在这个系统内，每一个人与其他人之间有一个正式的角色关系，成人与幼儿的角色相辅相成：他们互相提问、倾听与回答。

这些关系所产生的结果，是让学校中每一位幼儿拥有不平凡的特权，经由沟通与具体体验在经验中学习。我要说的是，关系系统之内及其本身实质上有教育的自主能力，而非只是某条让幼儿有安全感的大毯子[温尼科特（D. W. Winnicott）所谓的"过渡时期的物品"]，更不是载着幼儿到奇幻世界旅行的飞毯，这个系统应该是永远在场的，甚至当过程变得愈困难时，我们对系统的需求愈大。

促使联盟成功的必要条件

甘第尼：谈论到你们的课程时，有一个问题是，你们如何成功地维持家庭的高度参与？

马拉古齐：这是我们经常会被问到的问题，让我们先不要以哲学、社会学及伦理学的观点来回答这个问题。家庭参与需要许多事情的配合，其中最大部分是需要教师们不断地调适，教师必须对确定的事物仍抱有质疑的习惯，不断提高敏感度和认知，幼儿需要时随时在旁，研究重要形式的假设，随时更新对幼儿的知识，对父母角色的丰富评估，以及谈话、倾听和向家长学习的技巧。

要满足这些要求，教师需要不断地对自己的教学提出疑问，并必须将无法留下任何痕迹的疏离、沉默的工作方式放在一旁。教师必须找出沟通和记录幼儿在校经验的方法，对家长提供品质稳定的资讯，也使幼儿及教师重视这些信息。我们相信，记录的方式也给家长提供了一个了解的机会，将实质地改变他们的期望，让他们重新检讨为人父母角色的假设以及对孩子生活经验的看法，并以一个全新的、更具好奇心的方式来看待整个学校经验。

对幼儿来说，大量档案第二次创造了同样令人感到愉快的情境。当幼儿专注他们成就的意义时，他们变得更好奇、更感兴趣、更有信心，他们知道自己的父母在学校感觉像在家里，与教师相处时感到自在，也被告知已经发生或即将发生的事情。当幼儿欣然接受家长对他们说"今天晚上，我要去学校和老师谈一谈"或"我要去参加咨询委员会"，或当家长协助筹备学校远足和庆祝活动时，我们知道我们已经建立了稳固的友谊。

最后，对家长与幼儿来说，知道教师们一起共同完成多少工作，这点很重要。他们必须了解教师们多久一起开会讨论，会议中有时候气氛平静，而有时大声讨论。他们必须了解教师如何共同合作于研究计划及其他主动发起的活动；如何细心且耐心地记录着工作过程；如何技术纯熟地操作照相机与录影器材；如何隐藏内心烦恼担忧之事，和蔼地陪幼儿们一起游戏；如何尽职尽责。这些代表着不同形式的典范，令幼儿们印象深刻，也让幼儿看见一个人们真诚地互相帮助的世界。

活动中的幼儿——幼儿认知发展课程[1]

戴维·韦卡特

作者简介

戴维·韦卡特（David P. Weikart,1931—2003），美国著名的儿童心理学家，佩里学前教育研究计划（Perry Preschool Project）[2]的主持人，高瞻课程（High/Scope）的创始人，他同时也是密歇根大学人体运动学系的荣誉副教授、高瞻教育研究基金会（HighScope Educational Research Foundation）的动作和音乐研究部的高级顾问。

韦卡特1931年出生于美国俄亥俄州东北部城市扬斯敦，在家中排行老二，有一个姐姐和两个弟弟，父母都是充满爱心、乐于助人的社工兼教师。韦卡特于1949年在俄亥俄州欧柏林学院学习，主修心理学、辅修动物学，1956年进入密歇根大学攻读教育学和心理学的博士学位。1962年，他发起了佩里学前教育研究计划，佩里计划可以说是高瞻课程研究的前身。1966年，韦卡特兼顾着心理咨询师、夏令营活动、研究工作，获得了密歇根大学的博士学位。1970年，韦卡特创立了高瞻教育研究基金会，进一步继续进行学前教育方面的研究。

选文简介、点评

《活动中的幼儿——幼儿认知发展课程》是美国海伊斯科普（High/Scope）教育科学研究多年对幼儿进行教育实验和研究的成果。他们以皮亚杰的认知发展理论为基础，吸取现代教育学和心理学的研究成果，建立起了一种颇具特色的幼儿认知发展课程。这个课程的主要特色在于总结出幼儿认知发展应获得的关键经验，指导教师如何在幼儿园一日的各种活动中帮助幼儿逐步获得这

---

[1] [美]玛丽·霍曼,戴维·P.韦卡特,等.活动中的幼儿——幼儿认知发展课程[M].赫和平,等译.北京：人民教育出版社,1995.

[2] 佩里学前教育研究计划：美国最早启动也是最有名气的幼儿教育长期效果研究项目，其实验研究结果有力地证明了幼儿教育对人的后来发展具有长远的、多方面的影响。该计划由美国 High/Scope 教育研究基金会组织，由戴维·P.韦卡特领导，实验地点在密歇根州伊皮西兰特（Ypsilant），计划开始于1962年。——编者注

些经验,以促成他们的良好发展。全书共分为十二章,分别阐明学习环境的准备和布置、一日活动的安排、教师的集体、教师共同制订计划,以及如何指导幼儿主动学习,促进孩子在语言、经验与表征、分类、排序、数概念、空间关系、时间关系等方面的发展。对幼儿各种能力的发展特点、学习方式及教师的指导方法均有详细的介绍。

选文主要选自该书的开始的引言一节——一种课程结构。本节的基本架构逻辑是:基于对发展理论特别是皮亚杰的儿童认知发展理论考察和概述的基础上,提出学前儿童"主动学习"这一假设。因此如何促进学前儿童有效学习,即"主动学习",就成为本课程编制的中心任务,而对这一中心任务的理解和解决须基于对学前儿童发展特征的认识和把握。根据皮亚杰认知发展理论,学前儿童的特征主要表现为:(1)发展既依赖于生物性成熟因素,又依赖于主体的主动经验。因此,儿童真正的学习是基于儿童已有的经验,即认知结构。(2)学前儿童的思维特征主要集中在皮亚杰所说的前运算阶段(2—7岁),主要表现为:能对自己的行动进行思考,能够回忆起过去的经验,在熟悉的因果关系情景中推断事件的后果;象征性思维得到一定程度的发展;同时由于思维的局限性很难同时注意到事物关系或过程的一个以上的特征,还不能理解事物关系的"类包含"、"转换"或能够"守恒";另外还体现了"自我中心"的特征以及智慧的认识先于语言的表达,也就是说,语言传递并不是掌握逻辑和物理关系的基本手段,而行动才是掌握这些关系的手段。基于皮亚杰的理论概括出与促进正常儿童迅速发展的认知系统的目标中关键经验种类,具体体现在:主动学习的关键经验;语言运用的关键经验;经验表征的关键经验;发展逻辑推理的关键经验;理解时间和空间的关键经验。这些关键经验之间并不是相互隔离,而是相互联系。在实施这些关键经验的过程中,教师是儿童发展的支持者,他的基本任务是促进儿童的主动学习。

值得注意的是,从该书《活动中的幼儿——幼儿认知发展课程》这一题目以及各个经验领域似乎正如本文所提到让人觉得有认知倾向的嫌疑,忽视幼儿的社会性情感的发展。事实上,并非如此,因为在本课程中,儿童本身就是课程的参与者,教师和儿童之间形成积极的、协助性关系。另外,本课程要求儿童自己制订计划,操作和评价加强了儿童的个人责任感,从而促进儿童的自我价值感和独立性的发展。这些都体现出儿童社会性情感的发展,只不过这种发展是通过"间接手段"来实现。

总之,该书既有深厚的理论基础,又具有切实和可操作性的详细关键经验实施措施以及注意事项,既适合学前理论研究者也适合一线幼儿教师以及管理者的阅读和学习,同时也可作为幼儿教师综合性培训内容的一个部分。

选文正文

引言　一种课程结构

海伊斯科普教育研究中心任务在于为能有效地促进儿童发展的教育提供一种课程结构。有效地促进儿童发展这一概念提出了这样的假设：在人的一生中，各种能力的发展都有一定的顺序性，发展的每一阶段都会出现新的能力。好的学习环境会对人的发展潜能提出挑战，并提供练习的机会；而差的学习环境则无法给新习得的技能提供运用的机会，或者，要求学习者超水平地运用这些技能。

尽管我们可能对人类各方面发展的顺序性进行推测，但人类的实际发展不会产生相同的可预测的结果。人类所有的个体在出生时就表现出个人的特征，这些特征后来逐渐分化发展成独特的个性。学习总要受到学习者独特的个性因素的影响，因而忽视或试图排除这些个性特征因素的教育过程也总是以不理想的教育效果而告终的。

如果我们确实能预测从婴儿一直到成人的成长和变化过程，也就是说，如果人类发展确实存在着一定的阶段性，那么在人的一生中，就有可能在某一时期对某些事物学习的效率最高，效果最好。这样，有些教育方法就可能比其他方法更适合于某一特定的发展时期。

假定发展变化是人类生存的一个基本事实，但每一个人在发展上又是独特的，并且各种学习都存在着一个最佳期，那么，有效的促进发展的教育可以根据下面三条标准来衡量，某种教育的经验、过程和方法，只要符合以下几点，它就能有效地促进儿童发展。(1)能对儿童在某一特定发展阶段正在出现的各种能力提出挑战，并提供练习的机会；(2)能鼓励和帮助儿童发展他自己独特的兴趣、才能并符合长远的目标；(3)当儿童对某种学习内容处于最佳的掌握、概括和记忆期，并能把这一内容与过去已有的经验和将来的事件联系起来时，能及时给他们提供有关的学习经验。

海伊斯科普认知发展课程试图给儿童设计一种能有效地促进他们发展的教育课程结构，这里的儿童，也就是皮亚杰称之为"前运算阶段"的儿童。我们运用发展的理论和研究来确定学前儿童的发展的本质，诸如学前儿童的特征，他们的正在发展中的能力和发展的局限性。为了更好地理解发展的过程，我们还查阅了发展心理学方面的文献资料。

发展理论——适用但并非完善

有关人类发展过程的科学研究仍然处于开创的阶段。有许多问题甚至在研究人员和理论工作人员之间都未取得一致的意见。在这种情况下，我们选择了这一途径：(1)采用当前情况下最完善和最一致的理论，即皮亚杰理论；

(2) 根据皮亚杰理论中已被大家广为接受的原理来设计课程的目标和方法,而不去涉及他的理论中深奥难懂的有争议的敏感问题。

皮亚杰曾提醒我们注意,在理解人类的发展时,应认识到思维过程中潜在的结构变化的重要性。我们把皮亚杰的这一假设作为一个有用的开端,就是发展既依赖于生物性成熟因素,又依赖于主体的主动经验。主体通过作用于外部世界以及因此获得的反馈信息来建构日益有用的关于现实的知识。主体依据假设、设想和理论——"认知结构"来对新的经验作出解释,这种认知结构就是在儿童发展的特定阶段能代表他的智力水平的内在能力;同时,这些经验又促进认知结构产生变化,从而影响进一步的发展。我们的有关儿童内部发展系统的"蓝图"主要受到皮亚杰理论以及皮亚杰学派研究的影响。当前,发展心理学家感兴趣的一些心理系统包括:感觉运动过程、知觉、记忆、非语言表征、语言、认知结构、运算(思维转换系统)和情感过程。这些心理系统相互作用,同时受到能决定人类有机体特征的生物因素的影响,包括生长、成熟和成年。当然,心理系统同时也受到环境经验的影响。皮亚杰的一个贡献是帮助我们认识到,经验是由主动的个体自己建构起来的,因而学习和发展不仅仅是一种条件反射。

这些心理系统之间是如何进行作用的呢?这一问题已成为当代心理学的中心问题。如果诸如语言与逻辑运算或感觉运动过程,想象和记忆系统之间的关系能够弄清楚的话,课程设计人员就会感到很方便。但现在情况并非如此,令课程设计人员更感困惑的问题在于,无论是经验与特定成熟过程的关系,还是这些心理系统之间的相互关系,都缺乏清楚的理论阐述,更不用说提供有说服力的数据了。我们要感谢皮亚杰、布鲁纳(Bruner)和乔姆斯基(Chomsky)这几位学者,正是他们的研究,使我们对人类的发展有了更好的描述方法。但有关影响发展变化的决定因素以及有关在教育实践中应用方面的信息仍相当有限。这一状况在教师与非"正常"发展儿童相互作用时尤为突出。我们所能选择的最佳途径,就是运用皮亚杰理论来概括出与促进正常儿童迅速发展认知系统的目标有关的经验种类(并以此推断出帮助残疾儿童的方法)。

皮亚杰理论的学前教育含义

皮亚杰对儿童思维和行为逻辑方面的发展最感兴趣。他认为,儿童在没有正式教学的情况下也能理解逻辑原理,如转换性原理(如果 A 大于 B,B 大于 C,则 A 大于 C),但对这种逻辑原理的理解也不是与生俱来的,逻辑数学知识是儿童在许多具体的行动和经验中建构起来的。儿童的逻辑能力如数的守恒、转换、类包含关系,以及在任何明显的转换(如体积、重量和容积的转换)条件下物理特征的守恒,都根据预定的发展顺序得到发展,成人干预并不会加速这种发展。

对教师而言,我们必须强调,逻辑数学知识是一种最难以教学的知识。这种知识一定要在比较成熟的发展阶段,至少要到"具体运算"阶段①才能掌握。运用说教的方法来加速这种发展并不能有效地促进发展的进程,因为儿童建构他们自己的对现实世界的理解,这种理解是在不断对新经验作出反应和接触其他不同观点的过程中得到发展的。

我们认为,对教育工作者来说,皮亚杰理论最重要的含义即教师是儿童发展的支持者,他的基本任务是促进儿童的主动学习。主动学习——有关物体、人和事件的直接的、即时的经验——是认知重新建构并获得发展的必要条件。简言之,学前儿童通过自发的活动来学习概念。这种活动在一种社会性环境中进行,机智、敏感的教师以一个参与者和观察者的身份参与其中,他为儿童在这一环境中获得丰富的经验提供了可能性。正是这些经验的习得使儿童产生适当程度的认知结构上的不平衡,从而给认知的重新建构提供了一种动力。只有在把学习看成是一种在儿童自发的身体活动和思维活动之间建立联系的活动时,儿童的兴趣和能力才能得到最有力的支持。

学习的明确性和持久性与学习中的主动性和直接性的程度有关,因为主动和直接的经验必有感知觉和动作系统的参与,正是这些系统帮助儿童建立了对周围世界的核心认识,而当儿童处在更成熟的发展水平时,他们就能通过间接的手段,在已有认识的基础上建构新的知识经验。

可以说,并非只是皮亚杰一个人持这种观点,这种哲学观和杜威、蒙台梭利和苏格拉底的观点完全是一致的。我们认为,这些教育哲学家观点上的一致性给我们在这一基础上从事进一步的研究提供了坚实的基础。

学前儿童的特征

让我们把主动学习作为我们课程结构"编制"的中心假设。儿童发展的内容是什么呢?学前儿童的发展与婴儿和学校儿童的区别在何处?对3、4岁的儿童来说,他们发展中的哪些方面最重要,并需要得到成人的支持?

经过几年在婴儿期和学步期的艰巨努力之后,一个发展正常的儿童实际上已经获得了思维表征、指导自己的行为的经验,以及用语言和别人交往的能力。这些能力的获得是一种巨大的成功;在3岁左右时,人类解决问题的能力已经胜过地球上任何种类的成年动物。学前儿童已经对自己的行动进行思考,能够回忆起过去的经验,在熟悉的因果关系情境中推断事件的后果,通过思考,而不是仅仅依赖于尝试错误的方法来解决日程生活中遇到的问题并能够对超越当地和当时的空间和时间进行思考。

学前儿童的象征性表征,即以思维想象和模仿形式表现出来的对所谓"象征性知识"的运用,已经在感知运动阶段(2岁以前)的行动中逐步得到发展。在

---

① 7岁以后——译者注

从事这种象征性活动时,学前儿童表现出很强烈的动机和热情,正如他们显然受遗传模式的驱使去练习语言的运用和语言学习能力一样。学前儿童喜欢模仿、装扮、绘画、用积木或橡皮泥制作真实事物的"模型",因为通过这些活动,他们能练习表征世界事物的能力。他们学习把符号或表征与它们所代表的真实事物区分开来,尽管有时他们在区分想象、幻想、梦、装扮和现实事物时仍感到有困难。

另外,这种引导学前儿童思维进程的、无意识的运算思维结构还没有能组合到下一个发展阶段,即具体运算阶段的思维转换体系中去,正是因为缺乏这种组合,使得儿童无法对一种过程或转换作逆向思维,无法在思维水平上对刚刚组合起来的事物进行分解或颠倒一种时间顺序。学前儿童虽然能对一种特定的情景进行表征思维,但他们无法在头脑中描绘转换过程的顺序,不管这种转换是代表了从一点到另一点的运动,还是诸如溶解和结冰等物理过程的变化。他们很难同时注意到事物关系或过程的一个以上的特征。他们还不能理解事物关系的"类包含"、"转换"或能够"守恒"。

前运算思维还具有自我中心的特征——即以自己看问题的角度为中心。如学前儿童的空间和时间概念是以自我为中心的,缺乏客观性,因而他对因果关系和度量的理解不可能与成人相同。

语言是表征的另一种形式,他在前运算阶段得到了发展。认知发展心理学家和大多数心理语言学家认为,智慧的认识先于表达这种认识的言语的正确掌握和运用。如儿童掌握有关比较和排序的行动,然后才会在语言中出现比较级和最高级①的语法形式。一旦儿童掌握了一个概念,成人就有可能把与概念相应的词汇教给他,但光教会词汇并不意味着教儿童掌握了这一概念。换句话说,语言传递并不是掌握逻辑和物理关系的基本手段,而行动才是掌握这些关系的手段。然而,语言和其他的表征形式(如思维想象和动作编码)似乎确实参与了解决问题的过程。语言也是个体之间交流的媒介,它能给儿童提供一种正确的反馈信息,这种反馈信息将有助于削弱儿童心理的自我中心特征。

关键经验

主动学习是儿童发展过程的核心,根据这一假设以及上面描述和概括的皮亚杰有关"前运算阶段"的儿童所具有的最重要的认知特征,我们确定了近50条关键经验,这些经验能够用来作为有效地促进学前儿童发展课程中的计划制订和评价的指标。这些关键经验虽然并不完善,但近16年(1962—1978)来,它经过许多幼儿教师的修改和补充,已经成为海伊斯科普认知发展课程以及编写这本书的基础。

---

① 英文中形容词的用法——译者注

关键经验之间的相互联系

这些关键经验并非创造一种围绕某些特征的概念来组织的零碎的学习和教学情景,而是用来帮助教师了解人类基本的智力过程和内容。在这一基础上,教师可以添加任何活动和进一步活动范围,从而组成促进儿童的课程结构。我们认为,这些经验应以某种形式纳入所有的学前教育课程。

关键经验之间显然有着密切的联系,在任何实际的学习活动中,它们都应该综合为一体,而不是以孤立的形式让儿童来学习和运用。关键经验之间的联系可以这样来描述:

所有学前儿童的学习活动都必须建立在物体操作的主动性经验的基础上,言语和非言语表征[布鲁纳的"图像"(Iconic)和"象征性"(Enactive)表征,皮亚杰的"标志"(Index)和"象征性"(Symbolic)表征]模式能进一步丰富这种主动性经验。言语和非言语表征对具体的、生动的经验能起到一种检查和说明的作用,但并不是用象征性模式来替代具体的经验。

因此,与空间、时间和逻辑概念有关的经验必须建立在主动的、具体的经验基础上,言语和非言语表征可用来思考和解释这些经验。如在一个活动中,给儿童提供不同粗细的砂纸,如果让儿童自己感觉或使用这些砂纸,儿童就是主动的。活动中的谈话能反映出儿童谈论材料的不同质地的愿望,也能反映出教师对这一组儿童可能会通过非言语形式,如象征性地用砂纸擦一块木头,来表现他们对这一经验的思考。

关键经验按一定的顺序,分成不同的类别或交叉在不同的类别中列出。每一种经验都能通过适合儿童不同发展水平的多种活动来实现,这些活动既可由教师来组织,也可以是儿童自发的活动。

在安排一年的活动顺序时,不管是对全班儿童,还是个别儿童,或是对任何一种特定活动的扩充,应考虑遵循下面从左到右的顺序原则:

具体→抽象

简单→复杂

当地当时→较远的时间和场景

每一条关键经验应反复出现,因为它们并非是要达到的"目标",检查一下是否达到就行了,它们更像维生素和其他的营养:它们以许多不同的形式反复出现对于良好的"智力营养"是非常重要的。所以,应该把这些关键经验放在不同的活动中。认知发展课程指南仅仅给教师提供了一种指导的依据,据此教师可以扩大和丰富儿童的兴趣,而不是把它作为教学的日程或特定活动的"菜单"。

成人的作用

在认知发展的课程中,对成人作用的最贴切的描述为,他是儿童解决问题活动的积极鼓励者。成人可通过以下的方法来鼓励或促进儿童解决问题:

提供丰富的材料和活动,儿童可以对材料或活动进行选择。

明确地要求儿童运用某种方式制订计划,表明他们准备干什么,怎么干。这样帮助儿童学习为自己制定目标,并在完成这些目标的过程中找到和评判不同解决问题的办法。

通过提问和建议,为有关儿童的思维过程、语言发展和社会性发展的关键经验创造条件。

成人组织的活动与儿童自发的活动之间的平衡是本课程的一个关键。使用认知倾向性课程就是一个不断提问题的过程,教师要考虑如何才能给每个儿童提供符合他们兴趣,又能有力地支持他们的学习和发展的关键经验。

制定一种提出目标和方法,而不是具体的教学内容的课程指南有一些明显的难处。教师不能很快地掌握指南的使用方法,而且对缺乏儿童教育实践工作经验的在校师范学生来说也较难掌握。一种必然的结果是对这种课程的教师培训是一种长期的连续过程,它远远不是通过某个短训班、研讨会,或在一次实地参观和观察过程中得到的。浮于表面的、彼此不相干的点点滴滴的概念是不能解决问题的。

海伊斯科普研究所进行的最成功的在职教师培训给受训的教师提供了一种把几种学习经验综合起来的方法,包括:"课程助理"根据课堂观察给学员提供反馈意见,短训班,使用多种评价手段,在海伊斯科普幼儿学校的示范班听课或从事教学活动,和主班教师一道从事教学工作,或和那些熟悉这种课程的人在一起工作。这本书,仅仅是为早期教育工作者和那些关心学前儿童的人所能提供的综合性培训内容的一个部分。它可以作为一本综合性教育哲学和方法入门书,而这种教育的大致概括和相互联系已经在上面进行了简单的描述。

有关社会性和情感发展的解释

许多注意到"认知倾向性"这一术语的人都认为这种课程对儿童的社会性和情感方面的发展不太重视,他们唯恐这一课程对儿童发展中的关键问题和重要阶段不够敏感。事实上,本课程对这些问题相当敏感,只不过是运用间接的手段来处理这一问题。根据许多以往经验,我们可以推断,把重点直接放在儿童的计划上比放在对集体的组织上更容易和更有效,而且放在对物体和事件进行分类的活动上比放在对想象的内容进行叙述上更容易也更有效——因为一种是具体的和易懂的,而另一种是抽象的和深奥的。下面是认知发展课程中用以促进社会性和情感发展的"间接手段"。

本课程主要考虑的一个问题在于,教师把儿童(以及他们的家长)当做独特的个体来接受——接受他们独特的语言、文化和发展水平。这种接受意味着教师并不试图要求儿童扮演课程的目标或方法事先规定好的角色,而是把他们看做课程的参与者和作出贡献者,也可以说是共同创造了这一课程的合作人。这种观点几乎必然使教师和儿童之间形成积极的、协助关系,这种关系对儿童的社会性和情感的发展是至关重要的。

本课程中的儿童自己能控制发生在他们周围的事件。要求儿童自己制订计划,操作和评价加强了儿童的个人责任感。要求成人冒一点风险,让儿童对他们自己的活动负责任。而当成人逐步知道如何去引导这种过程时,所得到的回报是儿童的自我价值感和独立性得到了加强——这正是儿童的社会性和情感发展的确切标志。

因为这一课程的设计注意到适合每一个儿童的认知发展水平,儿童有足够的机会运用个人的知识水平来探究和学习。正因为教师确切地知道儿童有接受挑战和取得成功的需要,有获得健康发展和拥有发展余地的权利,所以给儿童提供的活动既有趣又能满足他们的需要。一个人对活动的全身心的参与和满足对社会性和情感的发展是很重要的。

主动学习的关键经验

运用所有的感官主动地探究。
通过直接经验发现事物之间的关系。
操作、转换和组合各种材料。
选择材料、活动和目的。
掌握使用工具和设备的技能。
进行大肌肉活动。
自己的事自己做。

语言运用的关键经验

与别人交流自己有意义的经验。
描述物体、事件和事物时间的关系。
用语言表达情感。
由教师把幼儿自己的口头语言记录下来并读给他听。
从语言中获得乐趣:念儿歌、编故事、倾听诗歌朗读和故事讲述。

经验和表征的关键经验

通过听、摸、尝和闻来认知物体。
模仿动作。
把图片、照片以及模型与真实的场景和事物联系起来。
玩角色游戏和装扮活动。
用泥、积木等材料造型。
用不同的笔绘画。

发展逻辑推理的关键经验

分类
探究和描述事物的特征。
注意并描述事物的异同,进行分类和匹配。
用不同的方式使用和描述物体。
描述事物所不具有的特征或不归属的类别。
同时注意到事物的一个以上的特征(如:你能知道既是红的又是木头做成的东西吗?),区别"部分"和"整体"。

排序
比较:哪一个更大(更小)、更重(更轻)、更粗糙(更平滑)、更响(更轻)、更硬(更软)、更长(更短)、更高(更矮)、更宽(更窄)、更锋利、更暗等等。
根据某种特征来排序物体,并描述它们之间的关系(最长的、最短的等等)。

数概念
比较数和量:多/少,等量;更多/更少,数目一样多。
用一一对应匹配的方式来比较两个数群的数量(如:饼干和小朋友的数量是否一样多?),点数物体和唱数。

理解时间和空间的关键经验

空间关系
装拆物体。
重新安排一组或一个物体在空间的位置(折叠、弯曲、铺开、堆积、结扎),并观察由此产生的空间位置的变化。
从不同的空间角度观察事物和场景。
体验和描述物体的相对空间位置(如:在中间、在旁边、上去、下来、在顶上、在上面,在……以上)。
体验和描述物体和人的运动方向(去、来自、进去、出来、朝向、远离)。

体验和描述事物之间和地点之间的相对距离(靠近、邻近、远、紧靠、相隔、在一起)。

体验和表征自己的身体:有什么样的结构,身体各部分的功能是什么。

学习确定教室、幼儿园以及周围环境中各种物体的位置。

理解绘画和图片中所表征的空间关系。

识别和描述各种形状。

时间

制订计划和完成计划。

描述和表征过去的事件。

用言语推测将要发生的事件,并为此做好适当的准备。

按信号开始或停止一个动作。

识别、描述和表征事件的顺序。

体验和描述不同的运动速度。

在讲述过去和将来的事件时学习使用惯例的时间单位(早晨、昨天、小时等等)。

比较时间的间隔(短、长、新、旧、年青、年老、一会儿、长时间)。

注意观察把钟表和日历当做时间消失的标记。

观察季节的变化。

启迪儿童：方案教学[1]

丽莲·凯兹

作者简介

丽莲·凯兹(Lilian G. Katz)是斯坦福大学教育学院儿童发展心理学博士，伊利诺伊大学香槟区学前教育系的名誉教授，发表过一百多篇关于幼儿教育、师资培训、幼儿发展等方面的文章和评论，并有多部专著出版。

选文简介、点评

美国著名儿童教育家丽莲·凯兹主张的方案教学，要追溯到美国著名教育家克伯屈1918年发表的《方案教学法》(我国多译为《设计教学法》)一文。由于克伯屈对方案教学的倡导，当时许多学校都争相采用这种教学法。20世纪20年代起，伦敦大学学者艾沙克斯(Isaacs. S)已主张运用方案教学实施教学，六七十年代在英国幼儿学校中曾被广泛运用。20世纪70年代，美国的开放教育也是以方案教学为其主要特征的。20世纪80年代后期，凯兹等人重新唤起了教育界对方案教学所具价值的兴趣。

丽莲·凯兹与西尔维亚·查德于1989年合写的《启迪儿童：方案教学》曾产生很大的影响。在这本书中，凯兹和查德认为："方案教学不只是教学法、学习法，也包括了教什么、学什么。就教的角度而言，方案教学特别点出教师要以符合人性的方式，鼓励孩子去与环境中的人、事、物发生有意义的互动；从学的观点来看，方案教学强调孩子要主动参与他们的研究方案。"她们认为，方案教学能丰富儿童的心灵世界，让儿童通过自身的经验认识外部世界，鼓励儿童提出问题、解决问题，并积极地与环境发生交互作用。同时，方案教学也具有平衡课程、产生教室社区化与教育机构生活化的效果。此外，方案教学还能对教师的心智提出挑战，从而提高教学效果。

在此节选内容之前，作者已在书中前述部分将发展划分为静态的发展和动态的发展，并将发展目标的具体体现定位在知识、技能、气质、情感四个方面。节选内容则着重阐述以下两部分内容：一是不同的教学与课程策略对幼儿的气质和情感所产生的影响；二是幼儿的发展与学习的总体情况以及他们是如何受到

---

[1] Lilian G. Katz, Sylvia C. Chard. Engaging Children's Minds: The Project Approach[M]. Connecticut: Ablex Publishing Corporation, 2000.

各种课程模式的影响的。针对方案教学中主要培养幼儿的智慧型气质、兴趣、社会性气质以及健康的情感发展,作者对其不同教学与课程策略下的发展以及与知识、技能的关系进行了论述,随后又强调了互动与适宜的非正式化学习的优势。无论是作者对发展内涵的分析还是对发展目标的观点都对丰富教育理念和指导实践有着重要的启发意义。作者强调幼儿行为知识、社会技能、智慧型气质以及健康情感的培养,对转变传统过于注重知识尤其是表征知识的学习有着重要的意义。

选文部分引用了大量的最新研究成果,补充丰富了对幼儿发展及其发展目标的认识,为方案教学提供科学的理论依据。另外,作者提出许多批判性和创新性的观点,为学前教育工作者提供了一种新的视角和思维启迪。

选文正文

气质的形成

正如前文所述,气质的广义定义即个体相对持久的思维与行为方式习惯,或者说面对课堂情境中所发生的各种经历所做的某种特定的反应倾向(Katz,1995)。巴斯与克雷克(Buss & Craik,1983)对气质的定义总结为行为发生的频率。他们认为如果一个个体所表现出来的行为达到一定的频率,就可推断他(她)具有某种特定的气质。从这一观点出发,"气质"所表现出来的特征与"个性"有很多相似之处(Katz & Raths,1985),而这些相似的特征可从各种行为发生的频率中表现出来。

如同所学的知识和技能不是一成不变的一样,即使形成的气质也不是"最终状态"。气质即为对课堂事件和环境表现出特定行动和反应。良好的气质常常表现为:好奇心、幽默感、慷慨大方以及乐于助人。而不良的气质常常表现为:贪婪、挑剔、冷漠无情。

智慧型气质

正如以往所述,学业目标常常表现为读写和计算技能的掌握,而这些技能往往很难通过自主或自我探索的方式学会,从某种意义上来说,大多数儿童很难掌握该目标。学业目标中的行为及技能类单元的学习需要教师的个别或小组式教学,而知识类单元需要,如对字母表的学习需要记忆和反复练习;而儿童对字母表和与语言因素搭配可能进行"建构"式学习,但往往出现"错误的建构",如发明的字母。所以需要练习来降低错误的建构,但不是通过简单机械的练习或教学,而是通过不断的使用才能更好的掌握。

然而智力目标与人的思维相关,包括人类的各种经历,如审美观、道德感、对情绪的识别与理解以及对经验感受的认知。

教育的智力目标即为儿童气质（思维的习惯）的形成与巩固。智慧型气质可在项目课程教学的方式中形成并得到巩固，因为在项目课程教学中需要儿童通过分析、假设、综合、预测并在检验预测、推理因果关系、观察实验、完善项目中形成和巩固相应的气质。

一般学业技能为学校及社会服务。因此，学生对这些技能的掌握，为自身的社会化以及贡献社会做好准备。而智力目标同样也是社会化需要掌握的另一个目标。然而，有人认为很多智慧型气质是遗传的，大多数儿童在进入学校之前就已经形成，比如人类对经验感知方式通常被认为是天生的。但这些所谓的受遗传影响的智慧型气质很可能会迅速减弱甚至丧失，除非学校的课程能使儿童反复运用这些智慧型气质从而得到强化。而且有人认为，一旦到他们丧失了这些气质之后再想重新拾起则非常困难，这种观点是有其道理的。

智慧型气质与学业技能

早期教育课程教学方式与注重基本学业技能学习的教学方式有很大的不同（Maccoby & Zellner，1970；Schweinhart & Weikart，1997）。另外，有些教学方式能够比其他的教学方式更好地在基本技能的学习与自发的游戏和活动中合理分配时间。从总体上来看，在过去十年，4~5岁学习基本技能的趋势急剧上升。这一问题早在几十年前就成为教育者与家长之间争论并指责的问题（Bereiter，1986；Bredekamp & Copple，1997；Gersten，1986；Marcon，1995；Schweinhart，1997；Schweinhart，Weikart & Larner，1986a，1986b，1997）。

很多学前儿童在读写方面表现出自发的兴趣（Schickedanz，1999）。的确，儿童的这些兴趣应当加以鼓励与支持，尽管是通过一种非正式的方式。正如第4、5章所述，项目课程教学易于为儿童提供使用他们基本的读写、计算能力的机会。

通过观察儿童在各种吸引他们的活动中的学业表现，从而确定儿童是否可以学习一些基本技能，如发音、音位学、计算、书写等。但是儿童"应该"学到何种程度，必须根据这些练习的累积效应来确定。

教师应该关注儿童早期的气质形成。首先，当教育者与家长被问及他们对教育结果的期望时，大都会提到儿童气质的发展，如他们认为应该激发儿童的好奇心、创造力、随机应变力、意志力、独立性、主动性、责任心以及其他有益的气质。

其次，有的教学反而压制了气质的发展。但过度关注也可能带来一种危险，因为如果在早期直接进行正式教学指导反而可能不利于气质的发展。而且，也没有令人信服的证据证明：从长远来看，学校过早的进行学业方面的指导可以保证儿童的成功。但有证据表明：早期学业练习的教学带来的累积效应会遏制那些与学习和成就有关良好气质的发展。

值得注意的是：如果为了掌握这些技能而进行大量的练习，那么即使早期学会了发音以及算术的技能，那么不一定会形成喜好阅读和运用算术的气质。详见"气质被破坏假说"（Katz，1995）。

而这些并未被人们注意，这主要有以下两个原因。第一，从短期来看，那些接受了基本技能训练的儿童在一系列标准测验中的表现都很好。因为，当课程将大部分时间都用在基本学业技能的练习方面，那么测验结果就会乐观，而且该门课程也会被报告出有积极的效果，但这些积极的效果只是暂时的。与之相反的是，那些培养儿童的兴趣、创造力、好奇心的课程，如游戏和项目活动，从短期来看，测试结果并不理想，但从长远来看，却对儿童具有很大的帮助。第二，评价目标总关注知识、技能的掌握而不是气质（如好奇心、兴趣和毅力等）的发展。

我们从几项追踪研究结果中可以看出，"气质被破坏假说"是有道理的（Karnes，Schwedel & Williams，1983；Milier & Bizzell，1983；Schweinhart，Weikart & Larner，1986a；see also Consortium for Longitudinal Studies，1983；Marcon，1995；Walberg，1984）。正如一项研究结果表明：给学龄前儿童施加学业任务（如发音、读写练习）的压力，最初并不会对儿童产生危害甚至可能带来好处。而且大多数儿童都可以专注地完成任务。但是教育专家们必须考虑儿童早期这些经验的累积效应，尽管这些经验一开始看起来带来好的结果。

近年来，大量关于学业任务给儿童带来"危害"的追踪研究报告，证实了我们对各种课程模式在短期与长期效果上差异的考虑是有意义的。从总体上看，这些研究证实了早期研究的结果，这些研究再次强调，即使早期正规的课程模式从短期来看可能有益于儿童的发展，但从长远来看，并不能像以儿童为中心的课程模式那样促进儿童学业、智力和社会性发展（Marcon，1992，1995；Schweinhart，1997；Schweinhart & Weikart，1997）。对 High/Scope 课程模式——佩里计划（Perry Preschool Program）的儿童进行的长期后续研究（Schweinhart，1997）和马肯（Marcon，1995）所进行的后续研究表明：从长期角度看，培养儿童主动性与创造性的早期课程有利于儿童学业、智力以及社会性等方面的发展。马肯把儿童早期正规课程所带来的长远性的负面效应称为"四年级低谷"。马肯总结说：

"在儿童四年级的时候，那些过于注重学业技能训练的早期课程对儿童成绩和社会性发展方面所带来的负面影响显示出来。那些参与学业技能训练的早期课程的儿童尽管三年级标准成绩测验中结果还不错，但在四年级时的测验得分明显偏低。同时也落后于同年龄儿童的发展水平，并且在消极行为（如：攻击性行为、焦虑、注意力不集中）中表现出很高的水平。"

从这些追踪研究的结果中我们可以看出：课程设计应使儿童在知识、技能以及智慧型气质三者之间达到最优化。如果儿童获得了技能,而使用这些技能的倾向即气质却在减弱,那么获取的技能并不会有多大用处。另外,只获得气质而无技能,则会与教育目标相矛盾。因此,目前的挑战就是帮助学习者同时掌握技能与良好气质,并能有效地运用这些技能。

教师必须意识到:对儿童进行过多的超前练习是不明智的,即使可能造就一位作家,却使儿童累倒在这些过多的练习之下。当教师明确了这一点,教师就可以大大减少那些削弱使用新技能倾向即气质的情况出现。技能与气质关系反映出这样一个原则:课程的重点必须均衡分配,从而使这些技能与使用这些技能的意向即气质双方面都能得到增强。因此,教师在采取教育措施前必须要观察、评定儿童技能及气质发展的情况。

儿童气质应受重视的第三个原因,也是我们经常提及的,即很多智慧型气质都是与生俱来的,并且十分稳定,即使每个个体所表现出来的强度可能不一样,这种观点是有其道理的。正如前述,这些智慧型气质包括:对经验的感知,对因果关系的推论及事物发展进程的假设论证,对经验进行分析、预测、综合等。因为,一个适宜的课程模式或一个早期课程必须为儿童提供充分的机会来增强并使用这些气质。

儿童气质发展应受重视的第四个原因是,一旦这些强大的智慧型气质不是被沉重的学业压力所破坏、被无益的活动所忽视,就是因表现这些气质的机会而丧失之后,这些气质就很难再恢复。

总之,早期项目课程是早期教育课程中的一部分,它为儿童提供了增强其智慧型气质的环境,同时也促使儿童运用他们正在发展中的学业技能,并增强了儿童使用这些技能的意向。

兴趣的形成

对幼儿教育者而言,一项重要的气质便是"兴趣",即一种决定儿童是"沉浸"在活动之中还是游离于活动之外的能力。尽管"兴趣"被教育者、心理学家等经常引用,但却很难给"兴趣"作出精确的定义。我们所说的兴趣,是在没有强制和奖励的情况下,开展活动,实现目标。而且,兴趣就是能够长久的坚持一项活动,并且为了实现自己的目标,即使活动结束,也仍然继续,可以按照活动的规则也可以采取新奇的方式来探索。兴趣有时被称为"内在动机"(Deci & Ryan,1985)、"持续动机"(Maehr,1982)或"自我学习"(Benware & Deci,1984),这种气质在人类出生时便初步形成并在整个儿童期受各种社会心理发展进程的影响。

研究表明,儿童的兴趣与内在动机受反馈信息的影响(Ryan, Connell & Deci,1985)。有关过度奖励效应(overjustification effect)的研究表明:当儿童首次在活动中表现出自发的兴趣时就受到奖励,这会减弱儿童参与活动的兴趣。换言之,奖励可能降低儿童自发参与活动的愿望。"过度奖励效应"反映这样一种思想:儿童从自发的活动中所获得的满足本身就是参与活动的缘由。因此,奖励的给予将使活动过于功利化。研究者们认为,当给予这种奖励时,儿童会对他们自己说:"如果我做了这件事而得到了奖励,那么这件事不应该去做"(Deci & Ryan,1982)。

亨特和巴克(Hunter & Barker,1987)对这种儿童无法对自身努力进行归因的奖励效果做了分析。他们指出当外部的奖励过于显著时,儿童只能将他们的努力归因于外部的事物或力量。与此相反的是,如果这些奖励不明显,儿童则会将他们的努力归因于自己的主动与自身的力量。亨特和巴克的分析表明,如果课堂中过于强调外部的奖励,那么儿童很难认识到自己本身的努力。

同样,由格罗夫斯、索耶和莫兰(Groves,Sawyers & Moran,1987)进行的一项有关学前儿童思维流畅性——创造力的一项指标——的研究表明:受奖励的一组儿童在创造性活动中的得分低于未受奖励的儿童,也因此"证实了奖励有损于创造力的发挥"。伯吉亚诺和梅因(Boggiano & Main,1986)也指出:奖励所带来的"过度奖励效应"即为更加重视被奖励的活动。从另一方面说"过度奖励效应"的实验指出,若参与一个活动必须先完成另一项活动,那么另一个活动的重要性将会自动下降。因此,如果我们坚持认为只有当甜食吃完后才可以吃胡萝卜(与通常的顺序相反),那么希望得到胡萝卜的愿望将极大地增加,而甜食的吸引力就会下降。很显然,如果吃胡萝卜的食欲下降,那么过度奖励效应也就失效了。

奖励与过度奖励尤其对那些儿童最初十分感兴趣的活动十分有害。因此,对这些活动可以给予特别关注但不应给予特别奖励。由于儿童很容易被新奇的活动所吸引,因此不需要再给予明确的奖励。儿童对活动所表现的兴趣、专注度、积极性等令所有的教师都感到惊奇。即使当他们遇到失败与挫折时,他们的努力也不会中断,因为他们有着通过调查、发现来完成任务的坚强毅力。

对奖励及过度奖励效应的进一步研究也表明:当教师告诉儿童必须完成阅读任务之后才能进行艺术活动时,这种做法将降低阅读的价值及儿童对阅读的兴趣。儿童会认为阅读可以带来某些满足。另外,完成其他任务之后才能进行艺术活动,这样的做法也会使儿童无法明确教师对艺术活动的重要性所持有的观点。期望儿童对所有提供的活动都保持同等的热情是不现实的。那些容易带给学生消极态度的教学措施都应尽量避免。儿童无须对任何提供给他们的活动都很喜欢,但可以使他们在一定程度上领会到这些活动的价值与重要性。

对影响兴趣发展的因素研究表明:若自然地给予儿童一般的积极反馈,那么活动的效率会增加,但兴趣却会下降(deCharms,1983)。给予儿童一般的积极反馈时,儿童大都会提高活动的效率,但一旦撤回反馈时,儿童对活动的热情就会下降。一般性积极反馈包括通常使用的评价,如"很好!""好样的!""太棒了!"或在儿童的作品上画上笑脸,贴上装饰性贴纸和金色的星星等。然而,当一般的积极的反馈非常具体时,尤其当反馈包含着完成某项活动的信息时,儿童的热情在没有增加外界压力的情况下会持续下去,尽管活动的效率可能不会增加。具体的反馈称之为"礼物",一般的反馈称之为"鼓励"。"礼物"与增长的活动兴趣有关,而"鼓励"则与兴趣的下降但活动效率会增加有关(撤回反馈的情况例外)。

与此同时,格罗尔尼克与赖安(Grolnick & Ryan,1987)在实验室创设的学习环境下,对受到控制和指导的实验条件下儿童和自然状态下的儿童进行比较研究。研究者指出:那些在具有高度控制与指导的实验课程中通过死记硬背记下来的内容在几天之后就被忘记。这一发现"证明了那些在外部强制的压力之下学得的知识很难保持"。同时也说明了学生在注重成绩的情况下,很容易去死记硬背,这只会消减参与活动的兴趣以及对知识的积极整合。

奖励和一般性积极反馈是如何对兴趣产生负面影响,这一过程目前还不清楚。但可以确定的是它们无法使儿童很快地融入活动之中。麦凯伦、法布斯和莫兰(McCullers,Fabes & Moran,1987)考察了奖励对兴趣所带来的负面影响与儿童在今后活动中的表现间的联系。我们的观点是"物质奖励的不利影响的产生是因为奖励导致了心理组织和机能上暂时性退化"。他们认为奖励使儿童的心理机能处于更为"简单化"的水平,并会"将挑战的水平从最佳状态(即内在动机)转到非最佳状态中"。因此,"在无奖励状态下的富有兴趣与挑战性的任务在有奖励的情况下则会变得无趣而失去对幼儿内在动机的激发"。麦凯伦和他的助手认为:当给予一个预期的奖励时,儿童就会为了得到这个奖励而去选择更为简单、毫无挑战性的任务。偶尔的追求奖励与荣誉可能是合适的与有益的,然而如果从儿童期就开始长期、频繁的追求奖励,这种累积的效应最后会破坏儿童的兴趣及寻求挑战的精神。

那些注重学业技能的早期项目特别强调一般性积极的反馈,他们常常从表面上给予儿童成就感,并以此提高活动效率。这种策略很容易导致儿童进行那些零散的、不能融入其中的、间断的、常常毫无意义的任务。这些项目所提供的活动很难培养儿童爱思考的思维。在早期的学校经历中,大多数儿童都很愿意完成这些任务。然而,奖励效应的研究表明:在给予多年的一般性积极的外在奖励后,儿童的学业技能也终将"熄火",或正如马肯所说的"四年级低谷"。

那些只为儿童提供乐趣、娱乐及快乐的课程与教学方法会影响儿童对有益活动感兴趣的气质的发展(Katz,1995)。例如,为了使大海这一主题更为有趣,而去讲述一群海盗传奇事迹的故事,这种做法并没有必要,尤其是当儿童不能直观感受的时候。要引起儿童的兴趣,应该向儿童讲述更多关于大海周边真实的世界:汹涌的海浪、变化无常的潮汐、绵延无边的沙滩、美丽的海草、卵石和贝壳、陡峭的悬崖、长满海藻的水塘等等,而不是一些无关的外部诱惑。

如何去增强儿童专注于有益活动的气质,教师在这其中所担当的角色很复杂但至关重要。如果这些气质需要得到增强,那么就必须要有表现他们的机会。那些由兴趣出发的活动其本身就是一种满足。当其他人,尤其是成人承认并重视儿童兴趣时,兴趣就会被增强。例如,当一个儿童在与同伴交流时提出了一个问题,若教师发现了儿童此时的兴趣所在,那么她会在第二天带来一本相关的书籍,并会这样说:"昨天你想知道隐居蟹长得如何,现在我找到一本有它们照片的书,我想你一定很感兴趣。"这样一种对儿童行为回应的方式是积极的,而不是无视儿童兴趣的表现。

当鼓励儿童参与那些需要努力参与的活动,并且这种鼓励持续几天甚至几个星期时,儿童的兴趣与专注度就会增加。这些活动促使儿童去进一步的探索、追溯、延伸(Rosenild,Floger & Adelman,1980)。学业性的练习往往给儿童提供的是那些在短时间里可以完成的、很少需要再进一步拓展的一次性任务。练习册的练习只要熟练以后很少再需要第二次或第三次尝试,尤其是那些需要上交加以修改并在第二天返还的试卷更是如此。频繁的中断会影响儿童全神贯注的投入一项活动。学校的课程表将一天分成各种仅仅只能持续15—20分钟的活动,这种做法很难让儿童参与那些需要长时间努力的活动。儿童日常的活动应该是灵活有弹性的,而不应该是分解成各种固定的活动。开展活动应遵循的原则是:只有那些可以再持续一段时间的活动才能保持儿童对活动参与的积极性及兴趣。

努力、熟巧及接受挑战

德威克(Dweck,1986,1987;Smiiey & Dweck,1994)在进行了大量的研究之后得出:教师所制定的目标对儿童技能的熟练掌握、学习的投入、坚持不懈的毅力以及勇于接受挑战等方面有着长远的影响。德威克认为学校开设活动的目的可以分成能力目标与知识目标。如果一个教师在介绍一个活动时这样说:"今天,我想知道你们能将X学的多好!"或"你们可以解决多少问题?"或"你们可以做的多好呢?"那么她所设定的就是能力目标。与此相反,若教师这样说:"今天我想知道你们能将X学到何种程度?"或"你们对Y能挖掘出多少知识?"或"我希望你们通过尝试并发现这些汽车在不同的表面上行驶的距离与速度是怎样的。"那么她所设定的就是知识目标。

儿童在这两种目标下的反应是不同的,并且这些反应会对儿童努力、熟巧方面的气质产生影响。在注重能力目标的情形下,儿童会希望得到对他们能力的积极评价,并避免消极评价。在注重知识目标的情形下,儿童会去努力理解、掌握新的事物。德威克(1986)将熟巧的气质定义为适应,并去"接受挑战,高效应对困难"。她将难以适应的气质定义为无助感,并会明显的去"避免挑战,难以应对困难",同时伴随有消极态度、焦虑,并对自身能力进行消极归因。但研究表明：适应与难以适应的气质与实际的智力才能并没有直接的联系。

大量的研究表明：这两种类型的目标会使儿童在分配的任务中表现出不同的关注点。在能力目标下，儿童关注的是他们的能力。自信的儿童非常渴望接受任务，尽管一些儿童会担心在个别情形下无法胜任该任务。而其他儿童则为了避免获得对他们能力的否定评价而选择逃避这些任务。能力目标"使儿童采取保守策略，从而不愿去接受挑战"(Dweck，1986)。正如德威克的实验所显示：在知识目标下，儿童会选择具有挑战性的任务而无论他们是否相信自己能力水平如何，并且他们也不愿意显示他们的无知。在思索这一任务所需要的技能与兴趣时，这些儿童也很少去思考他们本身的能力以及与别人相比他们的能力如何。

在能力目标的任务中，那些没有成功完成任务的儿童常常将他们的失败归因于他们的能力的缺乏。这种自我归因很容易导致焦虑的产生，从而会妨碍他们的表现，并最终拒绝去努力。一些儿童甚至因害怕难以达到目标而变得不知所措。然而知识目标的任务中，儿童会将阻碍与困难理解为：他们需要进一步的努力，需要分析并改变他们的策略，从而提高活动的效率。正如德威克(1986)所指出的："儿童越是关注他们所获得的知识与进步，他们在困难与失败面前就越能采取有效的策略(或提高他们的策略)。"

这两种不同的任务目标也会带来不同的满足水平。儿童会将能力目标的情形看做是一次展示能力的机会。如果他们能够胜任，那么他们就会很自豪，但如果他们失败了，则会感到尴尬与羞愧。同时儿童会得出这样的结论：努力就意味着低能力。当他们需要真正的努力时，因害怕这会表明他们实际能力的不足，因而会去掩饰或否认。在过于注重能力的情况下，儿童只有感到自己优于别人时才会感到满足；在面对别人的失败时，他们会感到轻松；而且他们会认为自己是喜欢去接受具有竞争性任务的人。

在知识目标下，儿童享受着投入任务中的那份努力，一旦掌握知识后他们便会获得满足。以获得知识为目的的儿童在非竞争的氛围下对其同伴更为宽容(Dweck，1986，1991)。研究同时也表明这些儿童拥有很强的记忆力和对知识的迁移力，在遇到新的问题时也会积极运用其所学进行不断尝试。

有这样一种假设：儿童若长期进行能力目标的任务，很有可能产生的一个结果是，那些认为自己只有中等或偏低能力的儿童不愿去承认成绩、测验分数以及其他标示能力的指标。这一假设来源于德威克(1991)的观点，即在一些文化状态下的人们很早就获得这样一个坚定的信念：能力是一个固定的东西，你要么有，要么没有。一般来说，越是不断地被迫表现，就越会不断地暴露出个人的不足，而对待这些暴露的一个方法就是去远离那些有各自评价标准的组织，远离这些组织的人员、方法和标志。

过度重视能力目标所带来的潜在负面影响类似于奖励所带来的危害。如果教师们鼓励儿童去为了获得奖励而学习,那么在这种教育环境下,儿童在面对具有挑战性的任务时就会显得不太明智甚至很愚笨。在这种环境下,儿童常采用的对策就是选择最简单的任务,以便更容易获得成人所提供的丰厚奖励。尽管偶尔为了奖励而努力这很正当或很少会产生危害,但如果每次都去为了奖励而努力,长期下去就会产生不良的后果。与人们通常所认为的相反,"长期在简单的能力目标任务中获得成功,并不能使个体具有稳定的自信心、持久的毅力,以及去不断接受挑战的激情"(Dweck,1986)。

这项研究表明,在以学业能力为中心的课程中,如果过于强调能力,就会对儿童学习的动力产生不良影响。德威克(1986)指出,过于强调能力"会减弱儿童对活动的内在兴趣"。而我们之所以提倡早期教育项目是学前儿童课程中的一部分,其原因之一就是这些项目强调知识目标,并关注个体与群体在探究主题、调查现象的过程能学到什么。

社会性气质

父母、教师以及社会中其他人士都在关注如何增强儿童社会能力的气质,如:乐于助人、慈善之心、尊重他人的努力等。而若要增强这些气质,首先应该去激发并认可它们。早期教育项目就可以提供这样一种氛围:表现社会性气质的种种行为均能被激发、提炼、增强,并被人们接受。

埃姆斯二人(Ames & Ames,1984)对课堂中的目标结构对儿童社会性气质产生影响的过程进行了研究。他们指出,在美国课堂中经常出现带有奖励的目标结构。这种结构"解释了学生完成的目标、如何评价学生以及学生是如何与同伴和任务互动的"。他们发现了竞争型、合作型、个体型这三种基本的目标结构类型,以及这三者的综合型。在竞争型的目标结构中,"每个学生之间都是互相竞争,并且一个学生达到目标或获得奖励的几率会因为优秀同伴的存在而降低"。与此相反,在合作型的目标结构中,"一个学生获得奖励的几率会因为优秀同伴的存在而增加"。在个体型的目标结构中,学生获得的奖励与他人的才能无关,它需要"个体对任务本身的需求,任务本身就是目标"。

大量的研究表明,个体型与合作型的课堂目标结构更有助于发展儿童的努力、熟巧、合作的气质。这些研究支持了这样一个观点:在那些不能提供这样一些活动——即注重创设一个非竞争型、个体型、合作型的氛围的活动——的项目中,儿童的努力、熟巧以及兴趣的气质就无法得到发展。而当儿童在项目活动中共同合作时,个体与群体的努力都会被激发、被重视。

教师可以通过各种方式增强那些理想的气质。一种方式就是提供充足的能让他们表现的机会,当然必须首先要认可这些表现。另一种方式就是尽量减少外在的奖励和设定竞争性的目标,同时应给予具体的反馈而非是一般性的反馈(Kohn,1994)。儿童的合作意识及爱心无法通过教师的教导学会,也无法从这样一张海报——画有一个微笑的动物在说着幸福源于与他人的和睦相处——中学会。这些气质只有当儿童在经过精心设计的项目活动中与他人共同协作时才能得以增强。另外,由于榜样对儿童的发展起着重要的作用,因此教师可以通过自身的行为表现——如对值得学习的事物表现出强烈的兴趣,学习他人的知识与技能,等等——使得儿童的理想气质得以增强。

情感的发展

情感很难加以精确的定义。我们在这里将其定义为个人的情绪状态。教育者与父母十分注重去发展儿童对学校的情感和这些情感的经验。我们通常希望儿童能感受到接纳、舒适、满意,感受到他们是班级的一分子,感受到这个集体欢迎每个人来分享自己的经验。而这些感受均可以在与同伴交流中获得。

当儿童的学业技能无法从提供给他们进行自发的游戏以及其他日常的活动的机会中获得时,我们尤其需要关注他们此时的情感。如果一个早期教育课程过于注重学业任务,那么大部分儿童就会产生危机感。比如,注重学业技能的课程都会倾向于使用一些特定的教育方法和材料,这样就不能使每一个儿童都能获得或感受到成功。然而目前也没有明显的证据可以得出对于一项任务,集体中能对其胜任的人数比例多大才是最适宜的。教师大都认为他们所设计的这些任务指向的是集体的平均能力水平。我们假设这些任务中所教授的知识与技能的难易度对集体中 1/3 或 1/2 的儿童而言是适合的,对另外的 1/4 或 1/3 的儿童而言则有些困难,而其余的儿童亦能有效地学习这些知识与技能。

在一项有关英国 6—7 岁儿童学习经验的研究中,研究者(Bennett, Desforges, Cockburn & Wilkinson,1984)指出:40%的成绩优异的学生所分配到的任务难度低于他们的能力水平;44%的成绩较差的儿童则被教师期望去完成对他们而言难度很大的任务。研究发现,课堂中的任务的难易度似乎都无法与儿童的能力水平相匹配,或者并不在儿童的最近发展区内。这种情况发生的越频繁,儿童越容易产生压力、失望和厌烦的情绪。

这种不匹配的现象在不同的时间与地点其发生的概率亦不同。如果将一个标准化的教学方法或一组单一的任务同时分配给所有的儿童,并且持续一段时间后,将会有一大部分儿童失败。而失败造成的长远影响并不仅仅只在儿童期体现。原则上来说,当一个儿童产生对知识的混淆或错误的理解等学习困难,而这些困难未能促使教师去改变教学方式、变换材料或改变教学方法时,那么儿童就会感到无助感、无望感、无能感。而事实上,在这种状况下儿童常常是无能的(Skinner,Zimmer-Cembeck & Connel,1998)。

儿童偶尔的感受无能感并无大碍,但如果长期、频繁地感受到无能感,长此以往他们就会认为自己很愚笨,并会最终放弃自己。我们将这种自我归因称作习得性无能感。儿童常常将他们的行为归因到自身的能力上(Grusec & Arnason,1982)。当大学生对学习内容感到混淆不清时,他们可以且常常将其归因于学习内容本身很难。但儿童无法像这样归因,他们常常将遇到的困难归因为自身能力的缺乏(Dweck,1986)。

一些儿童在面对这些无能感时,会停滞不前;而有些儿童则会去付出双倍的努力。一般来说,大部分儿童在这些无法胜任的任务面前最终选择放弃并成为心理上的逃避者。毫无疑问,有些儿童更容易选择放弃。放弃并不令人特别反感,但这些容易放弃的儿童将会处于前文提到的"学业技能低谷"的状态。正如唐纳森(Donaldson,1978)所述:

"在学校的最初几年,儿童们表现得都很棒。他们看起来都非常渴望学习、活泼可爱、幸福快乐……然而当我们要认真考虑儿童进入青春期后发生了什么时,我们不得不指出最初定下的目标大都未实现,很大一部分儿童因忍受不了失败带来的痛苦而离开了校园……因此,现在的问题就是去弄明白最初有如此高学习热忱的儿童为何最终经常以失败而告终。"

值得注意的是教师很难觉察到儿童对自己低能力或学习无力感进行自我归因这一过程。在某些时段内,年幼的儿童仍然非常愿意去完成那些零散的、抽象的甚至枯燥简单的任务。儿童表现出来的那份渴望得到老师喜欢,积极参与班级活动在学校的最初几年里表现得尤为显著。正如我们经常所见,在以学业技能为中心的早期项目活动中儿童尤为渴望回答老师的提问,无论他们是否知道问题的答案,他们都会高高举起他们的手,甚至连老师的问题还没有问完,他们就已经举起了手。然而几年过后,这些孩子的老师则会经常寻求帮助与建议:怎样去激发他们学习的动力?正如班尼特、德斯福吉斯、科伯恩和威尔金森(Bennett,Desforges,Cockburn& Wilkinson,1984)对他们关于任务与能力不匹配的基础研究所述:

"短期来看,不适宜的学习任务并不会对6—7岁年龄段的儿童产生直接的情感上或动机上的影响。尽管那些表明儿童处于低学习效率或学习混淆状态的认知困难,在我们研究观察中都非常明显,但由于儿童的乐观向上和勤奋,教师根本没有觉察到儿童的这些认知困难。通常教师会通过奖励儿童的努力,通过注重活动的过程而非结果去避免这种混淆对儿童产生直接影响。"

当适宜的学业练习使得儿童参与各项活动的机会得以平衡时,所有的儿童都会积极参与班级的活动,并对各自参与的活动加以充分的准备。例如,在这种理想状态下的学前班级里,一些儿童将会专门地进行项目活动,而另一些儿童可以抽出一些时间单独或以小组的形式进行正规的学业学习。教师可以定期地评估参加活动的儿童是否愿意去加入学习的队伍去学习一些基本技能。在日常任务中加入一些项目活动,可以减轻所有儿童在同一时间竞争同一任务的压力。这样,所有的儿童都能获得满足感、归属感,并能更好地投入到活动之中。另外,项目活动还可以使儿童理解正式课程中需掌握学业技能的目的,从而帮助他们树立对这些任务的信心,以便更好地完成它们。此外,通过与那些让儿童进行项目活动的教师的接触发现,教育者和家长都普遍高估了儿童学习学业技能的愿望,高估了儿童应用他们智慧型气质的愿望与能力。

课程以及教学方法

前面的论述主要集中在不同的教学与课程策略对儿童的气质和情感所产生的影响,在这一部分,我们来讨论一下,儿童的发展与学习的总体情况以及它们是如何受各种课程模式的影响的(Bemeke,1998;Hem,1996,1998)。

互动在学习中的作用

很明显,社会技能是在与他人互动交流中得以发展的,而且互动亦有助于智能的发展(Azmitia,1988;Brown & Campione,1982;Bruner,1985;Glaser,1984;Karmiloff-Smith,1984;Nelson,1985;Rogoff,1982;Slavin,1987a,1987b,1987c)。罗高福(Rogoff,1982)指出:"儿童认知的发展依赖于儿童在大的社会文化环境中对智力技能的习得与使用,而这些都是通过他人的帮助而获得。"年幼儿童的智能在与成人、同伴、环境以及各种材料的互动中会更好地得到发展。

原则上来说,儿童年龄越小,互动越有助于儿童获得全面发展,这一原则表明年幼的儿童应该参与更为积极和能发挥主动性的活动而不应是那些消极被动的活动。由于这一层原因,在阅读之前先教书写,儿童更能获益,因为书写时比阅读时更为积极主动。那些只要是经过精心挑选的计算机程序,对儿童也是有益的,即使儿童的书写与阅读的能力还没有发展完善。

在失落的情境下,互动是无法产生的。互动双方的某些共同的兴趣关注点是互动进行下去的前提。互动得以进行下去的原则是使参与者都能感到这是一次有价值的、生动的、有吸引力的以及有重要意义的交流。

在正规学业指导下的课程中,其互动更多的是在指令与教导下进行。这些互动的内容都是一些形式性的而非是儿童真正发自内心的。它们往往带有习惯和指导的性质(Willes,1983)。儿童更多地去关注如何行动与表现,而不是去关注他们所学的内容。正如前面提到的德威克(1986,1987)的研究:如果过于注重儿童的表现情况,往往会使得儿童去关注自身的能力水平以及别人对他们的评价;反之,那些注重个体所学的活动会使儿童去关注话题与任务。同样,埃姆斯等(1984)也指出,当活动目标指向的合作型而非竞争型的个体反馈及成就时,儿童就会从知识的获得与自身努力的角度来完成任务;而如果在竞争性的氛围下,儿童就会分心,就会去关注他们在同伴之中处于什么样的位置。这项研究证实了下面的观点:如果一个课程充满了指向全体的正规教导,那么儿童与儿童、儿童与教师之间的互动就不会关注各自的观点、内容、概念以及其他思维参与的情况。

另一个早期教育的实践原则就是：儿童年龄越小，互动的内容就越应该与他们的直接经验和周围的环境相联系。随着年龄与经验的增长，应该逐渐鼓励儿童发展对间接经验的理解。在随后的阶段里，互动的内容可以扩展到他人的经验，以及其他的环境中，并在时间与空间上有所跨越。在儿童早期阶段，只有那些儿童所熟悉的互动内容方能引起儿童的思考。正如凯里（Carey,1986）所说，儿童是在将他们所学与他们所知相联系的过程中获得对知识的理解。在学习与他们经验相关的知识时，儿童更多的是出于认知而非内在的动机。

适宜的非正式化学习的优点

学校中的集体生活必然需要一些固定的课堂程序，尤其是在儿童早期阶段，因此关键的问题是要确保这些程序和常规能有助于知识与技能的学习。实践的原则之一是：当采取这些程序仅仅是为了更好地引起儿童的思考时，这样的项目活动才是有益的。这里对于规则与常规的量要有一个适宜的度：过多，则会导致互动的内容偏离学业内容；太少又会导致混乱。因此，只有适宜数量的规则和指令才是真正的解放。

帮助儿童更好地理解他们的经验，这意味着需要提供一些非正式的内容，因为在这里儿童才能更好地展现他们对事物的认识与理解。这样就可以帮助教师了解儿童的哪些认识还需要进一步去引导、巩固、完善或加以纠正。这里应遵循的基本原理是：学习环境越是非正式化，教师就越容易掌握学习者对知识的理解或误解的情况。另一个相关的原理是：教师越是知道学生的这些情况，就越能采取有效的教学措施。但要避免产生混乱，非正式化学习的量就必须适宜，既不能太多也不能太少。过多的非正式化学习会阻碍儿童在正规学习中获得进步；过少的非正式化学习又会使教师无法准确把握学生的学习情况，而这些情况是教师在制订计划时必须考虑的。

适宜的非正式化学习同时又隐含着这样一个实践原理：当儿童获得一些能让教师知道他们的困惑或问题的策略，以及他们在学业任务中需要帮助时怎样请教老师的策略时，儿童的学习就会获得进步。一旦获得这些策略，他们就会问这样的问题："您能否再解释一下？""我已经迷糊了！""您能帮一下我吗？""您可不可以将这个问题再给我详细解释一下？""您指的是不是这个意思？""我能做其他的吗？我现在对它已经掌握得很好了。"

教师可以去帮助儿童去评价他们自己的活动，并在活动中努力获得进步。在美国的学校里，儿童每天都得将自己的作品带回家。这样的做法实际上是过于注重活动的结果。因此，应该让儿童将他们的作品收集在一个文件夹中，到周末时，儿童可以从中挑选出他们最想与家人分享的作品带回家。这样就会增强他们对自身努力的评价。而基于这样一种自我的评价，儿童就会希望重复地做一项任务,并以不同的方式、非常深入细致的加以完成。如果一个课程是灵活的并且有适宜的非正式学习,那么教师就可以有足够的时间与机会参与评价的过程并加以有效的反馈。项目活动的一个重要特征就是对儿童在学习最后阶段的参与情况进行汇报与评价。

另外,如果时间充裕的话,教师还可以定期与每个儿童探讨他们对如下问题的回答:你对你的进步有何看法?你对你需要更进一步的努力有何看法?你希望从别人那里获得什么样的帮助?尽管会有一些儿童希望在所有的技能与任务中都表现出色,而且会有一些儿童与之完全相反,但大多数儿童都会如实回答这些问题。这种自我评定可以促使儿童不断去努力。

在项目活动中,儿童有充分的机会对他们的活动进行全面的评估。在日常的汇报过程中,教师可以鼓励儿童不断转化他们对活动的关注点,可以引发儿童对各种评价标准的思考。例如,她会问,他们所进行的这项活动是否适合他们目前已有的知识水平;他们的汇报是否全面具体,是否完整、有趣、清晰等等。通过这种方式教师可以鼓励儿童使用那些评估的标准,并了解这些标准使用的准则。

通过适宜的非正式学习,教师可以在儿童游戏中观察、倾听,从而了解儿童的知识与掌握的情况。蒙台梭利很早就倡导教师应该将观察作为了解儿童成长、了解"吸收力的心智"的一种方式。但观察本身并不是终结,它的作用还在于获得各种资料并作为制订教学与课程计划的基础。

课程中非正式的部分包括两种类型的活动:自发的游戏和项目活动。托儿所和幼儿园中的各种易取的材料和设备都可以激发、鼓励儿童进行自发游戏,如积木、装扮服饰、画架、沙地以及其他类似事物等。越来越多的研究表明游戏对儿童的发展具有很大的促进作用(Bretherton,1984;Fein & Rivkin,1986;Garvey,1983)。然而,非正式的项目活动与自发的游戏不同,项目活动要比游戏更具有目的性、计划性,并且教师在引导、促进活动开展的过程中担当着重要的角色。

(张云亮译 时莉校)

儿童早期教育项目中的发展适宜性方案

素·布瑞德

作者简介

素·布瑞德(Sue Bredekamp)是美国马里兰大学幼儿教育博士,1984—1998年间担任美国幼儿教育协会专业发展部门主任。她对美国幼儿教育协会的贡献甚多,包括极力促成幼儿教育评监制度之诞生,以及为协会撰写立场之声明。从幼儿教育协会退休后,她开始担任专业认知委员会主任以及高端署特别顾问。

卡萝·卡波(Carol Copple),美国知名学者。除了参与编辑本书之外,尚有其他多本教育方面的著作,如 *Educating the young thinker-Classroom strategies for cognitive growth* 等。

选文简介、点评

《儿童早期教育项目中的发展适宜性方案》(以下简称"DAP 早教方案")中的早教方案适合于 0~8 岁儿童的照料中心、家庭保育所、公立和私立幼儿园、学前班、小学低年级学校。它把 0~8 岁儿童划分为 3 个年龄组,即婴儿和学步儿(0~3 岁)、学龄前儿童和学前班儿童(3~5 岁)、小学低年级儿童(6~8 岁),提供不同年龄组儿童发展特点及大体预期目标,并针对其基本原则提出了发展适宜性的和非发展适宜性的教育实践。其发展适宜性表现为它是"有助于儿童发展的方案",即能有助于儿童达到一定的发展目标的方案。

本文选自该书的第一部分中关于"DAP 早教方案"基本原则部分。该部分概述了"DAP 早教方案"的 12 条原则,分别为:(1) 幼儿身体、社会性、情感以及认知等发展的各个领域紧密相关。某一领域的发展会影响其他领域的发展,同时也受其他领域的发展影响。(2) 发展遵循一定的顺序,后来的能力、技能和知识都建立在已有的经验基础之上。(3) 幼儿之间的发展过程不尽相同,每个幼儿不同领域的发展也存在不平衡性。(4) 早期经验对儿童个体的发展有累积和延时的影响。特定类型的发展和学习存在关键期。(5) 发展朝着更复杂、更有组织性和更内化的可预期的方向进行。(6) 发展和学习

---

① Sue Bredekamp, Carol Copple. Developmentally Appropriate Practice in Early Childhood Programs[M]. Washington, D.C.: National Association for the Education of Young Children,1997: 9-15.

受社会和文化背景的影响。(7)儿童是积极的学习者,他们将文化知识与已有的直接经验相联系,构建自己对于世界的认识。(8)发展和学习是生理成熟和自然与社会环境之间相互作用的结果。(9)游戏是幼儿社会、情感和认知发展的重要手段,同时也是其发展的表现。(10)当儿童得到练习新获得的技能以及体验在现有知识水平之上的挑战时,他们的发展会得到推进。(11)儿童间有着不同的认知和学习方式。(12)幼儿在安全和受尊重的团体环境中发展和学习的效果最好,因为在这个环境中,他们不仅物质需求得到满足,并且有心理安全感。从这12条原则中可以看出主要是以儿童为中心,建立在了解儿童发展和学习特点的基础之上,从中我们可以看出皮亚杰、维果茨基、系统论、生态学对其深刻的影响。

整本书都是建立在对这12条原则的把握的基础上提出具体的实施说明及案例,并附有图表和插图,不仅具有形而上的理论基础,而且也体现了理论对实践的观照,将理论和实践更好地结合起来,既适合学前方面的研究者,也适合一线幼儿园教师学习借鉴。虽然该书是以美国为文化情境基础上的成果,虽然不能直接机械地移植到另一种文化土壤上,但可以为不同文化国度提供一种思考的角度和视野,在借鉴的基础上本土化,才能更好地提高我国的幼教质量。

选文正文

0~8岁儿童早期教育项目中的发展适宜性方案

1996年7月通过

0~8岁儿童早期教育项目中的发展适宜性方案中儿童发展和学习原则

发展适宜性方案以儿童如何发展和学习的知识作为基础。正如凯茨(Katz)所说:"以一种发展的方法来设计课程……我们应该学什么以及怎样学习是最好的两个问题,依赖于我们对学习者的发展阶段的认识以及我们对于早期教育和随后的发展之间的联系的理解。"所有的教师都需要理解0~8岁以及更高年龄段中发生的带有典型性的发展性的改变以及怎样才能为孩子这些发展阶段中的学习和发展提供最好的支持,才能更好地指导实践中的决策。

详细讨论某一发展适宜性方案的理论背景已经不是该方案的中心任务(例如,Seefeldt, 1992; Srouse, Cooper & DeHart, 1992; Kostelnik, Soderman & Whiren, 1993; Spodek, 1993; Berk, 1996)。发展和学习问题十分复杂,以至于用某一个单一的理论解释这些现象是完全不够的。对于早期教育文献的回顾审阅得出了关于幼儿教育实践的一套原则。这些被表示成一般性概念的原则非常可靠,在做决策时应该予以重视(Katz & Chard, 1989; Katz, 1995)。接下来是幼儿发展和学习的基于经验的原则的列表,用于告知及指导在发展适宜性实践中的决策。

1. 生理、社会性、情感以及认知等幼儿发展的各个领域紧密相关。某一领域的发展影响着其他领域的发展，同时也受其他领域发展影响。

某一领域的发展能够限制或促进其他领域的发展（Sroufe，Cooper & DeHart，1992；Kostelnik，Soderman & Whiren，1993）。例如，当幼儿们学会爬或者走，他们探索世界的能力得到扩展，他们的行动力反过来影响认知的发展。同样，儿童的语言能力影响了他们与成人和同伴建立社会关系的能力，正如他们参与社会的能力能够帮助或妨碍其语言能力的发展一样。

正是因为各个发展领域相互联系，教育者们必须意识到并利用这些联系，用能够帮助幼儿在所有领域都获得最佳的发展、在领域之间建立富有意义的联系的方法去组织幼儿的学习经验。

承认各个发展领域之间的联系对幼儿早期领域表现出的不同的年龄组的课程计划也是非常有用的。婴儿和学步期儿童的课程几乎仅仅按照支持其各领域健康发展的需要来安排。而在小学低年级，课程的安排试图帮助儿童对各个主题相关的学科概念的理解。

2. 发展遵循一定的顺序，后一时期的能力、技能和知识都建立在已经掌握的基础之上。

人类发展研究表明，在生命的最初九年中，儿童的发展和变化遵循一个相对稳定的、可预测的顺序（Piaget，1952；Erikson，1963；Dyson & Genishi，1993；Gallahue，1993；Case & Okamoto，1996）。生理、情感、社会性和认知等各个领域都存在可预测的变化，尽管这些变化显示的途径和本身的含义可能因文化背景不同而不同。方案所提供的儿童在这一年龄阶段的发展的典型特点提供了一个一般性的结构，为教师们布置环境及制定课程目标和关键经验提供指导。

3. 幼儿之间的发展过程不尽相同，每个幼儿不同领域的发展也是不平衡的。

个体差异性至少有两个维度：发展的一般过程或是标准过程中不可避免的变化性，以及每个人的独特性（Sroufe，Cooper & DeHart，1992）。每个孩子都是独特的，是一个独特的个体类型，有独特成长的时间顺序，同样地，也拥有独特的个性、脾性、学习风格、经验背景以及家庭背景。所有的孩子拥有自己的长处、需求和兴趣；我们已经发现一些儿童的特别的学习过程、能力以及发展需求。因为在同一年龄阶段的孩子之间存在巨大的差异，我们应当将年龄的因素仅仅看做发展的一个天然指数而已。

承认个体差异性不仅是期望的，同时也是宝贵的，要求课程的决策者、成人和孩子之间的互动也要尽可能地具有个人性。对个体适宜性的强调与"个人主义"是不同的。恰恰相反，认可个人差异性，即不能孤立地看待一个年龄组中的儿童，不能期望他们按照预设好的、不为任何个体差异性所改变的标准来表现。

对于所有孩子都抱有很高期望十分重要,但是制定一个群体规范的刻板的预期不符合早期阶段中个体发展和学习之间的真实性差异的现实。而且规范的群体期望对于有着特殊学习和发展要求的孩子而言是极其有害的(NEGP,1991;Mallory,1992;Strain & Bailey,1992)。

4. 早期经验对儿童个体的发展有累积和延时效应。特定类型的发展和学习存在关键期。

如果某个经验是偶然获得的,它的影响可能不会持久,从这个意义上说,在童年早期,正面或是负面的经验是累积的。那么,如果正面或是负面的经验频繁的发生,它们就有强大的持久的影响力,甚至发生"雪球效应"(Katz & Chard,1989;Kostelnik,Soderman & Whiren,1993;Wieder & Greenspan,2003)。例如,一个孩子在学前期的同伴交往经验有助于其掌握社会交往技巧,建立自信,使他在入学后最初几年能够交到朋友,且这些经验进一步提升了他的社交能力。相反,缺乏最低限度的社交能力且被同伴忽视或拒绝的儿童处境危险,可能被退学、变成流氓或是在成年后有心理问题(Asher,Hymel & Renshaw,1984;Parker & Asher,1987)。

在一些婴儿身上我们可以看到相似的例子,他们的哭喊和其他试图与人沟通的努力得到响应,这样就能增强其自我意识,同时增强沟通的能力。同样,儿童在后期学习阅读上的成功受到其早期阅读经验(例如定期的阅读)的影响。可能最有说服力的是大量的研究显示:在最初三年间,社交和感觉运动的经验直接影响幼儿脑部神经系统的发展,对儿童的学习能力有着重要意义和持续的影响(Dana Alliance for Brain Initiative,1996)。

正面的或负面的早期经验同样对随后的发展有延时影响。例如,一些证据显示,依赖外在的奖励(例如糖果或钱币)去塑造儿童行为的策略在短期内十分有效,但从长远来看,会降低儿童从事被奖励的行为的内在动机(Dweck,1986;Kohn,1993)。例如,付钱让儿童去阅读,可能久而久之就破坏了他们为了自己的兴趣和需求去阅读的欲望。

某些学习和发展有其特定的最佳发展时期。例如,最初的三年看起来是口语发展的最佳时期(Kuhl,1994)。尽管生理或环境的不足造成的语言发展延误可在后期得到改善,但需要付出很大努力。类似的,学前期看起来是基本动作发展的最佳阶段(即这一时期儿童能够更容易、更有效地获取基本动作技能)(Gallahue,1995)。在这一阶段,那些从成人那里得到支持练习大肌肉运动技能(跑步、向上跳、单脚跳、蹦跳)机会的儿童,在接下来的几年里能够更有效地学习更为成熟和复杂的运动能力(在横梁上保持平衡或骑自行车)。另一方面,那些早期运动经验被严重限制的儿童则可能很艰难地获得运动技能,在今后的参加集体锻炼或个人锻炼时,这种延时影响就可能表现出来。

5. 发展朝着更复杂、更有组织性和更内化的可预期的方向进行。

幼儿的学习特点是从感觉运动知识学习过渡到象征或表征性知识的学习（Bruner，1983）。例如，儿童在理解左右概念或是看懂地图之前早就知道如何回家和去其他熟悉的地方。发展适宜性方案为幼儿提供各种各样的直接经验的机会，同时通过多种媒介来表现他们的经验（例如绘画、油画、建构玩具、戏剧表演以及口头和书面描述等），帮助他们获得象征的知识，以这两种途径来扩大和深化幼儿感觉运动知识（Katz，1995）。

即使年龄非常小的孩子也能用各种各样的媒介来表现他们对于概念的理解。而且，知识的表现过程使得知识自身得到了提升（Edward，Gandini & Forman，1993；Malaguzzi，1993；Forman，1994）。表现风格和媒介也随着孩子年龄不同而不同。例如，婴儿和学步期儿童的学习是感觉运动的，而2岁的幼儿在游戏中可以用一个事物代表另一个事物（一块砖代表电话或是一个汤勺代表一把吉他）。

6. 发展和学习受社会文化多样性的影响。

布朗芬布伦纳（Bronfenbrenner，1979，1989，1993）用一个生态模型来解释人类的发展。他认为将儿童放在由家庭、教育、社区以及更广阔社会组成的社会文化环境里才能更好地理解他们的发展。这些各式各样的环境之间相互影响，并且都对发展中的儿童有影响。例如，一个生活在充满爱与支持的家庭中的、在一个健康的社区环境下成长的孩子，当受到种族歧视或性别歧视等社会偏见后，就会产生一定的负面影响。

我们将文化定义为外显的和内隐的习惯信念和行动模式，并通过他们所在社会或是一个社会的、宗教的或是民族群体传承。因为文化常常在差异性和多元文化的背景下进行讨论，因此人们不能认识到文化在影响儿童发展方面的重要作用。每一种文化都在建构着儿童的行为和发展，并解释着儿童的行为（Edward & Gandini，1989；Tobin，Wu & Davidson，1989；Rogoff，et al.，1993）。正如鲍曼（Bowman）所说，"所有儿童的发展规则是相同的，但是社会环境将孩子们的发展塑造成不同的形态。"幼儿教师必须理解社会文化环境对儿童学习的影响，认识儿童的发展能力，并且接纳儿童所表现发展成就的各种各样的方法和途径（Vygotsky，1978；Wertsch，1985；Forman，Minick & Stone，1993；New，1994a；Phillips，1994；Bruner，1996；Wardle，1996）。

如果作为教育对象的大多数幼儿的文化与教师们自己的文化存在差异，那么教师们必须了解幼儿的文化。但是，虽然社会文化环境影响幼儿的学习和发展，但不代表教师要了解实践中接触的每一种文化群体之间的细微差别，这也是不可能的。相反，这种总体认识使教师了解他们的文化经验如何塑造自己的看法，并且意识到幼儿发展和学习的决策过程中必须考虑除了他们自己的观点之外的其他各种观点。

儿童能够同时在多种文化环境中学习。但是，如果教师给予儿童的本国文化和语言较低期望时，儿童不能得到最好的学习和发展。教育应当是一个加法过程。例如，第一语言不是英语的儿童应该在不被强迫放弃母语的情况下学习英语（NAYEC，1996a）。同样，只说英语的儿童也能从学习另一门语言中受益。我们的目标是所有的儿童能够在整个大社会中很好地发挥作用，并且与来自相同或是不同背景的人们和睦相处。

7. 儿童是积极的学习者，他们直接将身体和社会经验以及文化传递的知识加以同化，建构对世界的认识。

儿童通过在家、幼儿园课程和社区中获得经验意义，促进自身的发展。发展适宜性方案的原则基于几个主要理论，这些理论都从建构主义、互动的观点出发理解儿童智力的发展（Montessori，1909/1964；Dewey，1916；Piaget，1952；Vygosky，1978；DeVries & Kohlberg，1990；Rogoff，1990；Gardner，1991；Kamii & Ewing，1996）。

自出生开始，儿童就通过已有的各种经验积极地建构自己的认知，这些认识都以社会文化环境作为媒介，两者紧密相关。幼儿通过观察以及与其他儿童，包括教师和家长在内的成人之间的互动积极主动学习。儿童需要通过社会互动、活动以及包括观察事件、思考问题、提出问题和寻找等建立和检验假设。当事物、事件和其他人挑战一个孩子已有的图式时，他被迫调整图式或者改变图式去解释新的信息。在整个早期阶段，孩子不断地以各种新的经验不断改造、扩大和改组已有图式（Piaget，1952；Vygosky，1978；Case & Okamoto，1996）。当教师和成人用预先计划和事后"重游"等各种策略鼓励孩子思考当时经验时，从经验中获得的知识和理解会更深刻（Copple，Sigel & Saunder，1984；Edward，Gandini & Forman，1993；Stremmel & Fu，1993；Hohmann & Weikart，1995）。

在这个原则的陈述中，广义的"身体和社会经验"，包括物理知识、从使用物体的直接经验中学习的经验（观察被抛到空中的小球的降落）以及社会知识，也就是幼儿通过所在的文化中获取和接受的知识体系。例如，幼儿逐渐建立起的对符号（如字母表或数字）的理解，是受他们所在文化的影响。

近年来，关于认知发展的讨论产生分歧（参照 Seifert，1993）。皮亚杰的理论强调一定的认知结构的发展是学习的先决条件（例如，发展先于学习），但其他研究却证明具体概念或策略的教学能促进更为成熟的认知结构的发展（学习先于发展）（Vygosky，1978；Gelman & Baillargeon，1983）。近期解决这一对立的各种尝试（Seifert，1993；Sameroff & Mcdonough，1994；Case & Okamoto，1996）证明，从本质上来说，这两个理论的观点在解释幼儿的认知发展的方面都是正确的。如不可否认有策略的教学能够促进儿童的学习，但直接教学可能是完全无效的；它不适应儿童这一发展阶段的认知能力和知识，这正是它失败所在。

8. 发展和学习是生理成熟和儿童所生活的自然和社会环境间相互作用的结果。

表达这个原则的最好的方式就是说,人类是遗传和环境共同作用的产物,且这两个影响因素之间相互关联。行为主义者认为环境决定学习,强调环境,而持遗传决定论的学者则强调先天遗传的决定作用。每一个观点在一定程度上都是正确的,但没有任何一个能很好地解释学习或者发展。现在,个人的发展更多地被看做是他(她)所在社会和自然环境中的经验之间相互影响和相互作用的过程(Scarr & McCartney,1983;Plomin,1994a,b)。例如,一个孩子的基因组成预示将有一个健康的成长,但是后天早期阶段的营养不足可能会阻碍这一潜能的实现。或者,一种天生的或是后天环境造成的严重残疾,则可能通过适当的系统干预得以改善。同样的,一个孩子的先天性情——不管倾向于谨慎或是爽直——是在与其他孩子和成人之间的交流过程中形成。

9. 游戏既是幼儿社会、情感和认知发展的重要手段,又是其表现。

在理解幼儿是自己知识的积极建构者以及发展和学习是各种相互作用的产物这两个结论之后,幼儿教师意识到幼儿的游戏是这些发展和学习过程的非常有利的环境(Piaget,1952;Fein,1981;Bergen,1988;Smilansky & Shefatya,1990;Fromberg,1992;Berk & Winsler,1995)。游戏为幼儿提供了理解世界、用社交方式与人互动、表达和控制情感以及发展表征能力的各种机会。而儿童的游戏也为成人提供观察幼儿发展的时机以及用新的策略支持其发展的机会。维果茨基(1978)认为游戏引导发展,他提出,因为书面语言得以从口头语言中产生,因而通过象征游戏促进了幼儿符号能力如语言符号能力的发展。游戏为幼儿提供练习新获得的技能的机会,也为其创造了最近发展区,使儿童能够承担新的社会角色、尝试完成新奇的或带有挑战性的任务以及解决复杂的问题,而幼儿在其他活动中不愿(不能)实现(Mallory & New,1994b)。研究显示,社会戏剧游戏是3—6岁幼儿比较喜爱的课程。若教师能为话剧提供一个主题,同时提供适宜的小道具、空间和时段,并在活动中深化和提升幼儿的想法,幼儿的语言能力和读写能力能够得到发展(Levy,Scgaefer & Phelps,1986;Ccharader,1989,1990;Morrow,1990;Pramling,1991;Levy,Wolfgang & Koorland,1992)。

除了促进幼儿的认知发展之外,戏剧对幼儿的身体、情感以及社会方面的发展具有重要作用(Herron & Sutton-Smith,1971)。儿童在参与象征游戏的过程中表达和思考自己的观念、想法和感觉。在游戏过程中,幼儿能够学习如何处理感情、与他人互动、解决冲突以及获得自我效能感,这些都是游戏提供的,而且是安全的。幼儿的想象力和创造力在游戏中也得到发展。因此,由幼儿生成,教师支持的游戏室成为发展适宜性方案的基本组成部分(Fein & Rivkin,1986)。

10. 儿童在练习新获得的技能以及对现有知识水平提出挑战中发展。

研究表明，如要儿童保持动机和坚持性，则要保证他们在处理学习任务中经常获得成功的体验(Lary,1990;Brophy,1992)。在再次失败之前，大部分儿童都会停止尝试。所以教师应当时常给予幼儿一些通过其努力可以完成的任务，提供以他们现有的水平可以理解的内容。同时，如果情境和刺激在幼儿的"生长边缘"之内，那么幼儿容易被吸引(Berk & Winsler,1995;Bodrova & leong,1996)。此外，当一个任务要求恰好超过孩子的能力，他不能独立完成时，成人和更有能力的同伴可以通过提供"支架"来帮助其进行下去，从而促进其发展。发展和学习是一个动态的过程，要求成人理解这一过程的持续性，他们必须近距离的观察儿童，使课程和教学与其不断涌现的能力、需要和兴趣相匹配，并且将教育目标指向幼儿不断变化的能力的边缘，使他们受到挑战但没有使他们感到沮丧，从而帮助他们向前发展。人类，尤其是孩子，在了解那些几乎能理解却又不能理解得很透彻以及掌握那些几乎能做到却又不能做得很好的事情的时候是最富有积极性的(White,1965;Vygotsky,1978)。学习的原则就是，儿童首先在一个支持性的环境里做事，接下来就要在各种不同的环境中独立地进行活动。罗高福(Rogoff,1990)将成人协助的过程称为"指导性参与"，强调幼儿积极地与他人进行合作以使自己的理解能力和技巧达到更高的水平。

11. 儿童显示出不同的认识和学习方式，在表现他们所知时运用方法也不相同。

有一段时间，学习理论家和发展心理学家认识到人类通过很多途径了解世界，而且每个独立个体都有自己偏爱或坚持的学习方式。关于学习方式之间差别的研究将视觉型、听觉型和触觉型的学习者进行对比。其他的研究则将学习者分为场独立和场依存两个类型(Witkin,1962)。加德纳(Gardner,1983)将这个概念加以扩展，推论人类拥有至少七种"智能"。除了传统学校中强调的语言文字和数理逻辑以外，个人或多或少地精通至少一个其他的领域：音乐、视觉空间、身体运动、自省和人际交往。

马拉古兹(Malaguzzi,1993)用"一百种语言"的比喻来描述儿童理解世界和表现自己的知识的多样性。教师可在儿童表现他们知识的过程中提供协助，使他们的知识得以深入、推进和扩展(Copple,Sigel & Saunders,1984;Forman,1994;Katz,1995)。原则的多样性意味着教师不仅要提供幼儿偏爱的学习方式发挥其长处(Hale-Benson,1986)，也要提供幼儿不擅长的学习方式，促进其全面发展。

12. 幼儿在安全和受尊重的团体环境中发展和学习的效果最好，在这个环境中，他们的物质需要得到满足，并且感到心理安全。

马斯洛(Maslow,1954)的需要层次理论认为，除非生理和心理的安全首先得到保证,不然学习是不可能进行的。因为现在儿童的身体健康和安全经常受到威胁,因此儿童项目不仅必须提供足够的卫生、安全和营养,还要保证更全面的服务,包括生理的、牙科的、心理的健康以及社会的服务(NASBE,1991;U. S. Department of Health and Human Services,1996)。此外,幼儿所有领域的发展都受到他们与成人和其他儿童建立和维持有限的几段积极而持久关系的影响(Bowlby,1969;Stern,1985;Garbarino,et al.,1992)。这些主要关系始于家庭,但渐渐扩充于教师和同伴之间。因此,发展适宜性方案除了关注他们的智力发展之外,也关注幼儿的生理、社会和情感的需要。

由于幼儿的发展是极其复杂的,上面关于儿童发展和学习的原则并不能妥善地解决一切问题。正如发展和学习的各个领域是相互联系一般,各个原则之间相互关联。同样,接下来的实践指南也不能与这些原则一一对应。幼儿教育工作者在进行自己的实践决策时应当利用所有的这些基本原则(还包括很多其他原则)。

(张世唯译 时莉校)

超越早期教育保育质量——后现代视角

冈尼拉·达尔伯格

作者简介

冈尼拉·达尔伯格(Gunilla Dahlberg)为瑞典斯德哥尔摩教育学院学前教育系教授,在儿童及家庭社会福利政策、后现代视野中儿童发展理论和政策研究领域可以说是国际上的领军人物。她是瑞吉欧·艾米利亚早期儿童方案教学的权威代表,同时是瑞典斯德哥尔摩瑞吉欧·艾米利亚机构主任。她是瑞典早期儿童教育和社会政策的主要制定者,同时也被委任为瑞典学校发展代理机构委员。

选文简介、点评

根据西方学者的研究,"后现代"一词最早在1870年出现,是英国画家以"后现代"油画的口号,表示对当时法国印象派画派进行超越的批判与创新精神。后现代对我们已有的观点是一种强烈的冲击,但也为我们打开了一扇用质疑的态度来看待问题、思考问题的新窗户。

《超越早期教育保育质量——后现代视角》则给读者带来了新的启发与心灵的震撼。它为我们展示了一种批判的力量,一种敢于质疑、解构主流话语的挑战精神;它向我们提供了一个广阔的视野,把早期教育的问题与儿童社会学、哲学、伦理学、政治学等众多领域联系起来,纵横驰骋,游刃有余;它为我们开辟了一个新异的视角,通过深思熟虑而提出的超越传统的、自成体系的对早期教育、儿童、早期教育机构和教学实践的思想和看法。

"儿童是谁?""儿童期是什么?"这两个问题可谓是早期教育中的基础问题,也是核心问题。对这两个问题的理解和解答,直接决定了所要采取的教育主张以及相应的课程定位与教学设计,直接决定了教育者的角色和作为,直接决定了教育机构的定位和功能等。这也是我们在《超越早期教育保育质量——后现代视角》一书中进行选文时的考量所在、目的所在。在选文"童年的早期建构,我们的思考是什么"一章中,作者先呈现了几种对儿童理解的主要样式和新样式,引出现代视角下的童年和教育学以及后现代对此的看法,从而以后现代的

---

① [瑞典]冈尼拉·达尔伯格,等.超越早期教育保育质量——后现代视角[M].朱家雄,等译.上海:华东师范大学出版社,2005:50-70.

视角重点分析了与"儿童"相关联的观点。在论述后现代儿童观——"儿童是知识、身份、文化的共同建构者"的基础上,作者接着分别分析了现代主义视点和后现代主义视点中教育学的特征,指出后现代主义的教育的基础是与儿童、成人等共同建构者的关系、遭遇和对话,并以瑞吉欧教育为例,说明后现代视野中教育的特征——共同建构、"关系的教育学"、"聆听的教育"、拒绝被时间控制等。

《超越早期教育保育质量——后现代视角》的意图是启迪而非说教,是引发进一步的讨论而非揭示外在、客观、绝对、唯一的真理。质量问题在早期教育里是一个建构性的概念,世界各国的学者们会由于社会文化、教育视角等方面的不同而存在差异,这些差异可以让研究学前教育的人们去比较、去思考、去对话、去回应,可以让他们更全面、更深刻、更辩证、更理性地理解学前教育的意义。

选文正文

第三章 童年的早期建构,我们的思考是什么

导言

儿童的生活是处在成人为他们设计的童年的结构之中,而这一切都是成人根据他们对儿童是什么和应该是什么的理解而设计的。(Mayall,1996)

在早期儿童教育机构,我们经常说我们采用的是以儿童为中心的观点,并且认为我们的教育实践是以儿童为中心的。那么,我们这样说意味着什么呢?以儿童为中心看起来是一个具体和有问题的概念。现代主义者把"儿童中心"理解为把儿童看成一个统一的、具体的、本质化的对象——处于世界的中心,可以与他人和背景相隔离。后现代主义的观点与之相反,是"去儿童中心",把儿童看做是与他人有千丝万缕联系,并且处于一个特殊的背景中。

而且,这个词条的含义取决于我们如何看待儿童——儿童是谁?实践是以谁为中心的?从我们后现代主义的观点来看,并不存在一件"儿童"或者"童年"的事物,也不存在一个关键的生命等待被发现、确定和实现的状态,所以我们不能对自己和对他人说的是——所有的儿童都是怎样的,所有儿童的童年都是什么?相反,我们认为,有许多的儿童和许多的童年,我们每个人都依据自己对童年的理解、对儿童是什么及儿童应该是什么的理解,来建构关于每个儿童和童年的不同的概念。我们没有等科学知识来告诉我们儿童是谁,我们有许多关于儿童是谁的选择,由于我们对于儿童和儿童时代的观念是生产性的,这些选择具有巨大的意义,这些选择决定了我们为儿童提供的机构和成人与儿童在这些机构从事的教育活动。

本章将深入探讨我们的观点。我们在批判地分析与儿童关联的观点——儿童是如何被理解和被概念化的——这些观点我们认为在许多的公开争论中

是具有影响意义的,并且对于早期儿童教育领域的实践和政策有着很大的影响。这些观点的建构是在占优势的话语中自我产生的,也是在对现代化儿童教育工程的定位中产生的,同样也是在我们被赋予教师、家长和研究者的角色时产生的。在我们的观点看来,这些占优势的话语将会影响"童年景象"——儿童与教师、儿童与家长和儿童与儿童之间的关系,早期儿童的教育机构,这些机构在时间上和空间上的设计和布置方式,以及我们赋予这些设计和布置的含义。它对于整个儿童的教育体制都有影响。但是我们在本章稍后的讨论中可以看到,后现代主义不是被发现的唯一的关于儿童建构的观点,在瑞吉欧的教育灵感中,我们同样也能发现理解儿童是谁和儿童应该是谁的一些方法。

儿童是知识、身份与文化的复制者

如今全球经济成为世界的主宰,政界和商界领袖们迄今为止在很大程度上没有真正关注过年幼的儿童——仅是喊喊口号和做出要行动的样子。面对竞争日趋激烈的全球化市场化经济,当政者关心的是经济生产力……在这样的社会风气下,儿童早期的看护和教育服务长期以来被看做是有投资效益的项目,以保持稳定的、有良好准备的劳动力队伍(通过给工人的孩子提供看护服务),并为将来准备一个这样的劳动力队伍。

最近几年,在商界和政界团体的关注影响下,国家教育改革(在美国)已开始关注儿童的早期教育。国家首要的教育目标是让所有的儿童为将来的学校读书作好学习准备,两届总统和政府官员已作过批示,强调儿童的早期教育保育和后来的学校教育成就之间关系的重要性。(Kagan,Cohen & Neuman,1996)

在21世纪投资于学习就相当于投资于第一次大工业革命的精髓——机器和技术革新。如果说第一次工业革命是对技术革新和机器的投资,那么在21世纪对学习的投资其本质都是一样的。当时是物质资本,现在是人力资本……众所周知,儿童会得益于早期的托幼教育,特别是那些来自不好背景的儿童——他们将会因此而在小学学习中获得成功。我们也同样认为如果他们接受良好的小学教育,那在后来的中学学习中也会获得成功……

我们的目标是,让所有的儿童进入小学阶段学习前,就能够在数字、语言和行为等方面有一个好的起点。(教育和就业署,1997)

在儿童是知识、身份和文化的复制者的观点中,儿童被理解为是从生命的起点,一无所有地来到这个世界,是一个空空的容器或者是一块白板。人们可以说这是"洛克的儿童"。儿童的早期,儿童就需要被灌满知识、技能和预定的占优势的文化价值,社会约定的和准备的管理——一个复制和转化的过程——训练成符合义务教育要求的个体。

从这个观点看来,儿童早期是未来成功生活的准备。它是儿童从童年的未完成状态到成人状态这一成熟过程的起点,从一个未挖掘潜能的个体到成为一种经济的、生产性的人类资源的过程的基础。儿童处于一个转化为成人的过程中,代表了潜在的人类资金通过投资等待实现的过程,是一个"结构化的实现"。以获得的技能来评价这种结构化实现的进展,以阶段的成功或者增长的自主性表明实现的进度,就像爬梯子一样。童年的每一个阶段是为下一个更重要的阶段做准备,儿童时代是为未来的学校教育和学习做准备。

这种观点能够激发原来对早期教育不太感兴趣的政治家和商业领导的兴趣。对于这些有权力的人们,早期儿童是为以后"稳定的、准备很好"的生产力做准备,以此作为在一个竞争逐渐加剧的社会的长期成功的一个基础。除了复制知识与技能,这个基础还复制今日的资本主义,包括个人主义、竞争、灵活性、报酬和消费的重要性的占优势的价值观念。

在生命的金色年代,儿童是天真的

把儿童看成是一个天真无知的和原始的观点持续了几个世纪。这个观点不仅仅包括了对无知的、混乱的和失控的东西的害怕,也包括了一种多愁善感地把儿童期看成是金色年代的乌托邦式的观点。这是卢梭眼中的儿童,他把儿童时代看成是个体发展进程上的一个无知的阶段——金色的年龄,相信儿童有天生地寻求真理、道德、美感的本能;这个社会把儿童天生带来的美好的东西逐渐地腐蚀。通过透明和反省学习去了解你自己——你的内在的、本质的和真实的自我——是一个重要的观点。心理学已经承认这种关于儿童的观点,尤其是那些儿童专家把儿童在自由游戏和创造性活动中的表达放置于教育活动的中心。

这种观点使成人设法把儿童从混乱的环境中分离开来,为儿童创造一个能为他们提供保护、稳定、安全的环境。从我们的经验看来,我们已经越来越认识到,如果我们把儿童藏起来,并把他们与本来已经和他们合为一体的环境分离开来,那么,我们不仅欺骗了我们自己,而且没有严肃认真地对待和尊重儿童。

把儿童看成是自然的或者是具有生物阶段的科学儿童观

第三个观点和前两个是密切相关的,认为儿童天生就继承了一些固定的、普遍的能力,把儿童的发展看成是一个由生物决定的天生的过程,而且跟随着普遍的法则,儿童除了有一些独特之处外,儿童还有他们年龄阶段的特点,他们的本性以及他们能做的事情和不能做的事情。这就是皮亚杰的观点,皮亚杰关于认知发展的四个阶段的论述对这一理论起着非常重要的作用,尽管皮亚杰本人并没有过多地强调这些阶段。

这种建构的观点把儿童看成是一种自然现象,而不是一种社会现象,儿童是被抽象和去情景化的,也是被本质化和规范化的,可通过抽象的成熟的概念来定义,或是通过发展的阶段来定义。文化和成人的作用被忽视了,使儿童仅仅通过天生的发展的顺序而自动地发展。在这种观点中:"心理上的分类并没有一个特定的时间或者一个空间连续统一体——自尊、能力和创造性似乎从历史与文化的背景割裂开。"

这个观点的关键在于使儿童脱离了环境,跟随着一个特定的生物学顺序,实现一个成熟化的发展过程。尽管我们使用"儿童的天性"的说法,但是我们还是会谈到"科学儿童",因为生物学决定的儿童发展的观点要远远优越于医药学决定的观点:"在心理学占优势的领域中,关于儿童发展的观点是强调儿童的自然生长,童年就是一个向成人成熟期发展的由生物学决定的阶段。"在这种观点中,儿童的一些能力被割裂开来,例如儿童的社会发展、智力发展和动作发展等。于是,一些复杂的与日常生活中联系紧密的过程就被彼此孤立开来,而不是把它们看成是一个共同作用的相互联系的功能。

把儿童看做劳动力市场的供给因素

在20世纪的进程中,一种关于建构母亲时期的观点逐渐在发达国家中产生了巨大影响:正如儿童生来就需要母亲照顾一样,母亲也自然地被认为必须照看儿童。早期儿童天生地需要母亲绝对照顾,尤其是在0—3岁阶段,母婴之间的关系是日后同伴关系和儿童与其他人关系的基础。母亲必须很自然地提供这样的照管。不接受或不给予这种绝对的照顾是不自然的,也是有害的,会影响到儿童与母亲之间不能建立一种良好的依恋关系,也会影响到儿童日后与他人建立一种良好的关系。

1993年欧洲国家的研究表明,四分之三的被调查者认为孩子很小时,母亲应该待在家里。1994年英国的研究表明,62%的被调查者认为,学龄前儿童的母亲应该待在家里。当然,剩下的31%的人认为母亲应该半日制工作,而不是全日制工作。

事实上,一些经验主义的证据并不支持这种观点。没有充分的证据说明儿童在托幼机构一定会受到伤害,或者他们与母亲的关系会受到影响。还没有什么大惊小怪的,因为绝对的母亲照顾无论是从历史上来看,还是从文化学上来看都不是寻常的,这是在社会发展阶段的一种特殊的阶段性的观点。然而除了证据外,这种观点还是对早期儿童教育产生了深远的影响。但是时代是变化的,从20世纪60年代开始,资本主义国家的劳动力市场就需要女性的劳动力,而男性和女性都希望出卖自己的劳动力。于是,越来越多的女性参加了工作。那种男性养家糊口、女性在家中照看孩子的家庭日益减少。3岁以下的儿童越来越受不到绝对的母亲的照顾。

在这种环境下,年幼的儿童获得了一种更深层的建构:把儿童看做是劳动力市场的供给因素,必须获得充足的劳动力和充分地使用劳动力资源。另外,一种替代母亲照管年幼儿童的方式必须出现。在英国和美国,政府和政治团体号召商业主在儿童养护方面投资,以维持稳定的、准备较好的劳动力。与此相匹配的是更多的多样化的参与——从直接提供"儿童看护"到资助儿童看护信息与转介服务——如儿童早期教育机构中的个体雇佣者和经济代理人提供的以及其他形式的儿童看护，伴随着职业利益，他们试图吸引和保留劳动力——直到劳动力不再被需要。

儿童是知识、身份和文化的共同建构者

我们不再把儿童仅仅看成是孤立的和自我中心的，不仅仅关注他们的操作物体的行为，也不仅仅强调认知的发展，不忽视儿童的感受或者是非逻辑的思维，不含糊地考虑情感领域的作用。取代我们以前关于儿童的观点，把儿童看成是有潜力的、强大的、有能力的个体，最为关键的是与成人以及其他儿童相关联的。（Malaguzzi,1993）

迄今为止我们讨论的儿童观的共性都是在现代主义的观点框架下，儿童被认为是自主的、稳定的、中心的对象，先天的、固有的人的本性在发展和成熟的过程中显露，儿童的发展被描述成一些科学的概念和分类。这些观点还有一些共同之处，就是他们制造了一个"可怜"的孩子，一个虚弱的、消极的、发育不全的、没有能力的、依赖的和孤立的儿童。

但是新的观点却塑造了一个完全不同的儿童正在生成，由于大量相互联系的发展所产生的结果（Mayall,1996）：社会建构主义者和后现代主义者在哲学、社会学和心理学的观点；问题发展心理学和心理学相对运动逐渐增加的影响；个体研究者的对于大量研究项目的研究，尤其是1987年开始的把儿童当做是一个社会现象的研究项目（在维也纳欧洲中心的资助下）和BASUN（儿童期、社会和发展）在20世纪80年代后期在北欧协会主持的关于早期儿童日常生活的研究。这个反思儿童和儿童期①的过程主要发生于欧洲，而不是美国，在许多方面都是在斯堪的纳维亚领导之下的。这种反思的一个重要原因就是由于社会和经济变化，以及政府政策变化导致了公立的儿童保育机构形成了广泛的联结网络。近年来北欧儿童的日常生活也发生了变化：

绝大多数的儿童在托幼机构每日度过许多时间。著名的斯堪的纳维亚实验使人们重新思考国家—儿童—家长之间的三角关系。传统的观念认为儿童仅仅和家长发生关系，国家仅仅是一种背景，但是斯堪的纳维亚政策已经改变了这一重心：儿童分担家长和国家的责任。在这种情况下，可以直接联想到儿童和国家之间有直接的联系，与国家的政策和目标有直接的联系。而且，关心每个个体的权益和社会公正导致了儿童和家长同时享有在社会中独立的法律地位。这种情景使儿童从家庭中走出来，走向了一个范围更广的集体。（Mayall,1996）

---

① "儿童期"是生命过程中的一个阶段，并且是社会的一个永恒的现象。儿童生活在儿童期。

在本章中我们可以看到一些对于儿童和儿童期新理解的主要特征,而且也会谈到儿童社会学的新样式。儿童不仅仅是家庭的一部分,同时也是与家庭相分离的,因为儿童有自己的与父母和其他人不同的兴趣。儿童在社会中有一个被接受的独立的地位,在社会中拥有与成人一样的权利。儿童被看成是一个社会的团体:"儿童的心理个别化被用以考虑儿童团体的生活是如何被社会经济因素所影响的。""儿童期不再是一个准备或者一个空白的阶段,而是社会结构或社会机构的一部分,在他的人生的某一阶段有着重要的意义,既不比其他阶段的意义大,也不比其他阶段的意义小。"

这个样式的其他特征是:

儿童期是一种社会建构,既是在一种积极的社会关系中为儿童创造的,也是由儿童自己创造的。但是儿童期是一种生物事实,对于儿童期的理解方式是由社会决定的。

儿童期,作为一种社会概念,是有时间、场所和文化背景的,而且随着社会等级、社会经济条件的改变而改变。不存在自然或普通的儿童期,也没有一个自然或者普通的儿童,但有多种的儿童期和儿童。

儿童参与决定和建构自己的生活方式,是社会的一员,也参与决定和建构他人和自己赖以生存的环境。总之,他们有自己的生活中介。

儿童的社会关系和文化价值的研究。

儿童有自己的声音,应该认真地倾听和对待,让他们参与民主对话或决策,要理解儿童。儿童对社会资源和生产有贡献,而不仅仅是消耗和负担。

成人与儿童之间的关系,包括权力的练习(还有表达爱的练习)。有必要考虑成人权力的维持和使用的方式,同样也要考虑儿童对成人权利的反应和抵制。

在这种框架下,童年早期的建构和年幼儿童的产生同现代主义描述的关于儿童的建构是完全不同的。这里儿童从生命开始就是一个知识、文化、自己身份的共同建构者。儿童不再被看做是一个可测量的各个领域(如社会发展、认知发展和动觉发展等)分离的客体,各个领域不是彼此割裂开来的,而是非常复杂和相互联系的,儿童被理解成是一个特别等待、复杂的和有自己个体特征的对象。这种建构塑造了马拉古齐认为的那种"充满潜力的、强大的、有能力的个体"。

在瑞吉欧·艾米利亚冒险采用的教育理念是"富有的儿童"和"所有的儿童都是智慧的"。他们从社会建构主义的观点出发,把语言看成是生成性的,他们都意识到自己作出的选择——这是他们的建构。富有的儿童创造了其他财富。他们认为:"如果在你面前的是一个富有的儿童,你就变成了一个富有的教育家,你就有富有的家长。"但是相反,如果你有一个"贫穷"的儿童,"你就变成了一个贫穷的教育家,你拥有的是贫穷的家长"。

在这种"富有"儿童的观点中,学习不再是从孩子出生就开始的孤零零的认知过程。学习是一种合作的、交往的活动,在这种活动中儿童与成人共同、与同伴同样地建构知识、理解世界。学习不再是儿童知识的转化,使儿童获得预先的结论,也不是说儿童是一个空的容器或者是一个复制者,一贯"贫穷"的儿童等待成人的给予和充满知识,儿童所学到的所有的知识都是从自我和社会建构的过程中产生的,因为儿童不是被动地接受经验,而是在他们的社会化中,变成了与同伴共同建构的积极主体。

儿童不是一个等待填充的容器,而是从生命的开始就积极地与世界作用:他们从降生时就可以不经成人的赞同而开始学习。事实上,儿童在成人的教育中更容易造成自己的"贫穷"以及能力随着时间丧失而不能获得发展。在马拉古齐的话中,"儿童拥有100种语言,天生就富有大量的可能性,大量的表达方式和潜力。这些可能性、表达方式和潜力互相促进,但是在教育体系中很容易丧失"。因此,应该严肃认真地对待儿童。儿童是积极的有能力的,儿童拥有的理论和观念不仅仅应被倾听,儿童也应被仔细地揣摩,在合适的时候予以质疑和挑战。

最后,儿童应作为社会的一个成员被认识和理解。他不仅仅在家庭中存在,而且也存在于广泛的外部世界中。这就意味着儿童享有一个公民应该享有的权利和义务。这就意味着儿童不仅仅包含于社会和世界中,而且也和社会和世界有着密切的联系。儿童不是一个无知的人,也不是与世界相隔离的,也不是被成人过去复制的怀旧的表征所庇护。儿童处在一个当今的世界中,充满着这个世界,根据世界去行为,同时也设法去探索世界,了解世界。

一位参观过瑞吉欧儿童早期教育机构的瑞典教育者叙述说明了儿童是多么积极地投入世界中去,以及成人对这种投入严肃对待的必要性。

我在此想和你一起分享我在瑞吉欧的经历。有一天我参观了Diana学前学校(儿童早期教育机构),进入了这个学校的一个很大的房间,我呆住了。这个房间空空的,地板上摆放着各种各样的假想玩具:比如像男人形象、我的小马驹和其他类似的图形。作为一个瑞典的教育者和一个两岁孩子的母亲,我感到对此迷惑不解。这里正发生着什么?他们怎么允许有这样的玩具。因为我们用的是瑞典学前教育机构中典型的教学用木玩具。

询问了意大利的教育家他们正在干什么。他们回答我说他们正在进行一个现代童话故事人物的方案。我再一次惊讶了,这些塑料的、华丽的彩色人物,是现代童话故事的人物吗?意大利的学者再一次告诉我他们注意到孩子经常讨论他们在电视上看到的人物和故事,而作为教育者自己又是多么缺乏该方面的认识。他们也发现当孩子在谈论这些神话和故事时,他们是多么少地去聆听他们。他们经常对孩子说的是:"我们在这里不去谈论这个话题",或者说:"我们换个时间再谈好吗?"他们认为孩子可能有兴趣去开展一个关于现代神话故事人物的主题,在瑞吉欧经常会发生的一件事情是当教师越来越多地了解到孩子都在观看的一个电视节目时,就开始展开这个主题。他们也调查儿童的知识和观点。让他们感到惊奇的是一个男孩能够说出多于25个的电视人物,不但知道他们的名字,而且还知道他们的不少角色。在方案一开始时,儿童自己带来各种各样的神话人物,方案开始于儿童的经验、故事和观念。

从瑞吉欧返回故乡,我们对这次经历进行了反思,因为以前在瑞典儿童早期教育机构类似的玩具是被禁止使用的。我还记得在儿子要去上学的一天早晨我是如何和他争吵,不准他把男人外形的塑像(He-Man)带到自己的幼儿园去。他经常把这些玩具藏在自己的口袋里,这使我在老师面前总觉得很尴尬。在20世纪80年代早期我们也曾经在教育期刊上讨论这个问题,期刊上有文章认为应该允许儿童将自己的玩具带到托幼机构去,因为从心理学角度认为是儿童的环境过度物体。这使得许多机构允许孩子把自己喜欢的人物带到机构去,但是他们必须把他留在机构的大厅里。

我还记得很多次当我和儿子外出购物时,我尽量避免经过玩具橱窗。有一次我们经过玩具橱窗,我的儿子很严肃地对我说:"妈妈,我现在真的不得不要一个He-Man了。""我不是告诉过你,不再给你买了吗?"他用很严肃的目光注视着我:"妈妈,你什么也不知道。"我问:"我不明白什么?""你甚至不明白He-Man是好的。"

后来我想这是成人去认真接受和了解儿童的理论、假想、幻想的多好的机会,成人不应该什么也没有聆听就去告诉儿童不应该去考虑这些事情。儿童确实在表达着这个世界,作为成人有责任去聆听儿童,与此同时我们应该给予孩子一种认知冲突的情境,但不是一种简单的方法拒绝他们。(Dahlberg,1997)

关于年幼儿童的建构对于母亲的建构有着深远的影响。母亲和父亲共同承担养育子女的责任,家与家庭为儿童提供了极为重要、不可替代的环境和联系。但是儿童不需要家庭中绝对的母亲照顾。事实上,绝对的家庭养育妨碍了儿童融入社会,剥夺了他练习成为公民的权利,失去与他人、同伴互动的机会,而这种互动对孩子积极地共同建构知识、身份和文化起着重要的作用。

把儿童看做是共同建构者,并能够对家庭之中和之外的各种交往关系积极地参与和反应,我们就会摆脱由绝对母亲养育儿童产生的狭隘的观点:认为母亲养育是好的,认为母亲养育是不好的,或是次一级的替代品。相反,我们可以开启一个充满着各种关系的机会可能性的童年期,家庭和早期托幼机构都有着重要的相互补充,但又有不同的作用。瑞吉欧·艾米利亚的儿童就认识到这种可能性:

他们早早地就理解,他们对生活的探索可以穿越在家庭和早期教育机构之间。通过儿童早期教育机构,他们可以表达自己先前被忽视的渴望,即在同伴那里找到参照、理解、惊奇、情感的维系,消除不安与阴影。对于儿童和他们的家庭来说,现在有可能让儿童在一起连续地长时期地生活在一起,互相信任,一

起生活五六年的时间。(Malaguzzi,1993)

在现代主义观点下的童年和教育学

我们已经讨论了儿童与童年的早期建构,认为儿童是实践的产物。换句话说,教育工作是我们持有的儿童观的结构。认为儿童是空的容器的儿童观和认为儿童是复制品的儿童观所引起的一种理念就是,教育是一种以预先规定的含义向儿童传输或者在儿童体内积聚一个预先决定了的、没有疑问的知识体系。教育是知识的管理,一个核心的概念就是"知识是那些自认为知识很渊博的人馈赠给那些他们认为无知的人的一种礼物"(Freire,1985)。我们之所以把这种概念看成是现代主义的观点,因为它是一个启迪故事(enlightenment narrative)的一部分。这个启迪故事讲的是教育是一种把科学的知识传递给一个自主对象的过程,这个对象因为接受了信息而获得自由。这个故事不单单把教育看做是把预先的知识传递到一个空容器的特殊手段,而且也把自由理解为由于知识的传递使人转变为一个自主、有自我意识的和摆脱了束缚的个体——个人为中心。这个故事深入地讲述了教育是一个线性的过程,"这个过程是把依赖于成人的儿童变成一个独立的个体或自由的公民"(Reading,1996)。这个故事还根据儿童将会成为什么样的人来评价儿童,因为教育的任务是把贫穷的儿童变成富有的儿童,变成自主的、成熟的成人对象。早期教育被认为是基础性的术语,为儿童以后做准备,以儿童以后长期的成绩来评判早期教育。在这种结构驱动的方法中:"事件和经验只有在教育和儿童发展把它们作为通向好的或坏的发展结果的铺路石时才是有意义的……我们赞赏那些能带来长期后效的活动,要以那些看似琐碎和没有价值的活动作为代价,因为它们与后来的生活中的成功没有相关性。"(Tobin,1997)

在这种教育中,教育者拥有绝对的权威,投身于真理和自主的理想将使真正的质疑消失。相反,典型的教育实践是问题—回答的模式,教育者对儿童提问题,但这里的问题不是真正的问题,因为教育者已经预先知道"正确"的答案,而且仅仅是听这些答案而已。这种工作模式常常和学校的传统有关,而不是与早期教育机构有关。然而,研究表明在早期教育机构也出现了这种模式,特别是在许多教育导向的活动中,如"早会"、"集中时间"(circle times)等等。下面的片段就是从瑞士的一个"早会"中获得的,它生动地演示了问题—回答模式的力量(Hedenquist,1987)。西弗(Siv)是一位教育者,和儿童围成一圈坐在地板上,包括博斯(Bosse)和阿尔瓦(Alvar)。

西弗:有一种东西在冬天是没有的。现在的季节有。有些鸟吃他们,有些在天上飞,我们上星期谈过的,这个星期接着谈。

博斯:什么?

西弗:是啊,什么东西在天上飞,许多……

博斯:鸟!蜜蜂!大黄蜂!

西弗:是的,我想是一种非常小的昆虫,你刚才说……

博斯:大黄蜂。

西弗:是的,(停顿了一会儿)那还有什么小昆虫呢?

博斯:蜜蜂。

西弗:嗯,我在想还有一些其他的昆虫,它们可以叮人。你知道是什么吗,阿尔瓦?是什么在夏天叮我们,很痒的?

阿尔瓦:蜜蜂。

博斯:黄蜂。

西弗:我想是蚊子。

博斯:什么?

西弗:蚊子。

这个小片段表明孩子在活动过程中想方设法去揣摩、猜测教师的意图,教师与儿童在玩一个游戏叫做:猜猜我在想什么。这表明了这种问题—回答的模式是如何在教育和儿童之间被表达的。它表明了在这种交流中一个"贫穷"的无助的孩子是如何产生的,儿童被看成是一个没有潜能和自己资源的个体,儿童被灌满了知识但没有受到挑战。

后现代主义视角下的儿童期和教育学

如果儿童学习的终点预先被程式化,那他的潜能发展将受阻碍。(Rinaldi,1993)违规的教学力量和教学内容没有多大的关系,而在于教学如何开发地对待质疑,以抵抗把教学作为一个以给予等级或授予学位为特征的事件。(Readings,1996)

我们已经讨论过我们正处于一个急剧变化的时代,后现代主义正在出现。如果我们把儿童期看成是一种特殊背景的社会现象,这就意味着儿童是一个共同建构者,不是一个知识、身份、文化的复制者,也可以被理解为生活在后现代中的儿童期。这又意味着什么?后现代主义的儿童期意味着什么?这对早期儿童教育的观点和功能有什么启示?

在一个所谓的后现代主义社会中生存意味着个体的儿童必须适应高度的个体化和差异性,也要具有一定的应变能力。在一个相对稳定的社会,儿童的经历和知识是早已预设好了的(Asplund,1983),就像他们的父母一样。在这种情况下,早期教育的功能可以被理解为使儿童去想象他们的真实、本质的身份,去复制起先由宗教预定的知识与文化观念,而后来被价值自由、客观的科学和推理所替代。

但是在一个快速变化的社会,未来对于儿童的要求是难以预料的。如果过去再也不能为将来提供保障,如果传统的参考价值体系,如教堂、政治党派和阶级变弱,那么生命就越来越变得不得不由自己去建构。就像梅尔路西(Melucci,1989)和其他人曾经观察到,后现代主义的社会的一个典型特征就是高度的反映性。

但更为重要的是,在一个后现代主义的社会中,第一即首要的是需要我们重新理解知识。

抛弃关于知识在理论上统一的"盛大叙事",目标要本土化并与实际相适应。也就是说我们要抛弃关于启蒙主义思想的一个最深层次的假设,即"真正的"被觉知的"外部的"世界,是一个有秩序的系统的世界,(潜台词)同样对我们所有的人也是这样,如果我们坚持自己的研究与讨论,我们最终会获得关于本质的统一的结论(Shotter,1992)。

后现代主义对启蒙主义理想和希望的看法提出了质疑。启蒙主义认为存在着客观、中立的知识,通过经验与知识的积累我们可以靠近真理,明白世界究竟是怎么样的,我们是谁,我们在这个世界上怎样行为才算是通行的公正的。相反,后现代主义提供的是一种完全不同的理解:知识可以看做是一种观点和不明确的,是背景化和局部化的,是不完整的似非而是的,是通过不同途径产生的:"从强调面对本质转变到强调个体之间的对话,从强调符合客观事实转变到讨论意义。"(Kvale,1992)

存在大量的关于"建构主义"和"社会建构主义"的教学讨论,以及由于这些术语衍生的不同的流派和概念(Richardson,1997)。我们认为,近年来的一项教育改革就是把后现代主义的"社会建构"理论从原来的建构主义运动中区分开来。两者都把儿童看成是一个积极的、有潜力的个体,而且都认为教育应该从儿童对周围世界的日常理解和建构(观念)开始。但是,建构主义把知识看成是孤立的、不变的,把知识作为一种事实传递给儿童,这样一来,知识就与儿童是相分离的,知识独立于儿童的经验,存在于一个文化的、机构的和历史的容器中。建构主义回避了知识的社会建构的本质,建构主义的推理规则是儿童在固定的世界中通过灵活的解决问题的策略内化知识(Popkewitz,1993)。

作为对比,社会建构主义将会给予儿童机会,让儿童在遇到已被科学接纳了的观点之前产生可替代的观念。这样儿童就可以把自己的想法和科学的想法放在关系中去考虑,作出选择,摸清含义(Lenz Taguchi,1997)。这就意味着学习的过程不仅仅是面对儿童,同时,如果教育者能够尊重地、好奇地面对儿童的观念、理论和假设的话,那么这个学习过程也是面对教育者的。

这样,两种观点都认为儿童是积极的,并能解决问题。但是与社会建构主义的观点不同的是,建构主义认为儿童仅仅存在于一个标准化的、稳定的、客观化概念的背景中。例如,珀普克维茨(Popkewitz,1993)受建构主义观点影响的教育改革关注的是儿童的学习是如何通过教室互动发生的,所以儿童需要科目实体。这就导致了根据儿童是否与预先决定了的知识界定一致,来评价儿童的观念和他们的价值观是正确的,还是错误的,这种教育永远不会给予儿童机会去发展他们自己的理论。

从后现代主义的观点,我们不能仅仅停留在知识是普遍的、不变的和绝对的认识上,我们有责任自己进行学习,设法明白其中的含义。同样的,在道德上我们也应作出相应的选择。我们必须作出道德上的选择,再也不能为了追求通用的法则和绝对的真理而放弃责任,认为儿童通过文化转移的过程复制这些法则和真理。后现代主义认为,每个人,包括儿童和我们,都必须作出艰难的选择。我们是自己道德的代言人,承担着选择、建构道德责任:"没有人能够使我们避免承担采取行为的责任。"(Readings,1996)

这要求儿童他们自己要有对于世界、知识、身份和生活方式的理解。这一个体化的过程意味着高度的自控以及对自己行为和决定的高度个人和集体的管理。这要求我们相信自己的能力,要相信我们能够作出自己的选择,坚持自己的立足点。这也意味着儿童获得越来越多的责任,去实现自己的潜能。

人们经常否定地分析这些变化,把这些变化当做是对安全的威胁和一种疏远的资源。但是这些变化也可以被理解为能够开启大量的可能性。实现这些可能性需要有高度发展的学习能力。这就是兹赫(Ziehe)所说的"不同寻常的学习过程",这些过程既不是线性的,也不是孤立的,并且给予儿童机会,让他们去使用自己的好奇心和创造力,去体验和承担责任,对于自己的未来和生活作出选择。

后现代社会对教育过程提出了相当的要求。挑战在于为挖掘新的机会提供空间,这种新机会的挖掘通过扩大反思性和批判性的理解方式,通过建构而不是复制知识,通过促使儿童创造性地实现可能性和控制焦虑。这就促使了一种多元化的世界观和生活体验的产生。

但是儿童不仅仅在变化的时代背景中建构知识,他们也建构着自己的身份。现代的研究项目表明,相信存在普遍真理和普遍财富的可知的世界,追寻普遍的身份本质,认为身份是不变的、稳定的、可知的。这样一来,就增加了身份的差异性,增加了身份的复杂性和矛盾性。正如我们在前面的章节所讨论的,后现代主义者,如德里达和福柯(Derrida&Foucault)以及许多的男女平等主义者已经对统一的、稳定的对象,固定的个体本质,个体通过自我审视能够发现的内在的自我提出了质疑。集体中的个体身份和单独的个体身份被理解为复制的、多元的、片段的和模糊的,矛盾的和不能脱离背景的:

> 我们似乎生活在一个阶级、人种、性别、语言和社会关系多元表征的网络中;即使在一个个体中意义也有变化。自我身份由此而构成并理性地重组,身份的界限也在不停地改变……身份经常被替代。对象既不是统一的也不是固定的。(Lather,1992)

在这种情境下,严肃地对待差异,把它看做是机会而不是威胁,找到与其他人、事联系的方法,不把它们变成相同的,是很重要的。

如果人类处在"启蒙时代"的中心,在后现代年代人类则被去中心化,个体被融入语言结构和关系的集合中(Gergen,1992)。继承了现代主义者对于自由和自我决策的概念,个体是固定的、本质化的自我。但是,后现代主义者关注的是个体身份的基础关系的特征,这种本质导致了自我历史性的构成和改变。

在后现代主义中,身份再也不被理解为是通过社会化和复制预先设定的、刻板的、普遍的东西。而且,作为一种关系和相关概念,身份是在特殊的背景中建构和重组的,这种背景是开放性的、经常变化的。在这个背景中儿童内涵并不是一成不变的。后现代的儿童身份具有多元和重叠性,在这种身份建构中儿童是积极的参与者。通过那些数量不断增加的父母一方是"白人"、另一方是"黑人"的孩子的例子中,我们可以看到儿童是如何通过一种动感的、流动的方式共同建构这种多元和重叠性的身份。长期以来,关于所谓的"混族父母"的建构和一个黑人父母的人通常被定义为是黑人,但是他们也被定义为独立于黑人和白人的不合适的两极种族地位,如"混合种族"和"双种族"。通过这样的方式,在那些"混族父母"中一个武断的划分就被建构了,尽管这个世界的人口是混合的(Phoenix & Owen,1996)。

但是在今天的这个多样化的世界里,人们开始远离这种人种身份是复制的或被给予的观念,而是趋向于那些"混族父母"的儿童应该用他们认为最合适的方式确定自己的种族……把身份定义为"两者都/和"(Phoenix & Owen,1996)。一项在英国进行的关于社会身份的研究表明,这种理想在现实中是如何发生的,帮助那些"混族父母"的年轻人抵御外部压力,积极地建构他们自己的变化的、多元的和背景化的身份。

年轻人用一种不同的方式、在不同的时间和在不同的时代背景中解释自己的身份是很正常的。在这个过程中他们拥有许多的方式表达自己的种族身份,这与后现代主义弹性的和多元的特征是很相符的。在表达这些身份时,有些人愿意接受,有些人表示拒绝把黑人和白人作为相反的类别的双重做法……对于那些他们的家长、教师和朋友试图劝说他们使用的身份概念,大多数的年轻人都很清楚他们有权作出自己的选择。(Phoenix & Owen,1996)

还有一个类似的运动,远离把文化理解为一种特殊的,代代相传的继承品。相反,文化也越来越多地被理解为复制的、流动的、情境化的,是由个体与他人形成关系中共同建构的。

对文化传统的拥有,目前更多的是依赖于现代阐释者的创造性解释。传统在现代社会中不再简单地因为它是过去就成为合理有效的。传统文化的合理性现在取决于它能否为当前出现的问题的意义提出丰富的创造性的解释……个体的反思、努力与贡献就变得十分重要。(Benhabib,1992)

后现代主义的社会带来了个体化的过程,但是他们也看重关系。知识、身份和文化是通过与他人的关系进行建构和重组的——他们是共同建构的。关系的概念包括"对话、协商、遭遇、面对、冲突"。如果知识不再被看做是事实的积累和复制,而是具有开放性、方向性的,那么知识可以被认为是开放式的对话,没有什么权威力量和最终的真理。身份的建构不是本质化的,而是多元的,表示儿童与各种不同的道德、文化、宗教和社会的团体关系。因此,后现代主义的教育的基础是与儿童、成人等共同建构者的关系、遭遇和对话。

在这种"关系的教育学"中,儿童被理解为是积极地从事共同建构他们的知识和身份,就像马拉古齐在写瑞吉欧时所描述的那样:

儿童是通过与环境的互动或积极地转化自己与成人、物体、事件及同伴之间的关系而学习的。在某种意义上儿童参与了自己和他人的身份建构。儿童间的互动在生命的前几年是他的基本体验。互动是一种需要、一种渴望和每个孩子天生的需要。儿童的自我学习和共同学习(知识的自我建构和与他人的共同建构),受到在成人帮助下建构的互动经验的支持,决定了儿童早期教育全部目标中的一部分,即选择和组织过程与策略……建构冲突(由于不同的期望、观点和行为的交换)转化了个体认知经历,激发了儿童学习和发展。把儿童放在小组中刺激了这个过程,因为在儿童的群体中没有权威和依赖的关系,因此,这种冲突变得越来越有吸引力,也越来越进步。如果我们承认每个问题都能产生认知的冲突,那么我们就相信认知的各种冲突激发了建构和合作的过程。(Malaguzzi,1993)

在瑞吉欧的教育系统中关系是如此重要,所以在瑞吉欧不讲以"儿童为中心","儿童为中心"暗含了把儿童看成是一个能动的、鼓励和去背景化的个体。然而,他们却把关系——儿童之间的、儿童与家长之间的、儿童与教师之间的、儿童与社会之间的关系看成是教育系统中一切的中心,把托幼机构当做是"一个整合的、鲜活的有机体,一个许多成人和许多儿童分享生活与关系的场所"(Malaguzzi,1993)。因为没有一个人,没有一种事物不是存在于背景和关系之中的。

教育学关于关系的思想不仅仅限定在儿童早期。在雷丁(Readings,1996)关于大学的讨论中,大学在过去、现在和将来应该是怎样的,他在积极热情地讨论着自己对教育学的理解,"我一直坚信的是教育是一种关系、一种义务的工作网络……也就是教育实践条件下对他人的无限关注"。

人应该处在关系中——这是教育的基础,交往被看做是儿童学习的关键。在瑞吉欧,他们一开始就把儿童看做是一个有交往能力的个体。他们想培育的儿童是积极的互动者,而不是一个被动的接受者。教育和教育的环境必须激发儿童自己的活动,并为儿童提供与他人交换自己经验的机会;他们想找到儿童与他们交流的方式,使用儿童的百种语言。通过交往,儿童能够获得从属感和参与感,这是接纳不同观点的基础;从他人的角度看待自己的经验、讨论与选

择,为自己的选择据理力争——支持自己的选择,应对新的情境。引用马拉古齐的话是:

  自儿童出生之日起,儿童就被语言的海洋、符号所洗涤,他们学习说话的艺术、倾听的艺术和阅读的艺术并学会赋予符号含义。我的意思是说,就交往而言成长意味着儿童在相互的交流中获得解决问题的能力。事实上,在交往中儿童的整个生活都在不断充实着,人的一生也就被充实着:思维的逻辑工具,作为社会化基础的交流,感觉与情感通过交流得以表达。学习如何讲话与聆听是生活中的重要问题。(Malaguzzi,1993)

  由于重视关系和交往,势必会产生一种"聆听的教育",一种"去聆听而不是去言谈的教育"(Rinaldi,1993)。这就意味着聆听儿童的观点、问题和他们的回答,努力去理解儿童的语言,驱除那些对于"正确的"或者是"合理的"价值判断。"有质量"的聆听把人与人之间的谈话与单个人的独白区别开来:对话表达并构成了与一个具体的个体之间的关系,而独白却试图把一个知识体系以它本来的面目传递给另一个人。雷丁(1996)就这个主题也发表了自己的观点,只不过其观点更为普遍,他认为在教育中"聆听别人的思想"非常重要,并把它与自主的个体产品或自主的知识体系区别开来。

  我们除了考虑自己和其他每一个人外,还要去探索一个开放的义务的工作网络,以保证对每个有意义的开放性问题的讨论……去公正、客观地思考问题的意义,尝试去聆听那些不能说的但是必须听到的声音——即使与具有相对稳定的和可能替代知识的产品也是一个互不相容的过程。

  瑞吉欧教育系统的另一个特征是:拒绝被时间所控制。大部分的儿童都至少参与了一天的教育活动,这样至少三年,或者更长些。时间不是以时钟来计算的,而是根据儿童自己的时间观、他们个人的节奏以及他们需要完成一个主题要做哪些事情来衡量。所有这些都给予了儿童参与的时间,给予了儿童所需要的充足的时间,也给予了儿童得到满意结果的时间。这对英国那种幼儿教育注重时间的控制提出了挑战,在英国的托幼机构,儿童参与活动的时间被控制在一个短短的上午或者一个下午,或者是给予儿童全部能够参与的时间,然而即使给予儿童再多的时间也不能保证什么更好的结果。在更广泛的意义上,它质疑了把教育缩减为雷丁称作的"一种会计学的逻辑",即它关注的就是儿童要不断快速地进步、上台阶,更快更有效地获得预定的知识体系。

  根据我们的理解,瑞吉欧教育系统可以说是涉及了后现代主义的各个主题。它已经抛开了现代主义的统一的观点,抛开了被认可的结构化、系统化、中心化、一致性和标准化的力量。它已经向后现代主义的复杂性和矛盾性转变,意识到了由于认识的差异、多元、另类和不可预期性而带来的巨大机会。多年来,瑞吉欧努力寻找多元语言和共同建构的教育实践,充满着矛盾和反思、评价合作和比较、充满疑问和惊奇、科学探究的关系和对话的教育实践等。通过运用"记录"这样的教育工作,已经寻找到了一种学习文化。这种学习文化的特征是参与、反思、团结、愉快和奇迹。这种学习文化之所以可能发生,不仅仅因为早期儿童教育机构网络的建立和支持,而且把这些教育系统作为是文明社会的论坛,儿童与成人在这个论坛上共同参与讨论那些具有社会、文化、经济和政治意义的主题。关于儿童教育机构的建构我们将在下一章进一步讨论。

从民族志研究视角看学前教育的质量[①]

约瑟夫·托宾

作者简介

约瑟夫·托宾(Joseph Tobin,1950—),美国亚利桑那州立大学教授,著名人类学家,对早期教育有独到的研究。曾就读于芝加哥大学并获得人类发展的博士学位,在就任亚利桑那州立大学教授之前,他曾任教于新安普顿大学和夏威夷大学。曾运用人类学方法对日本、中国、美国三国不同文化下的学前教育进行跨文化的比较研究,著有《三种文化中的幼儿园》等。他的研究涉及"高级质的研究方法"、关键理论和早期儿童教育以及学前教育的国际比较研究等。

选文简介、点评

约瑟夫·托宾作为美国著名的学前教育方面的跨文化研究者,发表有多篇文章和著作,该文是其代表作之一。通过这篇文章,我们能清晰地感受到托宾教授的跨文化视角所带来的思考和启迪。

该文开始列举了日本学前教育的例子,主要在幼儿教师如何处理孩子矛盾的方法以及师生比两个方面和美国的学前教育的标准进行对比,发现日本在处理孩子矛盾的方法以及师生比方面与美国有着截然不同的标准。比如日本在确定孩子不会受伤的前提下,更强调孩子自己解决矛盾,而不是像美国强调教师的干预和指导。在师生比方面,日本一般是1∶30,而这在美国也是无法想象和接受的,因为在美国人看来,在这种情况下,孩子无法从教师那里得到足够多的关注、交谈、倾听、帮助、指导和免受各种伤害的保护。因此,和美国认为的优质学前教育质量相对比,日本的学前教育算不上达标,但是事实证明,日本学前教育培养的孩子在社会性、语言、健康等方面的发展并不比美国孩子差,日本孩子喜爱他们的幼儿园,当他们离开幼儿园的时候,跟美国孩子一样为未来的成功做好了准备。

作者紧接着以法国的例子进一步说明美国所谓的优质学前教育标准依然在其他文化背景下失效。在法国,幼儿教师很少或者是几乎从未受到过幼教方面的专门训练,在幼儿园几乎看不到建构主义、儿童发起的活动,或者是方案教学,甚

[①] [美]约瑟夫·托宾.从民族志研究视角看学前教育的质量[M].车艺,译.上海:华东师范大学出版社,2007:131-143.

至,这里没有多元文化课程,除了在午餐时提供没有猪肉的替代食物外,没有对文化差异的公开宣传,也没有双语教学。这些在美国看来都无法理解和接受。

托宾通过例举日本和法国这两个与美国学前教育理念相对的两个国家的例子,引出对不同文化背景下学前教育的思考,他认为在学前教育中,并没有一个全球通用的质量标准。一些来自美国和欧洲的质量标准,自称全球通用并在世界范围内得到了广泛的传播。但实际上,这些质量标准发源于特定的社会环境,反映了特殊的文化信仰,并不应将其强加给其他的社会环境和文化。人类学,特别是民族志的研究,已加入到这场关于质量标准的讨论之中。从这类研究的视角出发,当代学前教育质量话语中所存在的种族中心主义和地方主义遭到了批判性的质疑。该论点的提出,并非是要阻止不同国家之间在学前教育领域中的相互学习、相互影响,而是想要提醒读者,一些关于质量、最佳实践等概念的跨国界交流,不应该是一个单向的、基于殖民主义/帝国主义动力学说的、从中心到边缘的传播。

关注学前教育实践中的文化差异极具价值,但真正值得关注的,与其说是在不同的文化之间传递不同的理念,不如说更多的是试图让人们意识到文化之间、国家之间的不同,进而挑战那些习以为常的想法和认为质量标准普适通用的观点。

选文正文

日本的例子

在阐述本文的中心论点之前,我先举一个例子,来说明跨文化的研究可以怎样挑战那些关于教学质量的习以为常的想法。日本的幼儿园——包括日托中心(hoikum)和托儿所/学前班(yochicn)——几乎不能达到全美学前教育协会(NAEYC)制定的任何一条质量标准。正如我们曾在《三种文化中的幼儿园》(Josep Jay Tobin, David Yen Ho Wu & Dana H. Davidsion, 1989)中所介绍的那样,托儿所/学前班和日托中心中的师生比接近1:30。许多日本教师不会在儿童发生肢体冲突时进行干预,除非她们认为儿童在该情境中有受伤的危险,否则更倾向于让孩子自己解决他们之间的矛盾。

单单师生比这一个问题,日本幼儿园就大大超出了美国学前教育质量标准的底线。30个孩子跟一个成人的搭配,大大违反了该标准的规定,已无须进一步去评价这些幼儿园是否还能在其他方面达标。如果这些幼儿园能称得上是高质量的幼教机构,仅凭它们目前的师生比,我们就不得不怀疑:这些儿童是否每人都能从教师那里得到足够多的关注、交谈、倾听、帮助、指导和免受各种伤害的保护?

如果我们关于学前教育质量的观念是正确的,那么日本幼儿园因其不合理的师生比、班级大小、对儿童间冲突的不干预和其他的一些特点,最终的结果应该是,当孩子们离开幼儿园的时候,无论在社会性、语言、情感还是认知的发展上,都会不如从前。但事实很明显,日本孩子喜爱他们的幼儿园,当他们离开幼儿园的时候,跟美国孩子一样为未来的成功做好了准备。

但日本的做法,在1989年我的《三种文化中的幼儿园》一书出版之前,对美国人所持有的关于学前教育质量的观念无疑是重重一击。当时我寄给《幼儿》杂志一篇文章,题目叫做《日本的做法:如何对付一个举止不当的幼儿》。在文中,我描述了日本小松谷保育员对博基(一个攻击性较强的小男孩——译者加)采取的不干预策略。通过带班教师的话,我在文中解释了这一做法背后日本教育者的想法。我写作该文的目的并不是想让美国的学前教育者们模仿这一日本式的做法,而是旨在向大家介绍换一个角度来思考和谈论控制儿童不良行为的可能性。

我毫不隐瞒我最初的目的就是要引起大家的争议:通过一个日本的例子,来质疑美国人想当然的关于优质教育实践的观念。但当我收到稿件评论人几近愤怒的批评时还是很吃了一惊。那份反馈回来的评论早已被我弄丢了,但是我依稀记得评论稿中写道:"这篇文章认为,当一个孩子伤害另一个孩子时,老师可以站在一旁不予干预。如果《幼儿》发表了这篇文章,将是对读者的不负责任。"还有什么"该文所描述的教育方法公然违背了迄今我们所知道的所有关于成人该如何对待儿童暴力行为的知识!"一个评稿人的建议是,若要发表这篇文章,就必须把这一日本教育方法当做一个负面的典型,而远非一种吸引人的可能方案来对待。

从这些反馈给我的评论中,我们可以读出美国学前教育界中盛行的某些价值观。一个达标的学前教育实践的首要特征,应该是不允许有任何儿童之间相互伤害的事情发生。特征之二,当冲突发生时,教师应建设性地介入,因为这正是可以促进儿童社会性发展的良好教育时机。但是如果教师在一个孩子侵犯另一个孩子时袖手旁观,这只能是不负责任,与高质量的幼教背道而驰。如果一个幼儿园的教师不干预幼儿之间的打斗、不以身作则地去引导幼儿采用相互尊重的方法化解争端,那就不能指望从该幼儿园毕业的儿童,进入小学一年级时能做到控制自我和善待他人。如果这个幼儿园的师生比接近1:30,从其毕业的儿童在其他许多方面也都应该表现出不足。然而,日本的孩子在进入小学一年级时,跟他们同样上过幼儿园的美国同伴比起来,看上去却是一样的兴高采烈、聪明伶俐、懂事合群。怎么会这样呢?

法国的反例

我要举的第二个通过跨文化比较对美国人的质量观进行质疑的例子,来自法国幼儿园。眼下我正在做的一项研究,是跟一群来自各个国家的研究者一道,考察欧洲和美国的学前教育机构如何为新近移民儿童服务。我们的研究才刚刚开始,但很明显的是,法国在处理移民儿童方面,或者说在整个学前教育的实施上,跟美国存在天壤之别。事实上,法国幼儿园对美国幼教质量观的挑战,甚至比我所列举的日本的例子更为直接、更让人感到不安。我敢打赌,按全美幼儿教育协会的标准视察下来,几乎任何一所法国幼儿园的得分都要比日本的托儿所/学前班和日托中心还要低。法国幼儿园的师生比,类似日本,大约为1∶25。但不同于日本的是,法国幼儿教师受过的培训、所持的证书都跟小学教师相同,很少或者是几乎从未受到过幼教方面的专门训练。实际上在法国,虽然幼儿园招收的儿童最小只有2岁,但它是公立小学教育的开端,被定义为正规教育的机构。这不同于为3岁以下幼儿服务的托儿所(crèche),那里才是年幼儿童的天地。在法国幼儿园,对4岁和4岁以上的孩子来说,游戏只能在操场上,课余休息的时候才能进行。这里几乎看不到建构主义、儿童发起的活动,或者是方案教学。甚至,这里没有多元文化课程,除了在午餐时提供没有猪肉的替代食物外,没有对文化差异的公开宣传,也没有双语教学。

这是否意味着法国幼儿园质量低下呢?也许许多人会说是的,但是,我相信法国人是不会说的。绝大多数法国人会说,他们的学前教育是全世界最好的。在法国国内,没有关于幼儿教育质量的争论,公众也没有对法国幼儿园系统表示不满,更没有到瑞吉欧·艾米利亚朝圣般地去寻求改革的灵感。法国的家长和整个社会似乎都对他们的学前教育方法表示认同。虽然6岁前入学是非强制性的,但95%的法国家长都会送自己的孩子去上至少两年的幼儿园。

那么,由此能说明美国幼教质量观的什么问题呢?一种可能的说法是,美国人的质量观都是正确的,并且普遍适用,而法国和日本的幼儿园则是劣质的幼教机构,不能为儿童提供优质服务。不仅如此,法国和日本的教育工作者、家长以及整个社会对他们幼教系统中所存在的问题都视而不见。但另一种可能,像我这样的人类学者和固执的文化相对论持有者认为,更合情合理的情况却是,法国和日本的例子很好地挑战了美国人想当然的观念,即认为质量标准是普遍的、可推广的、脱离社会背景的。

我在访问法国幼儿园时,并没有看见法国的学龄前儿童感觉是在受煎熬。更多事实证据说明,跟那些按全美幼儿教育协会标准得分更高的国家的儿童相比,那里的儿童最终在学习上取得的成绩同样好。在法国,每个人都上过幼儿园,这个社会最终也没有因此而更糟糕。法国大多数儿童通过幼儿园阶段长大成人,他们从各方面看来都是一样的愉快、有道德、富有和民主。或者说,至少不会比任何意大利人、英国人或者美国人差。

法国的例子之所以可以对美国人想当然的核心价值理念,包括对幼教质量的信念提出挑战,并不仅仅因为他们在实践上的不同,更多地是由于法国人对他们实践行为的解释。考虑到这两个国家之间相似的民主传统,让人尤其感到吃惊的是,法国人的解释显示了与美国人完全不同的思考问题的方式。近年来在法国引起激烈争议的"面纱论战"就是一个很好的例子。因为此事,法国不仅在伊斯兰国家,而且在整个欧洲和北美都失去了名声。法国最近通过了一项法案,禁止学校师生头戴面纱和穿着与文化或宗教有关的服装。这项法案之所以受到拥护,是因为它透露出的是法国共和主义价值观。所谓共和主义,指的是在法国生活的每个人,只要他愿意按照法国社会的法律和文化风俗行事,就享有完全平等的权利,就会受到法律的保护。拥护反面纱法案的主要团体,包括左翼团体和妇女组织。换言之,那些被美国人赋予厚望、应该在法国的教室里支持文化多样性的社会团体,却正在尽力地去除文化差异的存在,包括将除法语之外的其他语言拒于学校大门之外(即主张最好只将其他语言留在家里)。法国社会中这些富有献身精神和社会觉悟、支持移民和平等权利的公民却正是那些反对教育中的多元文化主义的人。这一被法国人自豪地称为"法国的例外"的事实的深刻意义在于,可被借来(如果我们允许)挑战美国的学者。法国学前教育所实施的共和主义逻辑,有力地挑战了美国的多元文化教育。在法国人看来,美国的多元文化教育恰恰对文化的、种族的和宗教的、多样性的实现产生了误导,从而适得其反。而美国幼教质量评估标准中对多元文化教育的要求,诸如游戏区内要放置不同肤色的洋娃娃、遇到不同文化和宗教的节日都要加以庆祝等,在我看来,更多的是一种价值的追求,而非一个客观的、被已有经验所证明的真理。更进一步讲,我认为这个道理对学前教育中的所有质量标准都适用。

在接下来的篇幅里,我将谈到的是,作为一个教育人类学学者,我认为教学质量标准这一概念所存在的一系列问题。我的建议并不是让学前教育的"操盘者"不要去讨论和追求教育的质量。我只是想说,如果我们企图找到一套普遍适用的、脱离情景的外在质量标准,那这种做法在观念上是错误的,在政策上是危险的,也不可能达到预期的目的。我所持的民族志研究的立场,与后现代理论对质量概念的批判不谋而合。格尼拉·达尔伯格(Gunilla Dahlberg)、彼得·摩斯(Peter Moss)和阿兰·彭斯(Alan Pence)曾在他们的书中提到,关于质量的话语所包含的前提假设是:"评价的标准和结果都是客观的、与其所考察的专业知识能相互对应。只要使用的技术正确,测量的准确性就可以得到保证。"(1999)

文化相对论

前面我通过日本和法国幼儿园的例子对美国幼教质量观提出挑战,这样做,其实例证了被人类学家称为文化相对论的逻辑。这一理论的推论之一就是,对一种文化中的信仰和行为,不能使用另一种文化中的标准来进行有意义的评价。当人们提到文化相对论的原则,这一点是被引用最多,也是最富有争议的。之所以受到争议，是因为它可能被指责为道德相对论，即，人类学家不能或者不愿明确表态他们在道德问题上所持的立场。这一指责源自于人们对人类学和人类学家的误解（他们实际上常常会与所研究的文化发生道德上、政治上的联系，并对其产生影响）。问题的关键在于，文化相对论的提出是从认识论的角度，而非道德的角度。无论是从认知，还是从方法论上来讲，如果使用我们自己文化中的假设和概念来试图理解别人的文化实践，都是不合时宜的。文化相对论的第二个推论，被提得不多但与我们手头上的问题关系更为密切，就是我们自己文化中的信念、行为和标准全都是文化的产物，而这些东西并不比其他文化中所持有的观念，更值得加以普适意义上的推广。日本人和法国人所持的关于学前教育的理念，对美国的质量标准是一个挑战，正是因为它们的存在证明了我们的所谓标准不是全球统一或与文化无关，而实际上只是一群特定的人在特定的时间和场合所持有的特定价值观和心态的反映。

比如，在日本托儿所/学前班和日托中心以及法国幼儿园，一个老师高效率地带着25个甚至更多的4岁幼儿这一事实，就很好地挑战了美国人认为提高师生比一定能提高教育质量的信念。我从有关师生比的研究中发现，这种因果关系主要只在美国内部盛行，而并非跨文化的现象（有一个现象可以说明该学术领域的狭隘地方主义：大部分关于师生比研究的元分析，仅局限于收集在美国国内开展的研究案例）。根据美国的教育观，教师和她的每个学生之间的互动非常重要，所以一个教师看管的幼儿越多，势必会导致其教育质量越低。但是在像法国和日本那样的教育系统里，其教育方法与美国存在本质的差异，班级大小和师生比就谈不上是重要的质量评判标准了（Tobin，Davidson & Wu，1987）。

类似的推论还可以用来分析多元文化教育的文化局限性（多数法国幼教工作者视多元文化教育是分裂的、肤浅的、不够世俗化的），坚信教师应该干预儿童之间的争执（许多日本和法国的教育者认为这样做的结果实际上是南辕北辙）等问题。

我并不认为全美幼儿教育协会的一些做法，包括坚持维护在学前教育机构中有较高的师生比、推进多元文化教育，以及为教师提供解决儿童争执的技巧的培训等，有什么不对。一个全国性的组织当然有权利、甚至是义务，去贯彻一套全国统一的标准。只不过当我们对这些标准只是文化和环境（情景化）的产物，而不带有普适性这样的事实缺乏认识时，当这些标准被应用到美国以外的学前教育系统中时，或者，在美国国内，当我们向那些并不认可主流文化价值和理念的社区强加这些标准时，这就成为问题的所在。

进步主义

关于质量的标准,每一代人(甚至每十年)都在变。一两代人之前被认为是高质量的东西,在我们现在看来已并非如此,那样的看法甚至显得很无知。通常,诸如大脑发育、言语发展、认知、前读写、媒体影响、母子关系、营养等的研究结果,常被进步主义者用来为质量标准正言。毋庸置疑,以上所有领域的研究,都与我们提高教育质量有关,而且我们每天都会从中学到新的东西。但是声称质量标准的制定与科学的发现之间存在某种简单的、直接的而且与我们的价值判断无关的因果关系,则是荒谬的(Bruer,1999)。而这一点,正是我和其他许多人认为发展适宜性课程(Developmentally Appropriate Practice,简称DAP)从一开始出台就存在的严重问题之一。主张适宜儿童发展教育的人声称,直接从与儿童发展相关的知识便可推导出好的、最好的,或者是唯一恰当的教学实践。其实,知道儿童的发展规律,并不能自动地让我们明白什么样的教学是最好的,多少师生比才算是合理的,怎样去对付举止不当的孩子,以及如何去教育新近移民的儿童等。在对文化差异做出判断时,人类学研究者倾向于采取相对主义的立场。同理,他们对那些声称当代的教学或知识优于过去的说法也都持怀疑的态度。

在我看来,当代关于学前教育质量的标准与其说是科学进步的结果,不如说是我们对当代的价值观和对各种利益考虑的反映。而在这之前的岁月里,我们所采用过的质量标准并不比现在更差,它们只是不同罢了。否则,我们就是被进步主义蒙骗了——这一未经验证的理论认为,每一代人所制定的标准和做法都比其前一辈人更好。

全球和本土

在《行动中的科学》一书中,布鲁诺·拉图尔(Bruno Latour)为我们介绍了这样一个概念:那些可以脱离其发生环境的观念和操作,不可避免地会与那些不能推广开来的观念和操作相竞争,并最终是前者击败后者。拉图尔认为,科学知识有两种:本土的和全球的。全球性的知识(比如林纳植物分类系统)谈不上比本土的知识(比如夏威夷人的民俗植物分类系统)更科学;但是前者能更加成功地得到广泛传播。其中的原因,不仅仅在于全球性知识的传播得到了强权的推动(比如殖民者、跨国贸易商、名牌大学),并且这样的知识往往对情景的依赖性更小。事实上,正是它们相对独立于具体情景的特点,首先吸引了殖民统治者的兴趣。18世纪英国殖民者关于南北回归线的科学论断,忽视或篡夺了当地土著居民的知识,从未公开承认从本土概念中学到了什么(B. Tobin,1999)。

如果一种宗教信奉的神灵只属于特定的村落，比如像夏威夷人心目中的造物主，它就很难成为一种世界性的宗教，比如基督教。在基督教中，我们看到的是一个全能的上帝，他不属于任何一个地方，但他的智慧却能指引所有地方、所有时代的人。

在这里，我想要说的是，使用一个脱离情景的幼教质量标准，我们所付出的代价将是用独立于社会情景的理念和做法，来取代那些原本适合本土情景的教学。一个摆在我们面前的例子就是出了名的意大利瑞吉欧·艾米利亚地区的幼儿园。我所要讨论的，跟瑞吉欧本身，或者意大利其他地方，甚至全世界其他地方的幼儿园向瑞吉欧学习这个事实本身，并没有太大关系。我所关注的是将瑞吉欧作为一种质量标准，并将其用来作为脱离情景化的推动力。瑞吉欧·艾米利亚地区有着出色的幼儿园，这一点，我毫不怀疑。但我想指出的第一个具有讽刺意味的事实是，在意大利的其他地区和世界范围内的其他国家，同样也有许多出色的幼儿园，但是他们却很少或者丝毫没有受到外界的关注。由此可以提出两个问题：是什么使得瑞吉欧成为学习的榜样，而与此同时，来自意大利其他地方，来自法国、日本、中国的其他一些有趣并很可能有用的幼儿教育理念，却在世界范围内显得相对落后了呢？我并不打算对这个复杂的问题做出详尽的回答。但是对于瑞吉欧在美国取得成功的原因，我不妨给出如下几点理由：意大利在传统上享有优秀学前教育理念发源地的美誉；观光客们喜欢在意大利的那一区域旅游，因为那里景色优美、食物可口；瑞吉欧的课程偏重美学品位的培养，这跟那些来参观的中产阶级教育者们的口味不谋而合。我真的不是有意要在此对瑞吉欧做任何批判，事实上，由于种种原因，我对她非常钦佩。我只是为瑞吉欧在全球范围内的广泛传播感到好笑。不只我一个人这么想，许多意大利的教育者，包括一些身在瑞吉欧的幼儿园内的人，跟我有类似的感觉。我的一位同事，丽贝卡·纽，对瑞吉欧的了解甚于绝大多数非意大利人。她指出，虽然有了来自国外的对瑞吉欧的狂热，但在意大利人心目中，瑞吉欧固然好，可是许多其他意大利城市一样也有好的幼儿园，而其他意大利城市绝不会试图去复制瑞吉欧·艾米利亚的幼儿园，这跟他们不会去仿造帕尔玛和翁布里亚的奶酪和葡萄酒是一个道理。瑞吉欧的独一无二，跟意大利葡萄酒和奶酪的独一无二是异曲同工的——它们所反映出的是其所在地的本土特色。这并不是说它们不能被外界的消费者享用。但它们在大批量生产复制的过程中，很可能会丧失其最初引以为豪的特色。并且，在消费它们的同时，我们也应该消费其他消费者本土生产的产品，而不是用前者来取代后者。丽贝卡·纽写道："对以下事物的诠释——无论是一片美味的奶酪，一瓶优质的葡萄酒，还是一种制作地道的意大利糕点——都与特定的地域和它的居民密切相连，其中既有享有者的利益，也有大家共同分担的责任。"这使我想到另一点颇有讽刺意味的事

(允许我再次借用丽贝卡·纽的观点):瑞吉欧幼儿园的中心理念之一,也许是最核心的理念,是学校员工与社区合作基础上的办学模式。家长和整个社区对学校活动的参与至关重要,并且持续不断。这一参与所反映出的,是社会主义政治观对市政、家长、教师和管理者角色的认识。当瑞吉欧来到美国,作为其教学模式之伦理基础的社会主义原则会变成什么样呢?到那时,瑞吉欧所固有的政治元素、社会主义色彩,还有许多会引起美国人反感的成分,都将被一条条剥掉,而其中最投美国中产阶级所好的成分则将受到热烈欢迎。一套质量标准如果立志成为普适性的,或者在美国这样幅员辽阔的国家之内成为全国性的,不可避免的情况是,要么,用拉图尔的话来说,它是可泛化的(如林纳植物学),要么,像瑞吉欧那样,是被剥掉了其本土色彩和社会情景的。这样一套脱离情景的标准,加上国家机构、学术权威和强制性政策的辅佐,无疑是可以得到推广的。从许多方面来看,这样的推广是件好事。它为那些本来没有标准可言的地区带来了有章可循的质量标准,促使社区大力投资以提高学前教育质量。但是这样做同时也可能牺牲了带有本土特色的东西和全国范围内的多样性。这有点类似于物种多样性所面临的困境——统一质量标准的推广所带来的负面效应,将是其对地方标准的取代,而或许后者更适合本土的实际情况。全国统一的标准,最终将灭绝那些本来可以在全国不同地方发现的各不相同的教学实践。

殖民主义

教育被用作殖民主义的重要工具由来已久。殖民者往往会让被殖民者引入整套的教育模式,这在殖民者看来是自己的慈善之举,而在被殖民者眼里则是自身权力丧失的象征。教育成为殖民者灌输其价值观的一种策略。近来关于后现代主义和全球化的研究清楚地揭示出,当一种教育理念和实践通过殖民主义的全球霸权势力介绍给弱势国家时,弱势国家所面临的是一个复杂的两难局面。为赢得全球霸权的认可(并确保能从银行得到贷款),这些国家不得不对他们的教育系统加以改革,采纳外来的评价标准。在一定程度上,边缘国家的学者和官员们已经认同了中心国家的世界观,倾向于将这些改革举视为对其人民和政府施加的有益的压力。

在殖民主义、全球化和学前教育的相互作用这一点上,土耳其为我们提供了一个极好的例子。我的论点来源于我所指导的一位土耳其博士研究生菲克丽·库班的研究。土耳其政府立志要让土耳其成为欧盟成员,而欧盟对土耳其的加入提出的条件之一,就是要其建立起一套西式的学前教育系统。就在不久前,大多数土耳其父母,特别是那些居住在伊斯坦布尔和安卡拉之外的土耳其人,从来都不愿意将他们的孩子送进幼儿园。欧盟、世界银行还有其他一些全球强权中心的官员们,将学前教育看做是推广西方/欧洲/全球/资本主义价值观的重要组成部分。其中的推理虽然复杂,却包括有:鼓励世俗主义,通过培养更易于控制的劳动力市场来发展经济,疏导年幼儿童的母亲进入劳动力队伍。

为建立起一套西式的学前教育模式,土耳其采取的策略是,通过世界银行和其他渠道的财政资助,派遣一群年轻的土耳其人到美国或欧洲高校的学前教育专业进修博士学位,希望他们学成归国后能在土耳其的大学中牵头改革幼教师资培训。

许多土耳其公民信奉共和主义,认为这一举措是众望所归、势在必行,有助于加深土耳其在欧洲甚至整个全球经济中的参与程度和现代化进程。但也有许多人,对迫于压力而不得不采纳美国和欧洲施加的儿童社会化和教育方法心存怨恨,他们认为,土耳其人关于年幼儿童应该学什么、该如何保育等所持的传统观念,跟那些欧洲和美国的进步主义教育家们所持的观念大相径庭。

我们这些美国学前教育的专家被指派担任来自土耳其的博士研究生的导师,被邀请参加在土耳其召开的大会并大谈关于最佳教育实践的问题,或者担当起向土耳其社会介绍美国学前教育课程和质量标准的顾问。这样的一个局面,向我们提出了复杂的道德和认识论上的挑战。如果有人邀请我们跟土耳其的政府官员和学前教育工作者交流我们对于学前教育的认识,这无疑是一份难于拒绝的殊荣。但是我们不得不当心,这样做会回溯到殖民主义盛行的年代,我们这样的专家是怎样卷入了知识和文化资本的全球化传播的进程之中的。而这些,在爱德华·萨依德(Edward W. Said)的《东方主义》一书中已得到过详尽阐述。跟前文中谈到的推广一种脱离了情景的瑞吉欧教育相类似,我们在这个过程中必须权衡哪样更重要,是去散布我们所认为的前沿的学前教育质量理念呢,还是冒着加速全球学前教育模式多样性消失的危险,去起加速社区的信仰和需要与其学前教育和保育系统脱节的作用。

当然,土耳其绝不是唯一的一个面临以上困惑的国家。我们最近的一项在中国的研究,发现了类似的现象。中国政府也正力图通过改革学前教育体系,来培养新一批能参与全球经济竞争的劳动力。无疑,许多美国的学前教育工作者很高兴在中国的幼儿园中推广建构主义、活动区角、自我表达、方案教学。但作为一个教育人类学者,我担心这些教学法将如何融入中国的文化传统和价值观之中,以及在贯彻这些方法时,如何考虑中国社会本土的实际情况。在非洲、拉丁美洲、亚洲,还有许多比土耳其和中国更贫穷的国家,她们愈发无力挺身而出,反对西方所提倡的学前教育模式。许多贫困的国家,乐于接受来自北美的帮助,以发展其学前教育系统,但是关键是她们需要从自己的实际出发,以尊重其本土文化的方式来展开变革。

结 语

综上所述,作为人类学学者的我,到底对于教育质量标准怎么看呢？首先,我意识到了将标准过于泛化和简化的危险。在本文中,我没有对这一问题加以系统的论述,而是通过一个个小故事,像展开戏剧化的情节那样表达了我的见解。现实生活跟这篇学术文章不同,无论哪个团体——重新构想主义成员(re-conceptualizer)、适宜儿童发展的教育的倡导者,还有法国和日本的教师,等等,都不大可能是由始终持一致看法的成员组成。尽管我所讲的故事显得过于理论化,带有随机性,并有泛泛而谈的特点,但是,我相信它能为我们思考学前教育的质量标准带来重要的、具有挑战性的启发。幼儿保育和教育中的文化传统应当受到尊重和重视(这并不是说它们不应该受到批判和发生改变),学前教育实践中的国家差异和文化差异应当受到尊重,而不应被当做是某种缺陷。如若不然,则会表现出殖民主义、种族中心主义和学术地方主义的倾向。

专题拓展阅读文献

1. Stacie G. Goffin, Catherine S. Wilson. Curriculum models and early childhood education: appraising the relationship [M]. Prentice Hall, 2001.
2. C. Edwards (Editor), L. Gandini (Editor), G. Froman (Editor). The Hundred languages of children: the Reggio Emilia approach advanced reflections [M]. Elsevier Science, 1998.
3. Sue Bredekamp, Teresa Rosegrant. Reaching potentials: appropriate curriculum and assessment for young children [M]. Washington, DC: National Association for the Education of Young Children, 1992.
4. Joseph J. Tobin, David Y. H. Wu, Dana H. Davidson. Preschool in three cultures: Japan, China, and the United State [M]. New Haven: Yale University Press, 1989.
5. [美] 裘迪·哈里斯·赫尔姆, 丽莲·凯兹. 小小探索家 幼儿教育中的项目课程教学 [M]. 林育玮, 等译. 南京: 南京师范大学出版社, 2004.
6. [美] 德弗里斯. 幼儿教育课程发展 [M]. 台北: 学富文化事业有限公司, 2004.
7. 朱家雄. 幼儿园课程 [M]. 上海: 华东师范大学出版社, 2003.

第四编

学前儿童游戏

> 儿童在游戏中怎么样,当他长大的时候,他在工作中也多半如此。因此,未来活动家的教育,首先要在游戏中开始。作为活动家和工作者的各个人的整个历史,可以表现在游戏的发展中,然后逐渐转移到工作上。
>
> ——《儿童教育讲座》

专题导论

在历史上，人们很早就注意到了儿童的游戏，在一些思想家、教育家的著作中也可以找到有关游戏的零星论述。但是真正尝试系统地解释游戏的原因与功能、建构系统化的游戏理论的努力，直到19世纪后半期才开始出现。

18世纪的德国诗人和哲学家席勒在探索文化与艺术的起源时注意到游戏问题，并在他的美学名著《美育书简》(1795年)中对游戏冲动、审美游戏以及游戏的意义进行了阐述，在哲学、美学的范畴中最早提出了游戏是消耗过剩精力的思想。19世纪的英国思想家斯宾塞在生物进化的领域中，发展、推进并形成了"精力过剩说"（也称"剩余精力说"），在其著作《心理学原理》(1855年)和《教育论：智育、德育和体育》(1861年)中都可以发现他对儿童游戏的论述。德国教育学家福禄培尔一直因"幼儿园创办第一人"而为人们所熟知，其实，他也是第一个阐明游戏教育价值的人，并在《幼儿园教育学》(1861年)中详尽完整地阐述了"恩物"——儿童游戏中的玩具及其价值。德国学者格鲁斯是一位哲学教授，他在研究美学的过程中，受到席勒思想影响，从而对儿童游戏发生了兴趣，在他的代表作《动物的游戏》(1898年)和《人的游戏》(1901年)中，他在批评"精力过剩说"的过程中提出了"预演说"，指出儿童的游戏是为未来成人生活作准备。美国心理学家霍尔则与格鲁斯的"预演说"相反，认为游戏是早期种族生活的痕迹，他在《青年期的教育、生活规则与卫生学》(1904年)中"玩耍、运动与游戏"一章中论述了儿童游戏的"复演说"。此外，在这一时期，由德国诗人、哲学家拉扎鲁斯(Moritz Lazarus)提出的"松弛消遣说"也是较有影响力的一种理论观点。

19世纪末、20世纪初所产生的"精力过剩说"、"预演说"、"复演说"和"松弛消遣说"等早期的游戏理论比较具有代表性、为人所熟知并认可，被看做是经典游戏理论，也称为古典游戏理论。游戏理论试图对游戏行为进行解释，并在某些情况下对游戏行为进行预期，它们帮助定义游戏是什么、游戏产生的原因。

除了经典游戏理论，20世纪20年代之后出现并发展起来的游戏理论被称作现代游戏理论。它包括精神分析学派的游戏理论，以皮亚杰、维果茨基、布鲁纳、萨顿-史密斯和辛格为代表的认知发展游戏理论，游戏的唤醒调节理论和元交际理论等。

在介绍现代游戏理论之前,还必须提到苏联教育家马卡连柯对于儿童游戏的论述,在其著作《儿童教育讲座》第四讲"游戏"中,马卡连柯详细地阐述了自己对于儿童游戏的见解以及对于家庭游戏教育中父母应有的指导和注意点。

精神分析学派的创始人弗洛伊德,在《超越快乐原则》(1922年)中,弗洛伊德通过或多或少的分析,认为游戏在儿童情绪发展中扮演了重要的角色。此后,精神分析学派的理论家们在弗洛伊德的思想上进一步发展了精神分析学派的游戏理论,比较具有代表性的是埃里克森、蒙格尼和伯勒提出的"掌握"理论、"宣泄"理论和角色选择理论。

苏联心理学家维果茨基在《游戏及其在儿童心理发展中的作用》(1933年)一文中,将游戏作为一种心理现象研究其在儿童发展中的作用,他对于游戏的观点是全面的。瑞士心理学家皮亚杰试图在儿童认知发展的整体框架中来考察儿童的游戏,他在《儿童期的游戏、幻想与模仿》(1952年)一书中,详尽地阐述了儿童游戏的发展与特征,认为游戏不仅可以反映儿童的认知水平,更可以促进儿童的认知发展。美国心理学家布鲁纳在其发表的文章《未成熟阶段的本质与作用》(1972年)中分析了游戏的核心功能以及游戏能够影响工具使用的原因,指出游戏的方式比结果更重要,而游戏在人类不成熟阶段具有适应价值。美国游戏理论学家萨顿-史密斯对于游戏的研究是持续而深入的,尽管在后期他提出了关于游戏的新理论,但他早期的《游戏在认知发展中的作用》(1967年)仍是认知主义游戏理论的代表之一。辛格则针对弗洛伊德和皮亚杰为代表的游戏理论,提出了相反的游戏的积极认知情绪观点。

游戏的唤醒调节理论和元交际理论是在认知主义之后比较有影响力的两种其他现代理论。艾利斯(Ellis)在《人为何游戏》(1973年)中,整合了以往的游戏理论,并修正了伯莱茵的理论,完善了唤醒调节理论。人类学家贝特森(Beatson)最早把游戏与"元交际"联系在一起,阐明游戏作为一种"元交际"是具有深刻意义的,他的理论刺激了后继研究者对游戏研究的兴趣,《关于游戏和幻想的理论》一文是其游戏理论的代表作。

游戏是复杂的,每个人都可以根据自己的经验来谈论游戏。而且,随着跨学科、跨文化研究的影响,随着科学技术、研究方法、研究技术的不断发展,从不同角度切入的关于儿童游戏的研究层出不穷,但是,儿童游戏的古典理论、现代理论以及经典论述,都是儿童游戏研究中不可磨灭的印记,不断地给后人的思考和研究带来启发和参考。

幼儿园教育学[①]

福禄培尔

作者简介

弗里德里希·威廉·奥古斯特·福禄培尔（德语 Friedrich Wilhelm August Fröbel，1782—1852），德国教育家，被公认为是19世纪欧洲最重要的几个教育家之一，现代学前教育的鼻祖。

19世纪末，在美国形成了福禄培尔主义，影响遍及世界各国。福禄培尔对幼儿教育的推广和强调，今日已为世界上大多数人所接受。他不仅创办了第一所称为"幼儿园"的学前教育机构，他的教育思想，重视游戏和儿童自主活动、重视手工作业和园艺等，迄今仍在主导着学前教育理论的基本方向。

选文简介、点评

《幼儿园教育学》是福禄培尔的一本教育代表作，是由福禄培尔的忠实追随者兰格（Wichard Lange）整理汇集其老师生前在一些杂志上发表的文章集结而成，出版于1861年。

1837年，年已55岁的福禄培尔开始从事幼儿教育工作，在凯尔豪附近的勃兰根堡创办了一所"发展幼儿活动本能和自发活动的机构"——儿童游戏活动机构，招收3—7岁幼儿。福禄培尔认为，应该为儿童提供一整套游戏活动的玩具，以帮助儿童认识世界、认识生命、认识自然、获得生活经验等。于是，福禄培尔运用自己在数学和建筑学方面的专长，为儿童设计了6套玩具，即"恩物"[②]，以球、立方体和圆柱体为基本形态，供儿童触摸、抓握。福禄培尔邀请瑞士工匠西格尔（Seigal）担任助手，开始为儿童制作"恩物"，同时，动员家长制作教具，向家长讲解教具和手工的内容。1839年，福禄培尔开设了幼儿教育辅导学习班，设置了游戏场所。1840年将此游戏场所命名为幼儿园，成为世界上最早的幼儿园。

在全书的15章中，除了对于基本教育思想的阐述，大篇幅的内容主要论述了"恩物"与游戏。福禄培尔认为，游戏和手工作业应是幼儿时期最主要的活动，而知识的传授只是附加的部分，穿插其中，教师最主要的责任，是妥善地加

[①] 单中惠,许建美,龚兵,杨捷,王晓宇,编译. 福禄培尔幼儿教育著作精选[M]. 上海：华东师范大学出版社,2009：80-102.

[②] 德语：Spielgabe,英语：Froebel Gifts,意为是上帝设计给儿童玩的,是上帝的恩赐。

以指导、设计各种游戏活动。福禄培尔相当重视手工材料和教具的准备，其中自然包括著名的"恩物"。在文中，福禄培尔详细阐述了"恩物"（绒球、球体、立方体、大立方体、圆柱体等）的使用以及养育者的指导和灵活变通，并指出，幼儿通过恩物的使用，从而使自己的身体、感觉、情感和智力得到发展。此外，福禄培尔认为游戏是儿童的内在本能，尤其是活动本能的自发表现，也是幼儿时期最纯洁、最神圣的活动。活动本能日后将会逐渐发展成创造本能。因而对儿童的教育是应当顺应其本性，满足其本能的需要。如此，蕴涵在人里面的神性将得以在人性里逐步被唤醒而体现出来。由于篇幅所限，此处选取了第四章"绒球——儿童的第一个玩具"，即第一种"恩物"。

福禄培尔的教育思想与实践对世界各国幼儿教育的发展起到了深远的影响。他的教育思想，如重视游戏和儿童自主活动、重视手工作业和园艺等，迄今仍支配着学前教育理论。福禄培尔著名的"恩物"，在学前教育的教育思想和实际应用方面，也得到了世界上的广泛认可，并至今在多国盛行。

值得注意的是，福禄培尔的思想有着十分浓重的宗教色彩，这当然不会影响其在教育领域中的地位，但在学习其著作文章时，确实是需要我们注意的一点。

选文正文

第四章　绒球——儿童的第一个玩具

在我们丰富的语言中，"球"这个词含义丰富，表明球象征着一切。球本身具有不同寻常的魅力，对儿童和青少年来说有恒久的吸引力，因此，它是童年时期无与伦比的最重要的玩具。儿童总会遵从人类的本性，即使他处在观察力发展得并不完善甚至模糊的阶段，他都会在球体中发现其他每一个物体和他自身作为一个独立而统一的整体的一般表现。儿童注定要变成一个有意识的人，将来一定会是一个有意识的人。对儿童来说，最重要的事情是去观察自身所包含的一切，观察真正的完整世界，从而发展自身的对应物和对立物。因为人类甚至和儿童和自然界的万物一样，都是寻求与他对立但又和他相似的途径来发展自己，所以，儿童喜欢玩球，即使是在生命的早期，他总是不自觉地喜欢玩球。他把球作为与他对立并相似的事物，通过球来培养和塑造自己。事实上，正如我们在讨论中将要表明的那样，球的所有特性在很多方面对儿童都具有启发性，就像宇宙中的各种现象对成年人具有启发性一样。

然而，球不仅对儿童具有意义重大的吸引力，而且是一件具有深刻意义的玩具和一种教育手段。这就是说，球让儿童感觉到自身是一个整体，并遵循着人类的本性去发现他自己的命运，在生命的早期，儿童就去寻求并且必须去寻求、去注视、去抓住、去占有整体，即使是在无意识的阶段也同样如此。他寻求、注视、抓住和占有所有事物的整体和每一事物的整体,或者至少可以说通过这些手段来占有整体。这一点可以通过个体生命的发展史、民族的发展史和全人类的发展史得到充分的证明。儿童生活中的许多现象,不管是生活的光明面还是阴暗面,都可以通过这一点得到解释。儿童寻求的这个整体也是通过球体给予他的。

只要稍加注意就会发现,在儿童的生活中,他们——像神话故事中的人一样——是多么喜欢在整体中观察整体,从个体中创造整体。球是一切事物的象征(因为自身之中包含着一个整体),同时也是单个事物的特殊象征,例如,苹果和其他一切球形的物体,在这些球形的物体中多样性得以体现,就像谷物的种子中所蕴涵的多样性一样。因此,球非常适合满足儿童的这种探究欲望。

绒球——或与之相同的圆球——实际上是其他一切形式的基础和本源,所以,一切形状都可以通过某些确定的简单法则从球体中符合逻辑地发展出来。这个事实将会在后面关于各种玩具及其对儿童的意义的讨论中得到证明。事实上,球体迅速地将周围的物体吸纳进自身,确切地讲,是因为这些物体被反映在球体之中。这样,儿童在其发展的最初阶段以至后来的发展过程中表达生命和活动所需要的一切,都能通过绒球得到满足。因为如同球体本身是一个整体一样,它也是每一个整体的象征和一般表现。儿童能够在其中看到每一个整体和他自身,就像他能从中看到每一个整体和每一个物体一样,他也就能够反复地将自己的影像印入其中,从而使他能与自身面对面。

在促进儿童发展的过程中,应该特别注意儿童生命和活动的这些表现,因为这些表现是儿童认识到个体完整性、统一性的基础和途径,也是使其认识到人类注定要与万物协调一致的基础和途径。同时,也应该注意与前面所述有关的一件事情,关于其重要性必须在游戏开始时就提出来——也就是,孕育和创造了游戏的精神,对待玩具和做游戏的精神给予游戏以意义和价值使其彰显涵养人性的充分价值。因此,如果创造自然的精神被人类所理解,如果自然能够被以符合这种理解的方式来观察和对待,那么,这个精神就会给予自然与人类一样的意义。就如同它是深刻的并充满了生命一样,这个意义也是真实的,它创造生命、培育生命和展现生命。

但是,为了首先将儿童作为一个统一体来加强他身体力量的早期练习,为了他四肢和感觉的敏捷发展,也为了唤醒并培养他的注意力和独立自由的活动,现在应该怎么来认识和利用这个球体呢?

问题的答案就是要与儿童的需要和球体的本质完全符合。

我们可以发现,小孩是多么喜欢抓握每一件东西,如果没有其他东西,他甚至会抓握自己的大拇指或另一只手。我们也会看到,儿童用一只手就可以多么灵活地握住一只球,就如同两手一起抓握一样,这值得我们认真关注。

因此,哪怕开始仅仅为了让儿童抓握,让他的小手握成圆弧状,也应该尽早地让儿童的小手接触到一只球,这样才能尽快地使儿童理解球体的圆形,才能尽快地占有它和抓住它。

这种抓握动作很快将会使儿童手指、手掌和胳膊上的肌肉发育,会使儿童的手掌和手指得到锻炼,从而能够随心所欲地玩球,然后能够灵活地抓握其他东西。每一个人都知道,在人的生活中,甚至是儿童的生活中,有多少事情要依靠适当抓住和正确对待每一件事情的能力,无论在真实的意义上还是在象征的意义上。因此,儿童应该尽早学习从各方面来抓握一件新异的物体,这对于儿童整个未来生活的重要性是不言而喻的。

随着儿童越来越多地利用四肢和感官,绒球应该越来越作为一个与儿童分离的东西展现给他。因为儿童在开始的时候认为球体是生在他自己手掌上的东西,就像他的拳头一样会随着手掌一起生长,因而儿童对其周围事物和外部世界的一切认识都是通过抓握绒球的手段进行的。

儿童生长到足以将绒球视为与他自身分离的东西的时候,亲爱的妈妈和保育员,你们将握在儿童手中的球上紧紧地拴上一根线,现在你们可以将系球的线上提一些,好像你希望将球从儿童的小手中提出来一般。当你提球的时候,儿童的手臂会因自身的重量和握紧球儿收回去。儿童很快会因为感到往上往下的力量和运动的变化而高兴起来。手臂在这个活动中的运用会使它变得更加有力。

现在,亲爱的妈妈,这就是你与心爱的孩子通过绒球进行游戏的开始。从这里开始可以衍生出一种全新的游戏,会让儿童认识很多新的事物。你通过用力适度的提拉系在球上的线,球从儿童的手中脱离,作为单个的物体在儿童面前轻轻而自由地滚动。通过这个游戏,儿童产生了一种新的感觉,获得了关于物体的新的理解。他认识到,物体一会儿是被他紧握的、抓住的、触摸的,一会儿是自由运动的。

有人会深信不疑地说,即使是这么简单的活动对儿童而言也是非常重要的,因为它是儿童最经常重复玩的一个游戏。小孩子在抚摸母亲的乳房时经常直接感受到这种感觉——联合和分离——现在又在能够被抓握住的,确实也曾经被抓握过的一个外在物体中获得了。这样,这个游戏的不断重复就在儿童的心里强化、巩固并且明了整体和个体、联合和分离、现在拥有和过去占有等感觉和观念。这些感觉和观念是深深扎根于人的整个生命中,并对其具有重要的意义。

对于需要得到发展的儿童和促进他发展的成人(首先是父亲和母亲)而言,十分重要的是,他们(成人)不仅应该观察而且应该激发他们的孩子正在觉醒的个体力量和个体活动,以及在几乎不易察觉的开始之中及表露的细微迹象之中正在觉醒的精神。只有这样,这些品质和精神的发展才不会通过偶然的、任意的和不连贯的活动来进行。与此同时,通过适当的物体来观察儿童的力量和活动的渐进发展也同样重要。为了达到这个目的,对于父母和儿童来说,通过绒球进行的游戏在很多方面都是最合适的手段。

很快,儿童从在场和缺席中获得了再现或复现的观念,从整体和分离中获得了再联合的观念,从现在拥有的和过去拥有的之中发现了未来会重新拥有的观念。因此,存在、拥有和变成等观念,就其结果而言,是对人的整个生命最重要的,而且也是被儿童最先感知到的模糊观念。

通过上述这些观念在儿童的头脑中发展出物体、空间和时间这三个重要的观念。在开始时,这三者是混在一起的。从有关空间和物体方面的存在,拥有和变成观念中,很快发展出有关时间方面的过去、现在和将来的新观念。实际上,给儿童客观存在的生命打开大门的这九重观念,正是通过一只绒球在儿童的游戏中清晰地展现在儿童面前。

现在,我们发现儿童的所有发展都有它的基础,尽管这些基础蕴涵在几乎不易察觉的观念和成就之中。我们看到那些极易消失的观念(在开始几乎察觉不到)在无数次的重复之中(也就是在变化之中)得以稳定、增加和清晰,因此,我们应该确认,儿童一旦获得两个不同的、独立的观念,那么第三个观念和紧随其后的其他观念也就会不可避免地从中引发出来。

在儿童生命的早期,养育者将其全部的注意集中在这一真理上,这对于精心而正确的教养而言是非常重要的。所以,应该尽早地注意,并保持与这个目标的联系,同时注意、保持外观生命(apparent life)与存在生命(existent life)的不可分割的联系(尽管这种联系在开始时是模糊不清的)也是非常重要的。因为人类现世的命运在未来的实现,不仅取决于对过去、现在和将来的正确理解和思考。但是,人自身甚至是在童年早期,因为其三位一体的本性和顺应与其本性一致的内蕴和品质,也将对这种命运的实现产生作用。父母们和儿童的养育者们,你们越是能够清楚地认识到这一点,在你的养育中就越是能够明确地运用它,那么,在你们对儿童的教育中就将能够获得更为丰富的结果。

诚然,母亲那自然而没有被破坏的感觉,使她经常能够想到会有恰当的事情去做。她所做的这种恰当的事情是无意识的和不连续的,因此,它不能充分地连续不断地重复,更不能不断地循序渐进地发展,因而,它也不是建立在充分的逻辑思考的基础上。母亲们以及后来担当母亲职责的保育员们,太容易放弃由母亲纯洁的感觉所指明的正确道路,这一点在许多地方很容易地表现出来。但是,我们希望并致力于使母亲那自然的感觉能够被正确地认识到(尽管是无意识地发现的东西),并循序渐进地加以促进,从而使得生命对父母和儿童而言可以成为一个统一体。这个统一体的各个部分之间能够不断地、循序渐进地互相训练,只有这样,统一体的形成才是有意识和循序渐进的。

这样,在人类感觉的引导之下,母亲就将无声的活动与只有通过观察和触摸才能发现的东西联系起来了。例如,将获得与确定的地点和物体联系在一起,然后几乎毫无例外地,活动就会和有声的话语联系起来。但是,这种迹象几乎会在它出现的那一刻就消失掉。

从对立面的联系及无声与有声、永恒与瞬间、可见与不可见、肉体和精神的两重性之中,儿童(这个统一体自身同样有这种两重性)看到了心里已确认的物体,并且紧紧抓住这个物体,意识到这个物体。通过这种方法,儿童的意识自身也得到了发展。

但是,意识本身属于人的本质,并且和人的本质组成一个整体。越来越意识到自我是儿童生活中的第一个任务,就像它是人整个一生的任务一样。这个任务能够完成,是因为儿童甚至刚一问世就处在特定的地点并被许多物体所包围。例如,漂浮在所有生物周围的空气和人类精神中能够唤醒人的语言,因此,鼓舞人的话语,至少是那些使人生气勃勃的歌曲是可以在儿童的游戏中运用的。就像我们前面所见到的,真正具有童心的人,特别是母亲对这一点理解得很好,她们不会在没有语言伴随的情况下与儿童一起做任何游戏,即使她们也承认儿童或许还不能理解口头语言。因为儿童的一般听觉还没有发育,更别提是特殊的话语听觉了。因此,我们发现母亲在儿童降生后会抚摸着他并对他说话,因为那些能够发展和创造或者是有这种可能性的素质必须在它们还未出现但是条件已经具备的时候开始培养,而且必须开始培养。这种可能性,特别是人的培养的可能性是它们的模糊的预兆。人类获得意识以及在获得意识过程中需要语言和环境。

现在,我们要搞清楚什么是伴随着儿童游戏的语言,以及儿童的游戏语言是怎么形成的?

因为在游戏中童真和慈爱得以表现,所以慈爱的母亲在与儿童说话的瞬间就创造了游戏语言。尽管那是无意识的,她却可以在自己的头脑中和生命中创造出崭新的词语。因为这些新创造的语言是用来表达那些高度个人化的母亲与孩子在一起生活的最直接感受,所以,要将它们白纸黑字地记录下来。但要将它的个性,它唤醒生命和充分陶冶生命的场景再现出来是不可能的,这只有通过心灵瞬息的感受,以及通过注视、运动、音调和歌曲去实现。

然而,为了让亲爱的儿童养育者尽可能地理解童年时期,我们至少可以做这样的一个工作。

当儿童发声能力第一次得到一些发展的时候,我们注意到,他是如何注意他所看到的运动中发出的声音的,他是如何用自己的器官来尽力模仿那个声音的。模仿钟摆的运动和钟的报时声,我们会听到他发出"滴答"的声音。当这个运动的声音更清晰可辨的时候,我们会听到他发出或唱出"乓,乓"的声音。值得注意的是,在"in"(内)和"out"(外)的词语中,儿童使用了 ē-ah-oo 这三个元音,标志着从内(ē)向外(oo)的运动。

善于思考而又观察敏锐的保育员能够从儿童对自己内在生命运作方式的所有的第一次表达中发现许多美好的事物,特别是当儿童真正开始说话的时候。这些能够被观察到的美好事物对促进儿童的发展来说是一种必不可少的指引。因此,我们必须看到,当儿童开始用语言表达的时候,他通过"滴答"这种声音,解释、标明和记住运动的物理部分。但是,通过"乒,乓"他更主要地是从自己心中的感觉来理解运动的(如果可以这样表达的话)。那么,当儿童后来学会说"there"(那里)和"here"(这里)的时候,他已经更倾向于将运动看做是一个对比物或一个认识物,他的刚被启蒙的思想也更加理智。

后面我们会继续讨论这个问题。现在,我们只能说,对保育员来说非常重要的一点,就是认真观察哪怕是儿童的肉体的、理智的和精神的本质第一次和最轻微的联结的痕迹,观察儿童从实体到感觉和思考的发展,从而使儿童本质中的任何一个方面都不会以牺牲他者为代价得到培养,也不会因为他者而受到压抑和忽视。我们相信,所有那些认真思考儿童第一阶段发展的人都已经注意到或将会注意到,即使在现在已经达到的早期发展阶段,儿童也会指出摇摆运动,还在嘴里哼着近似歌曲的"乒乓"的调子,从而满足了儿童情感本质及其培养。他们这样做,其实是早早地明确指出,人的发展(包括儿童的发展)的中心、真正的基础和起点是心灵和感情。但是,对行动和思想的训练,肉体和精神经常不可分割地伴随着它们。思想必须转化成行动,行动必须通过思想来决定和明确,这两者的根源都在情感本质之中。

这些论述对于认识、促进和保护儿童最初阶段的发展和人的发展的规律是必要的。现在,让我们重新回到儿童游戏上,不过这次要表现它的深刻意义。

通过持久地慢慢地拽拉,一端系在线上的球会从儿童的手中逃脱,这时候母亲马上发出"乒乓,乒乓;滴答,滴答;这里,那里;这里,那里"的声音来描述球的运动。

这个非常简单的游戏可以通过运用不同的语调和词语而进行许多变化。

"看,孩子,看着球——那里,这里;那里,这里。"(比较图1和图2)

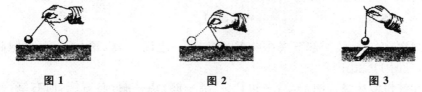

图1　　　　　　　　图2　　　　　　　　图3

当球停下的时候,说:"球悬挂在这里了。"(见图3)

让球在一个物体两边摆动(例如,交叉着的双手中的一只),一边说:"那里,这里;那里,这里;在那里,在这里。"(见图3和图4)或者,将线适当地放长,球就会慢慢地摇摆起来,一会儿靠近儿童,一会儿又远离他,这时候说:"近了,远了;近了,远了。"或者说:"球来了,球走了。"或者更概括地说:"它来了,它走了。"

图4　　　　　　　　图5　　　　　　　　图6

提着系球的线慢慢地提起来和降下,这时说:"上,下。"(见图 5 和图 6)

图 7

图 8

图 9

在孩子面前一张表面很坚硬的桌子上玩球,"嗒、嗒、嗒"让球坠落到桌面的不同部分,特别要球垂直坠落。(见图 7)

让系着线的球很快地从高处坠落,球在自身弹力的作用下迅速反弹起来,这时候说:"跳起来了,球跳起来了!""看,现在球跳起来了!跳起来了!跳起来了!"(见图 9)

或者,帮着孩子短促地拉一下系着球的线,说:"跳得真高。""球跳不动了。它累了,它躺下睡觉了。"

迅速地将球从桌面上提起来放到一个东西上,比如放在盛球的盒子上,一边说:"跳上去了。"或者,将球迅速地提到盒子上方,一边说:"跳过去了。"(见图 8 和图 10)

或者,仅仅让系着线的球慢慢地提起或下落,一边说:"高,低;低,高。"

图 10

图 11

图 12

现在,将球从线上解下来在桌面上滚动,一边说:"滚,滚,滚,滚;球跑起来了!"(见图 11 和图 12)

让球慢慢地绕着圈摆动,一边说:"绕一圈,绕一圈;向右绕,向右绕;向左绕,向左绕。"(比较图 13,图 14,图 15)

图 13

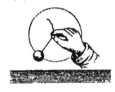

图 14

图 15

现在,可以在空中继续让球做旋转运动,既可从中心向外旋转,一边说:"越来越宽。"也可从外部向中心旋转,一边说:"越来越窄。"(见图 16 和图 17)

就像儿童以前看到的周围运动一样,在这里他看到了螺旋式扩展和收缩的运动。因此,也可以让球沿着椭圆形运动,一边说"变长了",或"变宽了"。

图 16　　　　　　　图 17　　　　　　　图 18

按照同样的方法,将系着线的球缠绕着一根棍螺旋形上下运动,一边说:"越来越高,越来越低。"(见图 18 和图 19)

捻着线让球在桌面上水平的旋转,然后围绕一个中心旋转,模仿着球向外绕的运动发出"ｒｒｒｒ"或者"绕,绕"的声音。(见图 20)

图 19　　　　　　　图 20　　　　　　　图 21

现在,用线迅速地将球垂直地提到空中,将悬在空中的球轻轻地快速地沿相反的方向旋转,模仿球向里的旋转发出"１１１１"的声音或者说:"转,转!快速地转,快速地转。"也可以指着不断加快运动速度的球说:"越来越快。"(见图 21)

再次让球在桌面上滚动说:"现在向右,现在向左。"也可以让系着线的球改变运动的方向,一边说:"现在向左,现在向右。"

然后,沿着桌面拉球,一边说:"拉,拉,拉。"(见图 22)这时候,可以让儿童的手握着线,同时母亲的手握住儿童的手和线将球拉到失去桌面的支撑,一边说:"啊,球掉下来了。"(见图 23)这样做,可以让儿童觉得这是他自己行动的结果,因而使他非常快乐。

图 22　　　　　　　图 23　　　　　　　图 24

或者,让球在一个平面,例如,球盒或一本书的表面的边缘停下来,一边说:"来吧,球,再到小宝贝这里来吧","球来了","抓住球","球掉下来了","赶上球","去找球"。(见图 24)这时候,母亲可以将孩子抱到球在的地方,以便他自己将球捡起来。如果孩子的智力、身体和力量有了一定程度的发展,那么,当他自己将球抛到地上的时候,母亲必须允许他亲自将球捡起来。但是,如果孩子实在太小而没有能力自己走过去捡起来的话,那么,母亲必须将他抱到球的地方,特别是在他自己把球抛出去的情况下。这样做,可以使儿童早早地体验他自己行动的后果和必要条件,发现他自己必须满足这些条件和承担这些后果。所以不仅应当尽早地让儿童有许多明确的发现,而且要让他记住这些发现,既记住它们之间的联系,也记住它们的结果。"球在哪里?""球又来了。""球现在和宝宝在一起。"

或者,合上双手把球包起来,一边说:"球到哪里去了?"然后又一次张开两手,一边说:"球在这里。"(见图25和图26)

图25　　　　　　　　图26　　　　　　　　图27

特别使儿童高兴的一个美妙的游戏是这样的:让球在微凹的手掌上不停地沿中心旋转并不断地改变球的重心或者支撑点。这个游戏也可以用茶托代替手掌,球可以环绕茶托的边缘转动而掉不下来。伴随着表演,一边说:"球的舞蹈真漂亮。"或者说:"看,球跳舞了!"

或者,两手交叉,用线将隐藏在一只手后面的球提升起来,一边说:"起来了","在哪里?"等。将球再一次放在手的前面,说:"在这里。"(见图27和图28)

只要能使儿童快乐,上面的每一个游戏都可以不断地重复。通过不断地重复,这些游戏对于拓展儿童经验水平的重要性丝毫不逊色于使儿童的经验更清晰、更明确的重要性。

然而,善于思考和观察敏锐的母亲与保育员都会发现,所有这一切都是儿童从他们自己的游戏和练习中引导出来的。

然后,将球放到一个可以封闭的容器中,例如,球盒中,一边说:"陷进去了。"

重新将球放进球盒中,一边说:"球走了!""它想睡觉了!""我的宝宝也累了;对,球累了,它想睡觉了!"(见图29和图30)

图28　　　　　　　　图29　　　　　　　　图30

上面这些和其他一些观察练习可以通过不同的组合而表现出无数的变化形式,有利于儿童运用绒球,有利于他们智力和身体活动的唤醒和滋养。特别是当儿童四肢的力量发展到可以拿绒球(至少一只手可以拿球),语言能力同样发展到可以和保育员交谈的时候,这些变换的观察练习对他的作用更大。现在,在谈论儿童运用绒球游戏的时候,我们也要考虑所有的儿童玩具和游戏的共性,即儿童特别喜欢在每一个物体中发现整体以及从每一个物体中创造整体。许多种物体,不管是无生命的还是有生命的,都能在儿童时代的生活环境中发现,特别是那些有生命的物体的来来去去会引起儿童的不随意注意或者由于保育员的提示而引起儿童的随意注意。一般情况下,生命总会吸引生命,就像生命唤醒生命一样。儿童会看到狗和猫的走动,有时是长卷毛狗或丝毛狗,有时是大猫或小猫;儿童会注意到鸟儿,笼中的鸟,窗前的麻雀;儿童还会注意到鸽子、公鸡、母鸡,庭院中母鸡领着小鸡;他会看到四轮马车和拉车的马;等等。

为了适应儿童的这种本性和需求,摇摆的球现在变成了一只小鸟,母亲可以一边对孩子说:"看,小鸟是怎么飞的,一会儿飞到这里,一会儿飞到那里!"

现在,弹跳着的球变成了一只小猫:"小猫在板凳上蹦啊蹦!"

现在,球又变成了一只小狗:"小狗跳过了篱笆!"

现在,球又变成了一只小鸡:"小鸡跑起来了!"

现在,球又变成了一只公鸡:"公鸡在啄食,嗒,嗒,嗒!"

现在,球又变成了一只松鼠,像爬树一样爬上胳膊,绕了一周又一周;或者从胳膊上爬下来,绕了一周又一周。

现在,球又成了一名矿工:"他到矿井下采矿去了。"

或者将系在球上的线解掉,球一会儿成了我们必须看护的绵羊,一会儿又变成了脱缰的马或小马驹。

现在,球又变成了一只奔跑的小狗:"汪,汪,汪!"

现在,重新将线系在球上,它就成了四轮马车(如果是冬天,可以是雪橇)。总之,球还可以变换为上百种其他的东西。

通过上面的游戏,我们可以得到这样一个重要的结论:通过一个并且是同一个物体,甚至是一个无生命的物体(在上面的游戏中是绒球),我们可以想象许多种物体,特别是有生命的物体。由此,我们又可以得出另一个重要结论:所有呈现在儿童面前的物体都伴随语言,这些语言所描述的事物,儿童甚至从来都没有见过,在他周围的环境中也许根本不能见到。

尽管我们已经指出,它存在于儿童的本性和生命之中,但是对许多还没有深入而全面地进入儿童生命的发展历程和条件的人来说,上面的结论可能不被接受。因此,我们将尽量简要地证明这个程序是正确的,而不准备深入到人的本性中进行探讨,尽管在其中可以很容易地证明它的必要性,因为现在还不到时候。在某个时期,对一般和特殊的预感和内部认识将会展现给儿童,但是,正如已经表明的那样,这只有在具有某些相似性的对立双方进行对比的时候才会发生。而且,游戏中运用的概念和物体与模拟的物体之间的相似性越少(当然要有一定的联系),儿童就会变得越熟练。为了对它的特性有一个清晰的印象,儿童现在开始认识实物。只有这样,才能从对单个物体的认识上升到对物体的类的认识,从对物体的类的认识上升到对物体的种的认识,等等。

需要注意的第二点是,与儿童一起游戏的成人确实已看到在游戏中呈现在儿童面前的物体,而儿童却根本没有看到。对此,我们既不可能因审慎而避免,也不能因粗心而走得更远。只有保持在适当的限度之内,让每一个简单而正直的人看来是合理的。人的生命及其发展过程和规律使得即使是在人发展的最完善阶段上也会重复出现许多问题。因为人注定是要获得不断提高意识的生物,他也注定会变成一个有理性和有判断能力的生物。此外,人具有一种独特的有预感的想象力,不仅仅新生儿将要变成为一个人,而且人的全部才能和全部本性的统一体已经出现并确实蕴涵在儿童身上。这一点我们不能忘记,且必须考虑到它的重要性和引导性。

因此,在儿童的生活中,尚没有见过的物体可以通过表现这些物体的语言和玩具介绍给儿童,但是要注意以下几点:当儿童通过频繁的重复对这个物体已经非常熟悉,或者在儿童经常见到并且总是可能再见到这个物体(例如小猫)的情况下,父母就没有必要再在儿童面前介绍它。因为在比拟物(这里是球)的特性中儿童已经认识了替代物(这里是小猫)的特性,并且已经在前者(球)中并通过前者发现了后者(小猫)的特性,已经学会了用球来表征它,例如通过让球跳起来。现在,儿童也注意到了松鼠能够攀爬,当他说"松鼠爬树"的时候,儿童就会迅速地得出松鼠是一种能够爬树的有生命的物体的结论。这一结论足以使儿童兴奋起来,以至于他在某一天看到一只松鼠,并且成人告诉他这是松鼠的时候,他会全神贯注地盯着它;甚至没有人告诉他"松鼠"的名字,他也会从这个特征和其他的联系中来认识它。这足以证明,这个童稚的、充满母爱的和家庭化的程序是合理的。

现在,让我们回到将绒球作为儿童的第一个玩具的讨论上。我们强调了这样一个事实的重要性,即绒球(是万物的象征并提供了观察蕴涵其中的万物的途径)提供给儿童观察、创造和玩耍的仅仅是最基本的形状,或者说,绒球是一切表现为整体并能自发行动的事物的素描。因此,可以用球体表现的一些现象,例如,呈现、分离、返回、寻找、发现、得到、接住、抓住、握住、滚动、滑动、转动等,上述的每一个现象都能够如球一样地表现出来。正是从这个意义上,我们才说,绒球对儿童而言是一个多么完美和有吸引力的玩具。但是,正如我们所说的,绒球所表现出的一些现象可以在上述每一个物体中再现出来。比如,在运动的多样性方面并非每一个物体都可以做到。正因为如此,为了增强儿童的力量和促进他的发展,用绒球来进行的游戏可以部分地用其他物体代替。例如,苹果、手帕、线球、钥匙、坚果、花朵等,这样,这些物体就可以通过各种各样的活动展现在儿童面前。但是,圆球始终是万物的统一物和解释物,因而也是联系和理解万物的真实途径。正是通过圆球,将儿童和保育员和他周围的环境联系在一起。

如果儿童现在达到了可以独立坐立并喜欢这样做的年龄,以及可以从一个地方爬到另一个地方,那么,用绒球进行的游戏就可以有效地加以拓展。在房间里铺一条被子,让儿童坐在上面,然后将一会儿系着线一会儿又解掉线的绒球交给儿童,让他自发地玩弄。如果方便的话,也可以将一个尺寸合适的球用一根足够结实的绳子吊到房间的天花板上,这样,儿童就可以时而随着球的摆动而摇摆,时而在球的帮助下自己站起来。这样,他会比在攀着平稳的物体(如桌子、凳子)的情况下学会更好地掌握身体平衡和更容易地站立起来。因为在攀着平稳物体站立的时候,儿童没有必要去保持重心平衡。儿童即使摔倒了,也不会太痛,因为他跌倒在厚厚的被子上。对儿童练习站立而言,更适合的游戏是:让儿童坐在一条足够厚的被子上,将一个适当增大的球系在一根很结实并足够长的绳子上,然后将球放到儿童手中并告诉儿童抓紧球;然后尝试着通过系在球上的绳子把儿童慢慢地越提越高。这种升高降低的运动将会使儿童非常高兴,同时也会增强儿童整个身体肌肉的力量,特别是臂部和大腿上的肌肉。如果通过球和绳使儿童提到了站立的姿势,那么,他自己很快就会容易地站立起来。

如果工作不太忙的话,那么,现在是父亲的生命和活动对儿童生命的养护和发展施加影响的时候了。这种影响既是重要的也是美妙的。绒球仍然是把儿童和父亲联系起来的中介物,正像在此前的时期里是儿童和母亲之间联系的中介物一样。儿童在父亲的陪伴下慢慢长大,现在他可以爬到父亲身上,并且在父亲的帮助下可以稳住他自己的身体。所以这些锻炼都可以通过上面提到的用球进行的游戏,以多种多样的形式进行。父亲可以通过这些游戏与儿童建立起适当的关系,不仅要唤醒他的力量(思考、反思),而且要运用和发展他的力量。因为通过此前时期的游戏,特别是与语言联系在一起的游戏,母亲以其全部的温柔进入到儿童的生命之中。

至此,我们已经对儿童的第一种游戏——用绒球进行的游戏——的本质、实施和一般效果进行了阐述。亲爱的父母,你们已经从上述内容中获得了对你的孩子而言既有益又重要的东西——不断地渐进地发展的途径,可以使儿童从四肢和感觉的第一次活动发展到独立坐立和随意的自我活动;同时也提供了引向不断地促进这些发展的途径。现在,我们可以看到,通过绒球游戏,儿童的生命得到了多么丰富而全面的滋养。

我们可以看到,为了与儿童第一个游戏的特性相适应,我们提出的这些游戏很明显都是简单而短暂的,因为它们在一定的时候诞生,又在一定的时候被抛弃并被其他的游戏所取代。由于儿童在生命的初期还不能接受复杂烦琐的游戏,因此,只有这样的游戏对儿童的全面发展才是重要的。我们深信不疑地坚持这样的信念——儿童稚嫩而灵敏的心灵的运动,尽管有时太细微而几乎不易觉察,但对于儿童整个未来的生命是至关重要的。对儿童和他未来的生命及活动而言,没有什么能比认识多样和统一以及两者之间充满活力的相互关系更重要的了。这两个观念正是通过绒球明确而全面地展示在儿童面前。

很明显,对儿童而言,由单个的绒球演绎而来的一切多种多样的游戏表现出来的一切假象,都应归因于圆球是万物的统一体。这些游戏展现了单个圆球中所蕴涵的多样性,它们来自统一体并再次回到了统一体。换一个视角,我们可以从儿童的向外展现的角度来理解游戏。尽管与绒球联系在一起,但是一切活动皆归因于自身,就是一个统一体的儿童。儿童本身就是统一性和多样性的结合,因此,他注定要通过周围的外部世界来发展这种统一性和多样性。也正是为了达到这个目的,绒球才通过运用游戏特别是通过自身的特性而发挥作用。因为球是万物的表征,是万物本质特性的统一体和结合。球展现了容量、质量、物质、空间、形式、尺寸和外形,它自身蕴涵着一种独立的力量(弹力),因而它可以静止和运动,也具有稳定性和自发性。它甚至可以提供色彩,至少可以引起声音;它确实很重,因为受到了重力的吸引,具备了万物的一般特性。所以,绒球通过下落,通过或快或慢的运动,使儿童思考地球生命和自然生命中最重要的现象和规律,思考一般的引力——首先是地球的引力,特别是地球引力的规律和限度。正是在地球引力中并通过这些引力,儿童自身及其所属的整个人类才得以栖居在地球上,因为他只有通过呼吸空气才能存在和生活。因此,绒球作为联系父母和儿童的玩具,使儿童一降生就通过四肢和感觉运动处于万物之中,处于自然界的一切现象和感觉之中,处于自然和一切生命的局限之中。还有什么比生命更有吸引力的吗?通过一种巧妙的教育,使人理解大自然和生命并与其和谐一致,有意识地、谨慎地使他在与自然和生命的和谐一致中得到养育。这种教育开始得越早越好。

因此,正如我们在许多方面已经看到的那样,绒球是联系母亲和儿童的纽带,是联系父母和儿童的纽带,它将儿童与他周围的环境联系起来。因此,一般而言,球也是联系儿童和大自然的纽带,将儿童与大自然联系在一起,就如同宇宙将人类和上帝联系在一起一样。

就像球通过它的特性和运用球的游戏将人(甚至是儿童)置于大自然的生命之中,并且它自身在其中被人观察和感觉。它也使得儿童在生命的早期就在自己的生命中,在他的观察(感觉)、操作、创造和比较(思维)活动中感觉到并发现了自身。球和运用球的游戏在身体、心智和心灵方面将儿童整个人都调动了起来。为了精确地呈现一个(仅仅一个)现象,也是我们提到过的现象,绒球(即使是摇摆运动,如果不断进行、经常重复,并伴随着"滴答,滴答"的声音,也会使儿童注意到这种每隔一定时间的等距离运动并记住它)通过有节奏的跳跃使儿童的身体兴奋起来。但是,即使是这样一个单一的游戏,如果儿童在与整个人和谐一致中得到发展,不也对他的整个生命很重要吗?即使是对正确时机的模糊感觉,也就是说,机智地、适时地通过自己的活动对他者施加影响,从而使人避免许多令人不愉快的经历,不也很重要吗?而这一切不也依赖于人总是记住在适应需要的情况下什么对早期发展最合适和阻碍最少吗?

相反,充满了生命和表现力的运动,如包含在"乒乓,乒乓"的声音中并通过它得以展现的运动,会对儿童的心灵产生影响。在儿童的发展过程中,在他表达被唤醒的情感和他眼里的笑意中,我们可以发现这个事实。通过这个事实,我们不是已经看到,训练对人的生命早期阶段是多么有益、多么优美和多么和谐吗?但是,那些更容易使人进行对比的运动,如包含在"这里,那里"的词语中,并通过它得以表现的运动,主要是对人的心智产生作用。这一点可以在儿童的发展过程中,通过他自发表达被唤醒的思考力、那不太完善的言语得到证明。难道我们还没有发现吗?这反映了人的心理状态的特性和需要:要使自己通过与他人的交流变得可理解,使自身变得清晰。

如同我们前面数次提到的一样,每一个单一游戏很早就将儿童的本性看做是创造、感觉和思考的三位一体,一系列的游戏活动更是将儿童看做是一个整体。细心的观察者能很容易地发现,一整套游戏主要是属于真实的、外部的和创造性的生活的,或者是涉及这种生活的。从某种观点看来,这种游戏可以被描述为是有用的。而另一系列的游戏中的每一个游戏都不指向任何外在事物,它是自足的,因为它是一个内部的统一体,或者说,因为它是一个自身是单一的,但在外部却能表现出与内部和谐一致的丰富多样的生命。通过这些游戏的进行,内部统一体(存在)在和谐的多样性中并通过它得以表现,并且由内向外散发光芒。对于这一景象的描述,没有比"美妙"一词更恰当了。在第三类的游戏中,每一个单一的游戏都同样地因其各种各样的关系、特性和联系而吸引儿童。这些关系、特性和联系在其向外部展现和被认识之前已经隐含在内部。我们只能说,这些游戏因为它们的真实性而早早地吸引了儿童的注意力。尽管他自身没有意识到这一点,并且可能在他的整个生命过程中都认识不到。

善于思考的人很可能会发现,我们没有从前面已经介绍的游戏中提出可信的证据来证明这些游戏系列。在这里,我仅仅表明儿童游戏的过程是多么直接地将儿童引向实用、优美和真理的一种和谐的训练,表明怎样将训练途径给予父母以使他们对孩子进行和谐的教养。我们考虑的是,他的教养主要是倾向何方,因为就相互的排斥性而言没有什么能比得上生命、艺术和科学。因此,人

(特别是儿童)的教育和教养一定不要成为片面的或排他性的。

运用绒球的第一种游戏也实现了从不同方面对儿童智力的培养。通过绒球的运用,儿童不仅可以看到静止的物体,而且也可以在不断变换的现象中观察物体。运用绒球进行的游戏唤醒并训练儿童的智力,使它能够在内部重现已经在眼前消失了的物体。这些游戏唤醒并训练再现、记忆和在记忆中保持以前见过的物体的能力,也就是说培养记忆力。

我们已经讨论了对比较、总结、判断、思考的心理能力的唤醒和培养。每一个观察者都会很容易地发现,儿童的这些能力是怎样通过游戏而进一步被唤醒和训练的,是怎样持续不断地发展并越来越多地在儿童内部形成的。但是,我们唯一必须指出的是,儿童心理的这种能力的纤弱生长是在母亲的行动、感情和思考的影响下,并通过她对儿童的爱、信心和期望悄悄地渐渐地萌芽和发展的。尽管儿童的生命通过绒球和运用绒球的游戏而与母亲的生命联系在一起几乎是难以察觉的。

通过绒球和运用绒球的游戏,我们将儿童甚至是婴儿置入了他自己的生命之中,置入了一切生命之中。因为他自己的生命、母亲的生命、父亲的生命和他周围的一切生命都通过绒球及其游戏而成为儿童内部生命的具有活力的一部分,这就像母亲的生命和爱通过供给他营养的浑圆的乳房(在儿童看来像一个圆球,并且是他的一切)而成为他的具有活力的一部分一样。

亲爱的母亲、父亲和保育员们,再一次提醒你们,不要认为并相信儿童在身体上确实处于完全不能自立的发展阶段时,他们会对我们上面所提到的一切没有感觉。如果是这样的话,你们就犯了一个影响深远的错误,这个错误将会极大地有害于你们孩子的整个未来的生命和你们在其他方面艰辛地培育孩子的成果。儿童对一切都非常的敏感,就像深藏在地球内部黑暗中的地核,或者树上被像石头一样坚硬的鳞皮裹住的蓓蕾对春天阳光的到来或温暖却短暂的呼吸空气极为敏感一样。如果当儿童未来生命发展的迹象还隐藏在深处并处在黑暗中时,那些不能发现它并有意识地慎重地对它加以培养的人,将不会清晰地发现它们,更不会对它们进行适当的或至少是足够的培养,甚至当这些迹象已明确地展现在他面前时也仍然是如此。只有通过对这些关系的理解,或者更确切地说,通过理解永恒的三位一体——不可见的、不可见而可感的、可见的——才能理解生命本身。

在思考运用绒球的游戏时,我们仍然有一点想法需要提出,即在循序渐进的游戏过程中使儿童语言能力明确、清晰而合理的发展。就像在许多方面已经表明的那样,当通过这种游戏将儿童置于大自然和生命之中,或者更确切地说,当儿童发现自己因生命而快乐的时候,也就是将儿童置于语言能力的发展或合理发展之中,也可以说是儿童在其中发现了自己并悄悄地展现自己。

还有一点想法必须在这里明确地提出来,即伴随儿童的第一个游戏的语言看起来似乎是清楚、精确、丰富、有意义而又简单的,然而却是完全令人满意的。即使是由游戏所引起的最初的单词中也包含着语言的所有要素,也就是说,在这些单词中包含着元音、开元音和闭元音。在童稚的语言"bim,bom"(乒,乓)中,每一个音节都是清晰可辨的,而且就其本质而言都是单纯的。在 au(aou)这个音节中,儿童学会了3个基本的浊音 a、o、u。通过游戏,儿童逐渐地听到语言中所有的元音[①];而且,整个语言可以在游戏中加以运用。在其中运用的语言主要是词干和词根,从中可以发展出充满活动的、规范的和全面的语言作为两个重要的世界——内部世界和外部世界——的表征。

绒球给予了儿童所有这一切和许多其他的东西(这些东西从其特性而言根本就不是用语言表达的外部现象),并且成为儿童所有玩具中的第一个。通过绒球的运用,儿童得以发展自己,加强了生命和本性的统一性,也相应地增强了身体和精神的统一性。正是在运用球的最初的游戏中,儿童知道了自己的生命以及作为统一体的外部世界了。

---

① 浊音、开元音和闭元音的详细解释,请参阅《人的教育》。——原注

儿童教育讲座[1]

马卡连柯

作者简介

安东·马卡连柯（Антон Семенович Макаренко，1888—1939）是苏联著名的教育理论家、教育实践家和作家，苏联教育学的创建者之一。

1888年3月13日，马卡连柯出生在乌克兰别罗波里城的一个工人家庭里。1905年从小学师资训练班毕业后开始教育生涯。1905年起担任小学教师和校长，在15年的教育实践中，积累了丰富的经验，奠定了其教育思想的基础。马卡连柯是集体教育思想的代表人物，他的诸多著作描述了儿童集体教育和教育结合生产劳动的理论和方法，他的教育理论与教育实践活动密切联系，相辅相成。

选文简介、点评

《儿童教育讲座》是马卡连柯在1937年9月至12月所作的广播讲演稿，是其主要的教育理论著作之一。马卡连柯在后期十分关注儿童的家庭教育问题，他的家庭教育思想主要包括父母必须以身作则、起表率作用，通过家庭生活制度培养孩子良好的行为习惯，建立良好的家风，从身边小事做起，重视细节，对孩子的教育要做到严慈、奖惩结合等。《儿童教育讲座》及其他三篇有关家庭教育的讲话，包含了这位伟大教育家许多独到的见解和思想，包括了马卡连柯对家庭教育的一些基本问题和原则的系统阐述，强调了父母深刻了解时代要求和当下社会教育目的的必要性，强调了父母以身作则、对家庭尊重的重要性，强调了要对儿童进行集体教育等。

由于马卡连柯是苏联建国后比较早的研究家庭教育问题的教育家，因而与以前的家庭教育思想，特别是资本主义的家庭教育思想相比具有鲜明的特点，如具有明确的社会主义方向性、主张用集体主义精神教育儿童、强调教育与生产劳动相结合等。

《游戏》是《儿童教育讲座》中的第四讲，在此之前的三讲中，马卡连柯先阐述了家庭教育的一般条件、父母的威信以及纪律。在《游戏》一讲中，马卡连柯在开篇就将游戏的意义与成人的活动、工作和服务的意义平等挂钩，以此来肯

---

[1] 吴式颖，等.外国教育名著丛书——马卡连柯教育文集（下卷）[M].北京：人民教育出版社，1985.

定游戏的存在,"未来活动家的教育,首先要在游戏中开始"。马卡连柯在文中阐述了在儿童工作、活动中无处不在的游戏性质以及游戏对于儿童所产生的吸引力和推动力。马卡连柯从解决"什么是游戏"、"游戏和工作有何不同"两个问题入手,对父母指导儿童游戏、在游戏中教育儿童作出指导。同时,马卡连柯还结合父母指导儿童游戏中的错误案例来让读者更为生动清晰地了解他想传达的意思。马卡连柯在此讲中介绍了儿童游戏的三个发展阶段,三个发展阶段的年龄分布、游戏特点、合作方式、主要材料等,并再次强调了父母在这三个阶段中的影响力,当然也向父母介绍了儿童游戏要达到的目的以及父母应有的指导和注意点。马卡连柯在《游戏》一讲中,以循序渐进的方式、以完整全面的布局、以平和生动的语言,为所有读者做了一次精彩的讲演,对于父母或其他读者了解儿童的游戏及其指导,具有一定的意义和价值。

总之,马卡连柯在家庭教育中所强调的基本精神都贯穿在《儿童教育讲座》的各个部分中。该稿受到了苏联广大读者的欢迎和教育界的重视。尽管马卡连柯全面否定资本主义,且过分夸大独生子女教育的难度,但是他所提出的父母应该以身作则、让幼儿参与家庭管理、重视劳动教育等观点对当今的幼儿教育仍然有很大的启发。

选文正文

第四讲 游戏

游戏在儿童生活中具有极重要的意义,具有与成人的活动、工作和服务同样重要的意义。儿童在游戏中怎么样,当他长大的时候,他在工作中也多半如此。因此,未来活动家的教育,首先要在游戏中开始。作为活动家和工作者的各个人的整个历史,可以表现在游戏的发展中,然后逐渐转移到工作上。这一转移过程的完成是极为缓慢的。儿童在幼年时,主要是游戏,工作的职能是很小的,总是脱离不开最简单的自我照顾:开始独自吃饭、盖被子和穿衣服等。但是,就是在这种工作里,仍然含有许多游戏的性质。在组织得很好的家庭里,这些工作的职能逐渐复杂起来,把更复杂的工作交给儿童去做,开始只是以自我照顾为目的,以后就扩展到对整个家庭都有意义的工作上了。但是,这时候,游戏仍构成儿童作业的主要部分,最能吸引儿童,使儿童发生兴趣。当儿童达到学龄阶段,工作已经占很重要的地位,它与比较重大的责任联系在一起,与有关儿童未来生活的更确实和明晰的概念也联系在一起,这已经是接近于社会活动的一种工作了。但是,就是在这个时候,儿童仍然要做许多游戏,仍然喜爱游戏,而当觉得游戏比工作更有兴味,使他想抛弃工作来做游戏的时候,甚至于要发生相当复杂的冲突。如果发生了这样的冲突,那就表示在游戏中和在工作中对儿童进行的教育不够正确,那就表示父母犯了某些过失。从这里可以明白地看到，指导儿童的游戏具有何等重要的意义。我们在生活中可以遇到许多成人，虽然早已离开学校，但是，他们对游戏的爱好仍然超过对工作的爱好。这里应当包括过分积极地追求快乐的人，为了要好的酒肉朋友就忘记工作的那些人。属于这种类型的还有那些毫无目的地装腔作势、夸张傲慢、卖弄手腕和好说谎话的分子。这些人从儿童时期起就把贪玩的习惯带进严肃的生活中，这些习惯没有正确地被改造为工作的习惯，这就意味着这些人教育得不好，而这种不好的教育多半是组织得不正确的游戏所产生的结果。

以上所说，并不表示需要及早使儿童不去注意游戏而转向于努力工作、关心工作。这样的转变不会有什么益处，这是加于儿童的一种压力，只能使儿童设法躲避工作，一心想去游戏。教育未来的活动家，不应当有意避免游戏，而应当在游戏的时候好好地组织游戏，其实在游戏中就培养着未来公民和工作者的品质。

为了指导儿童游戏，在游戏中教育儿童，做父母的应当好好地想一想这样的问题：什么是游戏？它跟工作有什么不同？如果父母不细想这个问题，不研究应该怎样处理这个问题，那就不能指导儿童，在任何个别情况下将会茫然失措，与其说是教育儿童，不如说在伤害儿童。

首先需要说明，在游戏和工作之间，并不像一般人想象的一样，存在着那样大的差别。好的游戏就类似好的工作；坏的游戏也正类似坏的工作。这种近似的程度是很大的，可以直截了当地说：不好的工作，比起好的工作来，更类似不好的游戏。

在每一种好的游戏里，首先就有工作的努力和思想的努力。如果你们给孩子买只有发条装置的老鼠玩具，整天上紧发条，整天让它走，那么，儿童也就会整天看着这只老鼠玩具，非常高兴。但是，这种游戏不会有什么好处。儿童在这种游戏里是被动的，在儿童参加游戏的整个过程中，仅仅是旁观者。假使你们的孩子只是从事这种游戏，将来就会成长为消极被动的人，习惯于旁观他人的工作，缺乏积极主动性，不惯于在工作中创造新事物，也不惯于克服困难。游戏没有努力，游戏没有积极的活动，永远是不好的游戏。这是很明白的，就这一点说，游戏跟工作很相像。

游戏能使儿童愉快。这种愉快有属于创造的，有属于胜利的，有属于美感的（本质的）。这样的愉快在很好的工作里也是有的。从这一方面说，两者是完全相像的。

有些人以为工作跟游戏所以不同，在于工作中有责任而游戏中没有责任。这是很错误的。在游戏中，实际上具有跟工作中一样的重大责任，当然，这是指好的游戏和正确的游戏说的。关于这一点，下边还要详细些说。

究竟游戏和工作有什么区别呢？这种区别只在于这一点：工作是人类参加社会生产或参与领导生产、参加创造物质和文化价值的活动，换句话说，就是参加创造社会价值的活动。游戏并不追求这样的目的,它与社会目的没有直接的关系,但是有间接的关系:游戏训练人们,使他们习惯于做那种在工作中所必需的生理上和心理上的努力。

在指导儿童游戏方面我们应当要求父母做些什么,现在已经很清楚了。第一,父母应当注意不使游戏变成儿童唯一的嗜好,不要让儿童的游戏完全脱离了社会目的。第二,应当注意在游戏中培养出工作中所必需的那些心理上和生理上的习惯。

第一种目的,正像上面已经说过的,要以逐渐吸引儿童参加劳动来达到,这种劳动会缓慢地,但是能逐渐地来替代游戏。第二种目的,要以正确地指导游戏、选择游戏、帮助儿童游戏来达到的。

在这一讲里,我们只准备谈第二种目的,至于劳动教养问题,将在另一讲里谈到。

我们常常可以看见父母在指导儿童游戏中的错误行为,这种错误行为约有三种类型。有一些父母对自己孩子的游戏毫无兴趣,认为儿童自己知道该怎样玩。在这样的父母跟前,孩子想怎样玩就怎样玩,什么时候想玩就什么时候玩,自己选择玩具,自己组织游戏。另一些父母,对儿童游戏很关心,甚至于注意过度了,经常干预儿童的游戏,不断指示,不断说明,分配游戏的任务,常常在儿童决定任务之前就自行决定了,并因此而感到愉快。在这样的父母跟前,孩子除了听从父母、模仿父母之外,简直没事可干。这样的话,实际上,是父母比孩子玩得多。假使孩子在这样的父母面前做什么东西感到困难的时候,父亲或母亲就会在孩子身边坐下并说:

"不是那样做,你来看看,应当怎样做。"

如果儿童用纸剪什么东西,父亲或母亲看着孩子努力作了一些时候,然后从孩子手里把剪子拿过来,说:

"给我吧!我给你剪。看一看,怎样才能做得好?"

孩子看着父亲做,看到父亲做得果真好。孩子就会递给父亲另一片纸,请求再剪什么东西,父亲也喜欢这样做,为自己的成绩满意。在这样的父母跟前,孩子只是重复父母做的事情,不惯于克服困难,不能自己努力提高技能,很快地就养成这样的思想,即认为只有成人能把一切东西做好。在这样的儿童身上发展着不信任自己能力的思想,非常害怕失败。

还有一些父母认为最重要的问题是玩具的数量。他们为买玩具花费了很多钱,给孩子买了许多种玩具,并因此感到骄傲。在这些父母那里,给儿童安排的角落里,就像一个玩具店。这样的父母正因为自己非常喜欢灵巧的机器玩具,就完全用这种玩具去充满儿童的生活。有这样父母的儿童,如果情形好的话,成了玩具的收藏者,要是情形不好的话(往往是这样的情形居多),从一种玩具玩到另一种玩具,对哪一种都没有多大的兴趣,玩起来都不热心;他们不是损坏了就是摔破了玩具，然后再要新的。

为了合理地指导游戏，要求父母对儿童的游戏采取更加深思熟虑的谨慎态度。

儿童游戏要经过几个发展阶段，在每一个阶段里，都要有特殊的指导方法。第一阶段是室内游戏时期，即用玩具玩耍时期，这个时期在五、六岁的时候开始转向第二个阶段。① 第一阶段的特点是儿童喜欢一个人玩耍，难得允许一个或两个同伴参加。儿童在这样的年龄总是喜欢玩自己的玩具，不喜欢玩他人的玩具。② 这个阶段恰好是发展儿童个人才能的时期。不必担心儿童一个人玩耍会成长为利己主义者，应当允许儿童能够独自玩耍，不过，要注意不让这一阶段拖延下去，要适时地转入第二阶段。在第一阶段上儿童不善于在群体中游戏。他经常和小朋友们争闹，不能找到与他们的共同兴趣。必须给他提供个人玩耍的自由，而不必硬塞给他一些同伴。因为这种强求只会损害他玩耍的情绪，养成爱急躁和吵闹的习惯。可以直截了当地说，儿童在幼年早期独自玩得越好，他以后越有可能成为良好的同伴。儿童在这一年龄的特点是攻击性强，在某种意义上说他还是"私有者"的动机。如果儿童一个人玩，他发展着自己的能力：想象力、构搭东西的技能、组织材料的技能。这也是有益的。如果你们违反他的意志，硬让他坐到群体之中，你们用这种办法也无助于除掉他的攻击性和自私。

从爱好个人玩耍发展到对同伴和集体游戏发生兴趣，每个儿童的进度是不相同的，有些儿童较早，有些儿童较晚。应当帮助儿童尽可能顺利地完成这一相当困难的转变过程。设法在最有利的情况中扩大同伴范围，这是很必要的。通常，这一转变是在这样的情形下开始的：提高儿童乐于在空气新鲜的露天里做活动性游戏和在院落里做一般游戏的兴趣。我们认为在院落里游戏的儿童集体中，能有一个较大的、有威信的儿童来充当年幼儿童的组织者，这样的情况是最好不过的。

在儿童游戏的第二阶段，指导工作就比较难做了，因为在这一阶段，儿童已经不在父母跟前游戏，走到更广阔的社会场所去了。第二个阶段一直继续到11—12岁，包括一部分在学校里求学的时间。

学校里有更多的同学，有更广泛的兴趣范围，有更困难的管理场所，特别是在游戏活动上；但是，另一方面，学校既有现成的和更严密的组织，也有一定的

---

① 研究表明，儿童从游戏的第一阶段向第二阶段过渡的年龄是随儿童生活的条件而变化的。在幼儿园的条件下，许多儿童到三岁时就喜欢参加集体游戏，与小朋友们一起到户外玩耍。

② 马卡连柯所说的儿童的这种年龄特点以及他在下面所说的儿童在这一时期"攻击性强"，等等，也不是绝对的。观察说明，有的儿童在这一时期也愿意和同伴一起玩，而且喜欢玩别人的玩具，"攻击性"并不是所有这一年龄儿童的特点。不过，马卡连柯提出的要注意让儿童在独自玩耍中发展想象力和其他才能的意见，是值得认真注意的。

和更确切的制度,更主要的是有熟练的教师的帮助。在第二阶段,儿童已成为社会的成员,不过还是属于儿童的社会,既没有严格的纪律,也没有社会的监督。这两方面,学校是同时具有的,学校也是过渡到游戏的第三阶段的桥梁。

在第三阶段,儿童已经是集体里面的成员了,在这样的集体里,不仅有游戏,而且有工作、有学习。因此,在这样的年龄,游戏已经有了更严格的集体的形式,并逐渐成为竞技运动的游戏,这种游戏具有一定的体育目的和体育规则,而最主要的是有了集体利益和集体纪律的概念。

在儿童游戏发展的这三个阶段,父母的影响具有很大的意义。当然,当儿童除了家庭以外还没有成为另一个集体的成员,除了父母以外往往并没有另外的指导者的时候,从父母影响的意义上来说,第一阶段是占第一位的。但是,在其他的阶段,父母的影响也很大,很有益。

在第一阶段,游戏的主要材料是玩具。玩具有下列许多种:

制成品玩具、机械玩具和普通玩具,这就是各种汽车、轮船、木马、人形玩偶、老鼠和不倒翁等。

需要儿童做某些加工的半制成品玩具:各种附有问题的画片、六面画、积木、设计箱①和能拆开的模型等。

材料玩具,即黏土、沙砾、厚纸片、石片、树枝、纸张、植物、铁丝和铁钉等。

这几类玩具中的每一种都有优点,也都有缺点。成品玩具的好处是能使儿童明了复杂的思想和事物,使儿童接近技术问题,接近较为复杂的人类经济的问题,因此,这样的玩具可以引起更为广泛的想象活动。火车头在儿童手里,能使儿童想象到确实的运输情景;玩马的时候,能使儿童具有动物生活的概念,并关心动物的饲养和使用。父母应当注意让这种玩具的好的方面能确实被儿童留心到,而不要使他仅仅为玩具的某一方面,如它的机械和它在游戏中的机敏灵巧所吸引。此外,特别重要的是应该让孩子不要因为爸爸或妈妈给他们买了那样精巧的玩具(不是一个,而是很多,而且其他的孩子都没有这样好的玩具)而骄傲起来。一般说来,只有当孩子真正用玩具去游戏而不只是保存起来以便在邻家孩子面前夸耀,只有在游戏中不单纯观看玩具的运动而要采取某种复杂的措施组织这种运动时,这些机械玩具才会成为有益的东西。汽车应该装运某种东西,不倒翁应该向某某地方转动或做些什么事情,娃娃应该或睡眠、或不睡、或脱衣、或做客,或在玩具圈里完成某种有益的工作。在这些玩具中,儿童的想象包括广阔的活动领域,而由这些玩具带来的想象愈是能广泛地、认真地开展起来,好处也愈多。如果玩具熊,只是从这里被扔到那里,如果只是把它东拉西扯以至于损坏破裂,那就非常不好了。但是,如果这只玩具熊能住在它的生活特别装备好的一定的地方,如果让它

---

① 这是一种成套的玩具材料,装在一个玩具箱中,包含各种可以配搭成不同玩具的零件。

吓唬谁,或者跟谁亲善起来,那就好得多了。

第二种玩具的好处在于它能给儿童提出某种任务——通常需要儿童用一定的努力来完成的任务。这样的任务儿童本身是永远不会提出的。在解决这些任务的时候,已经需要有明确的思维训练,有逻辑的推论,对事物各部分的一切关系有明晰的概念,而不是单纯的任意的想象了。至于这种玩具的缺点,在于所提出的这些任务永远相同,一成不变,总是老一套,令儿童感到厌烦。

第三种玩具(各种材料)是最便宜、最有效果的游戏材料。用这种玩具来做的游戏,最接近正常的人类活动:用这些材料人们可以创造价值和文化。假使儿童能够用这样的玩具来做游戏,这就表示,儿童已经有了高度的游戏技能,而且产生了高度的活动能力。在材料玩具中,有很多良好的现实主义的东西,但同时也有想象的广阔范围——不是单纯的想象,而是带有重大的创造工作的想象。如果有一块小玻璃片或小石片,可以用来制作窗户,由此就要想到窗框,因此,又会联想起建筑房子的问题。如果有了黏土和植物茎干,就会产生关于花园的问题。

哪一种玩具最好呢?我们认为最好的方法是把三种联合起来,不过,无论在什么时候,数量不要太多。如果儿童有了一个或两个机械玩具,就不要再多买了。添加些能拆开的玩具,再多准备一点各种各样的材料,游戏的场面就已经组织好了。在游戏过程中,不需要包罗万象,使儿童因玩具过多弄得眼花缭乱,忙无所措。给儿童的玩具不需要多,要努力让儿童用很少的玩具进行游戏。然后观察他,暗暗地听他在玩的时候说什么,设法使儿童独立地感觉到某种东西显然不足,想予以弥补。如果你们给儿童买一只小木马,儿童会因载运工作感兴趣,但他们又会因为没有货车或马车,而觉得不满足,这是很自然的。请不要立刻给儿童去买车辆,要努力设法使儿童自己用纸盒、丝线、厚纸片等制作。如果儿童能做成这样的车辆时最好不过,这就达到了目的。但是,如果儿童要求许多车辆,自己做的不够用,那就不必一定让儿童再做第二个,第二个车辆可以给儿童买。

在儿童游戏中,最主要的要达到下列目的:

(1) 使儿童能真正地游戏、制作、建造和配置。

(2) 不使儿童没有完成第一项任务,便由一种工作任务转到另一种工作任务,要让儿童把他的工作贯彻始终。

(3) 让儿童知道每一种玩具都有一定的将来需用的价值,能保存玩具,爱护玩具。在游戏的地方,应当经常有很好的秩序,应当常常收拾。玩具不能破坏,如果有了损坏,就要修理;如果儿童因为工作困难自己不会做,父母可以帮助他做。

父母应当特别注意儿童对玩具的态度。儿童不能破坏玩具,要爱惜玩具,但是,如果玩具损坏了或破碎了,也不要过于苦恼。如果儿童真正能认为自己是很好的主人,如果儿童不怕遇到个别的损失,自信有力量挽回不幸的话,上述目的是会达到的。父亲或母亲的责任是要经常在类似的情况下帮助儿童,在儿童绝望的时候予以支援,向儿童说明人类的才智和劳动永远能够改变一切情况。根据这种认识,我们建议父母应经常设法修理已损坏的玩具,任何时候也不要过早地把它丢掉。在游戏的过程中,父母应当尽可能地允许儿童有行动的完全自由,不过,这仅仅是指游戏进行得合理的时候说的。如果儿童遇到了某种困难,如果游戏过于简单,没有兴趣,那就要帮助儿童:暗示或提出某种有兴趣的问题,补充某种新的和有趣味的材料,有时甚至需要跟儿童一起游戏。

在游戏的第一阶段所用的方法的一般形式就是这样。

在第二阶段里,要求做父母的首先注意:你们的孩子走出了院落,加入了儿童集体,你们应当注意那是些什么样的孩子。你们的儿子和女儿在院子里玩耍,你们要很好地了解那些孩子的情形。你们应当知道在自己孩子周围的孩子们爱好什么,缺乏什么,在他们的游戏中有什么缺点。一位父亲或母亲的关心与主动帮助,往往能够帮助某地的一个儿童集体的生活变得更好些。你们注意到,儿童在冬天怎样从山丘上和冰雪堆上往下滑,就可以和其他的父母商量一下,如果不商量,那么,自己帮儿童堆成小丘。给自己的孩子做简单的木雪橇,你们一定也会看到其他的儿童也会有类似的东西。在这一游戏阶段里,父母彼此之间的交往是非常重要和有益的。可惜,在我们的父母中,这样的情形很少。我们常有的情形是:有些父母不满意儿童在院落里的生活,但并不向其他的父母说,不共同商量一些改善这种生活的办法。其实这完全不是困难的事情,而是每个父母力所能及的。在这个阶段,儿童已经组织在有些近似集体的集体中;如果儿童的父母也能有组织地领导他们,这是很有益处的。

在这个阶段常常有这样的情形,即儿童容易相互争吵、打闹和抱怨。如果父母立刻站在自己孩子的这一方,亲自跟逞强的孩子的父亲或母亲吵闹起来,那就大大地错了。如果你们的孩子哭了,被欺侮了,感到苦恼,并且已经发怒了,请你们不要急于发火,不要跟逞强的孩子或他的父母吵闹。首先应当平心静气地详细询问你们的儿女,设法知道事情的真相。某某单一方面不对的情形是很少的。事实上,可能是你们的孩子在什么地方动火了。请详细给孩子解释,在游戏中不能永远不退让,要尽可能从纠纷中寻找和平的办法。无论如何要设法调解你们的孩子和对方的情感,可以请对方做客,也可以跟他谈谈,跟他的父亲认识认识,详细解释事情的全部经过。在这样的事情上,最主要的是你们不应当只看见自己面前的儿童,同时也应当看到儿童的整个集体,并且跟其他的父母一起来共同教育这个集体。只有在这样的情形下,你们才能让自己的孩子获得最大的益处。儿童发觉你们不只是爱自己家的人,发觉你们完成的是社会的工作,也就会在这里看到自己行为的范例。激愤地攻击邻家的父亲或母亲是最有害不过的;这样的攻击恰恰会培养儿童凶狠的性格,使儿童具有怀疑心理，具有粗野的和盲目的家庭利己主义。

在第三阶段，指导游戏的已经不是父母，而转移到学校或运动竞赛团体方面了。不过，父母还是有很大可能对儿童性格发生正确的影响。第一，要特别注意使儿童对体育运动的兴趣不过分狂热，要指示儿童也注意其他方面的活动。第二，要使儿童有自豪的精神——不仅仅为了个人的成功自豪，主要是为了团体和组织上的成功自豪。同时也要让儿童减少一切的浮夸和骄傲，教育他们重视对方的力量，注意团体里的组织、训练和纪律。最好，要设法使儿童对于成功或不成功，有处之泰然的态度。如果在这一阶段父母能熟识儿女的团体里的同志那是最好不过的了。

父母应当机敏地随时注意这三个阶段，使游戏不至于充斥儿童的整个精神生活，使儿童的劳动习惯也得到平行的发展。

在这三个阶段的游戏中，你们要教育儿童努力求取更充分的满足，而不只是旁观、欣赏；教育儿童勇敢地克服困难，培养儿童的想象力和开阔思路。在第二和第三阶段，你们要经常注意到自己的孩子在这个时期已经进入社会，对于他们已经不是只要求会游戏就算了，而且要他们懂得对待人的正确态度。

本讲里所说的可以概括如下：

游戏在人类的生活中具有非常重要的意义，它是劳动的准备，并且应当逐渐由劳动来代替。许多做父母的对于指导儿童游戏，没有予以足够的注意，或者让儿童任意去玩，或者对儿童的游戏过分关注，供给了过多的玩具。父母应当在各个游戏阶段采取各种不同的方法，但是，必须经常允许儿童有发挥主动精神和正确地发展他的才能的可能。同时，要在困难的情况下帮助儿童。在第二和第三阶段，需要指导的与其说是游戏，不如说是儿童对人和对自己集体的态度。

游戏及其在儿童心理发展中的作用

维果茨基

作者简介

维果茨基(Лев Семёнович Выготский,Lev Semenovich Vygotsky,1896—1934)是苏联建国时期的卓越的心理学家。由于他在心理学领域作出的重要贡献而被誉为"心理学中的莫扎特",他创立的文化历史理论对苏联以及西方心理学都产生了广泛的影响。

他主要研究儿童发展与教育心理,着重探讨思维和语言、儿童学习与发展的关系问题。维果茨基一生留下180多种著作,其心理学思想至今仍有很大影响。

选文简介、点评

维果茨基除了对语言与思维关系进行了深入的研究,还在游戏心理方面特别是对创造性游戏中的自我调控过程提出了自己的见解。《游戏及其在儿童心理发展中的作用》这篇经典文章最初以演讲的形式问世,其中包含了维果茨基对于游戏理论的若干关键分析。

维果茨基关于儿童游戏作为一种心理现象和在儿童发展中所起作用的研究,较少为人所知。尽管他的游戏理论没有他的心理学思想那样丰富,但若要研究儿童游戏理论,其游戏思想是不可错过的。《游戏及其在儿童心理发展中的作用》篇幅并不长,但却浓缩了维果茨基对于"发展"的看法以及游戏重要性的认识,这些观点都是超越他所处的那个时代的,因此也激发了其他研究整合的兴趣。

相对于感知运动游戏,维果茨基更强调象征性游戏(representational),这与他把儿童能使用符号作为儿童步入高级认知发展阶段的标志是一致的。通过游戏,儿童可以发展从客体对象中抽离出来的抽象意义,这是高级心理功能发展的一种重要特征。在文中,维果茨基给出的一个经典例子就是一个想骑马却不能骑马的孩子。如果这个孩子是3岁以下,他也许会哭、会生气,但是3岁

---

① Lev Vygotsky. Play and its role in the mental development of the child [EB/OL]. Translated by Catherine Mulholland. Transcription/Markup by Nate Schmolze. 2002. http://www.marxsits.org/archive/vygotsky/works/1933/play.htm.

左右的孩子的表现就会不同,因为想骑马却不能骑马,这个孩子就会拿起一根棍子骑在上面,假装自己在骑马。这根棍子就是一种"载体"(pivot)。当儿童渐渐长大,他们对于棍子、洋娃娃和玩具之类的载体的依赖会产生分化,他们将这些载体转化为他们理解世界的想象和抽象概念。维果茨基主张游戏先于发展的观点也为我们提供了新的视野。

维果茨基关注的关于游戏的另一个方面是社会性规则的发展,如儿童玩过家家的游戏,并且适应不同家庭成员的角色。他强调"装扮游戏从一开始就是社会性活动",坚持游戏的社会性本质,这也是维果茨基游戏理论的典型特征。维果茨基举了在玩装扮姐妹游戏的两姐妹的例子,她们之间的行为规则在日常生活中是会被忽视的,她们在游戏中无意识地获得了这些行为规则。社会性规则也是一样,儿童获得他们目前作为自我调控进行参考的规则。维果茨基同样给出了一个站在跑道起点的孩子的例子来说明这个观点。

《游戏及其在儿童心理发展中的作用》写于1933年,此文使用俄文写成。维果茨基对游戏的研究,流传后世的不多,但他在游戏方面的论述,确实提供了重要的启发。由于维果茨基因肺炎英年早逝,他的作品在当时也只有俄语版本留存。此外他的政见与斯大林相左,以及其理论不为当时苏联的心理学家所认同,他的作品在苏联一直被人忽视,并不为外人所了解。直到20世纪80年代苏联文件被解封之后,他的理论才广为西方所知,并迅即被翻译成各国文字。

选文正文

谈及游戏及其在学前儿童发展过程中的作用,我们就会联想到两个基本问题:第一,游戏本身是如何在发展中出现的,它的起源和成因是什么;第二,我们称之为游戏的发展活动,作为一种学龄前儿童的发展形式,它的作用是什么。

游戏是此年龄段儿童的主要活动吗,还是仅仅是儿童最频繁接触的形式呢?

对我来说,从发展观的角度来看,游戏并不是活动的主要形式,我只能说,在某种程度上,它是学前阶段发展的重要来源。现在,让我们来看看游戏本身。我们知道,如果对游戏的定义是以其给予儿童的愉悦感为基础的话,那么这种定义是不正确的,原因有二:

第一,相比游戏,有许多活动能给儿童带来更强烈的愉悦体验。比如,吮吸活动也能提供相同的快感,因为即使不能被喂饱,儿童仍然能从吮吸奶嘴中获得功能性的愉悦(functional pleasure)。

第二,我们知道有些游戏活动本身并不能给人带来愉悦感,主要是那些发生在学前末期和学龄初期的游戏,以及那些只有当儿童发现其有趣的结果才能产生愉悦的游戏。比如运动性游戏(不仅仅有竞技运动,还包括能产生结果或成果的游戏),如果这些游戏的结果并不让儿童满意,往往会让儿童产生一种很不愉快的情绪。

因此,以愉悦感为标准来定义游戏,肯定是不能称之为正确的。

尽管如此,在我看来,不去处理那些以满足儿童的需要、行动动机和情感诉求为立足点的游戏问题,将导致游戏的非理智化(intellectualization),这是很糟糕的。而许多游戏理论的困境就在于它们试图去理性地厘清这个问题。

我倾向于对上述问题赋予更具普遍性的意义,而且我认为许多广为人们接受的理论的谬误,就在于它们忽视了儿童的需求——从最宽广的意义上去理解,从偏好到兴趣,都是一个有智慧的个体的需求——或者,更简单地说,那些在行为动机水平和行为诱因水平下所产生的一切都被忽略了。我们经常把一个儿童的发展描述成他智力机能的发展,比如,根据一个相对于儿童自身智力更高或更低的水平,我们面前的每一个儿童都是从一个年龄阶段进入到另一个年龄阶段的理论上的个体。

正如已有研究所证明的那样,如果无视儿童的需求、意愿、行为诱因和行为动机,就不会有从一个阶段向下一个阶段的发展。我认为,对游戏的分析应当从详尽研究这些专门的方面去入手。

似乎,每一次从一个年龄阶段到另一年龄阶段的发展,都与行为诱因和行为动机的突变有关。

那些最能引起婴儿兴趣的东西几乎不会让学步儿产生兴趣。当然,新需求与新行为动机的成熟是主要原因,特别是我们不可能忽略这样的事实:孩子会在游戏中得到某些特定需求与兴趣的满足。如果不了解这些动机背后的特定天性,我们无法想象我们称之为游戏的这种活动类型的独特性。

在学前期,儿童会在游戏中自发表达出一些特殊的需求与兴趣,而这些需求与兴趣对儿童整个的发展都是非常重要的。从本质上说,处在这个年龄阶段的儿童会有许多无法达成的意愿和无法立即实现的愿望。低幼的孩子总倾向于立刻满足自己的愿望。对儿童来说,除非是在很小的范围内,否则任何愿望的延迟满足都是难以接受的。没人见过不满3岁的孩子,会想做一件3天以后才能做的事情。通常情况下,对于学前期的孩子来说,行为动机与行为实现之间的间隔是极其短暂的。我认为,如果学前期发展过程的需求不能被立即满足,那么也就不会有游戏。实验结果表明,在智力发展尚未成熟和情绪发展落后的儿童中,游戏水平的发展是停滞不前的。

从情感的角度出发,我认为游戏是在发展过程中出现了无法实现的愿望时产生的。这是一个孩子的表现方式:他想要得到一个东西,就必须马上得到它。如果他得不到它,他要么一下子大发脾气,躺在地板上乱蹬腿;要么遭到拒绝,得到安抚,但还是没有得到它。

儿童未被满足的欲望有着其本身特定的替代、排斥等模式。在学前早期,会出现未被满足的欲望与不能立即达成的倾向性(tendency),而那些立即得到满足的愿望的倾向性和前一个阶段的特点会被保留下来。例如,有个孩子想要成为他妈妈那样,或者他想去骑马,而这个愿望却不可能马上得到实现。这个年幼的孩子看到一辆出租车开过,他才不理会将会发生什么,他就是想坐进去开一开车,他会怎么做呢?如果这是个娇宠任性的孩子,他就会不顾一切地要求他的妈妈无论如何也要让他坐进车里,或者他可能一下子就躺倒在马路中间……如果这是一个性格顺从、总能放弃他的欲望的孩子,他就会自己走开,或者只要他的妈妈给他一些糖果等简单的更能吸引人的东西,就能让他分心,他就放弃了他当前的那个欲望。

与此相反,3岁以上的儿童会表现出个性化的特殊矛盾的倾向性。一方面,他们会产生许多长远性的需求和欲望,这些需求和欲望可能不会马上就得到满足,但是也绝不像一时兴起的奇思妙想那样容易被淡忘;另一方面,立即满足欲望的这种倾向性几乎仍然被全部保留了下来。

由此,可以对游戏做如下解释:游戏必须始终能够通过想象与幻想达成不能达成的愿望。想象能力是一种新形成的能力,在年幼儿童的意识中还未产生,在动物中是完全没有的,想象能力是一种人类特有的意识活动形式。如同所有的意识职能一样,想象能力最初也是从行动之中产生的。有句老话是这么说的,儿童的游戏是行动中的想象力。这句话也可以反着说,青少年和学龄儿童的想象力是没有行动的游戏。

很难想象,迫使儿童去游戏的诱因与让婴儿吮吸奶嘴的情感机制是一样的。

我们很难去接受,学前儿童从游戏中所获得的快感与单纯的吮吸奶嘴而产生的快感是以同一情感机制为条件的。这完全不符合学前儿童发展的观念。

所有上面的讨论,并非是说每一个或每一次未满足的欲望都能引发游戏:一个孩子想开出租车,可是他的愿望不能马上得到满足,于是他就回到自己的房间里,开始玩汽车玩具。但事情的发展并不总是这样的。在这里,我们关注到这样一个事实:面对不同的现象,儿童不仅会有个别化的情感反应,而且会有概括化的、不可言说的情感倾向。让我们以一个严重自卑、患有轻度脑炎的孩子为例:不能正常地融入儿童集体之中,他经常被取笑,以至于在他看到能反映出他影像的镜子或平面玻璃时都会感到羞耻。但这个孩子在很年幼时,情况是很不一样的。那时,每当被嘲弄,他会对每个具体情况作出不同的情绪反应,那时他的反应还没有概括化。在学前期,儿童会不顾实际的具体情况,将他对现实现象的情感关系(affective relation)进行概括,因为情感关系是与现象中的意义相关的,而这恰恰不断地揭示出了他的自卑感。

游戏,在本质上就是心愿的达成——但并不与愿望分离,而是有着广义的影响。处于这个年龄段的儿童很清楚自己与成人之间的关系,并且对他们作出情感性反应。不像儿童早期,他现在能够将这些情感反应进行概括了(如,在普遍意义上,对成人权威表示尊敬等)。

游戏中出现这样的概括性反应,并不意味着儿童自己了解产生游戏或有意识地进行游戏的动机。儿童进行游戏,但并没有意识到游戏活动的动机。在这个层面上,游戏与工作或其他形式的活动在实质上是不同的。总体上可以这么说,动机、行为和倾向性属于一个更抽象的范畴,只有在过渡性年龄段时,儿童才会对它们产生意识。只有青少年才可以明确地意识到他自己决定做这做那的原因。

基于已经考虑过情感方面的问题,我们暂且把它放下。现在,我们来审视一下游戏活动自身的发展。

我觉得,在寻找如何区分儿童游戏活动和其他活动的标准时,必须承认的一点是:在游戏中,儿童创造了一个想象性的情境。这可能基于这样一个基础:在学前期,儿童的视觉世界(the fields of vision)与意义世界(the fields of meaning)是分离的。

这并非是一个新的观点。在某种意义上,人们一直认为游戏中存在着想象性的情境。但人们同时也一直认为这仅是游戏活动类型中的一种。因此,想象性情境一直被列为二级征兆(secondary symptom)。早期的学者认为,想象性情境并不是游戏的一般标准属性,而仅仅是一种既定游戏类型的属性。

我发现这种说法有三个主要的缺陷。首先,这存在着游戏唯智论取向(intellectualistic approach to play)的危险。如果游戏被理解成一种象征,那么就可能存在着把游戏转变成类似于代数活动的危险,从而有可能把游戏转换成一种将具体现实概括化的符号系统。这样,游戏中就没什么特别的东西了,儿童也只能被看成是一个不成功的代数运算者,他们还不会在纸上写下那些符号,就只能用行动把它们表现出来。在我看来,从象征性这个意义上来讲,由于游戏本身从来就不是象征性行为,因此将游戏中的诱因之间的联系显示出来是非常重要的。第二,我认为这种观点是将游戏看做一个认知的过程,它强调了认知过程的重要性,而忽视了儿童活动时的情感状态和活动环境。第三,这种观点没有发现游戏这种活动对发展所起的极其重要的意义,例如,想象性情境是如何帮助促进儿童的发展的。

既然我已经简要地讨论了关于情感性诱因(affective incentives)关系的问题,那么就让我们开始第二个问题吧。我们发现,引发游戏的情感性诱因并不是以符号为开端的,而是以想象性情境的必要条件为开端的。如果游戏真的是由未满足的欲望发展而来的,并且,它是当时无法及时满足的倾向性最终以游戏得以实现的形式,那么,想象性情境的内容就会自动包含到游戏本身的情感性质之中。

我们先看一下第二种情况——游戏中儿童的活动。儿童在想象性情境中的行为意味着什么呢？我们知道，有这样一种游戏形式，很久以前它就被人们区分出来了，并且与学前后期有着关联，一般认为它主要发生在学龄期，这就是，规则游戏的发展。有许多研究者，尽管并不属于辩证唯物主义阵营，但当马克思说："对人类的解析乃是解析类人猿的关键。"他们在此领域却提出了与马克思一脉相承的观点。他们已经开始根据后期的规则游戏，对早期游戏进行审视，并由此得出结论：事实上，伴有想象性情境的游戏也是规则游戏。在我看来，可以更进一步提出这样的主张：根本不存在什么没有规则的游戏，儿童对规则游戏也并不存在什么特别的态度。

让我们把这一想法展开，任意举一个伴有想象性情境的游戏类型。尽管事先并没有制定好规则，但想象性情境本身就已经包含了行为的准则。如果儿童假想自己是母亲，洋娃娃是宝宝，那么她一定会遵循一个母亲该有的行为准则。有位研究者以萨利(Sully)著名的观察研究为基础，设计了一个绝妙的实验，证实了这一点。萨利的研究是这样描述游戏的不同凡响的：儿童能使游戏情境与现实巧妙地契合起来。有一天，有一对姐妹，妹妹5岁，姐姐7岁，一个对另一个说："我们来扮演姐姐和妹妹吧。"在这里，萨利描述了这个案例，两姐妹玩起了扮演"两姐妹"的游戏，这就好像现实中的情况一样。实验者表明，上述实验基于儿童的游戏方式，这种游戏方式是用真实的关系进行处理的。我发现，在某些情况下，在儿童中唤起这样的游戏是很容易的。例如，我们能很轻易地让儿童与他的母亲玩宝宝扮演宝宝、妈妈扮演妈妈的游戏，即和真实关系一样的游戏。正如萨利描述的，游戏中最重要的不同之处就在于，游戏中的儿童在努力地当一个姐姐。在生活中，她在进行行为表现时不会想到她是她妹妹的姐姐。正因为她是姐姐，所以，除非妈妈说"你让让她呀"，否则她在行为中从来不会对妹妹表现出尊重。但在两姐妹玩"两姐妹"的游戏中，她们都要对姐妹关系进行反思，两姐妹决定扮演好"姐妹"时，她们就都获得了角色的行为准则。

（在整个游戏情境中，我一定得始终是我妹妹的姐姐）在游戏情境中，只接受符合这些准则的行为。

在游戏中，被选出的情境总是在强调这样一个事实，这些女孩是姐妹：她们穿着相似，走路时手牵着手——总之，她们扮演的角色能突出与成人和陌生人相比，她们是姐妹关系的一切。年纪大点儿的孩子，握着年纪小点儿的孩子的手，不断地向她诉说着别人的事情，"那是他们的，不是我们的"。这意味着："我和我姐妹行动一致，我们受到同样的对待，但和其他人受到的对待是不一样的。"在这里，我们把重点放在儿童关于姐妹的概念集中在一切事物的一致性上，这意味着，我的姐妹对我来说，其意义相较于别人是不同的。在真实生活中被儿童在不经意间所忽略掉的，成为游戏中的行为准则。如果说游戏是在没有想象性情境的情况下建构起来的，那么还有什么会保留下来呢？那些规则会被保留下来,儿童会开始根据实际情况采取在此种情况下应有的行为。

让我们把这杰出的实验暂放一旁,转而从整体上来看看游戏。我认为,只要游戏中有想象性情境,就必然存在着规则——不是那些事先制定好的规则或是在游戏过程中发生改变的规则,而是起源于想象性情境的规则。因此,想象一下,一个孩子在没有规则的情况下,可以使自己在想象性情境中的行为表现,和他在真实情境下的行为表现一样,这是完全不可能的。如果孩子在扮演妈妈的角色,那么她就会获得母亲身份的行为准则。儿童所扮演的角色以及他与事物之间的关系,即使那件事物改变了它的意义,也仍然会根植于规则。想象性情境总是包含着规则的。儿童在游戏中是自由的,但这只是一种假想的自由。

虽然研究者们最初的任务是揭示隐藏在所有伴有想象性情境的游戏背后的规则,但是我们近来获得的证据表明,那些所谓的带有规则的纯粹游戏(学龄儿童和学前后期儿童玩的游戏)在本质上是带有想象性情境的游戏。因为,正如想象性情境必定包含了行为准则,所有规则游戏也都包含着想象性情境的。比如,下国际象棋意味着什么呢?意味着创设一个想象性情境。为什么呢?因为骑兵、王、王后等只能以特定的方式移动,因为将对方棋子取而代之,这纯属象棋概念,诸如此类。尽管,这并未直接代替真实生活中的关系,但我们在这里确实创设了一种想象性情境。让我们来看看儿童最简单的规则游戏。一旦游戏有了一定的规则,它马上就会在某种意义上有了一个想象性情境,许多事实上可能发生的行为就被规则排除在外了。

正如我们在开始时所表明的,所有的想象性情境以隐性的形式包含着规则,我们也完全可以将此反证——所有的规则游戏都以隐性的形式包含着想象性情境。从以想象性情境为主、规则隐含在内的游戏,发展到以规则为主、想象性情境隐含在内的游戏的过程,表明了儿童游戏水平从一端到另一端的演变。

所有伴有想象性情境的游戏同时也是规则游戏,反之亦然。我想这个论断是清楚的。

然而,这里可能会产生一些误解,我们必须从一开始就将其澄清。儿童从出生后的前几个月就开始学习根据某些规则来行动。对一个非常年幼的孩子来说,有些规则——如,他得静静地坐在桌旁,不乱动别人的东西,听妈妈的话——这些规则将会伴随其一生。那么,在游戏中要遵循什么样的具体规则呢?我觉得有一些新的出版物对解决这个问题很有帮助。值得一提的是,皮亚杰新近的著作①对我来说有着极其巨大的帮助。他的这本著作的重点在于儿童道德准则的发展。其中有一章是专门研究游戏规则的,我觉得皮亚杰对这些难

---

① 即《儿童期的游戏、幻想与模仿》(Play, dreams and imitation in childhood)。本编中已纳入此选文。——编者注

题的解决是很有说服力的。

皮亚杰提出，儿童有两种道德，即行为准则的发展有两种完全不同的来源。

这在游戏中表现得尤为明显。正如皮亚杰所指出的，有些规则来自于能够影响孩子的成人单方面因素。别乱碰别人的东西，是妈妈教给我们的规则；静静地坐在桌旁，是成人给儿童提出的外部规则。这是儿童道德的一种。根据皮亚杰的理论，另一种道德准则，来自于成人与儿童，或儿童与儿童之间的相互作用。这些规则是儿童自己参与建构的。

当然，游戏中的规则与别乱碰东西、静静坐好这样的规则是完全不同的。首先，规则游戏中的规则是儿童自己制定的，那是他们自己的规则。如皮亚杰所说，那些规则是有自觉性和自律性的。儿童会告诉自己：玩这个游戏的时候，我得这么做，或者我得这么玩。这与儿童说这件事可以做、那件事不可以做，是完全不一样的。皮亚杰指出了一个在道德发展中很有意思的现象，他称之为道德实在论（moral realism）。他指出，道德实在论是在外部规则（什么是可以做的，什么是不可以做的）发展的第一阶段产生的，即是在儿童对道德准则与物理规律之间产生疑惑时产生的。儿童会对这样的事实感到疑惑：一根火柴不可能被点燃两次。儿童也会对这样的规则感到疑惑：他绝对不可以玩火柴，或者是，因为玻璃杯是易碎的，所以他不可以乱动玻璃杯。一切的"不可以"对年幼儿童来说都是一样的，但他对自己制定出来的规则却会有完全不同的态度。

现在我们来看看游戏的作用及其对儿童发展的影响。我认为它的作用是极其巨大的。

我尽可能简要地说明两个基本观点。我认为，伴有想象性情境的游戏，基本是一种新的东西，3岁以下的孩子是不会玩这种游戏的；这是一种新的行为方式，儿童能从想象性情境下的行为中得到限制于现实情境的解脱。

如卢因（Lewin）以及其他学者的实验所证实的那样，儿童的行为是由活动发生时的条件决定的。活动发生的条件，对于年幼儿童的行为来说是相对的，而对于婴儿来说，则是绝对的。卢因用石头做的实验便是一个著名的例证。这是一个年幼儿童在达成何种程度下的所有行动都会受限于情境条件的实际证明。在这里，从年幼儿童面对其所处环境以及活动真实条件的态度这一意义出发，我们发现年幼儿童的行为具有高度代表性的特征。很难想象，我们在游戏中观察到的，会比显示了活动情境限制的卢因实验有更强的对比。在我们的观察中，儿童是在他们的想象中行动，而不是在具体有形的情境下行动。我觉得这准确地显示了在游戏中到底发生了什么。儿童在游戏中学会依据认知来行事，而不是依据外部有形的条件来行事，他的行动依赖于内部的倾向和动机，而不是外部事物所提供的刺激。我记得卢因曾对一个很年幼的儿童做过一个对事物动机性质的研究。在这个实验中，卢因得出这样的结论：事物对儿童必须做的事情进行指挥:门告诉儿童要开门或关门,楼梯告诉儿童要爬上楼梯或爬下楼梯,铃铛告诉儿童要把它摇响。概括起来就是,事物对极年幼的儿童行为有内在推力,并且在某种程度上决定着儿童的行动。卢因也因此提出了心理拓扑结构(psychological topology)的概念,即,根据事物中吸引动力与排斥动力的组成,在数学领域中描绘了儿童的动作轨迹。

对儿童产生情境限制的根源是什么?答案就在于年幼儿童意识特点中的关键事实(central fact):情感与感知觉的统一。在这个年龄段,感知觉通常不是一种独立的特点,而是动力—情感反应的初始特点,即,每一种这样的感知觉都是一种活动刺激。既然一种情境在心理上通过感知觉一直会被提到,并且感知觉是与情感、运动活动不可分割的,因此我们就可以理解,儿童在意识高度结构化的情况下,他的行动是不可能不受制于情境的,或者说,是不可能不受制于他自己所在的环境的。

在游戏中,事物会丧失它们的驱动力。儿童看到了一个事物,但却做出与他所看到的东西不同的行为。因此,当儿童开始脱离他所看到的事实去采取行动的时候,情境就会产生。某些脑损伤患者会丧失脱离于他们所看到的事物而独立行事的能力。考虑到有这样的病例,我们就应该感激我们这些成人和发展较快的儿童所享有的行动自由,因为这不是一蹴而就的,而是必须经过漫长的发展过程的。

情境行为只能在想象水平上和想象性情境中出现,而不能在实际中出现,它们教会儿童不仅要依据对客观物体的直接感觉或能即刻影响自己的情境来引导自己的行动,还要在理解情境意义的基础上引导自己的行动。

许多实验和日复一日的观察结果清楚地表明,对一个十分年幼的儿童来说,区别意义世界和视觉世界是不可能的。这是一个非常重要的事实。即便是一个2岁的儿童,当要他复述这样的一句话"坦亚(Tanya)站着",而实际上坦亚坐在他的面前时,他会把这句话改成"坦亚坐着"。在有些病例中,我们的确遇到过与这完全一样的情形。戈尔斯坦(Goldstein)和盖尔布(Gelb)已经描述了许多这样的病患,他们无法陈述任何不真实的事情。盖尔布的资料中有这样一个病患,他是一个左撇子,他就无法写出"我能用我的右手好好地写字"这句话。如果窗外是晴朗的好天气,那他就说不出"今天的天气真糟糕",他只能说"今天是个好天气"。我们常常可以发现,一个言语障碍的病患无法复述无意义的短语——比如,"雪是黑色的"——但是其他在语法和语义上有同等难度的短语,这类病患却能将其复述出来。

对很年幼的儿童来说,词语与物体之间、意义与所见事物之间的联系是如此紧密,因此要他们区分意义的世界与视觉的世界是不可能的。

这体现在儿童的语言发展过程中。如果你对一个孩子说"钟",他就会开始四处张望寻找钟,也就是说,词语最初的功能就是空间定位,从空间上勾画出特定的区域,词语最初意味着在情境中的特定位置。

在学前阶段,我们第一次发现意义世界和视觉世界的分界。我觉得我们应该好好重申一下那个概念了,就是有研究者曾说过的,在游戏活动中,思维脱胎于客观物质,行动来自于想法而非实物。

因为木片可以变成娃娃,木棍可以成为一匹马,所以,思维脱胎于客观物质。有规则的行动始于想法而非物体。这颠覆了儿童对真实的、直接的、具体的情境的关系,以至于我们难以全面地评价其重要性。儿童并非一下子就做到一切按想法行事。对儿童来说,将意义(即词语的意思)从实物中抽离出来是极其困难的一件事。游戏是在这一转向中的过渡阶段。在那个关键时刻,当一根木棍,即一件实物,成为把马的意义从一匹真正的马身上抽离的纽带时,决定了儿童对现实关系的基本心理结构发生了彻底性的改变。

儿童还不能将意义从实物中抽离,他必须借助作为纽带的一些东西。这就体现了儿童的幼弱之处。为了想象出一匹马,他就需要用一根木棍来替代一匹马,以此作为纽带来指挥他的行动。然而,由于儿童的感觉结构发生了改变,继而决定着儿童对现实关系的基本结构在这关键时刻也发生了根本上的转变。在很年幼的时候,儿童就已经产生了人类特有的感觉特征,也就是所谓的现实感知觉(reality perception)。这与动物的感知觉是没有类比性的。对于儿童而言,事实在于,我并非单纯地从颜色与形状的角度出发来看待世界,而是从感官与意义的维度来认识世界。我看到的并不仅仅是一个圆圆的、有两根黑色指针的物体,我看到的是一个钟,而且我还可以区分两个不同的事物。有一些病患,当他们看到一个钟时,他们会说那是一件又圆又白,还有两根细细的钢条的东西,但他们并不知道那就是钟。他们已丧失了对物体的真实关系的认识。因此,可以把人类的感觉结构比喻成一个分数,其中客观实物是分子,而意义是分母。这表现了基于言语的客观实物与意义之间的特定关系。这意味着,人类所有的感知觉并不是由孤立的感知觉组合起来的,而是由概括化的感知觉形成的。戈尔斯坦称,这种客观形成的感知觉与概括化的感知觉其实是一回事。因此,对儿童来说,在实物—意义这个分数中,客观实物是占主导性的,而意义与实物直接关联。在儿童的一个关键时刻,当木棍替代马,也就是当一个物体(那根木棍),成了把马的意义从马的实体上抽离出来的纽带时,这个分数便上下颠倒,意义成为分子,出现了"意义/事物"这样的分数。

然而,事物的各个属性又确实存在着某些意义:任何一根木棍都可以替代一匹马,但是举个例子,对儿童来说,明信片是无论如何也不会替代成一匹马的。格德(Goethe)的观点是,儿童在游戏中可以将任何一个物体替代成另一物体的说法是不正确的。当然,对任何可以有意识地运用象征符号的成人来说,将明信片替代成一匹马也未尝不可。如果我想说明某件东西的定位时,我可以放下一根火柴,说"这是一匹马",这就足够了。但对儿童来说,火柴不可能替代成一匹马,他必须得用上木棍才行。所以,这是游戏,而非象征主义。象征即符号,但木棍不是马的符号。物体保留它们的属性,但它们的意义发生了逆转,也就是说,想法成为核心要义。我们可以说,在此种心理结构下,物体从主导地位挪到了从属地位。

所以,儿童在游戏中创造了"意义/实物"的结构,语义——即词语的意义和事物的意义在这个结构中主导并决定了儿童自身的行为。在某种程度上,意义与其以往直接融合在一起的实物分离了。我想说,儿童在游戏中会关注与实物脱离关系的意义,但是在面对实际物体进行实际操作时,意义又不与实物分离了。

因此,也就产生了颇有趣味性的矛盾,儿童在玩时,可以将意义与实物、行动区分开来,但在实际使用实际物体时又将意义融合进来。这就是游戏的过渡性质,这一性质调节着儿童早期纯粹情境限制与完全脱离现实情境的思维。

在游戏中,儿童煞有介事地操纵着各种事物。词语的意义替代了实物,于是,词语从实物上得到了释放。(行为主义学家会对游戏及其特有属性作如下描述:尽管儿童知道事物和行动的真实名称,但他对常见的事物和常见的行为进行独特的命名。)将词语从物体上分割出来需要借用其他事物的形式作为纽带。但当那根木棍,即一个事物,成为把"马"的意义从真实的马身上分割出来的纽带时,儿童就在语义层面上用一个事物去影响另一事物(除非找到另外的什么东西作为纽带,或者说,除非用一个物体的名称冠之于另一个物体,否则儿童是不能将意义与实物分割或者将词语与实物分割的)。如果儿童能够接受名称也是物体的一种属性这样的事实,那么意义之间的转换就变得容易得多了。儿童看不到词语,但物体自己是有名称的。对儿童来说,"马"这个词语就可以指代那根木棍的意义,比如"这儿有匹马"。从心理层面来说,儿童看见了词语背后的实物。

游戏在学龄期转变为心理过程,进而会转为内部语言、逻辑记忆及抽象思维。在游戏中,儿童能理解与物体分割后的意义,但是并不能对真正的事物做出真正的反应。把马的意义与马的物质本体割裂开来,把这意义转换到一根木棍上(为保留意义所必需的物质媒介),并把木棍当做一匹马、真正地把玩木棍,这是理解意义过程中一个极其重要的转折点。儿童首先会对意义和物体做出同样的行为,然后会有意识地理解意义并开始思考,就好像儿童在学会语法和书面语之前就知道该怎么行事,却不知道原来他知道该怎么做,也就是说,儿童还不能自如地理解和操控事物。在游戏中,儿童无意识地、自发地利用了这样的事实——他不知道能这样做,但已能够把意义与物体分离开来,正如他不知道自己能出口成章,但已能够不用看着词语能说出来。

由此,我们可以得出一个关于物体功能性的定义,即,名称就是物体的一部分。而且我还可以说,想象性情景的创设并不是儿童生命中的偶发事件,它是儿童从情景限制中获得第一次释放的成果。游戏的第一个矛盾点就在于,儿童要在真实的情境中使用已经产生转换的意义。第二点就是,在游戏中,儿童适应于阻碍性最小的约束,也就是说,因为游戏具有愉悦性,所以儿童总是做些他最喜欢的事情。同时,儿童学会了遵守具有最大阻碍性的约束,因为通过服从规则,儿童放弃他们想要的东西,因为遵守规则、抑制自发冲动行为,能够铸造通往最快乐的游戏之路。

在儿童的运动游戏中,也能看到相同的情况。赛跑是很难的,因为选手们在听到"各就各位,预备……"时准备好起跑出发,等不及听到"跑!"很明显,内部规则的重点在于儿童不依据即时冲动去行事。

游戏不断地对儿童提出要求,要求他们抑制即时冲动来行事,即根据阻碍性最大的限制行事。很清楚,我是非常想马上就冲出去,但是游戏的规则要求我等待。为什么儿童能不根据他自发的意愿立即行动呢?因为遵守游戏结构的规则所获得的愉悦感,要比从即时冲动中所获得的愉悦感多得多。换句话说,正如一位研究者曾引用斯宾诺莎(Spinoza)的话说:"一种情感只能被另一种更强烈的情感所超越。"因此,诺尔(Nohl)指出,游戏中的情景是在产生双重情感性的计划时所生成的。比如说,一个孩子在游戏中扮演病人,他虽然在哭泣,可是他乐在其中。在游戏中,儿童能放弃他的即时冲动,协调自己的一切行为以适应游戏规则。格鲁斯(Groos)出色地描述了这种情况。他认为儿童的意志是从游戏中起源并在游戏中伴随规则而得到发展的。确实,在格鲁斯形容的一个叫做"巫师"的简单游戏中,儿童必须跑得离巫师远远的,以免被抓,与此同时,他还要帮助他的同伴,不让他被巫师给迷惑了。当巫师碰到那个孩子,他就要停下来。在每一步中,儿童都面临着游戏规则与他自己突发的自发行动之间的冲突。在游戏中,他的行为与他的意愿相背。诺尔指出,儿童最大的自制力就是在游戏中产生的。在抵抗糖果游戏的直接吸引中,他达到了意志力的最大限度,因为根据游戏规则,糖果代表不可食用的东西,孩子是不能吃那些糖果的。通常儿童会从放弃意愿的事件中经历服从规则,但在这里,服从规则、放弃直接冲动恰是通往最大愉悦感的捷径。

因此,游戏的重要特征就是能够产生快乐的规则。"一个已成为快乐的想法,一个已成为激情的概念",这就是斯宾诺莎在游戏中找到的典范,这是自发性与自由的王国。对规则的实行是产生快乐的一种源泉。规则获胜了,因为它是最强的冲动。(参见斯宾诺莎名言,"一种情感只能被另一种更强烈的情感所超越"。)所以,这样的规则是一种内部规则,即皮亚杰(Piaget)所说的,是内部的自我约束、自我决定的规则,而不是儿童必须要遵循的物理规律。总之,游戏给予了儿童一种新的愿望形式,教会儿童通过联系自己的愿望与虚构的"我"——游戏中的角色及其规则来产生欲望。鉴于此,儿童在游戏中可能会获得最大的发展,这些发展在不久的将来会达到他在真实行动与道德上的平均水平。

现在，我们可以把对儿童活动的论述和对实物的论述说成一回事儿了。正如我们得出了"实物/意义"的分数一样，我们也可以得出"行动/意义"的分数。

虽然行动在之前是占主导地位的，但现在这个结构颠倒了过来，意义变成了分子，而行动变成了分母。了解儿童是如何在游戏中得到行动上的解放是极为重要的。例如，一个动作被理解为手指的动作而非真的在吃什么东西的动作的时候，也就是说，这个动作的完成不是代表这个动作本身，而是代表这个动作所蕴涵的意义。最初，在学前儿童身上，动作比意义更占优势，而且动作并不能被完全理解，儿童能做的比他懂得的更多。正是在学前期，儿童第一次产生了由意义作为决定因素的行为结构，但是这个行为本身在其中并不是不重要的特征或是属于从属地位的特征：这就是结构性特征。诺尔指出，一群儿童，正在玩从盘子里拿东西吃的游戏，他们会用手做出真正吃东西时的动作，但所有不代表吃的动作是不可能出现的。把手向后甩，而不是把手前伸去拿盘子里的东西，这是不可能出现的动作，也就是说，这样的动作将会对游戏产生破坏性的影响。儿童并不会在游戏中利用象征，但他会通过让现实的基本范畴符合他的自身经验来表达愿望并实现愿望，这也就是为什么在游戏中，一天就好像只有半小时，而一百英里会等同于五步的距离。祈愿中的孩子会实现他的愿望，思考中的孩子会付诸行动。内部行动与外部行动是不可分割的：想象、解读和意志是外部行动的内部心理过程。

行动的意义是根本，但即使是行动本身都不是中立的。在年幼阶段，行动与意义的地位是截然相反的：行动占主导的、决定性的地位，而意义则是次要的、附带的，处于从属地位。我们所说的将意义与实物分离，也能很好地适用于儿童自身的行为。那个站在操场上、想象着自己正在骑马的孩子，就已经完成了将"行动/意义"这个分数倒置成"意义/行动"这个分数的转换。

再次说明，为了使行为的意义与真实的行为分离（想骑马，但是却没有机会真的这么做），儿童需要一个以行为作为形式的纽带，来取代真正的行为。但我还要再提一下，之前的行为结构都是"行动—意义"这样的以行动为主导，然而现在的行为结构发生了颠倒，意义占据了主导地位。行为退居二线，成为一种纽带，而意义再一次通过另一种行动从原来的行动中脱离出来。这是一种反复，重点在于指向单独以行为意义为基础的操作，即，对意志选择、决策、动机冲突和其他与成就明显区分开的过程的反复，简而言之，这是对意志发展的反复。正如处理事物的意义将引发抽象思维一样，在意志决策中，决定性的因素并非行为的完成，而是行为的意义。在游戏中，一个行为代替另一个行为，就好像一个物体替代了另一个物体。儿童是如何从一个物体"漂移"（float）到另一个物体上、从一个行为"漂移"到另一个行为上的呢？这是由意义世界中的运动（movement）来实现的——与视觉世界或真实的物体没有关联——那些所有的真实物体及行为都从属于意义世界中的运转。这一意义世界中的运动在游戏中也占据了支配地位:一方面,它是抽象领域的运动(抽象领域在伴随意义进行自如操控之前出现),但是运动的方式都是情境性的、具体的(即,这些运动不是逻辑性的,而是情感性的、动态的)。另一方面,意义世界出现了,但是其中的行为也在现实中得以看到,这就是游戏主要的根本矛盾所在。

我还有三个遗留下来的问题要解答:第一,我要说明,游戏并不是童年的主要特征,而是发展的主要因素;第二,我要说明,游戏自身的发展即从想象性情境为主导的行为,发展到以规则为主导的行为的重要性;第三,我要说明,游戏在儿童的发展过程中所带来的内部转换。

我不认为游戏是儿童活动的主要类型。基本上,儿童在日常情境下的行为方式与他在游戏中的行为方式是截然相反的。在游戏中,行动听命于意义;而在现实中,当然的,行动决定了意义。

因此,如果愿意,我们就会在游戏中找到儿童在日常生活中行为的相反面。所以,将游戏视为儿童日常活动及主要活动形式是毫无根据的。这就是考夫卡(Koffka)理论的主要缺陷。他认为游戏是儿童的另一个世界。根据考夫卡的理论,关系到儿童的一切是游戏现实,而关系到成人的一切则是严肃的现实。一个给定的物体在游戏中有一个意义,在游戏之外有另一个意义。在儿童的世界中,愿望与要求满足的逻辑占优势,而不是真实的逻辑占优势。游戏的虚幻本质被转移到了生活中。如果游戏确实是儿童活动的主要形式,那么这是真的。但很难想象那样疯狂的画面,儿童记得把我们之前所说过的活动形式转换成他日常生活的主要形式,就算他只是将一小部分转换进真实的生活,这都是难以想象的。

考夫卡举了许多例子来证明儿童是如何将游戏中的情境转换到生活中的。但是,将游戏行为转换到真实生活中的行为,只能被视为是不健康的症状。妄想的第一个迹象就是在真实情境下的表现和幻想情境下的一样。

研究显示,真实生活中的游戏行为通常只出现在例如姐姐妹妹玩"姐姐妹妹"游戏的情况下,或者是儿童在桌边玩吃饭游戏时,又或者是当不想睡觉的儿童说"我们来假装现在是晚上,我们得上床睡觉了"时。他们开始玩他们正在做的事情,很明显他们创设了有利于执行不愉快的行为的情境。

因此,在我看来,游戏并不是学前期的主要活动类型。只有那些坚持儿童在生活中没有得到基本的满足、从而要在生活中追寻快乐的理论,才有可能说儿童的世界就是游戏的世界。

假设儿童的行为总是由意义引导,学前儿童的行为就是这样,当他想要把玩糖果的时候他却从不会这么做,这只是因为他认为他应该用别的方式在别的地方这么做。我们可能这样假设吗?在生活中,像这样要儿童屈从于规则是不可能的,但是在游戏中这的确是可能的。因此,游戏也创造了儿童的最近发展区。在游戏中，儿童总是表现得大于他的实际年龄，高于他的日常行为水平。在游戏中，好像他比自己还要高一个头一样。如同放大镜的焦点一样，游戏在浓缩了的形式下，包含了发展的所有趋势。就好像在游戏中，儿童会尝试着比他平时跳得更高。

游戏—发展的关系堪比教学—发展的关系，但是游戏为需求与意识在更广性质上的变化提供了背景。游戏是发展的来源，并创造了最近发展区。在想象层面上的行为，在想象性情境中的行为，自主意图的产生，真实生活计划的形成与意志动机——所有的一切都在游戏中产生，并在学前发展过程中达到最高水平。

儿童通过游戏活动得到了本质上的发展。只有在这个意义上，游戏才能堪称是决定儿童发展的主要活动。

第二个问题：游戏是如何发展的？当儿童构想出一个想象性情境，而这个想象性情境开始与真实情况无比接近时，这是一件多么了不起的事情。真实情境的重现就发生了。例如，一个玩洋娃娃的孩子就几乎重演了她妈妈是如何对待她的。医生查看孩子的喉咙时弄疼了她，于是她就哭了，可是一旦医生走开了，那个孩子就会马上把汤匙塞到娃娃的嘴巴里。这意味着，在原始情境下，规则以压缩精简的形式来处理问题。在这样的情境中，想象是微乎其微的。这是一个想象性情境，但是这只能根据刚刚发生的真实情境才能被理解，也就是说，这是对实际发生的事件的追忆。与其说游戏近似想象，不如说游戏近似追忆。换句话说，相比一个新的想象性情境，游戏更多是一种行为的记忆。随着游戏的发展，我们看到了朝着实现目标前进的自觉行为。

把游戏设想成没有目标的活动是不正确的。对儿童来说，游戏是充满目标的活动。运动游戏有输有赢，在赛跑中，有第一名、第二名和最后一名。简而言之，目标决定游戏，它解释其他的一切。作为最终目的的目标决定着儿童对待游戏的情感态度。在赛跑中，儿童可能会极其焦虑不安，很少感觉到快乐，因为他发现跑步在生理上是痛苦的，而且一旦他被别人超越了，他就几乎体会不到什么功能性的乐趣了。在体育运动中，游戏的目标是它的一个主要特点（没有这个特点，那它也就没有特点了）——就像要检验一颗糖果，先把它放进嘴里，嚼一嚼，然后再把糖吐出来一样。

在游戏中，人们提前就会意识到要赢得胜利的这一目标。

在游戏发展的末期，规则出现了。规则越是死板，在儿童应用时，就对其提出了越高的要求；对儿童活动的控制越严格，游戏就变得越紧张激烈。漫无目的、毫无规则的单纯跑步，是无趣的游戏，无法吸引儿童。

诺尔为儿童简化了槌球的规则，并显示这是如何降低游戏的趣味性的，因为与规则的简化相称，儿童失去了对游戏的兴趣。因此，在趋于游戏发展末期的时候，原本初具雏形的东西有了独特的形式，最后发展成了目标与规则。这在开始是真的,但是以一种尚未发展好的形式存在。一个更进一步的特征即将产生,这个特征对运动游戏至关重要。这在某种程度上是一种记录,同时也与目标密切相关。

以象棋为例。对一个真正的象棋选手来说,获胜令人高兴,败北则令人不快。诺尔说,儿童跑步获得第一名时的愉悦与一个美女在镜中看到自己时的愉悦是一样的,这里有一种称之为满足的特定情感。

因此,在游戏发展的最后阶段,一大批原先未发展完全的特点又浮出水面了。这些特点在一开始是无足轻重的,但在末尾时又举足轻重,反之亦然。

最后,第三个问题:儿童行为中的何种变化可以归为游戏?在游戏中,儿童是自由的。也就是说,他能从"自我"出发,决定自己的行为。但这是一种假想的自由。事实上,他的行为听从于某一明确的意义,而且他是根据事物的意义来实施行动的。

儿童学习有意识地认识自身的行为,并且开始明白每一件事物都有它的含义。

从发展的观点来看,我们可以将创设想象性情境视为发展抽象思维的手段。我认为,规则的相应发展会引发行为,这些行为以工作和游戏之间的区分成为可能为基础,这种区分是学龄阶段的基本事实。

我想应该也提一下另一个方面:游戏确实是学前年龄阶段的特点。

有学者将游戏做了如下比喻,对未满3岁的幼儿来说,游戏是一件正事儿,但对于一个青少年来说就另当别论了。对很年幼的儿童来说,所谓正事儿,就意味着他在游戏时候还未将想象性情境与真实情境做出区分。

对学龄儿童来说,游戏渐渐变成了活动的一种有限制的形式,主要以运动形式出现,它在学龄儿童发展中起到了特殊的补充作用,但对学前儿童来说,运动形式的活动缺少了游戏的重要意义。

从表面上看,游戏与其产物似乎没有相似之处,但只有深入的分析,才可能确定游戏的发展轨迹及其对学前儿童发展的意义。

在学龄阶段,游戏不会消亡,而是充盈着对现实的态度。游戏在学校教学与工作(基于规则的义务活动)中有其自身内部的延续。所有关于游戏本质的检验都已表明,在游戏中,在语义与有形之间,即在想象中的情境与真实情境之间,有一种新的关系被创造了出来。

(汪天水译)

儿童期的游戏、幻想与模仿[①]

让·皮亚杰

作者简介

让·皮亚杰（Jean Piaget,1896—1980），法籍瑞士人,近代最有名的儿童心理学家。在70年的科学生涯中,皮亚杰写了60多本书和几百篇论文,他的认知发展理论是这个学科的典范。皮亚杰对心理学最重要的贡献,是他把弗洛伊德那种随意、缺乏系统性的临床观察,变得更为科学化和系统化,使日后临床心理学有了长足的发展。皮亚杰于1955年在日内瓦创建了"国际发生认识论中心"并任主任,对于儿童各类概念以及知识形成的过程和发展进行多学科的深入研究。

选文简介、点评

《儿童期的游戏、幻想与模仿》一书最初由法文写成,当时皮亚杰是日内瓦大学的心理学教授,也是国际教育局机构的负责人。这是皮亚杰的儿童早期发展研究成果系列的第三卷,前两卷分别关于儿童智力发展的开端以及儿童对于现实的建构。

皮亚杰于1952年提出了一个详尽的儿童智力发展理论。他认为儿童经历了一系列不同的认知阶段,随着阶段的发展,他们的思维过程日益接近成人。皮亚杰是在研究儿童象征性功能的形成和发展时,注意到儿童的游戏。皮亚杰认为许多游戏理论不能正确地解释这种儿童期所特有的现象,主要原因是这些游戏理论都把游戏看做是一种孤立的机能或活动。因此,皮亚杰把游戏看做是智力活动的一个方面,把游戏放在儿童智力发展的大背景中去考察,试图通过研究儿童的游戏和模仿,找到沟通感知运动与运算思维活动之间的桥梁。他认为游戏是学习新的复杂客体和事件的方法,是巩固和扩大概念和技能的方法,是使思维和行动相结合的方法,是思维活动的一种表现形式。儿童的认知发展阶段决定了他们不同的游戏方式,并提出练习性游戏、象征性游戏与感知运动阶段相对应,有规则游戏则与前运算阶段相对应。

在此书中,皮亚杰用三个章节围绕儿童模仿的发展阶段以及模仿特征的转

---

① Jean Piaget. Translated by C. Gattegno & F. M. Hodgson. Play, dreams and imitation in childhood[M]. New York: W. W. Norton, 1952: 87-88, 110-113, 161-168.

变进行了阐述,用三个章节阐述了图式发展的认知表征的进化以及同化和顺应。值得一提的是,皮亚杰在该书中用了四个章节的篇幅描述了儿童游戏的发展与特征。皮亚杰在为人们所熟悉的关于儿童游戏结构和规则分析的基础上,将其游戏理论进行了重要的扩充,他在"游戏的起始"、"游戏的分类与其在语言产生之后的变革"、"对游戏的解释"、"在游戏和梦中的第二项表征与'无意识'表征"这四个章节中,对儿童的游戏做了深入浅出的分析和阐述。同时也对游戏中发生的无意识表征(同样也会在梦中发生)进行了具有启发性的讨论。

在"游戏的分类与其在语言产生之后的变革"一章中,皮亚杰对儿童玩耍行为的一般分类进行了带有批判性的研究,阐述了操作、表征和规则,实际操作游戏、象征游戏的分类和变革,以及带有规则的游戏和儿童游戏的变革。在"对游戏的解释"一章中,皮亚杰向读者们呈现了游戏的标准、前练习理论、"婴儿动力学"理论,同时皮亚杰也尝试将游戏与儿童认知的结构进行对应的转换。"在游戏和梦中的第二项表征与'无意识'表征"一章中,皮亚杰阐述了在游戏以及儿童梦中的第二项表征、弗洛伊德精神分析学派对于表征思维的解释以及赛尔伯勒(Silberer)、阿德勒(Alfred Adler)、荣格(Carl G. Jung)的表征学说,同时,皮亚杰也对无意识表征进行了解释,并进一步说明了无意识表征与情感图式。

由于篇幅原因,此处只选取了第二章中的部分内容以飨读者。

选文正文

第二章 游戏

如果每一种智力行为都是同化(assimilation)和顺应(accommodation)之间的一种平衡(equilibrium),而模仿是顺应自身的一种持续,我们也许可以反过来说,游戏在本质上是同化,或者是同化对顺应的一种超越。

游戏主要是功能性的同化或是再生性的同化。"前练习现象"[格鲁斯(K. Groos)认为是所有游戏的特征]只能在生物学过程中得到解释,在这个生物学过程中,每一个器官通过使用而得到发展。只因为一个器官需要在其功能运用中获得部分生长所需的养分,所以,每一种心理活动,从最基础的到最高层次的,都需要让自身的发展得到持续流动的滋养,在这种持续流动的情况中,心理活动纯粹是功能性的,而不是实质性的。原始的游戏从作为与感觉运动行为几乎相同的行为而开始,这只是一种极端:那些不再需要新的顺应并仅仅是为了"功能性的愉悦"(functional pleasure)而再生的行为[布勒(K. Bühler)的"funktionslust"]。但是随着图式的内化,游戏逐渐区别于适应性行为(可能是所谓的智力),而是趋向于同化。客观思维是为了寻求让其自身是适应于外部现实要求的途径,和客观思维不同,想象性游戏是一种符号转化(symbolic transposition),使事物从属于儿童的活动,没有规则,没有限制。因此这是近乎纯粹的同化,即提前满足个体需求而极端化的思维。因为这只是对趋向性的一种解释,所以它可以自由地将事物同化到另一个事物甚至所有的事物,进而同化到自我。而在表征的初始阶段中,"符号"(signifier)从复制功能的层面上来说,是一种模仿的持续符号所指示的,即"符号意义"(signified),在充足的智力适应性特征(同化和顺应达到的平衡)和自由的满足(同化从属于顺应)之间也许会有所不同。最后,随着儿童的社会化发展,游戏会要求规则,或者会以建构的形式(这种建构仍然是自发的,但是模仿现实的),逐渐将符号想象适应于现实。在这两种形式中,个体符号要么统一于集体规则,要么统一于客体或表征符号,要么统一于两者。

因此,游戏的演变基本上不断地在模仿和表征中互相作用,游戏的演变使得不同类型符号的区分变成了可能。那些仅仅通过自我中心同化的符号机制的符号,最大限度地从"符号"(signs)中被移除了,那些通过顺应、同化符号表征特征从而聚合于概念符号(尽管没有与概念符号一致)的符号,游戏的演变使这些符号的区分都变成了可能。

§2. 练习、象征和规则

由前面讨论而得出的结论是,表征儿童游戏、决定其具体分类的有三种主要的结构形式。它们是练习游戏、象征游戏和规则游戏,而建构性游戏则是这三类游戏向适应性行为的过渡。

有些游戏并不包含任何特定的技能。作为单纯的"练习",它们将行动付诸于不同的行为,但并没有改变它们在适应阶段的结构。因此,单单是功能,就使这些游戏产生了区分。这些游戏对游戏结构进行练习,只是为了达到功能性愉悦感的目的,除此之外,别无其他目的。例如,当一个孩子为了体验跳跃的乐趣而跳过一条小溪,跳回来,再开始,他会在想要跳到对岸去的时候也做同样的动作,但是他现在这样做是为了愉悦感,而不是必须这样做或者是为了学习一个新的行为。但是当一个孩子假装在吃树叶并把树叶叫做菠菜时,除了对吃这个动作进行了感觉运动的描绘,还又产生了一种象征性的唤起,这个唤起是游戏结构的特征,而不是适应性代表形象的特征,因为它是扭曲同化作用的结果,而不是像概念一样是概括的结果。相似的,游戏的规则并不只是借来的道德规则或是法律规则,而是特地为游戏目标而制定的规则,尽管它们可能会产生超越游戏本身的道德价值。

单纯的练习游戏,没有象征、装扮和规则,是动物行为所特有的特征。当一只小猫追逐着一片落叶或是一个绒线球,我们不可能认为这些东西对于小猫而言是象征着老鼠。当一只母猫用爪子、牙齿和它的小猫玩耍的时候,它当然知道这场战争没有必要认真,但是不必通过说明猫在真实争斗场景下的表现来解释这一场景。能够出现以下这种情况那就足够了:母猫帮助小猫适应生活的行为并不是当小猫处于危险时才产生,而是在母爱的作用下,以"不求回报"的形式出现。图式会被放入行动本身之中的情境,为游戏提供了一个理由,而且我们并不需要到其中去亲眼一见,就像格罗斯(Gross)所关注的"扮演一个角色"或者"假装"。就格罗斯的观点而言,只有动物不能说话的事实阻止了我们证明"假装"的存在,并且,他在小猫推动一个停止运动的小球的行为中,毫不犹豫地认为他看到了"一个有意的、有意识的幻想的开始,这是游戏最根深蒂固和最先进的元素"。其次,"知道自己是在进行伪装行为并且能够持续游戏的动物,就达到了有意装扮的水平,'享受假装',这种动物正处在艺术创作的边缘"。但是这些动物游戏和那些处在前语言阶段的婴儿的游戏之间的比较,表明对于代表性的装扮的假设是没有意义的,这种比较让我们记住了几乎所有的感觉运动图示都会导致游戏性行为这样一个事实。小猫追逐的那个球只是一个物体,当小猫推动小球的时候,只是给了自己一个可以不停跑动的机会,仅此而已。只有在之前提到的凯勒(Koehler)那个晃动、抚摸自己腿的黑猩猩的案例中,我们才能提及装扮,但是这个例子,在儿童最初级的游戏符号的水平上,是动物游戏的最高水平,并且我们也无法从中得出涉及较低等物种游戏的结论。

就儿童而言,练习游戏是最早出现的,并且和出现象征性游戏的阶段六相比,练习游戏是前语言阶段中二至五阶段的特征。但是,在儿童最初的感觉运动游戏和大部分动物初始的感觉运动游戏之间,存在着明显的差别。在后者中,在空虚中实现的运动图式时常是反射性的或是本能的(战斗、打猎等)。因此,格罗斯所使用的"前运动"的观点,将这些活动和成人成熟的阶段相联系起来。在像黑猩猩这类较高等的物种中,他们会打开水龙头、会收集或者毁坏东西、会模仿走路的动作……在儿童中,游戏行为远远超越于反射图式,并且游戏行为是几乎所有行动的延续。因此,我们对于基本的"练习"概念有了更广的理解。在我看来,练习游戏可能和"后运动"、"边缘运动"一样,与"前运动"一样容易出现。最后,尽管练习游戏本质上是感觉运动,但它也可以被用在对功能要求更高的情况下。例如,不在乎问题本身和问题的答案,只是为了感受提问的乐趣而进行的问问题游戏。

儿童游戏的第二种类别是我们可以把它称之为象征游戏的游戏种类。相对于既没有思考又没有任何特定的具体结构的练习游戏,象征游戏隐含着对一个不在场对象的表征,因为在给定的元素和想象的元素之间存在着对比。象征游戏还隐含着装扮表现,因为这个对比是变形的同化作用。例如,一个推着箱子并把它想象成小汽车的孩子,正在象征性地用箱子来代表小汽车,并且为这个假装而感到满足,因为"信号物"和"代表物"之间的联系是完全主观的。迄今为止,由于象征游戏隐含着表征,所以在动物中不存在象征游戏(除了在前面提到的一些特殊案例),同时,象征游戏只会出现在儿童发展的第二年。然而,我们已经看到,在适当的所谓的象征游戏和练习游戏之间,还有第三种类型,即没有表征的活动中的象征。例如,睡前要完成的例行动作最初只是在这样一个情境中出现,并且在看到枕头后作为游戏而产生(前面章节提到的第四和第五阶段),在此之后,我们就开始用其他物品对这些例行动作进行模拟表演(阶段六),这标志着表征的开始。当然,正如我们在第三章中所强调的,这个连续过程并不能证明象征已经在感觉运动的游戏同化中出现了。然而,这也确实表明:当象征成为感觉运动练习的一部分时,它没有代替感觉运动的元素,而只是附属于它。除了那些纯粹是想象出来的象征游戏,大多数象征游戏都运用了复杂的行为。因此,它们既是感觉运动的,也是象征性的,但是只有当象征符号融入别的元素中时,我们才把这些游戏叫做象征游戏。此外,象征游戏的功能会越来越偏离于单纯的练习。补偿、完成愿望、解决冲突等,都不断地增加到掌握现实的单纯快乐中去,这是"成为"感觉运动练习"内在原因"的快乐的继续。

我们不应该在个体的象征游戏和那些需要两者或两者以上人参加的象征游戏之间做出本质的区分。象征符号确实是始于让模仿(事物和人的模仿)能够得以内化的个体行为,并且,包含多于一种符号的象征符号在第一象征的结构中几乎不会引起什么变化。例如,与那些满足年幼儿童需求的环境相比,当年岁较大的儿童在代表学校生活、婚礼等的虚拟场景中扮演着真实的角色时,其象征能力毫无疑问地得到了巨大的提高。在此之后,游戏象征逐渐成为适应性表征,这和小孩子对建构的原始动力逐渐成为技艺高超的木头建筑或石头建筑是一样的。于是,游戏中起作用的部分内容只是创造性游戏中的一种特殊情况,这些创造性游戏部分来自于象征游戏,并朝着建构活动或建构工作的方向发展。

最后,在发展的过程中,象征游戏还要增加第三个主要类别,那就是规则游戏。和象征符号不同,规则必须要含有社会关系或是个体内部关系。在一个单纯的感知运动例行过程(如,一个人在前行的过程中要碰到每一个栅栏)中,由于没有强制要求,所以没有规则。用布勒的话来说,大多数情况下它都意味着一种规律感,一种"规律意识"(即布勒所说的 Regelbewusstsein)。规则是由一个群体所强加的法规,违反法规就要受到制裁。尽管一些规则游戏对儿童和成年人来说是共同的,但是大多数规则游戏是专属于儿童的,在没有成人影响的情况下,一代一代地流传下来。

正如象征性游戏常常包含着感觉运动的元素,因此规则游戏可能具有与早期游戏相同的内容。例如,大理石是感觉运动的练习,字谜则利用象征性的想象。但是一个新元素增加了进来,它就是规则,规则和象征符号之间的区别相同于象征符号和单纯练习之间的区别,而且规则产生于游戏行为的集体组织。

练习、符号和规则,似乎是三个连续的阶段,这三个阶段从心理结构的角度描绘了游戏的几个主要层次的特点。那么,创造性游戏或建构性游戏的地位是什么呢?如果我们需要一个基于结构演变的基因分类,那么这些游戏就不构成像其他游戏一样的阶段,而会表明一种从象征性概念走向适应性表征的内部转变。当一个孩子,不是使用一片木头来代表一艘船,而是把木头挖成一个凹形,给它装上桅杆、帆和坐椅,真正地在制作一艘船时,"符号"并入了"符号意义",象征游戏成为对船的真正模仿。接下来的问题是,这个建构是否是一种游戏、模仿或自发工作。这个问题不是特定于这种情况,但一般出现在绘画、模拟和所有使用材料的表征技术。同样,当一个由"部分"组成的游戏变成了一个游戏的一部分或是一出完整的戏剧,我们就把游戏领域留给了模仿领域和工作领域。因此,如果我们将这游戏的三个种类看做是相应的三个阶段,这三个阶段也是以三个连续的智力形式(感觉运动、表征和反射)为特性的,很明显,建构游戏并不像其他三类游戏一样是一个明确的阶段,而是在第二个层面,尤其是在第三个层面占据了一个介于游戏和智力活动之间的位置,或者说是介于游戏和模仿之间的位置。

……

§5 试图通过儿童的思维结构来解释游戏

一个婴儿通常会在2个月大的时候不时吮吸自己的拇指,在大约4、5个月的时候抓东西,摇晃、旋转、摩擦东西,最后学会扔东西和把东西找回来。这样的行为包含两极:一极是顺应,因为必须要调整物体的运动并对物体有所感知;另一极是将事物同化到自己的活动,因为他们对于这些事情没有兴趣,而只有当他们发现这些东西对之前学到的行为或正在学习的行为有所帮助,儿童才会对这些事物产生兴趣。这种对于感觉运动图式的现实同化有两个互补的方面。一个是积极的复习和巩固[就是鲍尔温(Baldwin)提出的"循环反应"],在这个意义上,它是本质功能性的或是再生性的同化,即通过功能运作而成长。另一个是精神领悟,即在纳入真实的或可能的行动的程度上,对物体的直觉或概念。每个对象被同化为"被吮吸"、"被抓握"、"被摇晃"之类的东西,并且每个对象一开始就被同化,仅此而已(如果一个东西是"被看着"的,它会被同化成眼睛的各种对焦和移动,获得感知同化给予眼睛的"形状")。很明显,在实际活动中,同化的这两项功能合二为一了,因为通过再生性的同化来重复自己的行为,儿童将事物同化为行动,这些最后就成为图式。这些图式构成了功能上等同的概念和后来发展的逻辑关系。在智力发展的各个阶段,我们都发现了顺应和同化,但是它们日益分化了,并最终在它们不断增加的平衡中得到互补。从科学的角度思考,例如,顺应现实不过是实验而已,而同化则是结论,或是将事物对象纳入到逻辑、数理图式中去。但是,在理性同化和初步的感觉运动同化之间有两个很重要的区别。首先,理性同化不集中在个体,在这个情况下,心理活动只是从一个事物到另一个事物的同化①,而初步同化则以个体为中心,因此是非操作性的,即是自我中心的或扭曲的。其次,第二个区别倒解释了第一个区别,理性

---

① 当然,这是真实的活动,所以,从一个事物到另一个事物的同化就是把这些事物同化到"操作",即同化到由智力建构的主动图式。

同化是对事物顺应的补充,因此理性同化出现在大多数带有经验的永久性平衡中,而感觉运动同化则尚未从顺应中分化出来,并且随着每一次新的分化提升了新的"位移平衡"。现象论和自我中心主义是基础意识中两个分离的方面,就像实验客观性和合理推论之间的区别一样。

既然如此,那么儿童的游戏就只是这种逐步分化中的某一阶段的表现:它发生在同化脱离顺应之时,但尚未以永久平衡的形式恢复,在永久平衡的形式中,在操作理性思考的水平上,同化和顺应会相互补充。从这个意义上讲,游戏构成了现实向自我同化的极端,而同时,它具有一些富有创造性想象力的东西,这将是所有未来的想法甚至是原因的动力。

游戏开始,然后,随着同化和顺应之间的第一次分离。在学会了抓握、甩、扔等动作后(这些动作包含了为顺应新环境以及为重复、复制、概括行为所做的努力,而这些都是同化的元素),儿童迟早会(通常在学习期间)获得抓握的乐趣,会为了摇晃而摇晃……总之,他重复自己的行为并不是为了学习或探索所做的进一步努力,而仅仅是为了掌握这一行为所获得的快乐,以及自我炫耀自己制服现实的力量。同化附属于顺应,从而从顺应中分化出来,并趋向于其自身的功能,在此之后,产生了练习游戏。由于既不需要思考也不需要社会生活,练习游戏可以被看做是同化主要的直接结果。"功能性游戏"和成为产生原因的愉悦感,伴随着这种游戏类型,没有产生特别的问题,因为从同化的角度出发,"功能性游戏"来自于同化中本质规则(sui generis)的特点,成为产生原因的愉悦感来自于这样一个事实:当儿童已经克服了相关"危险"行动的内在困难,同化就更集中于儿童自己的活动。

另一方面,象征手法的出现,是所有对游戏功能(ludic function)进行解释的关键点。为什么游戏会发展成象征性游戏,而不会继续成为仅仅是感觉运动练习或智力试验,为什么活动的快乐,或是为了获得行为乐趣的行为(这构成了一种对实际的假装),在一个给定的时间通过具有想象力的装扮就被完成了呢?就同化而言,原因就在同化的属性之中,即扭曲(distortion),因此,在某种程度上,对那个从即时顺应中分离出来的东西来说,它就是象征性装扮的一个来源。这就解释了为什么一旦我们将感觉运动水平留给了表征思维的感觉运动,就会出现象征性。

虽然练习游戏和象征游戏之间的区别比我们一般想的要大得多〔在这一点上,甚至拜腾迪(Buytendijk)也支持格鲁斯的观点〕,尽管由于它们各自的起源是在行为的两个完全不同的层次,但它们之间仍然有一种无可否认的关系:象征性游戏之于练习游戏,就像代表性智力之于感觉运动智力。而两个不同层面上对此的对应必须在同一水平上加上一个:象征性游戏之于代表性智力,就像练习游戏之于感觉运动智力那样,即单纯同化中对方向的偏离。

表征思维,尽管有别于感觉运动的活动,但是从在意义系统中(the system

of significations)符号区别于符号意义就开始了,这个系统构成了整个智力,并且确实是整个意识。在通过感觉运动图式来进行适应的过程中,就已经有"符号"了。它们是使儿童能够认识对象和关系的"标志",能够使儿童有意识地进行同化甚至模仿。但是这个标志只是对象或者情境的一个方面,所以没有"符号"是和其"符号意义"不同的。另一方面,语言提供了一个独特信号系统的原型,因为在语言行为中,符号是言语的"标记",而符号意义则是言语的意思,即在这一新水平上取带前语言感觉运动图式的概念。言语,适当概念上的智力,借助语言符号是社会性的以及通过语言符号对概念系统的运用从而迟早(通常晚于假定)达到社会化的较高级别这一功能,在表征思维中占据着特权的位置。但是在索引和标志之间,或在感觉运动图式和逻辑概念之间,象征性形象以及成像的或前概念的表征都有他们自己的位置。正如我们已经看到的,图像是内部化的模仿,即同化的积极方面,这是模仿对象的消极方面。因此,图像就是已经被顺应并被使用到当前同化(这也是内部化的,就像"符号"之于"意指"一样)中的图式。因此,图像是一个不同的符号,因为它是从感知对象中分离出来的,所以它比索引更不同,但却不如标记那么有区别,因为它仍然是对对象的模仿,因此,图像是一个"有动机"的标记,有别于"随意的"语言符号。此外,图像是在个体思想范围之内的符号,而纯粹的标记则总是具有社会性的。由于这个原因,在所有的语言和概念思维中,存在着图像表征(imaged representation)的层次,这使个体能够自己将一般的想法同化为对所有事物而言是普通的东西,也是因为这个原因,我们越接近儿童早期,图像表征和直观思维的作用就越重要。每个图像都有一个相应的对象(即此对象的概念),甚至在成年时期,这都会作为普通种类的代表或样例,在其中,它是一个部分,并且,在儿童时期,这是对尚未建构的普通种类的部分代替。

接着,这就成为适用思维的机制,这种机制是同化和顺应之间的平衡。我们可以理解符号在游戏中的作用,在游戏中,顺应服从于同化。游戏符号也是一种图像,一种模仿,一种顺应。但是,同化和顺应在游戏中的关系不同于在认知中或在前面提到的适用表征中的二者关系,因为游戏是同化的主导,而不再是两种功能之间的平衡。(1)在适应图像(adapted image)的情况下,是存在着准确的模仿或是至少在追求准确的模仿,即和所表示的对象一一对应。例如,对一个三角形的表征可以由真实的模仿来获得(一个图画,或用手指运动来表示一个图形),也可用由纯粹的精神模仿来获得(对三角形产生的内部图像或"直觉"),但之后在图画、图像和被表征对象的部分之间会存在相关的。但是,当在游戏中,一个东西被另外一个东西所表征时(比如,用手沿着纸箱运动,代表一只在墙上行走的猫),会有一整套的符号,一个一个相联系,但是却越来越远离实际情况。首先是有代表猫的手形和代表墙壁的纸箱;其次是通过姿态的模仿,即,用手的运动代表猫行走的动作;最后,可能会出现在墙上的猫的精神形象,因为这个形象由运动模仿和象征对象所支持,所以这个形象可能是模糊的、毫无区别的。(2)在三角形所引出的问题中,它的代表性是足够的、准确的,即它提出了适应现实的需要,伴随着对对象的顺应和将对象同化为一个充满关系的系统,而不是集中在自我,而在墙上的猫的形象再现没有其他目的,只是一时的自我满足:根据拜腾迪的说法,这是一种"被动的"(pathic)而不是"关于认知的"(gnostic)态度,但它同时是自我中心的、非主观的。这里,我们已经对(1)中的不同作出了解释。(3)在认知表征中,精神或物质的形象都代表一个特定的对象,其概念(特定的类别)作为一种普通类别的单一表征或样例,这是一个部分。例如,画出来的三角形代表了所有的三角形,或者至少也代表了该类别的所有三角形。但在游戏中,符号对象并不仅仅是符号意义的表征,还是其替代品(外壳暂时变成了猫),无论符号意义是一般的(任何猫)或是特定的(一只明确的猫)。因此,在认知表征中,有对符号意义的适应(即同化和顺应之间的平衡),同时符号中包括图像,符号意义只是对自我进行同化,也就是说,它是为了临时兴趣或即时满足而被唤醒的,同时,符号依靠物质形象(客体在物质形象中和代替物一样,是自己向符号意义同化的),由于极度模糊、主观的相似性,从而与模仿相比,符号是较不准确的心理模仿。总之,在认知表征中,存在着同化和顺应之间的永久性平衡,而在游戏符号中,存在着同化的优势,这种同化存在于儿童和符号意义的关系之中,甚至存在于符号的建构之中。

　　正是这样,符号同化之间的联系作为装扮游戏、功能性同化的来源,作为练习游戏的来源,立刻就变得十分明显。在某种意义上,符号和概念都已经存在于感知运动的同化中。当一个小婴儿已经学会摇晃一个摇晃其他东西的东西,这种概括化的图式就是这一概念的功能性等同,因为每一个特定的实例都属于"能被摇摆的"东西的一般类别,在其中,特定的实例已经成为了一个代表或是例子。这在"能被吮吸的"东西的实例中也同样适用……但是,当一个小婴儿在吃完饭后还想继续吮吸,并且在吮吸自己的拇指中寻求补偿时,拇指就更像是一个表征实例。它变成了一个替代物,如果小婴儿在这个过程中同时唤起了对于母亲乳房的回忆,我们甚至可以把它认作是一个符号。但是除了弗洛伊德派(对他们而言,这类信号在儿童2个月的时候就存在了),除了格鲁斯(他认为装扮在所有练习游戏中都存在),我们认为,在表征出现之前,不可能存在符号和装扮意识,表征在儿童2岁的初始阶段开始出现并逐渐发展,感觉运动同化在该时期通过符号和符号意义的分化成为心理同化。当J.这个孩子假装抓着床单的一角、弯着她的头、准备睡觉时,感觉运动图式引起了不仅仅会产生单纯练习的意向,因为它有助于唤起过去的情境,床单的一角就成为空缺的枕头的意识替代。随着这种"象征性图式"到其他对象的投射,将任何一个对象同化成另一个对象的方法是明确的,因为任何对象可以成为对其他对象的一种装扮代替。

象征性游戏的因果关系现在变得清楚了,因为它本质上来自于儿童思维的结构。象征性游戏在思维中代表了同化和自由地将现实同化到自我的极端。正如我们之前所说的,对练习游戏而言,适应思维是感觉运动智力,对适应思维而言,练习游戏是感知运动智力,即同化的极端。但为什么会有从现实到自我的同化,而不是从宇宙实验到逻辑思维的即时同化呢?原因很简单,因为在儿童早期,这种思维尚未建成,并且,在其发展过程中,它不足以满足日常生活的所需。此外,年幼儿童能够把握的最具适应性和最具逻辑性的思维仍然是前逻辑和自我中心的,它的结构处于游戏的象征思维和成人思维之间的中间水平。

总结一下刚才已经说过的内容,象征游戏只是在其单纯状态中的自我中心的思维。思维客观性的本质条件是,从现实到适应概念系统的同化应该伴随着对事、对他人思想相同的顺应而处于永久的平衡中。显然,只有通过逻辑操作系统(思维转换的可逆性)、道德操作(价值保存)和时间—空间操作(基本物理概念的可逆组织)的构成,才能达到这种平衡,因为只有通过操作的可逆性,思维才能在现实的起伏和不断出现的意料之外的情况中保持它的概念。同时,可逆操作是对现实改造和思维控制性转换的体现,因此它既是顺应,也是同化。由于基本操作仅仅只在早期儿童阶段的末期开始"分类",因此,自然的,在前面的阶段中,儿童的想法应该处于三种状态之间变化的一个恒定状态,这三个状态是:同化和顺应间暂时平衡(倾向于持续"位移"),取代之前平衡的间歇性顺应,以及从现实到自我的同化,即到思维的某个方面的同化,由于缺乏相关的顺应,这一思维的某个方面仍以其自身为中心。于是出现了这样的结果,儿童从现实到自我的同化是延续和发展的一个重要条件,这恰恰是因为在他的思想中缺乏平衡,而象征性游戏在符号和符号意义上都能满足这个条件。从符号意义的角度来看,游戏使儿童能够重温他的过去经验,并促进对自我的满足,而不是从属于现实。从符号的角度来看,象征为儿童提供了表达主观感觉不可或缺的生动的个性化语言,集体语言对于表达主观感觉而言是完全不够的。符号对象,作为符号意义的真实替代,使它实际上以一种口头符号无法做到的方式存在。由于儿童的整个思维即使在最大适应的状态下,仍然是自我中心的和凭直觉获得的,所以儿童的思维在每一个有象征性游戏的中间阶段被联系了起来,这种游戏形式可以被认为是作为整体思想的极点(pole)之一:在这一极点上,同化从顺应中分离出来,或者换句话说,同化从纯粹的自我中心中分离出来。

象征性游戏,只是思维的一种形式,和其他形式通过象征性游戏的机制相联系,但在满足自我上它有着唯一的目的,即个人的真理而不是集体的、客观的真理,但我们仍面临着这样一个问题:为什么与口头概念相对的符号的使用会产生装扮而不是相信。心灵的自然态度是信仰,怀疑或假说是复杂的,7岁和11岁之间衍生行为的发展可以追踪到正式操作水平,在这个水平上,在思维和无意识的自发接受之间就有了真正的区别。但是,尽管在非常年幼儿童的游戏中,没有为这个假设演绎思维提供条件,儿童为了说明而说明,而不是相信他们正在玩的游戏。儿童很早就能区别出假装和现实,这是十分平常的。那么,我们要如何去解释假装呢?为什么与梦想和妄想的象征相反、与原始部落的宗教象征相反,游戏的象征会和相信分离呢?这是一个复杂的问题,因为正如珍妮特(Janet)所表明的,存在着不同类型的信仰。在早期儿童的水平上,有两种截然不同的信仰类型:一种与社会,特别是与成人的行为相联系;另一种是无意识的、以自我为中心的个人行为。第一种就是珍妮特所说的"承诺—信仰"(promise-belief),这是一种对他人和成人的接受,因此会附着于已被普遍认可的现实。第二种是珍妮特所说的"自信的信仰"(assertive belief),它先于确定和怀疑之间的区别而出现,并与现实对心灵的任何影响相联系。在之后的阶段中会有"反思信仰"(reflective belief),与智力和情感运作的机制相关,例如,信仰是推理或者深思熟虑的结果。当儿童在游戏的时候,在社会化的信仰的意义上,在象征意义的内容上,他当然是不会相信的,而恰恰因为象征是自我中心的想法,因此我们没有理由认为他不相信以自己的方式所选择的东西。从这个角度来看,兰格(Lange)和格鲁斯在游戏中看到的"故意假象"(deliberate illusion),只是儿童拒绝让成人世界或普通现实世界来干预游戏,而享有自己的私人现实。但是我们会自发地相信这个现实,不需要过多的努力,仅仅只是因为它是自我的宇宙,而游戏的作用就是保护这个宇宙不受强迫的对普通现实的顺应的影响。因此,毫无疑问,在象征性游戏的早期阶段,装扮意识就像戏剧诗歌意识那样。① 2至4岁的儿童不会考虑他的游戏符号是不是真的。在这个意义上,他关心的是这些游戏符号对别人而言不是这样的,并且他不会作任何努力去说服成年人这些游戏符号是这样的。但对他来说,这是一个根本不会产生的问题,因为象征性游戏是直接的自我满足,并且有其自己的信仰,这是一个主观现实。此外,因为象征对象是符号所指现实的替代,于是,在第一个阶段,在这两者之间发展出了一种合作,类似于图像和它所代表的对象一样。

接下来的问题是,集体象征性游戏能增强信仰还是减弱信仰,答案要依年龄而定。在十分年幼的儿童中,集体游戏或是对自我中心的象征没有任何作用,或是在产生模仿的时候增强了模仿。在年龄稍长的儿童中,在他们的游戏中,象征被规则代替,显然,社会生活的影响是削弱游戏的信仰,至少是在其特定的象征形式中是这样的。

规则游戏仍然要按照之前所说的那样去考虑。我们已经看到,它们标志着儿童游戏的减少以及向成人游戏的转变,当个体社会化时,这就不再是头脑的重要职能了。在规则游戏中,在自尊的同化-所有游戏的原则=社会生活之间存在着微妙的平衡。其中还是有感觉运动或智力的满足,而且也有战胜他人获

---

① 只有在7岁之后,游戏才真正成为与"反思信仰"相对的装扮。

得个人胜利的机会,但是这些满足似乎是因游戏的规则而变得"合情合理",其中,竞赛就是被共同规则、荣誉和公平竞赛制度所控制的。因此,这第三类和最后一类的游戏,和从现实到自我的同化的观点是不一致的,但同时它借助社会互惠的需求来调和这个游戏同化。

(郭茜译　汪寒鹭校)

未成熟阶段的本质与作用[①]

布鲁纳

作者简介

布鲁纳(Jerome S. Bruner,1915—),美国心理学家和教育家,结构主义教育思想的代表人物,20世纪最具影响力的著名心理学家之一。1960年创建哈佛大学认知研究中心。曾任美国心理学会主席。

他对于认知发展方面提出的理论至今仍深深影响着整个心理学界,而他在教育领域所产生的影响也十分巨大。布鲁纳非常注意教育在儿童心理发展中的巨大作用,他提出了教育心理学中的认知学习理论,并在其理论基础上提出了一系列教学原则。

选文简介、点评

《未成熟阶段的本质与作用》是为国家心理健康研究所对于哈佛大学认知研究中心提供支持的Grant MH-12623所给予前期准备的一篇文章。这篇文章的部分内容作为加州理工学院的Haynes基金会演讲以及麻省理工学院的Compton讲演为大家所知。此篇文章还在1972年8月在东京举行的国际心理与行为大会上作为特邀演讲。

布鲁纳是认知主义的代表。在认知发展上,布鲁纳受到皮亚杰的影响。他认为儿童的认知结构是连续性的阶段性发展,具有从具体到抽象的趋势。但是,他反对皮亚杰派以儿童的生理年龄划分儿童的认知发展阶段。布鲁纳构想出"再现表象"这一心理术语,并把它作为衡量认知发展的指标。儿童最先借助于动作去学习,是以学会作出某种反应和形成习惯的动作为基础的,然后开始具有一种表象系统,依靠视觉或其他感觉组织和各种概括化映象的作用,最后其认知带有符号的性质,即具有符号系统的一些特征。

在此文中,布鲁纳深入分析了一些事件,它们都与未成熟状态在人的指令中的作用有关,也与未成年人如何分化成不同类型的群体有关。在"游戏的作用"章节中,布鲁纳为我们阐述了游戏的几大核心作用。如:游戏是一种将个体行为结果、学习结果最小化的途径,因此可以让个体处于一个危险性较小的环

[①] Jerome S. Bruner. Nature And Uses of Immaturity[J]. American Psychologist, Aug. 1972: 687-708.

境中;游戏为个体提供机会去尝试在功能性压力下的行为之间的联系,而这些联系在其他情境下是无法尝试的。他通过列举不同学者的研究,进一步说明了自己的观点。

此外,布鲁纳认为游戏对所使用工具的革新发展具有十分重要的影响作用,在"游戏与工具使用的关系"章节中,他指出了游戏能够深刻影响工具使用的几大原因,如:由于与游戏相伴随的是更多的自由,而且开展游戏所在的环境相对而言压力较小,因此游戏可以产生灵活性和变通性,从而带来工具使用的可能性。

在"成人的榜样作用"以及"成人和儿童间的教学性互动"章节中,布鲁纳通过列举、分析已有的若干研究及其自身的思考和发现,说明了成人示范以及长幼指导性互动的作用、价值、特点等。作者还在前一个章节中提到了"挑战"在儿童游戏、探索、观察等活动中的作用。这两个章节从成人示范、成人指导的层面上为儿童游戏提供了更多的参考。

《未成熟阶段的本质与作用》一文也是布鲁纳本人所重视的文章之一,在他重要的著作合集文选中,只要涉及其1957—1978年思想的作品,该文都会被列入其中。布鲁纳在1957—1978年这一时期中的想法、理念以及实践研究,奠定了布鲁纳成为广受尊敬、作品广受引用的教育家之一。

选文正文

游戏的作用

游戏有几种重要的作用,它们集中表现为:首先,它是将个体行为和学习的结果最小化的一种方式,因此可以让个体处于一种风险较低的情况之中。这在社会角色扮演游戏中体现得尤为突出,因为它采用了一种游戏的身份、"笨拙的步态"(Millar,1968)或是一种元沟通的形式,年幼的动物可以通过游戏来表达自己的意图。所以,现在可以这么说,他能够将限制与一些相对不受惩罚的行为分辨开来:"在一个群体里,有许多规则规定我们什么是可以做的,什么是不可以做的,而这些规则中的大部分是在生命的早期习得的,在生命早期,违反规定后的后果不至于让他们到长大后再犯那么严重的错误。"(Dolhinow & Bishop,1970)

其次,游戏给游戏者提供了一个极好的机会去尝试一些在功能性压力下可能会出现但从来没有被尝试过的行为组合。

在圈养的黑猩猩身上,想要操纵棒子的意图出现了一次又一次,它们会去舔棒子,会去将棒子插入任何可能插入的洞。对研究而言,这些反应并不一定能反映出研究对象对棒子的有效使用,但这些反应可能形成了复杂的运动模式基础,例如转换(termiting)(Lancaster,1968)。

在凡·拉维克-古德尔(Van Lawick-Goodall,1968)的文章中,他提到:

费甘(Figan)用马钱子球这种植物的果实设计了他自己的游戏：仰面躺在地上，让一个马钱子球打转，自己用手来平衡球，并用脚轻轻地踢球，就像一个马戏团里的熊……这样的玩具并不总是唾手可得的，但孩子们之后可能就开始玩石头、树叶或是树枝。他们会扔它们，摩擦它们，把叶子从茎上拉下来，摔打和弯曲树枝，或把这些东西插在洞里。这种游戏形式会对发展灵活的操纵能力有重要的作用。随着年龄的增长，黑猩猩的这种技能就越显宝贵，它不仅应用于日常活动（如筑巢和采集食物），还应用于工具使用这一特定领域。

即使在人工饲养中，这种以纳入对象为操纵模式的倾向也没有减少，我们可以从卡罗林·劳尔泽斯(Caroline Loizos,1967)关于一个年幼的母黑猩猩如何习惯于网球、如何"掌握把玩"网球的报告中得到一些结论：

我在笼子前反弹了几下网球，让她听到并看到网球，然后将球放在笼子内的地板上。她后退了几步，目不转睛地看着球，撅着嘴靠近它，拍拍它，球滚了起来。她连忙退到墙壁，竖起毛发……J（J为母黑猩猩的代号）在远处，将手臂延长到最大限度去捅了一下球，然后密切注视着；看看我；捅了一下球又立即吸手指……她扑向球又丢开球；吮吸手指；后退然后又在几英尺的距离外围着球打转，专心地看着。坐着看球……（停顿了几分钟）……又围着球来回走。J又一次走向球，这次更加近了，但相当匆忙。她移动了笼子里的一些木丝，以一个新的角度去注视球，将她的手臂和腿蜷缩在她的身下，通过滑动她的腹部去接近这个球，使其突出的嘴唇能非常接近球但并非实际的接触。又退后，用手指捅一下球，吮吸手指……找回球，再一次滑动腹部，用撅起的嘴去靠近但不触碰。用伸展的前肢去捅一下，触到后，球移动了；她就急忙后退；随后便有了更多用前臂拍打球的动作，而球又移动了（但球滚得并不远，因为球所移动的区域正是笼子中木丝所在的区域）。J拍打球，球滚动后，她便又跟上，但当球击打到墙壁时她就又跳回来。她用手指的指尖去滚动球，先停到球上，再将它向前滚，并且密切地注视整个过程。她再一次拍打，这次手臂的动作更大了，而动作也结束在偏远向上的地方。她试着选择用拇指和食指去非常小心翼翼地夹起这个球……失败了。球向她滚来，她低着头吮吸手指。她捡起球把球放在她的面前——只是用嘴唇触碰它——用右手把球推向稻草——用下嘴唇触碰，向外又捅又推，最后轻弹了一下自己的手，但当球滚向她时她又后退了。她眯着眼睛向下看看，检查自己刚刚触碰过球的嘴唇。用手指捡球，当球滚时用身体覆盖（即用四肢走路，头低下注视着约在下腹处滚动的球）。用外关节推。用脚轻踢或用手轻拍。坐在上面，用脚去滚动球；用手小心翼翼地移动球并把它推到货架上，然后爬到架子上坐在球的旁边。当她用一只手拿着球，另一只手渐渐加重力气拍打球的时候，球掉了下来。用右手拿，用左手玩弄网球上的条纹。在两只手间滚动网球。又将球在手和架子间滚动。拿着球，拍打；在架子上拍球。

拿着球并且咬着,一口一口地检查这只网球。球掉在地上后,她就用右手在地上拍球。仰面躺在地上时,她就用脚来平衡球,用手来拿住球;坐起身来,她又用下巴抵住球,然后又将球绕着下巴下的头颈处打转了两三次。当球滚走时,她就立刻把球追回,带回到架子处。她仰面躺在地上,并用脚稳住球。用脚和牙齿去咬它——所有的恐惧似乎都消失了——她躺着用脚和手来拿住球并去咬它。用手脚去滚它。她攀爬到天花板,球掉下来,她又立刻追逐它,做了一个滑稽表情,她滚动球、和球一起翻滚,围着球打转,把球放在自己的上方、下方,拍球,并让球滚遍自己的全身。

许多作家(Dolhinow & Bishop,1970;Loizos,1967;Van Lawick-Goodall,1968)认为,还不属于人类的类人猿之所以能掌握如何使用复杂的工具,不仅是因为它们会观察学习,还在于它们是否参与了亲密环境中的母婴互动。有人提到在固北河国家公园中一只名叫默林(Merlin)的婴儿黑猩猩,他3岁时就失去了母亲,之后就由哥哥姐姐"接管"。他既不会装扮转换也不会筑巢,显然,技能的掌握是需要反复观察的。

凡·拉维克-古德尔(1968)在她的详细报告里清楚地解释了为什么重复的观察和重现是很必要的。掌握像转换样复杂的技能是一个复杂的过程,从了解它的各个特点,到模仿,最后将掌握的特点整合起来。例如掌握如何将一根绳或者一根草穿过一个孔,虽然最初不会考虑这个孔的确切的硬度、直径或长度,但最终还是会掌握这个技能。一旦掌握这个技能后,就可以将这个技能演变,如福林特(Flint,2.8岁,开始会转换)将一根草根穿过他的腿毛。一再的重复会形成一种熟悉的常规化,这种常规化允许一种与其他行为相结合的行为来满足一系列复杂的要求,如特定的直径和硬度,在某种特定方式的推动下,在某一特定角度以一定的速度撤回等。伍德(Wood)、布鲁纳(Bruner)和罗斯(Ross)的一些关于人类婴儿的相似意见也表明了3—5岁幼儿掌握观察这一技能的重要性,他们可以从将一堆积木搭成一个金字塔的示范中得到启示。除非幼儿能掌握整个过程,那么整个任务示范对幼儿的作用就会像是对一个刚学滑雪的人一样有帮助。正如年幼的黑猩猩,年幼的孩子们也是一样:他们有选择地从给他们的示范中选择他们能力范围内的一些特征,从而使自己的行为更熟练。他们是受益了,但这个过程是缓慢的。和人类一样对黑猩猩来说,工具使用技能的重要特点之一就是在不同的环境中尝试新技术的变种。科勒(Kohler,1926)的人猿苏丹(Sultan)"学会"了用棍子拉进食物后,他很快就试图用这个技能来戳其他动物、挖东西,并通过粪池的一个孔去蘸里面的东西。

拉纳(Rana)一旦学会了爬上堆叠的盒子来拿到自己想要的水果后,她很快就会用"爬"这个新技能去爬梯子、爬板、爬管理员,甚至还会爬科勒,通常她就忘了最初是因为想要水果才有后续的这些动作。这也不是对已掌握技能的厌倦,因为在凡·拉维克-古德尔(1968)关于固北河动物的研究中也能找到一样

的对这种技能变异的探索,其中最巧妙的一项是菲菲(Fifi,一只青少年期的母黑猩猩)用枝条当做探头:

有三次,当她用一根草根伸进我的裤子口袋,随后试着探到最里面时,我都让她感觉里面没有香蕉。而实际上,每次里面都有一根香蕉,她会一直哭,直到我把香蕉给她为止。

有可能是这个"推动变化"(而不是由积极强化而形成的巩固)让黑猩猩的操作能力得到如此广泛的功效,如伸进蜂箱中蘸蜂蜜(Merfield & Miller,1956),用棒子杵蜥蜴和啮齿动物(Kohler,1926),以及用枝条向大型猫科动物投掷以引起注意(Kortland & Kooij,1963)。这种广泛的潜在场景的生态意义,证明了阔特兰(Kortland)和他的合作者们(Kortland,1965;Kortland & Kooij,1963;Kortland & Van Zon,1969)的看法。他们的研究报告表明,刚果和几内亚热带雨林和几内亚热带稀树草原的雨林栖黑猩猩存在着显著的差异。将一只十分逼真但实际是虚假的豹放在黑猩猩的面前,森林人猿会把树枝弄断,随即对着豹水平地挥舞树枝。唯一对豹进行攻击的那只人猿,它冲过去打豹的脸。稀树草原猿受到这种气氛的影响,随后能用手边的枝条狠狠地袭击豹的后方,并且击中它,这"显示了双方之间的实际袭击和围观的战术"(Kortland & Van Zon,1969)。这些专家指出,开放的国家会制止树木流失,因此会用一种非常灵活的方法去适应当地的、有一定限制的操作工具来为动物解决问题。

当动物们对一些行为的目标失去了兴趣,或者用不同的方法去关注行为目标时,就强调了游戏中的工具使用(事实上,这通常也是解决复杂问题的方法),这也是人类儿童的特点(Bruner & Koslowski)。请注意以下片段:

赫布(Hebb)叙述了他测试的一只黑猩猩是怎样解决问题来获得香蕉片作为奖励。某天,黑猩猩把作为奖励的香蕉片放成一排,而不是把香蕉片吃掉!显然,她为香蕉片解决了问题。"我没有香蕉了,但我给她出了另外一个问题……她解决了这个问题:打开正确的盒子,放入香蕉片。我把香蕉片拿出来,然后再把盒子放好……最终,我拿到了30片香蕉片。"(Rumbaugh,1970)

这与传统意义上的强化相差甚远!

科勒(1926)的文章中提到一件有趣的事情。他给了一个动物一些稻草,这个动物试图用这些稻草来取得它原本够不到的水果,但发现稻草太软,它就多用了一些稻草,但还是太短,所以它放弃了。调整策略通常都是调整与任务相关的一些特征,这种调整也是整体的。起初这在第一次建构或第一次尝试时都是模仿一个范例,但这只出现在第一次的游戏中,并不出现在解决问题时。

游戏与工具使用的关系

我已花了不少篇幅描述这些游戏活动,因为我相信它们对于工具使用的演变是至关重要的,这些演变的过程有助于更好地理解任务的要求。游戏,伴随着自由的支持,在一个相对无压的环境中,可以增加其灵活性,使其更广泛地被使用。至少在伯奇(Birch,1945)和席勒(Schiller,1952)的两个实验研究中都表明了使用材料进行的最初游戏的必要性,这样才能最终转换成建构游戏。他们都使用了同一个任务:在玩棍子前和玩棍子后,用不同长度的棍子来够到食物。很少有动物在玩棍子前就能成功地够到食物。伯奇在观察动物们玩棍子的过程中发现,这些动物们经过三天就已经能将使用棍子的能力增加到伸长一个手臂的距离了。当动物们重新被放入测试的环境中时,所有的这些动物在半分钟内就解决了问题。或许,正如劳尔泽斯(1967)所说,正是由于过分夸大和游戏财富的缺乏才使得极限被不断延伸。

从逻辑上说,游戏有两个重要的正式模式:一种是由一种功能及其相关的论据组成,另一种是由一个论据及与其相适应的功能组成。一个球或一根棒子就能适用于尽可能多的行为;或者一种行为,如登山,就可以运用于各种不同的形式中。我推测这种模式接近于已经由话题和评论所形成的某种预测,类似于语言的普遍结构:

　　　　约翰有一只帽子

　　　　约翰是一个男人

　　　　约翰跳过栅栏,或是

　　　　掸了掸帽子

　　　　戴上帽子

　　　　甩了甩帽子

露丝·威尔(Ruth Weir,1962)在她的代表作《娃娃床上的语言》中提出,3岁之后的语言游戏正是这样一种形式,这是十分有趣的。在人类语言和工具使用中同时出现的表现说明,这两者可能是来源于一些扩大原始人类神经系统的常见的编程能力,而我不会第一个对此进行评论。

游戏中另一种对工具使用来说非常关键的特点是巴什(Barsh,1972)提到的——分离,即用于新任务中的"预见到对象潜在的组成部分的能力"。有个问题一直困扰着科勒(1926),就是动物们是否有能力用视觉坚定性来"解散视觉整体"。苏联的研究者克罗斯多夫(Khroustov,1968)进行了一项关于黑猩猩使用工具的奇妙实验,表明这些动物的这种分离能力可以达到什么程度。在已提供适当直径的棍子的条件下,从一根很窄的管子里取出里面的水果。黑猩猩成功了,而我们对此并不觉得惊讶因为我们知道该物种的能力。实验者然后提供了对于这个任务来说太宽的一块木板。黑猩猩观察了木板之后,沿着纹理把这块木板摔破,然后获得尺寸合适的棍子。接着,克罗斯多夫在原本的纹理上垂直画上一系列错误的纹理。黑猩猩先根据出错的纹理失败后,便仔细看了看原本的纹理,然后再次尝试。

再次总结,类人猿能够获得在游戏中进行练习、完善并分化的操作程序。然后它们笨拙但有选择性地把这些操作程序放在一起,以满足更广泛任务的要求,这常常出现在类人猿在一个稳定、宽松的环境中观察人类后的反馈中。这种观察模仿类似于成人的语言模型对于婴儿的作用:儿童的语言输出不是完全模仿成人的;虽然语言的功能是一样的,但是儿童的语言有他自己的形式。这些最初的行为会发生系统性的变化以满足任务的进一步要求。这些行为本身有一种自我奖励的特点。它们会系统性地分化,就好像在游戏中测试一种技能的极限在哪里。和黑猩猩生活在相同环境中的狒狒会和黑猩猩一样想吃白蚁,但即使他观察到黑猩猩可以经常抓到白蚁吃,狒狒还是没有这个能力去吃白蚁,虽然他也有一双能干的手。注意到游戏和工具使用的关系了吧,在原始人和人类的进化过程中,自然的工具选择也会导致对另外一种工具的选择。

成人的榜样作用

无论是在黑猩猩之间还是在充满采猎者不断进化的社会之中,成人都没有在幼儿的学习过程中进行过多的直接干预。他们主要扮演的角色就是榜样,以及作为必要情感的来源(Bruner,1965)。在灵长类动物中,几乎没有任何形式的有目的的教学。汉德(Hinde,1971)根据最近的文献,得出如下结论:

整体而言,非人类灵长类动物的母亲似乎没有去教育自己的婴儿。有一定数量的物种,他们的母亲会与自己的孩子保持一定的距离,直到孩子可以跟着母亲爬行(如吼猴,Carpenter,1934;恒河猴,Hinde, Rowell & Spencer-Booth,1964;大猩猩,Schaller, 1963;黑猩猩,Van Lawick-Goodall,1968)。这是为了鼓励婴儿走路,但它难以被称为教育。然而,很明显孩子可以从母亲那里学到很多,尤其是在逃生和捕食方面。但实验室里的猴子和野生的猴子在躲避蛇这方面还是存在差异的,这一部分可能是由父母亲的榜样作用决定的(Joslin, Fletcher & Emlen,1964)。实验表明,在实验室里,猴子能够学会避免对自己或他人造成伤害的场景或反应(Child,1938;Hansen & Mason,1962;Hall,1968),也会接受其他个体所接受的食物(Weiskrantz & Cowey,1963)。事实上,孩子接近母亲的反应就是由于它的害怕所造成的(Baldwin, 1969),同时孩子的捕食行为也受母亲影响(Baldwin, 1969)。帕塔斯猴子(Hall,1965)、日本猕猴(狐猿,Kawamura,1959)以及黑猩猩(Van Lawick-Goodall,1968),它们的幼仔吃母亲吃剩的残渣,也会寻找其他相同的食物来源。虽然日本猕猴一岁的时候,已经对各种食物非常熟悉,但是他们还是很难在实验室里接受新的食物。显然从母亲那里获得的学习是比较重要的(Kawamura,1959)。夏勒(Schaller, 1963)记录了一只小猩猩从它妈妈的嘴里抢了一些食物吃,以及另一个母亲不让它的孩子从它那里抢食物吃。模仿,主要是模仿母亲,对于野生黑猩猩使用工具的行为来说,是很重要的(Goodall,1964;Van Lawick-Goodall,1968),而对于人工喂养的黑猩猩来说,更多的是由于模仿而引起的行为发展(Hayes & Hayes,1952;Kellogg,1968)。在后一种情境中,那些行为可用于社会交往(Gardner & Gardner,1969,1971)。

年幼的松鼠猴的捕食技能是从年长的松鼠猴那里学会的,而不是从它们的母亲那里(Baldwin,1969)。但绝不是年幼的动物都是从老一辈那里学习饮食习惯的。在自然条件下,年轻的动物比年长的动物们更多地观察新的事物,这可能就导致了从年轻一辈到老一辈的捕食习惯的转变。因此,日本猕猴的幼仔趋向于接受新的食物,然后通过它们的母亲向同一地区的其他猕猴或者其他母亲的后代及配偶扩散(Itani,1958)。虽然有时扩散向相反的方向(Frisch,1968),但亲属关系可能永远是很重要的(Kawamura,1959;Tsumori,1967)。

在幼仔中,这可能有点像"导师倾向"——不断渴望从成人那里进行学习。一项关于这种导师倾向如何发生的研究正在进行中。朗伯夫、里森和莱特(Rumbaugh, Riesen & Wright,1972)在以下情况中训练黑猩猩和猩猩。其中一组接受模仿不同任务的训练,每个任务都是就一个新的问题,以新的形式出现。第二组面对的是同样的问题,但每次都是用同一种形式。因此,这个小组实际上是在重复。第三组是用前两组用过的材料,但实验者既不给任务,也不给它们演示前两组任务的解决方案。这些任务包括机械的拼图,把适合的部分放在一起,寻找一个缺少的部分,把东西从房间的一个地方搬到另一个地方以及从容器中提取糖果等。回报就是完成一些综合任务和获得实验者的赞许。这项仍在进行中的研究的初步调查结果还是很让人感兴趣的。被分到更具挑战性的第一组的猩猩最有可能在自己寻找线索之前等待实验者提供线索。

那么这对灵长类动物来说是否意味着在建立导师倾向时有了一个新的挑战?夏勒(1964)在刚果为一只大猩猩所做的记录里,他提到:

为什么南方古猿有着一个相当于大猩猩脑容量的大脑、会制造石器、是一种有人类意识文化的生物,而那些野生大猩猩却没有显示出和南方古猿一样神奇的大脑潜力呢?我怀疑大猩猩未能取得进一步发展的原因是,它能在丛林中方便地获得一切所需。在丛林这样的一种茂密区域里,大猩猩们就无须通过优胜劣汰来取得进步……对工具的需求……只有在恶劣的边缘的栖息地才会出现,因为那里可使生物保持清醒的头脑……

耶克斯(Yerks,1929)在其关于类人猿的经典著作中提出了同样的观点,弗农·雷诺兹(Vernon Reynolds,1965)也有一篇精辟的文章关于黑猩猩和大猩猩的竞争压力的对比分析,在其中他得出结论:

最后,我们可以简要地来对比下这两个类人猿物种的性格差异。过去的行为比较研究往往会强调这种差异。例如,特维斯(Tevis,1921)写道:"我们认为,在两种类人猿身上最大的区别是在心理特征上。黑猩猩很活泼,至少在年轻的时候是可教和可驯服的。而大猩猩,则是低沉、凶猛和难以驯服的。"而对于大猩猩的孤僻、忧郁、平和以及黑猩猩的活泼、激动,这两种截然不同的性格差异是可以解释的。那就是性格的差异似乎与社会组织和觅食行为的差异有着密切的联系。草食性大猩猩的周围满是食物;觅食范围越集中,大猩猩的迁移和外出觅食的速度越慢;它的生存需要很容易被满足,而强大的雄性力量又使它们免受肉食性动物的侵袭。在这里,任何过于活跃的动作形式都是没用的,除非是当危险出现或是当需要雄性来保护的时候,才有特别的攻击行为出现。而黑猩猩的存活,在很大程度上取决于社会群体的不断迁移和对食物所在地的交流,他们是通过激烈紧张的活动形式来获取食物的(例如咆哮和捶打自己的胸部)。在森林中迅速的运动,每天和新的黑猩猩相遇,号叫和击打胸部,并且根据他们自己的声音来定位其他的黑猩猩,这就是黑猩猩生存的基本情况。这种优势可能只有在反应灵敏、情绪波动性大、适应性强的生物身上才能被体现。黑猩猩在野外环境生存的运动方式,活动性极大,也因此使黑猩猩形成了易激动的性情。

但在这里,我们似乎遇到一个矛盾。进化的趋势,是我们一直在研究的,而我们似乎一直将研究的主要重点放在了发展的结合上:在游戏、探索和观察中更多出现的一个相对没有压力的环境;同时,在适应的栖息地要求中的一定挑战。

我比较认同德斯蒙德·莫里斯(Desmond Morris,1964)对这种明显矛盾的分析——一方面,一个无压力的栖息地看来是很重要的,但另一方面,挑战也是有意义的。他对栖息地做了两种适应模式的区分——专家和投机者,即松鼠与老鼠的区别,某些特定的森林——如定居的猴子们喜欢东南非洲或者猕猴对绿色的适应(Hinder,1971)。非专业者们依靠高度的灵活性,而不是形态或专业化的行为。阿里斯塔克斯(Aristarchus)说得好,他借用了艾塞亚·伯林(Isaiah Berlin,1953)的一本著作的书名说:"狐狸知道很多事,刺猬只知道一件大事。"

人们只能猜测,存储在人类后裔的,灵长类动物的智力进化演变过程,是机会主义方向的,而不是以一种专长的方式。这可以说,实际上就智力来说,比起任何当代古猿,原始储存更接近于黑猩猩,虽然朗伯夫(1970)认为,在一些智力表现形式上,人和猩猩有惊人的相似之处。从事实的关键点上来看,这个关于机会主义的争论似乎说明了人们对智力进化原因的追究已经从"已进化的物种"转向"多种栖息地"。

成人和儿童间的教学性互动

对早期猿人和早期人类来说,什么可以被称得上是"教导"呢?唉,这个问题通常最后都不了了之。但是,近代的"简单"社会,采猎者,提供了一些线索。无论生态条件有怎样的制约,在一些人中,成人和儿童之间带有一种教学性互动,无论在数量上和质量上都在不断扩大。虽然一个人不能参照如近代布须曼人一样的孤立的猎人来重建更新世①的采猎者,但他们的做法确实暗示了一些事情的变化幅度。布须曼人的成人和儿童一起游戏和舞蹈,坐在一起,一起参加小型、无风险的狩猎,一起参加唱歌和讲故事活动。这些共同进行的活动十分频繁,此外,儿童还是由成年人主持的重要仪式的对象,如第一次理发,或重大的事件,如一个男孩第一次杀死捻角羚羊,这是令他骄傲的经历,但也是会留下疤痕的痛苦过程。儿童在仪式中也在不断地用农具、工具以及成人世界的武器进行游戏。然而,在马绍尔群岛数万英尺的关于布须曼人的胶片中(Bruner,1966),教学都是发生在这样一种情景中:将要学习的行为都与情景相关联,而且事实上人们从未找到发生在此情景之外的教学例子。没有人是在脱离某种场景(比如学校机构)的情况下进行教学的。事实上,根本没有一个像学校这样的事物存在。

通常,成人似乎充当着引导年轻人进入新场合的角色,在这些新场合中,如果没有一个保护年轻人或年轻人所熟悉的成人在场的话,那将是可怕的,比如那些孩子会结伴而来、尽力参加的徒步拓展训练、巫术礼仪,以及许多其他领域。我相信,这种焦虑边缘的感应很早就开始了。由斯若夫(Sroufe)和翁施(Wunsch)一起做的一项研究就为这种感应是在何时产生的提供了一个线索。这项研究探索了是什么使婴儿发笑。从4个月大(婴儿的第一次大笑以可靠和可识别的形式出现的时候)到出生后的第二年,引发笑声的充分刺激变得越来越远——开始主要是触觉和近距离视觉(例如,挠痒痒和隐约可见的事物),之后是不协调,如母亲采取如四肢爬行这样一种不寻常的姿势。但请注意,对于各年龄段的孩子来说,由母亲表演的搞怪最易引发孩子的笑,但同样的恶作剧由陌生人来表演则是最容易引起孩子哭泣的。可以这么说,母亲似乎有能力把孩子带向恐怖的边缘。金(King,1966)认为,这种母爱的特点是普遍的,这在鸟类和哺乳动物中也是一样的,母亲的存在降低了新刺激的恐惧,并为探索行为提供了必要的保证。但是,只有在人类中,成人会介绍新颖事物,引领年轻人进入到新的、具有挑战性的、令人害怕的一些场合——有时是通过一个较高级别的仪式,在仪式的过程中进行引导。

毫无疑问,年轻的人(以及普遍的年幼灵长类动物)很乐意去接受新事物,即使成人只给予最低限度的保障。"好奇特性"(neophilia)是德斯蒙德·莫里斯(1967)提出的。这种对新颖事物的准备甚至被认为是一种优势,至少在类人猿和人类中,年轻人是通过在新环境中探索或提取规则和规律的过程中成长的。至少由朗伯夫和麦考马克(Mccormack)(1967)进行的一个实验室研究中,甚至还发现年龄与"掌握学习—设问—任务"的能力之间呈负相关,这个能力有一个一般的原则,但在每种呈现中都有新的体现,如"选择那个成对出现时是相似的但独个出现时是与众不同的东西"。但请注意,只在成人为儿童安排游戏和仪式时会利用这个趋势。

---

① 更新世:组成第四纪的一个部分。——译者注

很明显,由青年和成年人涉及其中的游戏和仪式高度充满了象征主义。虽然这种我在前文讨论中一直努力描述的操纵游戏仍然是人类游戏的一个特征,但除此之外还有时不时引起我们兴趣的一系列不同寻常的游戏形式,例如将符号和公约的使用作为载体,符号和公约会提醒我们保持正当的行为。可以说,棍子不仅可以当做箭头或长矛甚至是新的、不同寻常的工具来使用,还可能会以一种象征性的超越实用的方式被使用——例如把棍子放在两腿之间,它就是马匹(Vygotsky,1967),或是把棍子放在沙中做支撑物,它就是参天大树。这个或是道具或是"转轴"(pivot)或是玩具(很难对这棍子起一个合适的名称)的棍子,并没有被当做一个特定的工具来使用(如,Khroustov的黑猩猩用一块碎木片将食物从试管中捅出来),而是以目前的感知觉情况为出发点进行变化。虽然这棍子一定是有一些特征与马相像(至少必须是能骑着走的),但它现在必须也符合一个假想的情况。正是由于这个原因,伟大的俄罗斯心理学家维果茨基使用了"转轴"这一术语:小棍是真实与想象间的那个转轴。

一旦游戏出现符号转换,随之而来的就有两个后果。游戏可以作为进行社会公约本质教学的一种途径,也可对公约每一次级的性质本身进行教学。大卫·刘易斯(David Lewis,1969)将公约定义为一个有关程序的协议,该程序本身是极为琐碎的,但协议并非如此。我们开车时靠右行驶,或者红灯停、绿灯行。显然,一个具有语言文化的社会就是依靠一套简单的、社会成员易于把握的公约来正常运转的。象征性游戏无论它的作用是帮助儿童个体自主解决问题还是在幻想层面满足儿童的愿望,它在教学中都还有一个更重要的作用,即:使儿童熟悉规则和公约。

至于还在试验初期的社会公约的特定系统,让我来列举一个异国文化的实例。读者可以提供一些离家乡较近的例子。这是一个从多西诺和比西普(Dolhinow & Bishop,1970)的报告中得来的例子:

在新几内亚的坦古仍然保留着通过进行食品交换的规矩来进行严格的等价交易(Burridge,1957)。等价取决于贸易伙伴之间的双方协议。坦古的孩子们玩一个叫做"踏科踏克"(taketak)的游戏,在这个游戏中,两堆各30个椰子树叶上的叶棘插在地上,相距5码。有个别叶棘会放在大约相距6码的地方。孩子们的上衣是用棉纱做的,他们松开衣服然后尽力去碰到对手那堆的叶棘。两队小组人数不一定要相等,但上衣的数量必须相等。这种游戏要经过一系列的较量;在每一个回合,两队必须完成各自的任务。在两队获得和失去的叶棘的数量相等的那一回合,游戏就结束了,因为这种情况极少发生,结果还是由双方来商定的。这个游戏的目的是等价交换,就像成年人的食物交换仪式。而这两个案例中的结果或等价交换都是由双方协商来决定的。没有胜利者或失败者,目的就是为了追求平局。

(盛婴译)

游戏在认知发展中的作用

布莱恩·萨顿-史密斯

作者简介

布莱恩·萨顿-史密斯(Brian Sutton-Smith,1924—),当代游戏理论学家。他致力于发现人类生活中蕴涵在游戏中的文化意义,认为任何有价值的游戏定义都应该同时适用于成人与儿童。萨顿-史密斯在各学科间的研究包括幼儿游戏、成人游戏、幼儿戏剧、电影和叙事手法、儿童性别和兄弟姐妹不同排序方面的问题。

选文简介、点评

萨顿-史密斯从事儿童玩具与游戏样态的研究多年,将游戏区分为机运、力量、认同、肤浅的古代说法、进步、想象、自我的现代说法这七种意义。萨顿-史密斯对贝特森(Bateson)的游戏分析框架进行了详细的讨论,提出了"伪装"的概念。与赫伊津哈(Huizinga,1950)等人观点不同的是,他认为,游戏可能并非像我们所想的那么自愿。萨顿-史密斯还和凯利-布莱恩(Kelly-Byrne,1984)探讨了多种"游戏的伪装"——其中人们可能会使用游戏来"伪装"其他多种动机(如争胜或工作),或是建构其他的框架(如工作)来"伪装"游戏。

萨顿-史密斯的游戏理论是游戏认知理论中的一种。他在1967年提出了一种理论,认为装扮游戏中的象征转换可以促进儿童认知的象征转换,从而提高儿童心理的可塑性。此次我们选择的就是萨顿-史密斯阐述该理论的文章《游戏在认知发展中的作用》(*The Role of Play in Cognitive Development*),发表在1967年6月《幼儿》(*Young Children*)杂志上(第364—369页)。

根据萨顿-史密斯在此篇文章中的观点,装扮游戏中的象征转换可以让儿童摆脱传统的心理联想,采用新的不同寻常的方法将观点结合起来。这些转化使得儿童具有更多的创造性观点和联想,在将来为适应目的而采用。可见其理论与格鲁斯(Gross)的经典预演说存在一定的关联,都认为游戏让儿童为未来成人生活做准备。但是,萨顿-史密斯的理论认为儿童或是通过发展可塑性或

---

① R. E. Herron, Brian Sutton-Smith. Child's Play. John Wiley & Sons, Inc., 1971:252-260 (SOURCE. Experted from "The Role of Play in Cognitive Development," *Young Children*, 1967,6, pp. 364-369.)

是通过保存可塑性的潜能来达到这个目的,而不是通过熟练具体的技巧。

萨顿-史密斯在"游戏与新技能"、"游戏与表征系列"、"游戏之所以为游戏"中指出,尽管无法证明游戏性与创造性之间的直接关系,但是游戏确实可以发展儿童的有效回应技能、对多样材料使用表征方法的灵活性、社会性进步(如自我控制)等。同时,游戏发展作用的影响因素多样,包括游戏的种类(如含有口头暗示和数字暗示的游戏)、游戏者个性与认知风格之间的个体差异、游戏所属文化方式等。

萨顿-史密斯的早期理论将游戏比喻为适应性潜能化,意味着游戏是可能性的设定,换言之,儿童通过游戏更可能考虑各种选择或替代性方案更好地控制这种增长了的可塑性。萨顿-史密斯是一位不断在研究之路上探索和追求的游戏理论家,他还根据神经科学关于脑发育的研究以及其他学者的进化理论,对游戏和进化做了一次类比,在1998年提出了关于游戏是适应的可变性的新理论,认为游戏的可变性对人类发展功能至关重要。

我们可以在选文中发现,作为现代游戏理论研究的代表性人物,萨顿-史密斯十分善于梳理、延续、借鉴、总结已有的游戏理论,并且通过自己的实验研究以及探索提出新的认识。从另外一个角度来看,萨顿-史密斯文章的信息量很大,能够为读者提供很多的参考。

萨顿-史密斯早期与近期的理论之间,有很大的变化和进展,因此,对萨顿-史密斯理论感兴趣的读者,可以进一步学习他的其他代表文章与著作。

选文正文

本文的重点在于通过游戏来探讨认知的多样性。李伯曼(Liberman,1965)的研究是一个有用的引领。她对儿童的游戏性和创造性之间的关系很感兴趣。她的研究对象是93个中产阶级家庭的儿童,他们来自于纽约3所幼儿园的5个班级。这些儿童根据游戏性的级别来排序,这个级别包含以下几个标准:

(1)儿童在游戏中参与自发的身体运动和活动的频率是多少?这种行为包括双脚小跳、单脚跳、双脚大跳,以及其他全身参与或身体某部分如胳膊、双腿或头部参与的有节奏的运动,这可以清楚地反映儿童是否精力充沛。

(2)儿童在游戏活动中表现出愉悦感的频率是多少?这可以通过以下几点来判断:面部表情,例如微笑;言语表达,例如说出"我喜欢这样"或"这很有趣";更间接的发声,像伴随活动的吟唱,例如"呜,呜,火车开"。其他行为指标还包括带有明显愉悦感的重复活动或重新开始活动。

(3)儿童在游戏中显示出幽默感的频率是多少?这里"幽默感"是指韵律和善意的嬉笑捣乱("用眼睛窥视"的行为),也包括在情境中找到适合自己或他人的趣味的能力。

(4)在进行游戏时,儿童在与周围群体结构互动中表现出适应性的频率是多少?这可以通过以下几点来判断:一个儿童在任何一个活动阶段都能加入不同群体,并成为这个群体和群体活动的一员;儿童能够根据自己的选择或者接受组员的非攻击性提议从而加入或退出群体。

李伯曼通过对研究结果的因素分析得出结论:以上级别的衡量标准体现了这些儿童游戏性的一个因素。但是在此值得关注的是,我们发现,儿童的游戏性和其能力在几个创造性任务中有着密不可分的关系。也就是说,那些被列为游戏性更强的儿童在面对下列任务时也更出色:① 针对如何改变玩具狗和玩具娃娃来让它们变得更好玩而提出新的想法;② 给已经读过或看过的两则插画故事起新的标题;③ 为动物、食物和玩具列出新的名单。遗憾的是,李伯曼的研究,以及其他很多涉及评估创造性的研究中都存在一个问题:智力对游戏性和创造性这两个分离变量的影响是要高于后面的这些相关变量的。因此,我们不能肯定这个研究结果是反映了游戏性和创造性之间的独特关系,还是反映了这两者是传统智力测验中智力的两种不同表现形式。

然而,构成游戏性练习的相应的变化,似乎应该类似于创造性测试中所必需的相应的变化。换句话说,这两个变量似乎在结构上相似。沃利奇和柯冈(Wallach&Kogan,1965)近期的研究证实了我们的想法。他们发现,如果为创造性测试创设情境,让被测者感到放松而不是像通常测试中倍感压力,那么被测者的确可以获得与传统智力测试分数不同的创造性分数。产生这种结果的条件包括个别测试、摆脱时间压力的完全自由以及以游戏形式来完成任务。测试者在被介绍给被测者时,以访客的身份表现出对儿童游戏的兴趣,并且在测试开始之前花几周时间与儿童相处以强化这种印象。沃利奇和柯冈通过这个研究总结出,创造性与传统意义中的智力的确不同,它在游戏性的氛围中更容易表现出来。最终我们可以得出结论,如果游戏性和创造性像李伯曼发现的那样共变,那么它们两者与智力之间就不能构成一个函数关系了。

游戏与新技能

那么以上两者之间到底有着怎样的函数关系呢?尽管这是多种可能性,但由于我们的关注点在于研究而非理论,因此我们只在此呈现一种。我们的观点是:当一个孩子在玩特定物体时,如果游戏性地对其做出各种回应,那么他就扩大了自己和这些特定物体之间的关联范围。此外,他还发现了这些物体的其他用途,这是他之前无法做到的。有些用途可能对他自己而言是独一无二的,更多的用途则是"充满想象力的"、"不可思议的"、"荒唐的",或许还是"偶然发现的"。尽管我们会自然地希望让近期的、强烈的经验发挥重要作用,但是大概儿童几乎所有的回应或认知技能都可以与任何别的事物相结合,并产生新的结果。可能大多数的联想、组合活动,除了自我表现、自我奖赏之外无甚用处,也可能这种活动会增强儿童的反应和认知技能,这样,如果别人问了他一个关于相似物体和相似关系的"创造性"的问题时,他更可能会给出一个独特的(也是创造性的)回应。也就是说,游戏可以发展儿童的回应技能,这种发展对后继的适应性回应有着潜在的价值(尽管没有必然的作用)。

为了证实这种关系,作者做出如下假设:相对于玩的较少的玩具来说,儿童会对那些玩过很多遍的玩具表现出更多的回应技能。更明确地说,假设认为无论男孩女孩,都会对同性的物体表现出比异性的物体更多的回应技能。为了减少熟悉感的差异,实验所选择的同性和异性玩具都是所有的被测者所熟悉的。实验选取了四种在幼儿园中最受儿童欢迎的玩具。女孩的玩具是娃娃和碗碟,男孩的玩具是卡车和积木。由于他们在幼儿园中都知道并经常见到这些玩具,因此根据他们对这些玩具的描述,我们认为他们对这些玩具的熟悉程度都是一样的;但是通过他们对玩具使用方法的说明,可以看出他们在回应这些玩具时会表现出多样性。九名男童和九名女童接受个别访谈,访谈者会与他们玩"盲目"游戏。也就是说,他假装看不见,拿出每一个玩具都会向孩子提问:"它是什么样的?"(描述),和"你怎样来玩它?"(使用方法)。每个孩子都要对每个玩具作出回应。访谈在一种轻松的氛围中进行,最长的一次访谈用了45分钟,玩具的使用方法最多的一个给出了72条。访谈结果是,性别并不影响他们对四种玩具的描述。然而,在每个玩具使用方法总数和独特玩法的数量上,儿童的描述都与异性不同。男孩尽管对四种玩具的描述与女孩无异,但是他们能对卡车和积木说出比娃娃和器皿更多、更独特的使用方法。相似的,女孩由于经常玩娃娃和碗碟,因此能对这两者表现出较卡车和积木更多的回应,卡车和积木在幼儿园里也一直都有,但是女孩们玩的并不多(Sutton-Smith,1967)。

既然回应的数量与智力无关,而且儿童对所有玩具的熟悉程度都一样(从他们对玩具的描述可以看出),我们似乎可以合理地把他们对相应情境(向他们提问)做出的反应看做是一种途径的实例,即在游戏中得到发展的回应可以根据需要来发挥适应性作用。这一原则既适用于游戏练习,也适用于实际操作。而操作者在游戏练习中进行的大多数活动无论是其本身还是对操作者而言都有着表现性价值,有时候这些活动会变得具有适应性价值,例如一个健康的运动员需要在紧急情况下奔跑求助的时候,一个棒球投手要向发动攻击的犬投掷石块的时候,一个足球运动员身陷肉搏战的时候,一个扑克牌玩家要确定对手有多少可能只是在敲诈的时候。在这些情形中,我们不需要游戏方面和适应性行为方面有任何很直接的因果关系,只需要大概的演变条件,即生物体或个体所具有的表现特性(游戏练习只是其中的一点)范围越大,其在面对相应要求或危机时所具备的回应技能就越高。这在系统发生学里是条真理(Welker,1961)。而从文化角度看,游戏的多样性(Roberts & Sutton-Smith,1961)和艺术的复杂性(Barry,1957)随着文化演变而增长的观点,与以上真理也是不谋而合了。

游戏与表征系列

然而游戏对认知的关联可能还有一种更本质的途径。从2岁儿童的表征游戏开始,他们就有意采用一种"好像"的态度来对待游戏对象和游戏事件。具有这种态度的儿童,就会不顾反表征刺激,在整个游戏过程中都一直"保存"这些虚构的特性。这一认知能力,无论是在个人游戏、社会性游戏中,还是在儿童对虚构故事高涨的兴趣中,都可以观察得到。但是,一直要到5~7岁,儿童才能不顾反表征刺激,而对某类别特性诸如数、量、空间等类似的现象进行保存。荒谬的是,阻止儿童保存类别特性的因素似乎是特定的刺激依附性,而儿童在游戏中能够对其忽略不计。因此,一个问题就被提出来:在游戏中采用"好像"态度或表征系列的能力,是否与在概念水平上采用表征类别的能力有关系呢?现存仅有的资料是与天性有关,但它们再次显示了游戏状况与认知状况有着相应的关系。在西格尔(Sigel)的认知活动的研究中,那些无法将表征项目归类的级别较低的儿童,也在游戏中表现出贫化倾向,在他们的游戏中,肌肉运动高频率出现,角色游戏最少出现,积木游戏表现较少(Sigel & MacBane,1966)。这一证据显示,游戏可能不仅会发展有效回应的技能,并且如果有意促成,还能提高灵活性,以便对多样材料采用表征系列的方法。

然而目前所列研究中所表现出的难题正是我们无法确定的问题,即游戏是仅仅体现出主体已有的认知水平,还是有效地提升了这个水平?也就是说,游戏对思想究竟只有体现作用还是有提升作用?说得更简单些,游戏者从游戏中学到什么了吗?

游戏作为游戏

在游戏中学习的观点长久以来都是"游戏式"教育理论的主要假设,也在模拟游戏的选题下在现代教育者中开始复苏(Bruner, 1965; Meier & Duke, 1966)。几乎没有证据能够证明针对特定学习的特定游戏的有效性,尽管已有许多研究,但似乎都只是在强调重要性。与那些以更为正统的练习步骤接受相同训练内容的研究相比,含有口头与数字暗示游戏的研究似乎表明游戏会产生更大的进步(Humphrey, 1965, 1966)。相似的,关于各种自我控制联系的游戏的研究,似乎也反映出游戏者的社会性进步(Gump & Sutton-Smith, 1955; Sutton-Smith, 1955; Redl, 1958; Minuchin, Chamberlain & Graubard, 1966)。举一个此类型领域研究的例子,研究者用一个数字游戏在0—5岁和5—7岁的儿童中引发数字对话。这个名为"我的草丛里有几个蛋?"的游戏是一个传统的猜谜游戏,游戏者在自己的手中藏上一些筹码,另一个游戏者要猜出未知数。如果猜对了,那么如数的筹码就归他。游戏者轮流游戏,拿到全部筹码的人为胜者。每个游戏者用10个左右的筹码开始游戏。相对于控制组的儿童,从关于数字对话的前测和后测中可以发现,实验组的儿童的数字对话能力有明显提升。显然,这个游戏迫使游戏者注意数字特点的暗示,否则就会输掉,给对方作弊的机会,被嘲笑,当然也不可能获胜(Sutton-Smith,1967)。

学习可以作为游戏的一种结果,经过这个演示,我们可能可以站在一个更好的立场上去解释其他关于游戏的研究,这些研究显示,持续性游戏与游戏者个性和认知风格的个体差异有关。例如,研究者用"画连城"(Tick Tack Toe)的游戏展开了一系列研究(Sutton-Smith, Roberts, et al., 1967)。"画连城"是流传最广的初级策略游戏,玩的人比赛看谁可以先在一个 3 * 3 格的表格上将圆或叉连成一条线。通过这个游戏进行的一系列研究显示,那些玩得更好的儿童的确和那些输家不一样。更重要的是,那些倾向于赢的儿童和倾向于退缩的儿童之间已经形成了区别。虽然这些儿童智力上没有什么差别,但是在许多其他方面,他们的确不同。赢的男孩在社会手段上常被同龄人认为是"战略家"。他们的算数更好,在智力劳动上更执著,做决定也很迅速。而输的男孩独立性差,更依赖父母和教师的肯定,智力渴望更加保守。赢的女孩更加有进取心,也更顽皮,输的女孩倾向于退缩,也更淑女。这些结果表明,游戏者在游戏中学到的知识与他们的个性和认知风格等其他方面有着内在的函数关系。

同样,关于游戏的跨文化研究也表明,游戏在其所属的文化中,受到函数关系上与文化方式相适应的约束。因此,在射箭与狩猎的文化中就出现了有关身体技巧的游戏。古老的部落成员引进并延续了这些有明显训练价值的游戏。

产生了冒险游戏的文化包含了针对个人成就的惩罚,并且强调依赖占卜做出决定(Roberts & Sutton-Smith, 1966)。产生了策略游戏的文化强调阶级和群体内关系与冲突所要求的服从和外交(Roberts, Sutton-Smith & Kendon, 1963)。

这些研究,虽然反映了游戏与文化模型之间、游戏与认知风格之间的函数关系,但仍然如同上面提到的那些教育学研究一样。后者清楚地揭示了人们可以运用游戏达到训练的目的,并获得教育学和认知上的优势,但是目前状况下,这个研究还很无力,因为我们虽然观察到这些游戏的影响力,却无法针对它们的特定方面得出结论。游戏与玩耍的多维度特性让我们很难确定那些有效影响认知发展的关键变量。我们还不清楚,游戏者要赢得胜利的渴望和对正确暗示的关注之间,有什么样的互动关系产生了上面所说的学习。这是未来研究的一个课题。

综上所述,我们在此所做的说明,是为了表明:有证据显示游戏、玩耍和认知发展之间有着函数关系。但是我们也强调,这个关系是不精确的。游戏,如同其他表现性的特点(大笑、幽默和艺术)一样,并不适合所有的功用主义认识。更确切地说,这种表现性现象可能会造成认知和准备的过剩,也会产生为了适应"好像"情境而出现的准备,当有适应性或创意性的要求时,这两者都是潜在存在的。然而,了解了这个领域研究的局限性,我们需要强调,这些结论还都只是暂定的而已。

(孙习译)

专题拓展阅读文献

1. [德]席勒. 美育书简[M]. 徐恒醇,译. 北京:中国文联出版公司,1984.
2. [奥]弗洛伊德. 超越快乐原则[M]. 杨韶刚,高申春,等译. 台北:Portico Publishing Ltd., 2007.
3. [美]埃里克森. 童年与社会[M]. 罗一静,等编译. 北京:学林出版社,1992.
4. Gross. K. The play of man: teasing and love-play. In Bruner, J. S., Jolly, A. & Sylva, K. (eds.). Play: its role in development and evolution[M]. New York: Penguin, 1976.
5. Hall, G. Stanley. Play, Sports And Games. Youth: Its Education, Regimen, and Hygiene[M]. Project Gutenberg, 2005.
6. Singer, J. L. The child's world of make believe[M]. New York: Academic Press, 1973.
7. Ellis, M. J. Why People Play[M]. Prentice-Hall, Inc., 1973.
8. Gregogy Bateson. A Theory of Play and Fantacy. In Katie Salen and Eric Zimmerman. The Game Design Reader A Rules of Play Anthology[M]. London: The MIT Press, Camridge, Massachusetts, 2006.